# 思想道德修养与法律
# 基础案例及分析

主　编　祖嘉合
副主编　秦维红

北京大学出版社
PEKING UNIVERSITY PRESS

## 图书在版编目(CIP)数据

思想道德修养与法律基础案例及分析/祖嘉合主编. —北京:北京大学出版社,2006.4
 ISBN 978-7-301-10594-8

Ⅰ.思… Ⅱ.祖… Ⅲ.①思想修养-高等学校-教学参考资料②法律-中国-高等学校-教学参考资料 Ⅳ.G641

中国版本图书馆 CIP 数据核字(2006)第 024281 号

书　　　名：思想道德修养与法律基础案例及分析
著作责任者：祖嘉合主编　秦维红副主编
责 任 编 辑：胡利国
标 准 书 号：ISBN 978-7-301-10594-8/C·0403
出 版 发 行：北京大学出版社
地　　　址：北京市海淀区成府路205号　100871
网　　　址：http://cbs.pku.edu.cn　电子邮箱:ss@pup.pku.edu.cn
电　　　话：邮购部 62752015　发行部 62750672　出版部 62754962
　　　　　　编辑部 62765016
印　刷　者：三河市欣欣印刷有限公司
经　销　者：新华书店
　　　　　　787mm×960mm　16 开本　18.75 印张　327 千字
　　　　　　2006 年 4 月第 1 版　2016 年 1 月第 3 次印刷
定　　　价：22.00 元

未经许可，不得以任何方式复制或抄袭本书之部分或全部内容。
版权所有，侵权必究
举报电话：010-62752024　电子邮箱:fd@pup.pku.edu.cn

# 前　言

目前,思想道德修养与法律基础案例的搜集、整理的现状相对于思想道德教育学科的巨大需求和发展,犹如杯水车薪,远远不能适应这一领域发展的需要。所以,编辑一本能够较全面地覆盖思想道德教育学科体系的案例集是十分必要的,具有重要意义。

第一,思想道德教育与法律基础案例的搜集整理及分析可以进一步完善思想道德教育的学科体系。在思想道德教育学科体系中,案例教学和分析还有较大的发展空间。通过思想道德教育与法律基础案例的搜集,不断更新、及时获取和反映新鲜的思想信息,这是增强思想道德教育学科生命力和完善思想道德教育学科体系的必要步骤。

第二,思想道德教育与法律基础案例及分析为教学提供了有价值的参考资料。"思想道德修养与法律基础"是一门实践性、现实性很强的课程,其目的是通过教学提高学生的思想道德素质和法律素质,促进学生的全面发展。要使教学取得事半功倍的效果,探索和采用能够激发学生主动性、积极性的教学方式是重要的方面,案例分析教学是增强思想道德教育有效性的重要方法。思想道德教育与法律基础案例及分析可以使教学过程更加生动、具体、贴近实际,从而进一步提高教学的实效性。

第三,思想道德教育与法律基础案例的搜集整理及分析为开展思想道德教育研究奠定了基础。一本内容丰富、使用方便的思想道德教育与法律基础案例集可以为实际工作提供可靠的信息咨询系统。本书储存的案例及其分析说明,可供思想道德教育工作者调用和研究,为实际工作提供可靠的资料来源。

案例分析的渊源可以追溯到我国古代的教育实践。《论语》记载,孔子以"颜回好学"为例来讲君子的修养,以"闵子骞辞官"为例来说明孝亲与忠君之间的关系;军事家孙膑也以"围魏救赵"为例,阐述自己的军事思想。"孟母三迁"、"孔融让梨"、"车胤萤囊"、"孙康映雪"等人们耳熟能详的典故,都是用事例说明事理的典型案例。

案例分析在现代社会科学中有广泛的应用:社会学中的个案分析、军事学中的战例分析、医学中的病例分析、法学上的判例分析、现代工商管理学中的案例教学工作系统等案例分析的教育实践,成为分析研究问题和提高实际工作能力的有效手段。在思想政治教育中,中国共产党早在革命战争年代就通过宣传张思德、白求恩、刘胡兰等英雄事迹,对人民群众进行思想教育;社会主义建设时期又通过宣传雷锋、焦裕禄、孔繁森等先进典型,教育和激励了几代人,产生了无穷的精神力量。同时一批反面典型,如:"黄克功事件"、"刘青山、张子善事件",使人们引为借鉴,发挥了巨大的思想教育功能。

把古已有之、党内有之的案例分析方法借鉴到思想道德与法律基础教育中,是使思想道德与法律基础教育增强有效性的好方法。人生观价值观教育是思想道德教育的重点,也是学生关注的热点问题,在以往的教育中,我们比较注重向学生讲清基本理论,同学们虽有收获,但未能真正触动思想。后来在教育实践中,结合案例分析,取得了较好的效果。比如,在教育教学中我们曾选用过两个典型案例:一个是1991年11月1日,在美国爱荷华大学物理和天文学系留学的中国学生卢刚,因对校方和指导教授不满,持枪杀死了该校的4名教授和一名中国留学生,然后开枪自杀的案例(1992年4月2日《北京青年报》);另一个是到美国留学刚两个月就得了癌症的上海姑娘袁和,在生命的最后时刻,她把死亡当成拐杖,顽强地与病魔斗争,在一年多向死亡挑战后,终于穿上了长长的黑色的学袍(1995年第7期《家庭》)。两个事件都在美国引起了震动。卢刚事件在美国引起了轩然大波,美国的主要报纸、电台、电视台等新闻机构都进行了报道。袁和去世以后,虽然这只是一个普通生命的消失,但也在那一方土地引起了极大的反响。马萨诸塞州的4家报纸刊登了袁和的大幅照片;蒙特·荷里亚女子学院破例下半旗两天,向这个普通的中国女留学生致敬;他们还设立了"袁和中美友谊奖学金";在学校附近的墓地,学院为袁和立了一块碑。她的一位美国同学说:在美国,有的人得了癌症,绝望中他会吸毒、寻找性刺激或自杀,但袁和却一天没有停止学习,她以她的精神支撑她的生命,毫无畏惧地走完了全程,她是一个了不起的人。

我们从这两个案例的主人公的人生观入手进行分析,使人生观的教育更加直观、具体,使教育对象接受起来更能引发思想深处的震动与思考。由于卢刚和袁和对人生的认识不同,他们在生命中留下了不同的轨迹。卢刚在给他家人的信中说:他对金榜题名等人生的四大目标,已经品尝过,可谓知足,28年的人生经历已经使他看淡了人生。由于卢刚追求的只是个人的功利,他对人生的理解过于偏执与肤浅,他的忍耐、克制仅仅限定在拿到博士文凭上。所以,当祖国的概念淡漠、对家庭无所牵挂、感情上已无所寄托的时候,他满脑子只想的就是发泄个人的私愤了。而袁和在自知不久于人世的时候,她留给父母的遗言中也有一段话,她说:"如果有人问我,在生命的终点,你还有什么希望?我希望我们的民族好起来,不再被人看不起,它能够胜过别的民族!那时,我才能真正闭上眼睛。"袁和与病魔斗争的力量源泉是用自己的行为为祖国和中华民族争气。袁和的这种一息尚存、顽强拼搏的精神,使人们看到了人格的力量,袁和以她的勇气和毅力,在异国他乡塑造了中国人的不朽形象。她也是一个普通的留学生,但她为祖国赢得了巨大声誉,为祖国、民族作出了贡献。

袁和的事迹和卢刚事件虽然已经过去多年,但是其引发的不断思考却久远地教育着后来学人。实践证明,在思想道德教育教学中,把这些典型事例,经分析研究,运用在教育中,可使学生受到真实的、深切的教育。

把案例分析教育引进学校的教学过程,形成了一种与单纯理论讲授不同的教学模式,对"思想道德修养与法律基础"这种现实性很强的课程来说是一个值得进行探索的新模式。这种模式使教育对象增强了现实感、实践感,在案例的分析学习中加深了对抽象理论知识的理解,增强了教育的效果。思想道德教育案例的收集、整理和分析,为探索一种理论联系实际的、提高大学生道德素质和能力的新的教育模式提供了一条探索的路径。

案例分析教育为什么能够收到良好的教育效果?究其原因:一是,案例分析是一种启发式、亲验式的学习,体现了启发诱导、学思并重、举一反三的优良传统。通过案例提供的信息和经验,使教育对象设身处地地参与分析解决案例情境所包含的矛盾之中,锻炼、提高了学生综合地运用所学理论去分析、认识实际问题的能力。

二是,案例分析是一种典型分析。典型分析方法是通过对个别典型事例的分析以达到认识一般的方法。毛泽东曾把这种方法形象地比喻为"解剖麻雀"。典型是在一定条件下能表现和说明研究对象的本质特征、发展趋势或规律的个别事物。典型分析是一种由个别到一般、由点到面的认识方法,是思想过程中的归纳方法。这种方法之所以是科学的,就在于它符合人们认识客观事物的正常秩序。人们对于任何事物的认识,都是从个别到一般,又从一般到个别,如此循环往复,逐渐深化的。在这个认识过程中,始终离不开对个别事例的分析研究,尤其是对典型事例的分析研究,所以典型分析是认识事物所必须运用的方法。

在本次编写中,对案例素材的搜集我们采用两种方式:主要方式是查阅文献资料、书籍报刊;也有个别案例是根据作者的工作实践,调查获取的资料。

我们在思想道德教育案例选编中,力求选取那些能够透视时代特征、蕴涵事物本质联系、反映大学生成长过程主要矛盾及热点问题的社会现象,我们选编、整理案例主要遵循了以下三个原则。

第一,从时间上来讲,除极个别的案例,我们收集、编选案例时间段是改革开放以来,特别是近十年来的报纸、杂志、书籍等公开出版物中刊登的人物和事件。古代的或近代历史上的人物和事件不是不可以使用,有些案例可以成为思想道德教育的典型素材。但是,一是这些史料人们可能比较熟悉,没有新鲜感,二是时间岁月的距离使人觉得没有时代感,所以案例使用的效果较差。

第二,从选择的事件来看,我们选择了那些比较符合大学生接受视域范围的典型案例,如知识阶层、管理阶层、高等教育等范围,这些典型事件对大学生的示范效应明显。其他社会阶层,如农民、工人、军人、服务人员的典型事件对青年学生来说,虽然也有比照教育的意义,但因其思考问题的视角与他们距离较远,案例的使用效果不及前者。

第三,从案例选择的典型人物来看,我们选择了与大学生的学习、生活、阅历有某些共同之处,能够引起思想、情感共鸣的人物,如:有作为的知识分子,社会中艰难玉成的典型等。另外就是选取了与大学生活联系密切的、在大学生身边发生的典型案例。我们充分地利用了北京大学名师众多、人才汇聚的资源,广泛地收集了他们的先进事迹,选取了对学生具有震撼影响力的一些典型,如:呕心沥血18年译就《神曲》的田德望老先生;有当代毕昇之称的王选教授;被学生尊称为校园里的焦裕禄的张筑生教授,还有始终笑对人生的桑兰的事迹等。

这些案例由于体现了让有成就的人讲成就,有贡献的人讲贡献,有理想的人讲理想,有道德的人讲道德,有纪律的人讲纪律,十分有说服力。这样的案例也体现了同代人教育同代人,同行人教育同行人,身边人教育身边人,同龄人教育同龄人的效果。

在选编思想道德教育案例的过程中,我们认为以下方面是非常重要的:

第一,思想道德教育案例的选择与分析必须坚持以成功案例为主、正面引导为主的编写分析原则。思想道德教育是通过教育引导大学生树立正确的思想政治意识和养成良好的道德行为,全面提高他们的思想道德素质。思想道德教育的根本任务决定了思想道德案例分析模式必须坚持以成功案例为主，正面引导为主的编写分析原则。

第二，案例选择与分析应具有真实性、典型性和明确的目的性。案例不是文学作品，不能虚构情节。真实性是案例的基本属性，非如此，案例不具有令人信服的结论；典型性是案例必须具有普遍意义，非如此，案例不具有选择的价值；明确的目的性规定了案例的选择、编写与分析的独特视角，案例虽是一种以事实为主干文字进行的表述，但案例不是信手拈来的实例，案例与实例的区别在于：案例的选择必须反映客观事物的辩证联系，所有案例的选择与分析都必须服从一定的目的，非如此，案例不具有实际价值和必要性。

第三，案例分析必须坚持马克思主义的立场、观点和方法。案例是用于思想道德教育和科学研究的素材，必须运用马克思主义的观点进行理性分析。因此，努力把握马克思主义的本真精神，这是我们编写案例及其分析、从事思想道德研究的基本原则。但是应当承认的是，这种资格，不是思想道德教育工作者当然具有的，也不是不证自明地存在于我们的研究之中，它取决于我们能否努力地研读马克思主义的经典著作和真正领悟其精髓。我们所分析的思想道德教育的案例要渗透对时代性的领悟和思索，它表达的实际上也是我们对于马克思主义的一种当代理解，这里有两个问题需要关注：一是，既然是一种对马克思主义的理解，就有一个我们的分析是否真正符合马克思主义的观点和精神的问题；二是，既然是一种当代理解，就有一个是否符合时代精神的问题，我们的分析研究要在把握马克思主义与时代精神这两者之间保持张力，这是我们进行思想道德案例分析乃至社会科学研究的两个基本的向度。

本案例集收入的 106 个案例，其中许多是我们在教育教学中多年积累并使用过的效果不错的材料，也有新近整理发掘的素材和典型。对法律的认同和信仰是道德建设的一个重要内容。社会主义道德与法律是建立在同一社会经济基础之上的上层建筑，在社会意识形态中道德与法律是最具相关性的两种形式。二者本质相同，目标一致，有紧密的联系。因此，道德规范与法律规范在内容上相互衔接，在作用上相互凭藉。一方面，社会主义道德的一些基本原则以法律的形式和要求确定下来，保障了这些道德原则和要求可以得到严格的遵守；另一方面，道德是立法、执法和守法的基础，法律规范的制定、执行、遵守与社会道德水准的高低、全体人民守法自觉性的高低直接相关。本书选取了十余例与大学生密切联系的有关宪法、刑法和民法的案例进行了分析，旨在进一步增进大学生的法律意识。

在编写中，我们常常为典型人物的事迹所震撼。如：为见证《西行漫记》中描述的红军长征的创举,从 1946 年,来到中国的美国人阳早和寒春夫妇,六十年如一日,为追求共产主义信仰,为实践解放全人类的理想,他们脚踏实地在中国喂了一辈子奶牛,为使中国人喝上优质的牛奶,做了一辈子中国的"牛郎",无私地贡献了他们生命中的一切。信仰使他们在清贫的简朴的生活中,心有所依,神有所寄,活得充实,在困乏中有力量,在承重中有快乐,在艰难中有希望。在编写过程中,有许多案例让我们感到事情本身已经具有极大的说服力,以至在写案例分析的时候感到不知如何落笔而踌躇不前。案例分析本应该是在真实叙述的基础上,作者对案例主题进行抽象概括,对其中包含的教育内容进行分析引导,表达作者的看法观点,就事论理,深化提高。我们在案例的分析中常常遇到的情况是,所选取案例主人公的事迹非常感人,境界已经很高,无以复升。我们将要写的案例分析唯恐把原来主人公的思想境界降低了,写俗了,因为我们本人的思想境界没有达到他们的高度。因此,我们越是感到他的崇高,越是无法描述这种崇高,越是钦佩他们的执著,越是无法表达这种钦佩,常常为他们的精神所折服,而不敢妄加评论,以至显得词汇贫乏。

让我们与读者共勉。

祖嘉合

2005 年 7 月 23 日

# 目 录

## 第一章　大学生适应期案例及分析 …………………………………（1）
　　案例一　没有父母在身边,他们无法生活 ……………………（2）
　　案例二　她有好几个难题 ………………………………………（4）
　　案例三　勤奋成就了他 …………………………………………（7）
　　案例四　学习与科研是成才的双翼 ……………………………（9）
　　案例五　学一行,爱一行 ………………………………………（13）
　　案例六　"丑小鸭"独白 …………………………………………（15）
　　案例七　年轻没有失败 …………………………………………（17）
　　案例八　呕心沥血18年译就《神曲》 …………………………（20）

## 第二章　大学生心理障碍案例及分析 ………………………………（23）
　　案例一　猜疑使她陷入人际枷锁 ………………………………（24）
　　案例二　自卑的天空没有阳光 …………………………………（26）
　　案例三　不完美是人生常态 ……………………………………（29）
　　案例四　他害怕失去"第一"的位置 ……………………………（31）
　　案例五　给性格内向者提个醒 …………………………………（33）
　　案例六　郁闷的"自尊" …………………………………………（36）
　　案例七　当生活的聚光灯转向时 ………………………………（39）
　　案例八　考试,让我欢喜让我忧 ………………………………（42）
　　案例九　假隐士的社交恐惧症 …………………………………（45）
　　案例十　自信是成功的第一秘诀 ………………………………（48）

## 第三章　大学生人际交往案例及分析 ………………………………（52）
　　案例一　仅有才华和勤奋是不够的 ……………………………（53）

案例二　内向的人如何寻求友谊 …………………………………… (56)
　　案例三　她更需要人格的平等与尊重 ………………………………… (58)
　　案例四　一份迟到的礼物 ……………………………………………… (60)
　　案例五　"百灵鸟"与"夜猫子"的矛盾 ……………………………… (62)
　　案例六　那份友谊永驻心间 …………………………………………… (64)
　　案例七　停在原地,刚刚好 …………………………………………… (66)
　　案例八　付出的快乐与苦恼 …………………………………………… (68)
　　案例九　朋友,你让我为难 …………………………………………… (70)
　　案例十　恶意竞争毁了他 ……………………………………………… (72)

**第四章　大学生爱情案例及分析** ………………………………………… (72)
　　案例一　爱情不能施舍 ………………………………………………… (77)
　　案例二　真爱需要双方的付出 ………………………………………… (79)
　　案例三　异地之恋的一种结局 ………………………………………… (81)
　　案例四　一个女研究生的苦涩爱情 …………………………………… (85)
　　案例五　她的虚构男友 ………………………………………………… (87)
　　案例六　欺骗感情只为出国 …………………………………………… (90)
　　案例七　同居者的告白 ………………………………………………… (93)
　　案例八　约定时间的爱情 ……………………………………………… (95)
　　案例九　网恋的陷阱 …………………………………………………… (98)
　　案例十　走过失恋 ……………………………………………………… (101)

**第五章　人生挫折案例及分析** …………………………………………… (105)
　　案例一　桑兰始终笑对人生 …………………………………………… (106)
　　案例二　坎坷路上愈挫愈奋 …………………………………………… (110)
　　案例三　她在低谷中化蛹为蝶 ………………………………………… (112)
　　案例四　著《回生日记》与白血病魔抗争 …………………………… (115)
　　案例五　单腿少女勇敢挑战人生 ……………………………………… (118)
　　案例六　生活因奋斗而美丽 …………………………………………… (120)
　　案例七　他的生命留下了青草和绿地 ………………………………… (122)
　　案例八　无声世界中创造的生命奇迹 ………………………………… (124)
　　案例九　名校才女孝心蒙垢 …………………………………………… (126)

## 第六章　奋斗与成功案例及分析 (129)
- 案例一　八倍的辛劳 (130)
- 案例二　法拉第的光荣与遗憾 (131)
- 案例三　靠吃苦精神迈向世界冠军奖台 (134)
- 案例四　创造智慧的世界纪录 (137)
- 案例五　到大学寻梦的"破烂王" (141)
- 案例六　不懈奋斗，誓圆中华登月梦 (143)
- 案例七　在顶峰处寻找新起点 (147)

## 第七章　大学生道德案例及分析 (151)
- 案例一　背着母亲去求学 (152)
- 案例二　一个"枪手"的经历 (155)
- 案例三　一封向老师"要高分"的来信 (158)
- 案例四　你的论文掺水了吗 (160)
- 案例五　"黄毒"缠身，欲罢不能 (163)
- 案例六　用"信用"申请国家助学贷款 (164)

## 第八章　人生选择案例及分析 (168)
- 案例一　马克思信仰的选择 (169)
- 案例二　王选的八次重要抉择 (172)
- 案例三　按自己的方式接受幸福和痛苦 (174)
- 案例四　机会是自己找来的 (177)
- 案例五　没有选择的选择 (179)
- 案例六　专业选择的风景线 (181)

## 第九章　大学生人生观案例及分析 (184)
- 案例一　自立自强打工求学 (185)
- 案例二　一个志愿者的故事 (188)
- 案例三　读书与服务社会的统一 (190)
- 案例四　为什么她甘于与"恶"为伍 (192)
- 案例五　灵魂荒芜的现代"于连" (194)
- 案例六　自私褊狭导致自我毁灭 (196)
- 案例七　他为百元路费实施抢劫 (200)

案例八　从博士到死囚的浮沉…………………………………（202）

**第十章　理想与信念案例及分析**……………………………………（205）
　　案例一　校园里的焦裕禄…………………………………………（206）
　　案例二　奉献的起点在雪域高原…………………………………（209）
　　案例三　北大走出的第一个村支书………………………………（211）
　　案例四　为祖国的强大做贡献……………………………………（213）
　　案例五　在信念中诞生的生命奇迹………………………………（216）
　　案例六　为实现理想向生理极限挑战……………………………（219）
　　案例七　一个优秀的战地记者……………………………………（221）
　　案例八　一辈子做中国的"牛郎"…………………………………（224）
　　案例九　丧失信念就要毁掉一生…………………………………（227）

**第十一章　爱国主义案例及分析**……………………………………（231）
　　案例一　钱学森的报国情怀………………………………………（232）
　　案例二　爱国需要奉献精神………………………………………（235）
　　案例三　18年留德博士今归来……………………………………（238）
　　案例四　"中国芯"爱国心…………………………………………（241）
　　案例五　他实现了实业报国的理想………………………………（244）
　　案例六　一板一球报效祖国………………………………………（246）
　　案例七　用生命完成的追求世界和平的使命……………………（249）
　　案例八　他把侵华日军钉在互联网上……………………………（251）

**第十二章　法律常识案例及分析**……………………………………（255）
　　案例一　中国电子邮件侵权第一案………………………………（256）
　　案例二　震惊全国高校校园的"马加爵事件"……………………（258）
　　案例三　引起社会广泛关注的伤熊事件…………………………（260）
　　案例四　公务员招聘中的血案……………………………………（261）
　　案例五　她的忏悔让人失望………………………………………（263）
　　案例六　他们的做法合理不合法…………………………………（265）
　　案例七　他的赚钱方式错了………………………………………（267）
　　案例八　她的命运将从此改变……………………………………（268）
　　案例九　杀死女友追悔莫及………………………………………（270）

案例十　偷车只为泄私愤 …………………………………… (271)
案例十一　危险的"生意" …………………………………… (273)
案例十二　大学生夫妻离婚闹上法庭 ……………………… (275)
案例十三　谁享有著作权？ ………………………………… (277)
案例十四　一场遗产的纠纷 ………………………………… (279)
案例十五　哪份遗嘱最终生效？ …………………………… (281)

**后　记** ……………………………………………………… (283)

# 第一章

# 大学生适应期案例及分析

对于大学生来说,考入大学是以往理想的实现,也是人生新的起点,是人生旅程中一个重要的转折时期。在大学阶段,大学生不仅生理、心理迅速走向成熟,社会化程度日益提高,而且也处于人生观形成的关键时期和成长的黄金时期。大学期间个人发展状况如何,在很大程度上预示和决定着一个人一生的事业和生活状况。因此,如何尽快适应大学生活,尽早掌握大学生活的规律和特点,是跨入大学校门的莘莘学子必须认真思考和着力解决好的重要问题。

一般来说,大学生活意味着生活和学习等客观情况发生了重要的变化:由依赖父母的家庭生活,变为需要自主、独立的集体生活;由自主性差、自由学习时间少的学习,变为独立性、主动性、创造性要求更高的学习等等。这些客观情况的变化必然影响大学生的心理和思想,导致很多心理和思想矛盾的产生:恋家、怀旧情绪强烈,独立性和依赖性并存,优越感和自卑感交织,忙与茫的困惑,奋斗目标间歇,等等。其中,理想和现实的反差导致的情绪波动最为突出,大学新生普遍存在失落、郁闷、茫然、焦虑等,就是这种情绪的真实反映。

大学生在校的主要任务是学习,但它不再是大学生活唯一的内容。培养能力,全面提高自己的综合素质,造就健全的人格,成为一个和谐发展的人,是大学教育的精神所在,也应成为每个大学生人生定位的指南。胡适先生曾经说过,大学毕业生应该有一点与众不同的标志,这个标志就是"一个多少受过训练的脑筋,一个多少有规律的思想方式",即要有一种看待事物的与众不同的眼光和态度,有独立思维的能力,有见识和鉴别力,不随波逐流。

我们选取的案例,主要是侧重于大学生在适应新环境和新的学习方式方面可能遇到的问题,希望同学们早做准备,冷静应对,进而引导大家学会在独立中成长,积极主动地与人交往,注意调整心理落差,解决专业学习和个人爱好,以及科研、学习和社会活动的矛盾,特别是在如何全面发展自我方面能多驻足思考,选择适合自己的奋斗目标,找到永恒持续的前进动力,踏踏实实地走好人生这关键的几步。良好的开端等于成功的一半。

## 案例一　没有父母在身边,他们无法生活

17岁的小龚,考入外地某大学。但是,小龚刚进入大学不久,便觉得呆不下去了,后悔在外地上大学,于是,她到学校心理咨询室去咨询。

"唔,我想家,我太想爸爸妈妈了,开学都几个星期了,我一点儿也学不进去。我真后悔在外地求学,当初不如就在本省读。"小龚哭泣着向咨询员倾诉自己的心情。在咨询员的劝慰下,小龚讲述了自己入学以来的经历。

早上一觉醒来,小龚想到不是在自己家里,真不想起床,不想吃饭,但又担心拖垮了身体父母着急,于是就强迫自己起床锻炼;课间休息或在宿舍,到处都听到外地人的口音,小龚总觉得自己是被遗弃到异地的外乡人,总感到是在别人的地方,好不自在,孤独极了;每天晚上熄灯后,小龚都是躲在被子里哭,常常彻夜难眠;每到周末,寝室里本地的同学回家了,她更觉伤心和难过。

如今离考试的日子还很远,但小龚觉得呆不下去了,她想回家。在中学时,她成绩优秀,是班上的佼佼者,深受父母和老师的喜爱,她中学时代的生活丰富多彩。如今这些似乎都荡然无存了,她无法适应,她想转学回去。①

B是独生子女,来自一个中原城市的干部家庭,到大学报到的那天,他是由父母、爷爷等人护送到学校的。父母回家的时候曾经嘱咐同学们对B多加关照,同学们平时对他也的确是格外照顾。

这天,夜已经很深了,校园里渐渐沉寂,累了一天的学生们开始上床休息,可是B仍坐在床头。"喂,怎么还不睡啊?"邻铺的同学问道。"我换不了被罩,咋睡?"同学们听了又好气又好笑,忙不迭地帮他安顿好。

其实,这只是B生活中的一幕。他平时连自己的衣服袜子都洗不好,强烈的想家思绪一直困扰着他。B想家的时候,根本看不进书,但是又怕考试不及格被淘汰,遭人嘲笑,只得把自己"摆"在书本前面,对着书发呆。这样的学习状态效果可想而知:他根本记不全笔记,课程内容也很难当堂消化吸收,学习越来越感到困难。他也常想到父母的希望,希望他好好学习,快乐地生活。

---

① 该案例改编自杨承亮:《想家孤独:好像一切从零开始》,《大学生》2000年第9期,第2—3页。

但是他无论如何也做不到,总感到自己像迷途的羔羊,孤独无助,成绩是一落千丈。一年级第二学期,他有四门课不及格,被学校开除了。走的时候,同学们为他惋惜,而他却长出一口气,说:"我真讨厌大学,而今我终于解脱了。"①

**【案例分析提示】**

很多同学认为自己的大学适应情况绝不会如此糟糕,的确,这两个案例在大学新生中并不普遍,很多人虽然在适应新生活方面都存在不同程度的困难,但一般不会产生像上述案例这样严重的后果。不过,这两个极端的案例确实可以让我们更深切地感受到适应问题对于大学生的重要性。一些看似很小的问题,如果不能及时注意并加以调整,就可能引发严重的后果。因为总的来说,现在很多大学生是独生子女,从小受到家长的袒护、溺爱,享受着加倍的关怀照顾,独立生活能力和应对困难的能力比较差。

因此,进入大学的新生,应尽快摆脱过去那种在生活和学习上的依赖性,按照大学的生活规律和学习方式主宰自己的生活,尽早适应大学生活。

首先,要学会在独立中成长。大学新生大部分是第一次离开故乡和父母,面对的是一个全新的环境,一切要重新开始,一切都要靠自己打理。这种独立性的集体生活与以往依赖性的家庭生活有很大不同。面对这些变化,许多新生内心感到恍惚不安,产生苦闷和孤独感、想家,这是很正常的。这里的关键是重新调适自己的心态,培养独立生活的能力,尽早摆脱被动局面,学会独立承担,父母不可能永远陪伴在自己身边。人最终要靠自己,从现在起有意识地磨练自己的意志,始终保持一种乐观的、积极的、向上的健康心态。

其次,要摆脱那种衣来伸手、饭来张口的生活方式和生活习惯,根据学校提供的条件,对衣食起居等一切生活问题做出自我计划,全面安排好自己的学习、工作和生活。比如按时起床、休息、运动,学会整理床铺,收拾房间,自己洗衣服等,还要学会理财。通常来说,家长一般每月或每几个月给一次生活费,大学生要自己独立计划如何消费,不要"寅吃卯粮",影响正常生活。因此,新生对哪些开支是必须的,哪些是不必要的,哪些是可有可无的,都要提前有一个大致计划,尽量做到精打细算,把钱花在刀刃上,避免不必要的消费。尤其要注意根据家庭的经济状况和自己的"勤工俭学"的能力来安排日常消费,不要盲目攀比。

---

① 该案例改编自董晓莉、陈玲、魏冰《折翅的大鹏——大学生退学的心理透视》中《我讨厌大学》,《心理世界》2001年第3期,第22页。

再次，要尽快适应新的环境，建立良好的人际关系。大学生活中与自己同住的同学来自不同的地方，有着不同的成长背景，不同的方言、生活方式、行为习惯和性格，因此，同学之间就很容易产生矛盾和分歧。对于这种情形，如果宿舍"大家庭"中的成员能够有比较清醒的认识，在出现摩擦后本着互相理解、体谅、求同存异的原则加强沟通，就会使矛盾容易化解，宿舍关系也会逐渐和谐融洽。相反，如果不能冷静客观地认识和处理同学间的矛盾，处处以自我为中心，就会使矛盾越积越深，影响彼此的学习、生活甚至身心健康。所以，搞好团结，建立互助友爱、和谐的人际关系，是每个大学生在适应期就必须尽早做好的事。

最后，要学会独立学习。独立性是大学学习的最主要特点。从学习目标的确立、学习内容的选择，到学习方法的探索、自学习惯的养成，都鲜明体现着这一特点。大学新生必须根据自己的情况，自主合理安排学习时间，制定切实可行的学习计划，找出适合自身的最佳学习方法，虚心向老师和同学请教，善于吸取其他同学的好的学习经验。学习知识广博与专深相结合，即以专业为中心广泛摄取知识。通过多种渠道获取知识，除了课堂教学外，可以通过参加各种专业实验、社会实践活动、听讲座和学术报告等方式广种博收。

在独立自由的大学生活中，大学生要特别注意学会自我约束。大学生的学习任务很繁重，同时，自主的时间多，如果没有很强的自我约束力，想干什么就干什么，必将影响学业的顺利完成。蚕作茧自缚是为了日后获得一双奋飞的翅膀，大学生在自主的环境里如何适当地约束自己，对个人今后的发展有重要影响。

（桂石见　秦维红）

**【思考题】**

1. 新生应该从哪些方面调整自己的心态和生活方式？
2. 你认为大学新生面临的最大困难是什么？

## 案例二　她有好几个难题

阿婧是某重点大学的大一新生，在拿到通知书之后，哥哥姐姐们向她介绍大学生活的种种体验，以及大学与中学的不同之处，阿婧不相信，"那不还都是学校和同学吗？有什么好怕的。"

然而，来校报到的第一天，她就遇到了难题——从小就有属于自己独立空间的阿婧不习惯七个人同住一个宿舍的集体生活，尤其是当天夜里睡觉的时候，有人说梦话，有人磨牙，使她受不了，当晚，她就在集体的怀抱中失眠了。

那只是一个开始，问题接踵而来：上中学时，阿婧成绩特别好，老师和同学对她总是另眼相看，她心理上有很大的优越感，在家、在学校、在和同学的相处中，总是别人迁就她，以至于她认为自己总是对的，在朋友中，她始终是圈子的核心。但开学没几天，从小伴随她的那种优越感就受到打击，宿舍里几个室友互问成绩时，阿婧发现有一个同学的分数超过自己，心里很不是滋味。后来在一次全班的认识会上，她发现很多同学的分数都比她高，一下子，阿婧心灰意冷，开学时的豪言壮语、壮志凌云消失了。"我拿什么来拼呢？"她说。好在父母的劝慰使她重拾自信，她悄悄地收起了昔日的优越感，决心一切从头再来。

让阿婧最感困惑的难题是如何与室友相处。阿婧是一个不喜欢雕琢自己、追求时尚的女孩，那些时髦的玩意以及各种名牌对于她来说是一个无法涉猎的领域。正因为如此，她在和同学谈话中经常听不明白室友们所说的一些名词，她想附和她们，却又违背了稍具备一点个性的原则。渐渐地，她对室友们经常谈论的话题产生了厌恶的情绪，但想到还要和室友们生活四年，又觉得不能把关系弄得太僵，自己就不得不按下骨子里天生的一点点清高，以至于她害怕呆在宿舍里，害怕和室友聊天。

还让阿婧心里感到有落差的是：以前和同学们谈起什么事，即使有争议，一般都以她的结论画上句号，而现在，谁也不服谁，这常常让阿婧在面红耳赤的争论中觉得丢失了自尊。她决定尽量少开口，可后来她觉得自己变得孤僻了，竟然发展到不愿意与别人交流的地步，只愿意把自己的苦闷与烦恼用文字传递给远方的朋友。阿婧后来跑去请教哥哥姐姐们，哥哥姐姐们告诉她："这很正常，也很简单，你只要在你所不同意的或者不屑的谈话中，始终面带微笑不露声色地倾听就行了。"阿婧如获至宝，可实践了一两次，并不奏效。阿婧不知道自己该怎么办。[①]

**【案例分析提示】**

本案例中主人公阿婧提出的这些问题，概括起来就是两个方面：个人优越感的丧失和宿舍生活不适应。这些问题在大学新生中具有普遍性。

一般来说，能挤过高考独木桥、考上重点大学的同学，在高中阶段都是学

---

① 该案例改编自阿婧：《我有好几个难题》，《大学生》增刊 2001 年第 12 期，第 44 页。

习的佼佼者。老师的青睐,同学们的羡慕,使他们成为同龄人的中心,无形中可能会形成某种过高的自我评价。进入大学后,全国各地成绩优异的佼佼者汇集一堂,相比之下,很多新生会发现自己显得比较平常,成绩比自己更优异的同学比比皆是。这一突然的变化对这些身经千百次考试的洗礼、把学习放在第一位的学生来说无疑是一个沉重的打击,他们无法接受理想自我和现实自我之间的巨大差距。正如本案例中的主人公阿婧,当发现很多同学的分数超过了她,便心灰意冷,丧失信心。其实,由于个人在学习基础、方法、动机、适应能力和个性特征等方面的差异性,进入大学后成绩发生变化是很正常的,名次的重新排列也是必然的,这样,前几名毕竟是少数,大多数人都要处于中等水平。有些同学只知道纵向与自己相比,却看不到环境和参照系的变化,不能重新认识自己,合理定位,造成超出自己能力范围的压力和自责。因此,新生应该适当放弃从前的优越感,不要只沉迷于过去,而要勇敢地面对新的环境,调整好自己的心态,以乐观的精神状态迎接新的挑战,一切重新开始。

所谓"调整心态",就是要明白"尺有所短,寸有所长"的简单道理,知道人人都有优势和局限,从而对自己作出客观评价,既不妄自菲薄,也不自高自大、苛求自己,以平和的心态去学习和生活。

"重新开始"的关键则是要敢于放弃,选择适合自己的奋斗目标,不要在盲目攀比中迷失自我,并允许自己有一个慢慢成功的过程,积极挖掘和发挥个人才能,在不懈的努力中做回自我,并赢得大家的尊重。正如有的同学所说的:也许我不会是最优秀的,但我会努力做得更出色,大学学习不再简单的是一个分数,我们追逐的也不该仅仅是一个第一名,最重要的是我们应该学会不断地超越自我。的确,大学应该成为每一个大学生展示个性的天堂。

在大学里,多数学生都要住集体宿舍,宿舍就像是他们的家。因此,四年的宿舍生活对大学生的一生有着不可低估的作用,甚至可以改变一些学生的性格和命运。一个气氛融洽、朝气蓬勃的宿舍环境,不仅有利于大学生更好地学习和生活,而且有利于形成乐观进取、团结协作的心态,对于他们将来事业和人际交往的成功都有积极影响。反之,一个没有欢乐笑语、死气沉沉、人际关系紧张的宿舍则会严重影响大学生的正常学习、生活乃至身心健康,甚至可能使他们一生对人际交往存有戒心,不利于积极乐观心态的形成和事业的成功。因此,如何过好宿舍生活,对于初入大学的学生来说是非常重要的。

首先,要跟同学处好关系。处好关系,宽容是不可缺少的原则。要学会关心别人,从别人的角度考虑问题,不能只顾自己的感受。要学会理解、接受他人的生活习惯和价值体系。如果别人的生活方式有碍于自己的生活,可以委婉地提出意见，并适当地进行自我调整，尽量做到与同学多沟通，互相协调。宽容不是庸俗地迎合别人，而是在明辨是非的基础上以宽容的心态对待别人，接纳别人，尽量使周围的人过得愉快，自己也能保持乐观、开朗的心态。有的同学为了和别人处好关系，无原则地讨好别人，凡事小心翼翼，不敢随自己的心愿，放不开手脚，生怕得罪别人，从而不仅使自己因失去了个性而情绪压抑，而且也会不自觉地助长他人的一些不良习惯，甚至可能使别人看轻自己，时间一长，自己不想再这样委曲求全了，与同学的关系就会变得紧张，容易产生更大的矛盾。

其次，日常生活中，应该主动与同学交往，同学有困难的时候，更应主动地给予帮助。俗话说，"若要人敬己，先要己敬人"，"爱人者，人恒爱之"。只要自己以坦诚的心态对待别人，帮助别人，设身处地为他人着想，良好人际关系的建立是自然而然并不困难的。

另外，在平时的生活中，大学生可以主动组织宿舍同学进行一些积极健康的文体活动，如郊游、爬山、打篮球、唱歌等，以加强相互之间的交流、了解和信任，增进同学之间的感情，建立融洽和谐的人际关系。

(桂石见　秦维红)

【思考题】
1. 新生应该如何正确认识和对待优越感丧失的问题？
2. 如果其他同学的生活方式有碍于你，你应该怎样做？

## 案例三　勤奋成就了他

20世纪90年代，在国际大气科学研究领域活跃着一位中国年轻人的身影，他把数学和大气科学很好地结合起来，对大气动力学和地球流体力学的基本理论问题进行了卓有成效的研究，取得了一系列具有国际先进水平的成果，站在了国际前沿。他是谁？他就是中国科学院大气物理研究所研究员、博士生导师，同时兼任中国气象学会动力学委员会委员、美国地球物理学会会长、欧洲地球物理学会会员的穆穆。

穆穆，1954年出生在安徽省定远县一个平凡的教师家庭。12岁那年，穆穆带着成为科学家的梦想走进中学的大门。当时正是"文革"初期，学校无法进行正常的教学，但是穆穆深信，学习知识没有错，他偷偷捧起课本。一些好心的老师发现了这个好学又有才华的学生,也都将教材借给他。有一次,班主任送给他一份《参考消息》,上面刊登了人类第一次登月壮举的消息,穆穆受到了很大的震动,他为人类征服自然的伟大壮举而骄傲,同时也为祖国的落后而焦急。这一切决定了他自学的决心,激励着他在求知的路上拼搏。没有书,找老师借,没有钱买煤油,就与同学合点一盏油灯。就是凭着这股锲而不舍的求知欲望,到1973年,他不仅自学完成了"文革"前高中的全部课程,而且还自学了一部分高等数学中的微积分。

后来,那场震动全国的知识青年上山下乡运动来临,穆穆打起背包来到了农村。到了农村,他被安排在小学教书,一个人负责全班学生的语文、数学、音乐等课程。1975年5月,穆穆被推荐到安徽大学数学系应用数学专业学习。在大学里,穆穆更加刻苦学习,用功读书。元旦之夜,大学生们都在载歌载舞庆祝新年,他却在教室里彻夜读书。当时的大学,"白专道路"的帽子满天飞。谁要是学知识,就被看成"白专"典型;谁要教知识,便被打成"臭老九"。但是这一切,都没有动摇穆穆追求知识的决心。他从学校的图书馆借来许多大学教材,私下请教那些有名望的老师,同他们讨论研究难点和疑点。在他的日历上,没有星期天,没有节假日。

辛勤的耕耘终于结出了丰硕的果实。1978年秋,穆穆被安徽大学数学系录取为硕士生,成为"文革"后第一批研究生中的一员。1982年,穆穆参加了博士生考试,被复旦大学录取,成为谷超豪、李大潜两位院士的弟子。[①]

【案例分析提示】

穆穆是成功的,回顾他的成才经历,穆穆远没有我们幸运。他经历了"文革"的浩劫,学习环境和学习条件比现在艰苦得多。中学时代书都很难找到,大学时代也没有现在这么好的教学设备,没有著名的教授指导,甚至不能像我们现在这样自由地学习。他的经历告诉我们,执著的追求,勤奋的学习,是成功的基本要素和重要保证。古往今来,凡是事业有所成就、对人类有所作为的人,无一不是坚忍不拔、脚踏实地、艰苦奋斗的典范。发明家爱迪生,没有受过什么教育,青年时期处境十分艰难,但是他终生奋斗,在81岁时,还取得了第1033项专利。牛顿的三大发明:数学上的微积分、力学上的万有引力定律、光学上的光学分析,也是他刻苦学习的结果……

---

[①] 该案例改编自国强:《学风笃实——记中国科学家大气物理研究所研究员穆穆》,《时代潮》1999年第3期,第59页。

爱因斯坦曾经说过:成功=艰苦的劳动+正确的方法+少说空话。有的同学看到别人写出了好作品或者高水平的论文,有了新的发现和发明,得了金牌和奖励,出了名,总认为人家是"天才","脑子灵活"。其实,先天素质并不是影响成功的主要因素,成功与否关键取决于个人的后天努力。有的人虽然先天资质聪明,但是如果缺乏刻苦奋斗的毅力,遇到困难、挫折就退缩,这样的人是很难成功的。相反,有的人虽然不是很聪明,但是如果他们刻苦勤奋、意志坚强,在困难面前不屈不挠,就终会获得成功。

可见,勤奋是克服先天弱点、克服困难的最有效的方法。华罗庚说过:"勤能补拙是良训,一分辛苦一分才"。只有勤奋和努力,才能弥补那些先天不足,充分发挥自己的潜力,也才能克服不利环境和条件的影响,最终走向成功。

勤奋好学也是激发和保持个人进取心的动力。青年学生的进取精神还不稳定,容易受懒惰、软弱、胆怯、拖拉等劣根性的影响。当一个人遭受困难、挫折的打击,或者是受到环境、条件等不利因素制约时,进取心就更为脆弱。这时,只有坚持不懈地刻苦努力,才能避免陷进痛苦沮丧的深渊,继续保持进取精神。

"书山有路勤为径,学海无涯苦作舟。"大学时期正是大学生打基础的关键时期,要想在以后的人生道路上有所作为,必须充分利用大学的有利条件,刻苦学习,努力奋斗,谁怕艰苦,谁就不能成功,那种企望轻轻松松获得成功的想法是不切实际的。

(桂石见　秦维红)

【思考题】
1. 你怎样理解"成功=艰苦的劳动+正确的方法+少说空话"这个公式?
2. 你怎样理解先天素质和后天努力的关系?

## 案例四　学习与科研是成才的双翼

戚建刚踏入梦寐以求的大学校门时,与许多同龄人一样,充满着好奇、羡慕又略带迷惘。

一年级的时候,戚建刚参加了很多活动,如新生杯歌咏比赛、辩论赛、篮球赛、足球赛、模拟法庭。活动完毕和同学们一起喝酒,吃宵夜,醉酒之后,跟着他们一起放声吼着摇滚中的词儿。但是到了深夜,躺在床上,戚建刚经常责问自己:"这就是大学生活吗?"他曾多次试着摆脱这样的生活,但每当一次活动开始,他又急冲冲地参加了。一年下来,他自己的综合测评成绩很不理想。

二年级刚开学,戚建刚遇见了一位比自己高一年级的师兄,是法学研究会的负责人,这个师兄建议他俩一起搞科研。戚建刚开始时很不自信,他觉得科研是那么的神秘、深奥,自己没那方面的能力。那时正好系里要搞一次学生论文报告会,师兄让他尝试参加。从那以后,戚建刚的生活焕然一新。

为了参加进入大学以来的第一次学生论文会,也为了证明自己科研方面的能力以便能与那位高年级的学生一起干,他开始积极查阅资料。但法学有这么多领域,自己只学了点皮毛,不知该从何处下手。在一次民法课后,他请教了老师,老师很高兴,并主动提出做戚建刚的指导老师。老师给了他民法的"表见代理"与"用益物权"两个课题,他选择了后一个。

接下去的一个多月,戚建刚一有空就往图书馆里跑,检索目录,查找资料,复印,做笔记,与老师交谈。当时他发现写论文是那么的艰苦但又是那么的有趣。两个月后,当论文打印成稿,民法老师告诉他论文肯定会获奖,而且还可以发表,戚建刚深切地知道那是一位年长的学者对一位初涉科研殿堂的学生的鼓励。鼓励成了戚建刚继续进行科研的巨大动力。报告会开始后,果然不出老师所料,戚建刚的论文在系里 200 多篇论文中脱颖而出,取得了第二名。那位高年级的同学主动邀请戚建刚参加法学研究会,戚建刚正式成为他的学术助手。就在法学研究会里,他一直干到毕业,由一名干事,成为系里学生科研负责人。

那是充满挑战、机遇、责任的学生科研组织。学校里每年都要举行校论文报告会,暑假社会实践成果评比,系里每学年都要组织学生论文报告会,共青团、全国学联还组织"挑战杯"竞赛,戚建刚从不放弃任何一次机会,每一次科研竞赛他的论文总能获奖,并且大多数能够发表。三年多下来,累计撰写论文 20 多篇,合计 17 多万字。

由于科研方面的投入,戚建刚的生活与一般同学有很大区别。周六、周日,特别是假期,成了他写作的最佳时刻。每当开始动笔写论文,他都会选择比较安静的小教室,一坐就是一整天。由于从事的法学研究离不开现实的活生生的社会实践,三年的科研历程,他带着低年级的同学,走访了萧山、富阳、杭州、绍兴等市的有关土地房地产管理部门、律师事务所、审计部门,与警察和法官们交流学术观点,了解房地产管理和审计部门中的管理难点和实际案例,并为一些村民的债务纠纷案件奔波劳碌……社会实践,进一步开拓了他的学术研究领域,并且让他明白了社会需要法学什么,而他作为一名本科生又能做什么等实际问题,从而使他的研究兴趣越来越浓厚。

当很多同学要他谈科研的秘诀时,他说:"当荣誉接踵而来之时,我把它们作为从事科研能力的一种证明,科研需要创新,但这种创新来自平时长时期的积累,来自平时看似平凡的工作。我相信自己在科研道路上将会更加自信地走下去。"①

【案例分析提示】

戚建刚作为1999年度的"全国三好学生标兵",品学兼优,成绩卓著,三年来撰写的论文达20多篇,而且大多数都发表了。他取得的成绩和拥有的荣誉,令人羡慕。但是在这些成绩和荣誉背后,凝聚了他多少辛勤的汗水和艰苦的努力啊。

知识的积累和能力的培养是成才的两个方面,二者缺一不可。广博的知识是培养和发挥能力的基础;能力的培养,既激发求知的渴望,又会促进知识的积累。如果只强调知识的积累,往往会成为脱离实际的书呆子,而没有足够的知识储备,又会影响能力的发挥。

大学生的学习任务是非常繁重的,需要花费大量的时间,搞科研也是一项非常艰苦的事情,同样需要投入大量的时间和精力。如何处理好两者的关系,做到两不误?关键是要合理分配和科学运筹时间。鲁迅先生说:"时间就像海绵里的水,只要肯挤,总是会有的。"戚建刚很好地把两者结合起来,在专业学习方面,他与其他同学一样,要完成150个学分才能毕业,体育要达标,计算机要通过等级考试,他每一篇论文大约需要两个月的时间,而他又不能因为从事科研而影响学习,时间从何而来,就是一个字"挤",戚建刚是放弃了许多娱乐休息时间来从事科研的。

科研能力的培养是一个长期的过程,大学新生应该及早进行一定的科学研究训练,而戚建刚的经历正好为大家提供了许多值得借鉴的经验:

首先,搞科研要有"不怕"的精神。一是不怕入门。有的学生认为做科研是非常困难的事情,不敢涉足。人最大的敌人是自己,突破自己设置的心理障碍,你会发现许多事情原本并非想象得那么难。当然,在开始做科研的时候,应该从容易下手的题目做起,切忌好高骛远。否则,一旦失败会使自信心受到严重打击。二是不怕吃苦。马克思说:"在科学的入口处,正像在地狱的入口处一样。""只有不畏劳苦,沿着陡峭山路攀登的人,才有希望达到光辉的顶

---

① 该案例改编自戚建刚:《科研,塑造平凡与自信》,《大学生》2000年第1期,第6—7页。

点。"搞科学研究包括选择研究课题,搜集整理材料,对材料进行分析研究,最后写出论文或者报告,每一步都需要付出艰苦的劳动。

其次,搞科研,要认真选题。科学研究,选题非常重要。刚开始搞科研,选题要结合自己的专业、特长和兴趣,要选择那些自己比较熟悉、有能力完成的题目。决不能不考虑自己的能力,去选择那些自己不熟悉,难度大的课题去做。题目太大,不好驾驭,容易肤浅空洞,而小题目,比较容易写得全面、丰富、深入、有新意。

再次,要注重积累资料。如戚建刚所言:"科学需要创新,但这种创新来自平时的长期积累。"进行科研,没有勇于创新的精神,提不出新的见解,只会人云亦云。而创新需要一定的知识储备为基础,创新是在对占有材料的加工整理的基础上取得的,因此收集材料非常重要。收集资料要注意尽可能地收集第一手资料,找到最原始的根据,而且尽可能多而全,包括不同观点、不同时期、不同角度的论述,不能断章取义只选取适合自己口味的材料,这样才能保证从大量材料中提取正确的观点。收集材料主要靠平时的积累。一是从书本上积累。即平时看书要做一些摘录,作一些读书笔记,到需要的时候能很快找出来。二是社会调查。社会调查是掌握第一手资料、接触实际、了解社会的重要途径。对于收集到的资料则要及时进行整理,通过认真阅读分析,分清主次,分门别类,并适当摒弃一些过时无用的资料,这样,运用资料时就方便多了。

最后,搞科研,要虚心向他人请教。大学里有很多老师,他们有渊博的知识,丰富的社会阅历,学术上也很有建树,而且他们大都有"诲人不倦"的精神,所以,如果自己有什么问题,应主动向他们求教,老师的指点可以让你少走弯路,使成功更有保证。还可以向其他同学尤其是高年级同学请教,因为他们的学习经验和科研体会可能会给你更切实的帮助和启示。

(桂石见)

【思考题】

1. 知识积累和能力培养的关系如何?
2. 大学生从事科研要注意哪些问题?

## 案例五  学一行,爱一行

王海珍毕业于一所省级院校的畜牧业专业,现在是中国农科院畜牧研究所某国家课题组成员。但是,在王海珍上大学之前,对"畜牧业"这个专业词语没有丝毫印象,也从来没有想过从事畜牧业,更没有想过搞畜牧研究。高一的时候,老师让她谈未来的理想,她毫不犹豫地回答"作家",作家才是她的真正梦想。然而高二分科的时候,几经踌躇,她却选择了理科,没有别的理由,原因在于当时理科升学率高,毕业以后好就业,于是作家梦就这样悄悄地被搁置了。高考填报志愿她的第一志愿是"冶金"。王海珍高考分数并不理想,一个"可调"将她从"冶金"转为"畜牧"。当王海珍拿到通知书时,她懵了,"畜牧"一词她第一次听说,况且是在边疆不起眼的学校!

进入学校的第一个学期,王海珍自责、自艾、自卑,感到非常的委屈,灰色情绪表现到了极点,班级活动不热心,对同学爱理不理,学习心不在焉,面孔就像刚下过霜,抱怨自己没能上好大学,抱怨自己的畜牧专业。但后来,王海珍看到周围的同学并不像她那样,全班同学30人,真正报考畜牧业的只有一人,其他同学都是被调配去的,但是这些同学都过得很好。第二学期她开始反省自己,毕竟这一切也算是自己选择的结果,没有什么可抱怨的。似乎只有一个假期,她明白了很多,开始试图努力改善这一切。随着自己内心冰雪融解的那一刻,她感到了温暖的阳光,从此,图书馆多了一个刻苦努力的背影。

大四毕业的时候,王海珍捧着名牌大学的研究生录取通知书和一摞荣誉证书,几乎忘记了刚入校时的灰头灰脸。上研究生的时候,她依然选择了当年调配的畜牧业,研究的课题是饲养场的异味问题,她再也不会让怨艾阻挡自己前进的步伐。她不停地告诉自己:"干一行,爱一行。只要努力,我一定会做好!所有的选择在自己,一切改变都在自己。"[①]

【案例分析提示】

王海珍刚入大学的时候,因所学专业与自己的志向不一致,从而表现出自责、自艾、自卑的情绪。但是经过反思,她改变了对专业的态度,刻苦学习专业

---

① 该案例改编自王海珍:《在这个世界能对自己负责的唯有自己》,《中国青年》2001年第23期,第43—44页。

知识,并考上了名牌大学的研究生,专攻"畜牧"业,后来成了农科院畜牧研究所某国家课题组成员。王海珍的经验告诉我们:调整心态,重新审视自己不喜欢的专业非常重要。

在大学新生中,很多学生的专业与自己的志向不同。对此,一部分学生表现出非常消极的态度,整天在抱怨,心灰意冷,无心学习;有的学生则把精力投入到其他的兴趣爱好中,而把专业课置之度外;还有的学生则干脆选择退学的道路。

其实,专业并非所好,未必就是不幸。

首先,如果我们能像王海珍那样转换一个视角去对待它,或许会"上错花轿嫁对郎"。

其次,要立足现实,面对现实,认真学习所学专业。尽管有的学生对自己的专业不满意,但就我国现阶段的高等教育体制和高校的教学管理方式看,一旦入学,专业调换受到一定的限制。大学生可以在学好专业课的同时发展自己的兴趣爱好,根据学校的制度规定,辅修自己感兴趣的专业。

再次,要正确认识专业和个人发展的关系。一些学生认为自己所学的专业没有多大用处,从而产生消极应付的情绪和态度。其实,大学中的各门专业,都是社会所需要的,都有着自己特殊的位置,缺一不可。大学教育是专业教育,更是素质教育,是对学生综合素质的培养。作为大学生,既要学习专业知识,更要注重综合素质培养,综合素质提高了,不必担心以后"无用武之地"。还有的学生认为自己所学的专业是社会上的冷门专业,没有什么发展前途。实际上,专业的冷热是相对而言的,所谓的"冷门"、"热门"只不过是社会在不同时期对职业的需求不同而已。随着社会对各类专业需求的不断变化,所谓的"冷门"、"热门"会不断的转换,不能跟"风"。"三百六十行,行行出状元",无论你选择什么专业,只要你用心去做,都能做好。甚至可以说,"冷门"专业比热门专业更有发展前途。

清华大学符松教授在大学读书的时候,毫不犹豫地选择了流体力学。有人断言流体问题将会被作为世纪之课题遗留给下一个世纪,但是符松教授选择的就是这个"冷僻"的看似"永无出头"之日的湍流问题。正如符松教授所言:"当你的学问做到了一定层次之后,就没有什么冷热门之分了,任何一门学问里头都有一些非常有意思的东西,等待着那些在小路上坚持走到最后的人。那些所谓的'热门'因为研究的人多了,倒往往成为钱钟书先生说的'闹市之学'。"

(桂石见　秦维红)

【思考题】
1. 所学的专业与个人兴趣发生矛盾的时候怎么办？
2. 怎样看待所谓的"冷门"、"热门"专业？

## 案例六 "丑小鸭"独白

小莉是大一新生，长得不好看，曾经为此十分自卑，但最后她从自卑的阴影中走了出来，请听听她的内心独白：

我知道自己长得不好看，在我出生的时候，大人们就已经这样认为了。于是他们就把我打扮成一个假小子的模样，对我并不是特别在意，尤其在我又有了一个弟弟之后，我在家里愈发没有地位。虽然父母不是很明显地不喜欢我，但我可以感觉到那种不同。这造就了我倔强、独立的性格。

在小学和中学时代，我还没有真正感觉到一个人的长相到底对自己有多大的影响。可是，到了大学之后，我愈发感觉到长相带来的烦恼。刚刚来到大学的那段时间，看着那些穿着靓丽的女生们快乐地在校园中走过，深深的自卑感就会不时地侵袭我，眼看着其他同来的女生已经开始成双配对，我心里着实有些不是滋味。我知道自己丑不会有男生喜欢的，我失落痛苦。同学不爱与我交朋友，老师不喜欢我，一些文娱活动没有人通知我参加……这每每让我自卑不已。但这只是最初的我，经过了一段时间的接触，大家逐渐接受了我。开朗的性格、做事的热情使我成为班干部，我组织的各项活动受到大家的好评。虽然我外表不是很美，但是我可以让同学们感受到我的心灵在微笑。我在以自己的热忱和真诚感动每一个人。

现实中我没有美丽的容貌，我就在网络中实现。网络是虚拟世界，网民们在网上也都戴着面具。当你进某个聊天室，门口也许会有口令问你是"俊男"还是"靓女"。每每自惭形秽，可又想在网上没有人知道你是谁，为了满足虚荣心，我也可以填一个"靓女"混进去，要是帖子再奔放一些，绝对有把握引得一帮"俊男"要跟我"面谈"。其实大家也都知道，网上无美女或者很少美女。于是我知道，在虚拟世界我永远都不会找到真实的自己，那只能是对真实生活的逃避。于是，我回到现实。

生活归于平淡，平平淡淡才真。既然我没有办法改变自己的容貌，但我可以发展别的东西呀。大学的学习生活是开放的，我不满足于仅仅学习本专业知识,我去选听外系的课程,培养写作方面的爱好,发展自己的文学特长,并且参加了各种社团,在那里我找到了很多志同道合的朋友。

虽然我长相不好看,但我从不放弃对生活的信心。当我看到自己发表的文章,我有自豪感;当我和同学一起完成一项任务,成功结束一项活动的时候,我有成就感;当我脚踏实地努力之后,我想生活可以更精彩……①

**【案例分析提示】**

自卑是大学新生常见的问题。产生自卑的原因是多方面的,如贫穷、长相不好、口才差等。本案例中的主人公刚进入大学的时候因为容貌欠佳而自卑,但她后来努力克服了自卑,开始了积极、精彩的生活,这对许多因长相自卑的同学走出心理低谷不乏启示作用。

进入大学以前,学习好坏是很多学生评价自己的主要标准,只要学习好,她们一般不会因为长相而自卑,正像案例中的小莉所说的,在小学和中学时代,还没有真正感觉到一个人的长相到底对自己有多大的影响。但进入大学后,个人素质、特长和长相等,逐渐成为影响人际亲和力的主要因素。处于青春期的大学生,对异性交往更为敏感,都希望自己有吸引力,能引起异性同学的注意和好感。一般来说,英俊的男生、漂亮的女生在人群中总是很受欢迎,这就自然使一些学生因为自己的长相不好而自卑。她们不好意思与人交往,特别在人多的场合,总是低着头。别人多看她们一眼,就如芒刺在背,认为是在讥笑她们,瞧不起她们。还有一些人独来独往,任何集体活动都不愿意参加。

容貌欠佳是自然生理现象,现在人们可以通过美容、整容等加以改变。但是,这并不是最佳途径。对容貌欠佳的人来说,最简单也是最重要的方法就是改变、调整对容貌的认知方式和态度。人们虽然改变不了容貌,却可以调整、改变对待它的态度,那就是不能在容貌焦虑的心理牢狱中一筹莫展、无所作为,更不能因此自暴自弃。

正确的方法是树立信心,在自己心灵上扬起生活的风帆,积极行动起来,找准前进的道路,努力发挥自己的优势,在事业发展的进程中展示自己的潜能和才华,只有这样才能摆脱心理阴影。就像案例中的主人公所说的,"既然我没有办法改变自己的容貌,但我可以发展别的东西呀。"

树立信心,克服自卑,不断调适自己的心态,要注意做到以下几点:

---

① 该案例改编自许晓辉:《我很丑,我的美丽在灵魂深处》,《大学生》2000年第9期,第5页。

一是要学会悦纳自我。人在很多的时候是靠自我悦纳而存在的,也就是说,自己对自己的肯定和接受才是更重要的,才能表明自己存在的意义。一个心理学家说过:美与丑,不仅仅在于一个人的本来面貌如何,还在于他是如何看待自己的。实际上别人对你的态度,不仅仅取决于你的"条件",更多的是取决于你自己看待自己的态度。如果你自己对自己十分接纳,虽然也知道自己有缺点但是仍然爱自己,那么,你在和别人交往时就会在无形中传递出这个信息——我是一个可爱的人。这样,你的交往就会自信而主动,你也就会得到别人的接纳。想想你所喜爱的人都是漂亮的人吗?那些并不漂亮的人为什么也同样让你喜爱呢?就是因为他们喜欢自己,从而影响了你对他们的态度。所以说,一个人是否可爱,首先在于他是否爱自己。

二是保持积极进取的心态。要积极参与各种活动,让别人认同和接受自己,千万不能封闭自己。如本案例中的主人公刚进大学的时候,同学不爱与她交朋友,老师不喜欢她,文娱活动没人通知她参加……可以说,正是自卑让她画地为牢,才会产生这样的结果。但是到了后来,经过一段时间的接触,大家逐渐接受了她,原因还在于她自己,是她开朗的性格、主动的交往、做事的热情得到了同学的认可。

三是树立正确的审美观。人的美是内在美与外在美的统一,培根曾说过:"形体之美要胜过颜色之美,而优雅行为之美又胜过形体之美。"有了生理美而不注重心灵美,也是不可爱的。心灵美是生理美的源泉。大学生追求生理美的同时,更应该注重心灵美。刚入大学校园的大学生,尤其是自身外貌条件不如意的同学,应该面对现实,把精力放在学习上,渊博的知识和高尚的心灵可以弥补外表上的某些不足。

(桂石见　秦维红)

【思考题】
1. 你曾经有过因长相而自卑的经历吗?你是如何克服的?
2. 如何看待外表美和内在美的关系?

## 案例七　年轻没有失败

朱英华,吉林工业大学信息学院计算机专业 1996 级学生,出生在安徽枞阳县一个贫困的农民家庭,在他上大学前,家里就已欠下了几千元的债务。当朱英华拿到吉林工业大学录取通知书的时候，全家都非常高兴，但几千元的学费何处着手？大学四年的花销哪里去凑？家里实在无能为力，全家人为之发愁、难过。

求知的欲望促使朱英华千方百计去凑钱。从收到通知书的那天起，他就四处奔波去借钱，还到工地打工。这样，开学的时候，他凑足了4000多元学费。朱英华满怀对知识的渴求走进了大学校园，交完学费后，手里只剩下200多元钱。为了坚持学业，他每天靠馒头咸菜充饥，或者与饥饿抗争，也曾向同学借钱。但是，这毕竟不是长久之计。贫寒的家庭，生活费的长期无保障，渐渐抑制了他的求知欲望，他产生了退学打工的念头。

朱英华退学打工的念头被学院老师知道后，学校和学院领导高度重视，学校给予朱英华一等特困补助，他还成为学院"爱心基金会"的第一个受资助者。学校的关怀把朱英华从濒临退学的危机中挽救了出来，使他重新建立起对大学生活的信心。从此，朱英华认识到贫困的人没有悲观的权利，应该用勤劳的双手、奋斗的足迹去抗争生活的苦难，铺就求学的道路。

于是，在老师们的帮助下，朱英华有了一份勤工助学工作，在学校里的勤工楼微机室看管微机。不久，他又得到了第二个岗位，在第一教学楼微机室管理微机、复印、打字。这样，每个月朱英华不仅可以增添百余元的生活费，而且也学到了一些电脑知识，并慢慢具备了独立编程能力。靠着艰苦的劳动，他生活自立了，有时还能给父母寄点生活费。

面对充满荆棘的生活之路，朱英华以强者姿态站立起来。他刻苦地学习专业知识，并自学计算机软件开发的各种知识，还利用勤工俭学机会，边学习边实践。第一次实践经历是为校化学系开发一个新软件，这对于他这个非专业的学生来说是非常困难的。但他克服了重重困难，一边学习，一边工作，查阅了图书馆的相关资料，解决了很多技术上的难点，花了将近两个月时间终于完成了编制任务。他可以独立开发软件了！他既兴奋又踏实，因为他的努力换来了同学的方便，每一学期都有几百名学生使用这个软件模拟化学试验。此后，朱英华被推荐到计算机实验室配合老师的课题，之后，又被推荐到多媒体工作室配合教师开发软件。他比以前更加努力了，先后组织了多项软件开发。他的课余时间几乎都是在工作室度过的，并经常通宵达旦。寒冬腊月，工作室的房子很大，供暖设备少，他经常冻得手脚冰凉。

"一分耕耘，一分收获"，经过努力，朱英华开发的软件获奖了。从1998年5月起，朱英华开始以长春市融信技术研究所兼职程序员的身份进入了商业软件的开发，后来又担任了公司的软件工程部门经理，由朱英华组织、分析和具体开发了"金融定量分析百科全书"、"金融写作之指南"等商业软件。

在校期间,朱英华两次被评为学校优秀学生,多次获得人民奖学金,1999年10月参加全国数学建模竞赛获得省二等奖,1999年12月又参加国际数学建模竞赛获得二等奖。大学毕业了,朱英华放弃了5000元月薪的公司,毫不犹豫地选择了创业,他说:"我认为年轻没有必要向'钱'看,关键是学本领,创事业,实现自我。"[①]

**【案例分析提示】**

因为经济窘迫陷入生活、学习困难的贫困生不是个别的。巨大的经济压力使贫困生们承受着很大的心理负担,有时会导致他们不堪重负而退学甚至自杀。面对贫困怎么办?案例中的朱英华靠自己的勤劳和奋斗去抗争生活的苦难,铺就求学道路的经历,给我们提供了很好的借鉴。

第一,要正视贫困,不能回避。要学会多角度地认识人生,把困难作为一种精神财富,懂得"与困难争、其乐无穷"。不要把贫穷看成压力,而是把它当成一种促使自己成长的动力,笑对人生。贫困生穿着朴素,吃的、用的也很俭朴,而经济条件好的同学出手大方,穿着时髦,这是事实,你得承认,但是你不要去和别人比谁吃得更好,不要和别人比穿什么衣服,而是去和别人比你的成绩如何、你真正赢得了多少朋友的信任、你究竟在大学里学到了什么,这样你会发现其实自己很富有。

第二,要增强自立自强的本领和克服困难的信心。贫贱不能移,生活再艰难,也终究是可以度过的,风雨后的彩虹会更美丽。面对贫困,我们可以用自己的双手去改变这个现实。现在很多学校都为贫困学生提供了勤工助学的条件,很多大学生靠自力更生,边读书边打工,打出了自己的一片天空,有的还把兼职赚来的钱寄给家里,给父母带来莫大的安慰,就像本案例中的朱英华。但应当注意的是,不能因为打工而荒废学业,不能一味地往钱眼里钻,打工挣钱是为了更好地完成学业。

第三,要克服虚荣心,做到实事求是。"穷"是客观现实,不是自身的弱点,也不是缺点。要让别人看得起自己,首先自己要看得起自己。如果一个人瞧不起自己,有着极度的自卑心理,那么,别人热情对他,他会认为是施舍;别人不理他,他会认为是看不起自己。比如有的学生认为,拿了贫困补助,似乎就矮人一等了,做什么事情顾虑就多了,就活不出"真我",所以,宁愿挨饿挨冻,

---

① 该案例改编自朱英华:《年轻没有失败》,《大学生》2000年第9期,第12—13页。

也不去申请学校的贫困补贴。其实,没有人会单纯因为你贷款而瞧不起你,关键看你是如何花钱、如何生活的。如果你贷款后,仍然不改节俭本色,而且用节省下来的打工的时间更加刻苦地学习,那么,你完全可以很坦率地把自己的实情告诉同学、老乡和朋友,自然得体地与人交往,别人不但不会歧视你反而会更加尊重你。当然,如果你拿贷来的钱大手大脚地花,学习也不用功,丧失了贫困生的本色,那同学自然会瞧不起你。

(桂石见　秦维红)

**【思考题】**

1. 你怎样看待大学生勤工俭学?
2. 现在一部分贫困生认为"人穷志不短",不愿意拿学校的贫困补助,你对此有何看法?

## 案例八　呕心沥血18年译就《神曲》

意大利诗圣但丁的著名长诗《神曲》,问世于14世纪初叶。作者采用中古幻游文学的形式,自叙作者于迷途之际游历地狱、炼狱和天国的见闻。这部长诗知者甚多,懂者甚少,人称"令人敬而远之的奇书"。其原因之一是:《神曲》内容博大精深,涉及到中世纪社会生活、文化生活、精神生活的各个领域,它包含着历史、哲学、政治学、神学、宗教、文化艺术和文学典故,它使用了大量的象征、比喻、隐喻,因而增加了阅读的难度。原因之二是:《神曲》作为一部用诗体写成的巨著,全文采用三韵句,即每三行是一个诗节,每三行隔行押韵,连环押韵,一押到底。全诗一共一万四千二百三十三行,全部用三韵句作连续押韵。每一行严格地用十一个音节,诗体的结构和韵律艺术形式完美而严谨。上述两个原因使许多翻译家望而却步。据了解,上个世纪20年代至80年代,我国有6个中译本问世,但多限于片段译介,仅有的两个全译本是从法文、英文转译而来,直接从意大利文译出的全译本始终告缺。

鉴于《神曲》是开启意大利文艺复兴时代的代表作,在西方文学史上具有承上启下、继往开来的重要地位,上世纪80年代初,这一巨著的译介便被确定为国家重点工程。1982年,73岁的北京大学田德望先生将中国知识界一个世纪的夙愿担在肩上,开始了译注《神曲》的漫长跋涉。这一历史的选择不是偶然的。田先生上个世纪20年代就读于清华大学西洋文学系,开始研习《神曲》,30 年代赴但丁故乡佛罗伦萨大学深造,又师从著名学者莫米利亚诺教授,钻研《神曲》,精通意大利古典语言和文化,他还通晓英语、德语,对中国语言和古典文化有着很深的造诣。

从 1982 年至 2000 年的 18 年间,田德望先生因患腺体癌而经历了两次大手术。2000 年 8 月,91 岁的田先生终于将《神曲》的最后一部译完。两个月后的 10 月 6 日,先生便与世长辞了。他为《神曲》耗尽了最后的精力,终于完成了在中西文化交流史上具有重要意义的宏大工程。1990 年,人民文学出版社出版了田德望先生翻译的《神曲·地狱篇》,1997 年出版了《神曲·炼狱篇》,2000 年《神曲·天堂篇》出版。

意大利诗人但丁耗时 15 年创作了长篇叙事诗《神曲》,而将《神曲》由意大利原文翻译成中文更是用了 18 年。2003 年 1 月 15 日,《神曲》中文版珍藏本问世。这部《神曲》中文版珍藏本是人民文学出版社在《神曲》三部曲中译本出齐之后,又对全书做了认真校订,统一体例,合集出版,并采用了法国著名画家杜雷为原书所作的 135 幅精美插图。中国国际文化书院院长、中国意大利文学会会长吕同六深情地回忆起田德望翻译《神曲》的情形。"在这期间,他经受两次大手术,视力严重衰退。因为术后淋巴回流,行动不便,即使是这样,他仍坚持每天翻译两个小时,孤独地同但丁进行着灵魂的对话。"

翻开这部珍藏本,最大的特点是,其中的注释之多令人惊讶。据统计,仅《炼狱篇》的注释就达 34 万字之多,差不多是正文的 5 倍。而整部《神曲》的注释更多达 70 万字,汇集起来本身就是一部学术巨著。[①]

**【案例分析提示】**

由于《神曲》这部百科全书式的巨著,继承了古典文化和中世纪文化的精华,涵盖了那个时代各个领域的知识;又由于中意两国的语言、文化和社会背景存在着巨大的差异,要把《神曲》译成汉语,实在是太难了,《神曲》的翻译是一项无比艰辛的工程。正当田德望先生忘我地投身其中时,他突然身患生殖系腺体癌,经受了两次大手术和长时间放射治疗的痛苦。此时,他已八十高龄,但他没有向病魔屈服,绝不放弃自己的追求,而是以衰弱的身躯,惊人的毅力,义无反顾地继续工作。他每天戴着深度近视眼镜,手执放大镜,艰难地伏案工作两小时。就这样,日复一日,年复一年,总共十八个年头,田先生沉浸在

---

① 该案例改编自吕同六:《田德望和〈神曲〉》,2001 年 11 月 10 日《人民日报》第 8 版,2003 年 1 月 22 日《中华读书报》,北京大学教授田德望呕心沥血 18 年译就《神曲》(记者王小琪)。

《神曲》的世界里。翻译《神曲》构成了他生活的全部内容。他把自己的生命给予了《神曲》，同它合二而一了。2000年8月，《神曲》全书的翻译大功告成；10月，田先生就永远地离开我们，驾鹤西去了。从田先生身上我们看到：真正潜心学术的人是要把生命放进去的。

《神曲》译本凝聚了田先生的魂灵和心血，凝聚了他的学说和智慧，凝聚了他的整个生命。如果说，凤凰在烈火中获得再生，那么，田先生在他翻译的《神曲》中获得了再生，获得了永恒。田先生以毕生的追求，完美地实现了但丁在《神曲》中对世人的教诲："我们生来不是为了像兽类一般活着，而是为追求美德和知识。"（《神曲·地狱》第26章）

《神曲》中文珍藏本令我们唏嘘不已，更令人惊叹的是，在田先生的翻译中，整部《神曲》的注释多达70万字，从中不难看出译者深湛的学术功力、严谨的治学态度、尽瘁学术的精神风范。田先生的《神曲》译本是中意文化交流史上的一座丰碑，具有久远的价值。

每所大学都有一个传统，传统有时候是有形的、可以量化的，比如，学校的主体建筑始建于多少年、出了多少院士、在历史书中记载着多少名人等。它有时候又是无形的，时常隐藏于一两个人的故事中。一个大学不会因为一两位学者的离开受到太大的影响，不过，先辈学人走过的足迹，却无形地留在了它的传统中。发扬这些传统，是对逝者最好的纪念，也是对生者的最有力的激励。正是许多像田德望先生这样的学者，在学习和科学研究中，一丝不苟、严谨求实的精神，严格的要求和严密的作风，培育了北大严谨求实的优良作风，形成了北大不务虚名、不求私利、不断追求新知、不轻信、不马虎的品格，使我们在这样的校风和学风熏陶中，潜移默化地感到一种鞭策和激励。让我们发扬和继承这些优良的传统和作风，共同铸造大学的精神家园。

（祖嘉合）

**【思考题】**

1. 我们如何培养严谨求实的学术精神？

2. 进行学校优良传统和作风教育，你认为对你大学四年甚至一生的意义是什么？

# 第二章

# 大学生心理障碍案例及分析

　　大学生处于青年初期,这一时期是人的生理、心理发展的重要时期,是由青少年不成熟的人格状态向成熟状态转变的时期,心理正处于迅速走向成熟而又未完全成熟的过程之中。众多的调查数据和大量事例显示,大学生思想活跃,自我实现的要求强烈,但由于心理素质和意志品质比较脆弱,面对激烈的竞争,相当部分的大学生心理负荷过重,存在着不同程度的心理障碍。

　　大学生常见的心理障碍有四种,即逆反心理、情绪障碍、人格障碍、性心理障碍。其中,由自卑、抑郁、焦虑、恐惧、嫉妒等不良情绪引起的情绪障碍在大学生中最为常见。自卑是大学生中最普遍的一种情绪,也是引发其他不良情绪、产生心理障碍的根源。抑郁、焦虑、恐惧、嫉妒等情绪来自自卑心理,大学生常见的心理疾病如神经衰弱、焦虑症、社交恐惧症和抑郁症等,也在很大程度上与自卑情绪直接相关。

　　大学生发生心理问题的领域主要集中在学习、人际关系以及恋爱和性方面。大学生心理问题的产生,有学校、家庭和社会等客观环境方面的原因,但更主要的还是学生自身的原因。一些大学生不能正确地认识和评价自己,思维取向上存在绝对化、过分概括化等认知误区,容易导致心理问题的产生。而人生价值取向上的低层次性、狭隘性、功利实用性则是大学生产生心理问题的根本原因。

　　我们选取大学生比较常见的心理障碍案例进行分析,是希望同学们了解一些心理学方面的基本知识,掌握一些有效的消除心理压力和障碍的方法,注意观察、反省他人和自己的不良情绪,防微杜渐,自觉养成心理保健意识,及时释解烦恼、郁闷。应该说,这些心理学知识和方法对于大学生调节心理、应对挫折、保持乐观积极的情绪,有一定的启发和指导作用。但这种作用不是绝对的、无限的。说到底,承受挫折,保持心理健康的根本方法还是要树立正确的人生价值观。

## 案例一　猜疑使她陷入人际枷锁

华素素是某大学生物系的学生。她们宿舍一共住着6个人,同宿舍其他人之间的关系都十分密切,几乎无话不谈。唯独华素素一人与众不同,总是板着脸,一副不苟言笑的样子。同学们对她总的印象是:性格过于内向,城府太深,难以捉摸。她平时做事谨小慎微,连走路也轻手轻脚,小心翼翼。她在自己的床前拉了一块布帘,在不上课又不去图书馆的时候,常拉上帘子一呆就是几小时。初入学时,大家都难以接受,有时隔壁宿舍的同学来串门,不知这布帘后面有个大活人,一不小心碰到了,难免吓一大跳。这种怪怪的感觉,大家许久都不适应。

大多数与华素素接触的人都有一种感觉,认为她的疑心特别大,什么事她都会联想到自己。其实,有些问题,别人根本就没往她身上想。比如有一次,由于门没锁好,宿舍不幸被小偷光顾,虽说损失不大,大家难免彼此有些埋怨。华素素尤其紧张,反复申明自己并非最后出门,后来越说越离谱,竟然声称这一天自己和某某在一起,以表明自己的清白。实际上大家从来没有怪罪她,也没有怀疑过小偷出于内部。后来舍友们发现华素素的疑心更大了,时时刻刻提防着别人。她的笔记本用后总是很严密地收好,来信也总是反复看过封面、邮戳,确认没有破损方才放心。有的同学还注意到,她每每在进入宿舍前都会听一阵墙角,好像怀疑别人背地里搞什么阴谋诡计。这些情况令同学们很反感。

大三是大学生活最紧张的一年,华素素不知何故,考试连连失误,她显得更加紧张了:睡眠明显减少,疑心更多,听墙角的时间也更长了。一日,她突然对同乡小娟说,班上的同学都在嘲笑她、议论她;又说她平时不讨好老师,想必是老师报复,所以她考试屡屡不顺利;她还担心有人跟踪她,借故搞她的名堂。就这样,华素素疑心重重,不但搞不好学习,也处理不好人际关系,常常和同学、老师发生冲突。后来领导请来了心理医生,医生诊断华素素患的是偏执型人格障碍。[①]

---

① 该案例改编自郭丽主编:《心扉轻启——大学生人际交往心理个案解析》中《多疑的姑娘》,华南理工大学出版社1999年版,第96—98页。

**【案例分析提示】**

　　患有偏执型人格障碍的人的内在体验和行为具有持续的明显偏离正常生活状态的倾向。其特点是固执,多疑,情感不稳,心胸狭隘,好嫉妒,自我评价过高,对挫折过分敏感,容易敌视或蔑视别人,不容易和别人相处。案例中的华素素就是这样,为人敏感多疑,常将他人无意的或友好的行为误解为敌意或轻蔑,过分警惕与防卫,总认为自己是正确的,并将自己的挫折或失败归咎于他人。

　　人的心理与行为从某种意义上说,是"人与人关系"的投影。人的所思所想和所作所为都脱离不了人与人的关系。解决华素素心病的症结就在于改善不妥当的、有困难的人际关系。如果华素素与周围同学的关系改善了,一切问题也就迎刃而解了。通过案例我们知道:华素素的关键问题就在于对他人缺乏信任,使自己陷入了臆想中的"人际枷锁"。因此,仅靠她个人的努力来改变这种困境比较难。况且,当局者迷,她自己可能并未意识到自己的问题。这就需要心理医生对她加以指导、训练,或者需要同学们热情主动的帮助和配合。一般来说,心理障碍多是由挫折经历和认知偏差产生的,只要对症治疗,尤其是当事者具有正确的认识和改变的决心,那么,基本是可以治愈的。

　　人是社会性的动物,只有拥有良好的人际关系,生活才会像阳光般灿烂,否则,即便身处拥挤的人群中,也会感到无比孤单。一般来说,心理健康的人能够保持适当和良好的人际关系。能够在集体允许的前提下,有限度地发挥自己的个性;能够在社会规范的范围内,适度地满足个人的基本需求。心理健康的人乐于与人交往,不仅能接受自我,也能接受他人,悦纳他人。同时他也能为他人所理解,为他人和集体所接受,能与他人相互沟通和交往,人际关系协调和谐。既能在与挚友同聚之时共享欢乐,也能在独处沉思之时而无孤独之感。在与人相处时,信任、同情、友善、尊敬等积极态度总是多于猜疑、嫉妒、畏惧、敌视等这类消极态度,因而他们能在社会生活中有较强的适应能力和较充足的安全感。华素素总是脱离集体,与周围的同学格格不入,常将他人无意的、非恶意的甚至友好的行为误解为敌意或歧视,因此常常过分警惕与防卫。华素素在不信任他人,伤害同学的同时,也极大地伤害了自己的身心。

　　我们应该给自己一个笑脸,也给他人一个笑脸,让心情亮丽起来。

　　首先,要对同学真诚相见,以诚交心。每个人都要采取诚心诚意、肝胆相照的态度积极地与同学相处。要相信大多数人是友好的和比较好的,可以信赖的,不应该对同学存在偏见和不信任态度。要克服偏执心理,寻求友谊和帮助,交流思想感情,消除心理障碍。

其次,在交往中要尽量主动给予朋友各种帮助。这有助于以心换心,取得对方的信任和巩固友谊。尤其当别人有困难时,更应鼎力相助,患难中见真情,从而取得朋友的信赖,增强友谊。

最后,要懂得尊重别人。只有尊重别人,才能得到别人的尊重。在大学生活中,冲突纠纷和摩擦是难免的,要学会忍让和有耐心,懂得宽容和克制;要学会对那些帮助过自己的人说声"谢谢";要学会向自己认识的所有人微笑。正如一首诗所说:"微笑是疲倦者的休息,沮丧者的白天,悲伤者的阳光,大自然的最佳营养。"所以,从现在开始——微笑!

(潘良)

**【思考题】**

1. 如何区分正常的怀疑与病态的疑心?
2. 保持良好的心情有哪些好处?

## 案例二 自卑的天空没有阳光

杨恩尧出生在遵义县的一个小山村里,家境贫寒。作为杨家8个儿女中唯一的儿子,父母和姐姐们都对他溺爱至极,同时也对他寄予了莫大的希望。1992年,杨恩尧没有辜负父母的苦心,以优异的成绩考上了上海某重点大学。

然而,刚到大学,他就失去了先前的兴奋和喜悦,他感到自己在班上是最寒酸的,抬不起头做人。而且,他还对自己的"腋臭"耿耿于怀,认为自己生理有缺陷。感情丰富的杨恩尧又特别敏感,只要哪个同学的鼻子有意识或无意识地抽动一下,他就感到受了侮辱和歧视。因此,同学们的聚会他即使很想参加也总是借故不敢出席。对于杨恩尧来说,最为致命的心病还在于他认为自己的男性特征发育不好,所以上学期间他最怕去澡堂。就这样,贫寒家境、腋臭、男性特征发育不好使杨恩尧陷入了深深的自卑之中。为了摆脱自卑,取得心理上的平衡,赢得他人的尊重,他认为只能凭借优异的成绩。于是他经常挑灯夜战,刻苦读书。终于,1996年本科毕业后,他如愿以偿,考上了本校工程系的研究生。然而,学历的提高并没有给他带来心理的健康。

读研开始时,杨恩尧和他的室友肖琪还相处得不错。可是,时隔不久,杨恩尧发现肖琪的成绩遥遥领先于他,这对将成绩看作唯一目标的杨恩尧来说,是件不能容忍的事。自尊、自卑、自责、自强一起混杂在他心中,使他心理发生了扭曲。他当面称赞肖琪"你真行",可背后又诋毁肖琪,说他考试作弊,不诚实。此后,他开始变得自私、孤僻,成了不合群、不受欢迎的人。1998年3月,肖琪与杨恩尧暗恋的一女研究生确立了恋爱关系。杨恩尧的心理变得更加失衡,多次试图阻挠他们,结果反而遭到了那位女生的唾弃。这件事使他深受打击,情绪异常消沉,精力无法集中,书看不进去,毕业论文也没心思写,工作也不想找,内心萌生了以死求得解脱的念头。但他又害怕自杀。他曾经问过一位同学,用什么方式可以死得更快些?那个同学开玩笑说,杀人枪毙最简单了。说者无心,听者有意。1998年7月31日早晨5点不到,杨恩尧醒来后感到脑子乱哄哄的,他再也控制不了杀人的冲动,拿起十天前就准备好的菜刀向熟睡中的肖琪的头部、颈部猛砍了数十刀,致使肖琪当场死亡,自己也受到了法律的制裁。[①]

**【案例分析提示】**

自卑是自我意识偏离后所产生的一种情绪体验和在这种情绪支配下担心失去他人尊重的心理状态。通俗地说,自卑是一种自己看不起自己,又以为别人也看不起自己的心理状态。事实上,自卑心理倾向人皆有之,只不过有强有弱而已。在学校、社会里我们要和形形色色的人打交道,从而产生种种对比和竞争:身体容貌、家庭背景、学习成绩、经济状况等。可以说,没有人能在各方面都高人一等,在不同的层面上每一个人都有己不如人的失败体验。但只有当自卑达到一定程度,影响到正常的学习、生活时,才可称之为心理疾病。

大学生中存在着各种各样的自卑现象。如果深入了解,可以发现大学校园里有许多像杨恩尧这样的学生,他们可能因为家庭经济条件不好产生心理压力;或者因失去了以前的优越地位而自卑;也可能是因为个人身体生理的缺憾产生自卑。青年大学生对自身的关注越来越多,从关注自己的身材衣着进而关注自己的言谈举止,于是便努力提高自己的语言能力,学习说话的技巧,改变行为的方式,至于身材容貌,他们却无能为力,有的人就开始为自己的身材容貌而忧虑重重,过分关注的结果是导致严重的自卑。自卑会在内心形成一种压力,造成心理上的失衡与不安。由于自卑,他们以往形成的关于自己的美好印象遭到了破坏,开始自己否定自己。这一过程往往是相当痛苦的。

杨恩尧自卑感的形成就是他把自己与别人比较后产生了不认同感而引起

---

① 该案例改编自周洁、白杉:《溺爱毁灭了两名研究生》,《心理医生》2000年第4期,第28—29页。

的。由于杨恩尧太关注自己某些方面的不足,难免对自己在这些方面的表现深感失望。自卑感作为一种消极的自我评价或自我意识,具有明显的泛化特点,认为自己一处不如别人,就处处不如别人,"只见树木,不见森林"。杨恩尧很敏感,总是怀疑别人看不起他,常常把同学一些无关的言论与行为,看成是对自己的蔑视,内心的自卑情绪因而日益加重。更为致命的是,杨恩尧对自己的不良情绪总是加以掩饰,以至于日积月累,自卑心理渐渐使人格发生了扭曲,最后走上了犯罪杀人这条不归路。

  对于自身的优缺点和自己的行为及感觉,通过观察、思考,人们一般都能够清醒地把握。人们还能通过自己的意志信念去控制、改变自己的言行。因此,在认识自己的过程中,大学生应尽量避免夸大自己的劣势,以免陷入悲观心态。"金无足赤,人无完人",对于自己的不足之处,有时需要巧妙地运用"阿Q"战术,占领心理上的制高点。比如,如果有的人为自己的身材不高苦恼,就不妨用"矮个子长寿"、"浓缩的都是精华"等想法来进行自我解嘲和解脱。在日常生活中,如果人们都能自然地运用这种态度来对待那些不可改变的事实,那么,良好的心境将随之而来。

  假如经过自己乐观评判后,仍然无法避免自卑感的产生,这时就要学会有效地对待自卑。既然已经认识到自己确实存在某种自卑感,就不要再欺骗自己,不要强加掩饰,而要真诚勇敢地面对它,力争用最好的方法加以克服,这样可能会取得许多意外的收获。

  任何时候人都要相信自己,即使自己在某些方面的确不如别人,也不要轻易否定自己,毕竟人不可能真的一无是处,要相信每个人通过努力,总会在某些方面胜过别人。

  任何事物都有两面性,自卑的产生也并不一定总是坏事。其实,无论何种成因下的自卑心理,都深藏着积极的一面,它可能激发我们身上某些隐藏的潜能,激发我们的斗志,从而转化为积极的动力。所以,自卑并不可怕,关键是我们如何看待自卑。只要我们的看法发生改变,自卑对于我们的作用也就会相应改变。通过对自卑的产生过程及可能导致的后果的了解,大学生应形成这样的认识:在现实生活中,每个人都可能因为自己某些方面的不足而产生一定程度的自卑情绪,强者和弱者都会自卑,但强者会使自卑转化或受到控制,让自信占领心理的制高点。相反,弱者可能听任某种焦虑感和失落感长期得不到矫正,从而使之日渐内化为一种压抑和自卑心理。因此,大学生要充分认识自卑对个人潜能的激发作用,保持自信,这样就能成为"常胜将军"。

(潘良)

【思考题】
1. 如何发掘自卑的积极因素?
2. 谈谈你对"阿 Q 精神胜利法"的看法。

## 案例三 不完美是人生常态

小叶是法律系的学生,他在大学期间表现很好,多次获得奖学金。然而,他却错误地将自己的价值仅仅定位于外在的分数与名次,认为要不输给别人,就必须保持自己在成绩上的"优越感"。于是小叶计算着每一次考试的分数,计算着自己可能的排名,深深担心自己比不过别人,总是想如何立在他人之上。于是,从大学的某个时期起,就渐渐地形成了一种注意自己成绩的强迫性思维。他发现,如果他念书的方向是面对窗户,那么考试的分数可以达到前一二名,背对窗户就没有这种效果;如果念完书举起手表看到分针停留的数字,有可能成为自己下次考试成绩的某个数字;还有,他对 9 这个数字特别喜爱。除了这些,甚至上课的座次、自己衣服的颜色、路上遇到红灯的次数,以及电话响的铃声数等等,都使他联想到与成绩分数的关系。其实小叶心里也很清楚这一切与成绩分数不可能有关系,也知道自己的努力才是最重要的。但是,班上的同学都是那么优秀,往往名次之间分数相差很少,因此,他一直想找出那个自身努力之外的冥冥力量,于是渐渐陷入无尽头的强迫思考症状中。他注意走路的步伐,上阶梯的数目,如果数字不吉利,必要的时候必须重走一遍;100 元的电话卡只能用 1 元,因为剩下 99 可能是下次考试的分数,为此他积累了许多不能用完的电话卡;那件黄衬衫不能再穿,因为上次穿着它上课时,正好老师在责备全班不用功,是不太好的象征。这种限制逐渐从动作、衣着发展到语言。他不敢告诉同学自己的念书状况,如果说出来,可能会得到反效果。像是今天明明可能会很专心学习,一旦告诉同学,可能就容易瞌睡;自己的女朋友其实很美丽,但也不能说出来,免得很快就失恋。就这样,原本只是期待功课好,后来却成为自己举手投足的诅咒与控制,生活变得紧张与焦虑,精神上的负担越来越大。他感到失眠、尿频、头疼、全身盗汗、心跳加快。以前他只是觉得面对的竞争对手实在是太多了,到后来,转而害怕到公共场所人群聚集的地方,因为那使他想到要一一打败这些对手。每当这时,他便觉得呼吸困难,压力好大,脑袋一下子全部空白,几乎要停止心跳,于是,小叶逃开人群,个性变得退缩与胆怯。①

**【案例分析提示】**

　　强迫症是指以强迫观念和强迫动作为特征的神经功能性疾病。它一般表现为头脑中反复出现一些相同的观念、想法，自己虽然明知不对，但却无法控制，从而产生痛苦。一般来说，强迫症是由于思虑过多，从而使自身的思维和行动拘泥于固定的模式难以自拔而产生的，其直接表现就是某些异常习惯的形成。

　　某些强烈的精神因素往往是强迫症的起病诱因。学习紧张、人际关系不和谐、与日常习惯反差极大的行为的发生等，都可能使患者长期紧张不安，最后诱发强迫症的出现。症状的内容往往与患者的期望或面临的心理冲突有一定的联系。

　　就拿小叶来说，刚开始或许是出于一种与运气或迷信有关的尝试心理，把学习成绩与某种特定的行为联系起来，渐渐地就变成了无法控制的思考过程，总想找出自身努力以外的某种神奇力量。这样慢慢扩大，本来是一种要求完美的精神，渐渐成为磨人的强迫症思考。小叶的焦虑与强迫症状起因于与同学的竞争压力，害怕自己输给别人，而深层次的原因在于过分追求完美，总希望达到尽善尽美，生怕丧失自己的优越感。

　　我们每个人都在寻求完美，把完美作为一种理想境界激励自己进步，这本身没有错。但如果将寻求完美变成了一种精神禁锢，就有失偏颇了。作为一种理想境界，完美永远是只能无限接近而不可能达到的。相反，不完美才是人生的常态，是人生的真正状态。我们要热爱生活，就要在这种不完美中寻找人生的真谛。有这样一个故事，讲的是有个圆被切去了好大一块，它想让自己恢复完整，没有任何残缺，于是四处寻觅失落的部分。因为它残缺不全，只能慢慢滚动，所以它在路上欣赏野花，和毛毛虫聊天，享受阳光。有一天，这残缺的圆终于找到了一个非常合适的碎片，开心得很。它把碎片拼上，开始滚动。现在它是完整的圆了。但是它却发觉，因为它滚动得太快而错过了路上的风景。最终，它把补上的碎片丢在路旁，慢慢地滚走了。其实人生也是如此，只要我们如残缺的圆继续在人生之途滚动并细尝沿途滋味，就能达到渴望的完整。这个故事和生命的里程给予我们这样的启示：不求事事如愿，但求问心无愧，尽力就好。

---

① 该案例改编自叶在庭：《尽力就好》，《心理辅导》2000 年第 9 期，第 52—53 页。

一般来说,有强迫型倾向的人格主要有两种类型:一种是疑虑多,遇事犹豫不决,缺乏决断力;另一种是固执、倔强、过分追求完美。这两种类型都具有注重细节、求准确、追求完整的共同点。强迫性人格的形成主要与生活环境和生活态度相关。凡事要求过于刻板化,务求一丝不苟,十全十美,事前反复推敲,事后后悔自责,这些都可能成为强迫症的诱因。

在我们的日常生活中,正常的人也会出现强迫现象。事实上,大多数正常人都曾出现过强迫观念,例如不自主地反复思考某一问题,或念某两句话,或唱一两句歌,或是完成的事情总是放心不下,要反复多次检查确实无误后才能放下心来。但是,有强迫症状的人并不一定有强迫症。这些强迫症状只要不是多次重复,也无心理痛苦,就不是强迫症,也不会对生活造成太大的影响。避免强迫症的产生,关键是要把握好人生态度,善于适时地向生活作出妥协,就像一首歌里唱的那样:往前一步是黄昏,退后一步是人生。

(潘良)

【思考题】
1. 我们应该怎样看待完美?
2. 怎样有效地防止强迫症状转化为强迫症?

## 案例四 他害怕失去"第一"的位置

宏健从小就是个好学生,成绩一直名列前茅。他的好胜心十分强,始终抱着"努力学习,力争第一"的信条。进入大学以后,面对强手如林,他时常生出"既生瑜,何生亮"的感慨。面对激烈的竞争,为了不落人后,他几乎把所有的时间都用在学习上。随着竞争越来越激烈,压力不断加大,他的心态也开始变得不正常起来。由于宏健成绩很好,又非常刻苦地攻读,所以同学们都善意地称他为"科学家",但宏健却认为这是同学们在嫉妒他,调侃他。要是同学找他借笔记或问难题,他就觉得同学们是想利用他,超过他。有时他在学习,同学在一旁高谈阔论,他就会想这是同学在存心影响他。而如果看到其他同学也在用心地学习,宏健就会更加紧张,生怕别人会超过他。为了避开同学的影响,有时他会跑到图书馆去自习,但这时他又会觉得不安心,脑子里会钻出奇怪的念头:同学们在干吗?他们更用功吗?就这样,疑神疑鬼,反反复复,折磨得自己时刻提心吊胆,和同学的关系也很僵。有时候宏健也意识到这是在自寻烦恼,可又无法摆脱。竞争的烦恼似紧箍咒般缠着他,越箍越紧,他内心很痛苦,可是又没有人可以倾诉。就这样,无形的精神压力把他逼到了崩溃的边缘,他感到头晕头痛、胸闷气急、记忆力衰退,学习效率也开始下降。去校医院检查,发现生理指标一切正常,是精神上的原因。他感到这样学习太艰苦了,再也无法承受这种压力,于是他这个一等奖学金的获得者想逃离这个环境,向辅导员提出了转系要求。[1]

**【案例分析提示】**

一般来说,失败时产生的心理问题,往往会引起人们的注意,而掩盖在成功背后的心理问题则常常被人所忽视。由于成绩好,没人发现宏健的潜在问题,导致隐患日积月累,最后终于爆发了。人们一般会以某种标准来衡量一个人成功与否,但是否因为成功拥有了真正的自信心、成就感,是否因为成功使自己变得更加幸福,则只有成功者自己最清楚。成功看起来炫目,但也可能变成一个美丽的陷阱。有时成功会令某些人对自己的期望一升再升,对成功更加依赖,只能成功不能失败。如果与这种强烈的自我实现欲望相伴随的是较差的承受能力,那么,这种脆弱的竞争心态最终就会导致精神压力过大,成为成长道路上的绊脚石。

在我们今天生活的社会中,处处充满了竞争的气氛,在我们期望着生活越来越美满,渴望着享受最美好的生活方式时,我们必须参与竞争,迎接挑战。竞争可以克服惰性,促进社会的进步与发展。对于个人来说,竞争可以促使人们满怀希望,朝气蓬勃,充分调动生理和心理上的潜能,不断取得心理上的满足。这是一种健康的心理。但是,竞争也容易使人在长期的紧张生活中产生焦虑,表现出神经质、身心疲劳等问题。一旦竞争失败,就会变得压抑、消沉,这是消极的竞争心态。

宏健之所以产生那么大的精神压力,以至于后来要转系、逃避现实环境的根本原因,就在于他太害怕失去"第一"的位置。在他渴望成功的心理背后是惧怕失败。对于竞争,应该保持正常的心态。要知道,有竞争,就会有输赢,就会产生成功者和失败者。就像体育比赛有冠军也有最后一名。冠军只有一个,绝大多数参赛者都拿不到冠军。但是,输要输得起,这次输了,要争取下次赢回来;这个项目输了,要争取另外一个项目夺取胜利。试想,一个初出茅庐

---

[1] 该案例改编自姚守红:《叩问精神家园——透视大学生心理健康问题》中《唯我最好,面对竞争无所适从》,《青年一代》2001年第4期,第6—9页。

的参赛者,不承受多次失败,缺少不甘落后的进取精神,缺少顽强的毅力和百折不挠的气概,缺乏良好的心理承受能力,没有允许别人超过自己的博大胸怀和努力进取再超越别人的英雄气概,那么,很难设想他最终会成为冠军。

当然,有时成功也是可以预见的。这就要求我们,对于自己要有一个客观的、恰如其分的评估,努力缩小"理想我"与"现实我"的差距。在制定目标时,既不要好高骛远,又不要妄自菲薄,要把长远目标与近期目标有机统一起来,脚踏实地,一步一个脚印地做起。这样有助于目标的稳步实现,也会不断增强自信,人生的路就越走越顺。这种状态下的人能够面对现实,接受现实,并能主动地去适应现实,进一步地改造现实,而不是逃避现实;对周围事物和环境能做出客观的认识和评价,并能与现实环境保持良好的接触;既有高于现实的理想,又不会沉湎于不切实际的幻想与奢望,同时对自己的力量有充分的信心;对生活、学习和工作中的各种困难和挑战都能妥善处理。相反,好高骛远的人则往往以幻想代替现实,不敢面对现实,没有足够的勇气去接受现实的挑战;总是抱怨自己"生不逢时"或责备社会环境对自己不公而怨天尤人,这样将无法适应现实环境,也不容易取得成功。

有时候,我们在竞争中会发现"一条道越走越黑",这就要求我们能审时度势,扬长避短。一个人的需求、兴趣和才能是多方面的,虽然在这条路上面临"山穷水尽"的困境,但如果换条路,说不定能开创出"柳暗花明又一村"的局面。这种科学的转移法能减少挫折感,增加竞争中成功的机会。这样做不是逃避,而是一种积极地应对竞争的科学方法。要知道人生是多层面的,是丰富多彩,人生的目标和价值也应是多元的。而且,失败乃成功之母,如果能从失败中悟出一番道理,或者在竞争中学到了新的知识,谁能预料它不是更大成功的开始呢?

(潘良)

**【思考题】**
1. 逃避竞争与超越竞争有何区别?
2. 你如何看待学习成绩在大学生活中的位置?

## 案例五 给性格内向者提个醒

郑卫刚进大学不久,就有一件事给同学们留下了深刻印象。那次,班上选班干部,老师要求每个人先介绍一下自己,然后大家再来投票选举。那一天气氛很热烈,大家都认真介绍自己。轮到郑卫的时候,他说什么也不肯上台,经班主任再三鼓励,他总算站了起来,谁知走到台前后,又突然跑了出去,弄得大家莫名其妙。后来才知道他读中学时就特别内向,平时不喜欢说话,身边没有一个朋友。

大学几年,郑卫成绩很好,一直名列班级的前几名,然而他很少和同学交往,总是默默地学习,独来独往。大三的时候,郑卫谈恋爱了,他恋爱的事也搞得很神秘,总是秘密地约会,后来到底还是分手了。失恋后,他变得更加孤僻了,整天一个人发呆,又经常神经兮兮地,同学都不知道他在干些什么,总替他担心。到了大四,开始找工作了。由于郑卫成绩很好,所以他满怀信心,认为凭自己的成绩,找一份满意的工作应该问题不大。但有一次,郑卫到一家公司去应聘,面试的时候,对于几个很简单的问题,他满脸通红,结结巴巴,磨蹭了半天,也没有回答出来。结果同去的两个同学成绩不如他好却都被录取了,唯独他落选了。这对要强的他来说,打击很大。那段时期,郑卫成天铁青着脸,什么话也不说。有时同学去安慰他,说还有机会,一定可以找到好工作的。郑卫却冷不丁冒出一句:就看期末了,就看期末了。原来他把期末评上"三好学生"看成找工作的一个关键筹码。但不幸的是,郑卫在那次评选中也落选了。本来这也没什么。况且,郑卫以前就被评上过,哪有年年都当选的。但郑卫太把它当回事了。希望越大,失望也就越大。那天晚上,他喝了很多酒,醉醺醺地跑到系主任家里,找系主任评理,希望能改变结果。当系主任告诉他那是系里集体投票的结果,不能改变时,郑卫趁着酒劲,突然一下子跪倒在系主任面前。系主任生气地把他拉起来,说亏你还是个大学生,怎么这么没出息呢!郑卫就猛地站起来,把系主任推翻在沙发上,又掀翻桌子,把电视机也给砸了,然后冲了出去。第二天,这件事在学校传开了,大家都没想到一向性格极为内向,与世无争的他会做出这样的事。系里闹翻了天,说什么的都有。就在那天晚上,郑卫再也没有回来,他的尸体被从湖里捞了出来。[①]

**【案例分析提示】**

根据人的心态是指向主观内部世界还是客观外在世界,心理学家荣格把人分为两种类型:内向与外向(也称内倾与外倾)。内向性格的人心理活动倾向于内部世界,他们珍视自己的内在情感体验,对内部心理活动的体验深刻而

---

① 该案例改编自《一封求询信》,《心理辅导》2001年第4期,第4—5页。

持久。内向性格的人感情及思维活动倾向于内,感情比较深沉,待人接物小心谨慎,喜欢单独工作。这类人喜爱思考,常因为过分担心而缺乏决断力,对新环境的适应不够灵活,但有自我分析与自我批评的精神。外向性格的人心理活动倾向于外部世界,经常对客观事物表示关心和兴趣,不愿苦思冥想,常常要求别人来帮助自己满足自己的情感需要。外向性格的人常将自己的想法不加考虑地说出来,即思维外向。这类人心直口快,活泼开朗,善于交际,感情外露,待人热情、诚恳,且与人交往时随和、不拘小节,适应环境的能力较强。由于比较率直,这类人相对缺乏自我分析与自我批评的精神。在现实生活中,很少有绝对的或者说典型的内向(内倾)或外向(外倾)型的人,大多数人属于中间型,并且人们在不同的时期或不同的场合会表现出不同的性格特征。

　　内向和外向这两种类型的性格都各有长短,很难评定优劣。但是性格过于内向或过于外倾都不好,就像河里的水,当它泛滥时,就会造成危害。就郑卫来说,他属于极端的内向型性格:好静、少动、不善交际、动作缓慢、应变能力较差、情感脆弱、有自卑感、对环境冷淡、有强迫动作倾向、易于发展为焦虑和抑郁病症。

　　一个人心理是否健康,重要的不是性格的内外向问题,而是对挫折的应对和承受能力。心理健康的实质就是一种平衡。生活中我们肯定会遇到很多不如意的事情,由此会引发一些不良情绪。如果我们把这些苦闷都深藏心底,久而久之,就会转化成情绪障碍。试想,如果郑卫能把恋爱和找工作过程中产生的不良情绪及时宣泄出来,后面的悲剧可能就不会发生了。在现实生活中,我们看到有些心胸开阔、性情爽朗的人,他们会心直口快地把自己的不愉快情绪或心中的烦闷诉说出来,这种人的心理矛盾就比较容易得到释解。

　　每个人都渴望时时如意,事事顺心,但事实上"生活有苦也有甜"。当面对人生固有的烦恼和成长带来的种种困惑,面对疾病的纠缠,追求的失落,奋斗的挫折,情感的伤害,学习的压力等等困扰时,不良的情绪体验油然而生。如果对不良情绪不能正确对待,不加以及时调节疏导与释放,就会影响到学习和正常生活,继而导致身心疾病,危及人的健康。所以我们要敞开心灵的窗扉,把心中种种烦恼不快、忧郁尽量发泄出去,以消除紧张情绪,减轻心理上的压力,恢复平静的心情。

　　当遇到不愉快的事时,不要自己生闷气,压抑不良情绪,而应当学会倾诉。首先可以找知心朋友一吐为快,尽情发泄,朋友的同情、开导和安慰会使你尽快恢复常态。美国有关专家研究认为:一个人如果有朋友圈子,就能长寿20年。可见,朋友对人生活的影响非常大。的确,与朋友分享快乐,快乐就会增加一倍;而与朋友分担痛苦,痛苦就会减少一半。其次,还可以采取宣泄方法释放不良情绪。现实生活中宣泄的方法很多,人们因个体差异和所处环境、条件各异,可以灵活地采用适合自己的宣泄方式,从小小的一声叹气,到大声痛哭、疾呼、怒吼,甚至奔跑,都可以起到宣泄作用。另外,做自己喜欢的事,或者看电影,上网聊天,大吃大睡等也是宣泄的方式。

像郑卫这样性格极端内向的人,还需要拓宽自己的生活圈子,使自己生活得更丰富多彩,更有意义。无论是对人还是对事,都要尽力投注热情和真诚,那时,你就会感受到人与人之间思想情感互相激发、碰撞出火花的那种快乐。所以,同学,请走出自己心中那间狭窄的小屋,汇入欢乐的人群,摆脱心里的忧愁。

(潘良)

【思考题】
1. 内向性格和外向性格各有何优劣?
2. 你认为朋友对生活的意义是什么?

## 案例六 郁闷的"自尊"

杰豪出生在一个偏僻的山区乡镇,兄弟姐妹很多,拮据的家庭生活负担不了巨大的学费开支。因此,他的父母几经权衡,决定让其他几个孩子停学,全力支持杰豪一个。父母的期望和良苦用心在豪杰的心灵上打下了深深的烙印。为了不辜负双亲的期望,他经常超强度、超负荷地学习。功夫不负有心人,杰豪终于以优异的成绩换来了某师范大学的录取通知书。

刚入大学时,由于杰豪的考分比较高,毕业鉴定也很好,就被辅导员指定为班长。他在自豪和对未来的美好憧憬中度过了大一。到了大二,杰豪慢慢认识到:教师职业清苦贫寒,做一辈子教师会有负父母和村里人的期望,因此,他决定通过考研跳出"师"门。于是,杰豪又拿出高考时的劲头,"走火入魔"般地学习。他的大脑时刻都处于极度兴奋中,晚上躺在床上,一闭眼睛脑中就会浮现出年逾古稀的父亲、满头银丝的母亲那憔悴的容颜,二老顶风冒雨辛勤劳作、节衣缩食为自己积攒生活费的情景,每每激励着他半夜三更爬起来学习。但不幸的是,就在杰豪准备期末考试时,他患了重感冒。结果,考试成绩与他期望的相去甚远。这对他来说委实是当头一棒,一向自信开朗的杰豪变得不苟言笑,精神颓废。

就在这时,班上的一位女生热情地鼓励他重新扬起生活的风帆。随着时间的推移,杰豪发现有一种超越同学友谊的感情在他心中流淌。但令人遗憾的是,杰豪对她的感情纯属自作多情。刚刚心情有点好转的他又开始变得苦闷起来。在又一次约这位女生失败以后,豪杰拿起利刃狠狠地向自己的手腕划下去。

当他醒来时,看到满头银丝的母亲,想起家人的期盼,杰豪鼓舞自己必须坚强起来,要用坚忍不拔的毅力在三年级拿下毕业的全部学分,让那位女生刮目相看。这时,又一次变故降临到他头上。那是他出院三周后,老师告诉杰豪,鉴于他的精神状态和学习情况,认为他已不适合担任班长一职,班级准备重新选举班长。他虽然仍不服输地参加了竞选,但落选了。霎时,他感到自尊、自信都被击得粉碎。他原认为既然拼命到大学念书,就该尽力去学,实现出人头地的愿望。可是,经过这些挫折,杰豪感到自己的精神已经垮掉了,再也没有能力实现父母的愿望,生活对于他来说也没有意义了。从此,杰豪开始变得性格乖戾,悲观失望,与老师、同学的关系也疏远起来。在课堂上,杰豪神情恍惚,并经常感到疲乏少神,失眠,食欲不振。最后,不得不休学。[①]

**【案例分析提示】**

抑郁症是临床上常见的一种由心理因素引发的心理疾病。青年抑郁病人的特点是,情绪低落、思维迟钝、意志衰退、语言和动作减少,终日在唉声叹气中苦熬时光,他们感觉不到大自然鸟语花香的美妙,体会不到人世间的欢歌笑语的美好。在患有抑郁症的人的目光中,一切都变得灰暗、嘈杂,他们在烦躁、无聊中混天度日,没有笑脸,没有欣喜,没有追求,没有乐趣,同时伴有失眠、头晕、食欲不振、全身乏力等症状,而这一切都是在不知不觉中逐渐形成的。

大学生涉世不深,面对环境的变化、人际交往的困惑、学习方法的改变等,往往会产生适应性困难。而且,他们承受着来自社会各方面的高期望压力,自身又具有青年期情绪不稳定的特征,因此,内心就会产生各种矛盾和冲突,经常处于困惑之中,如果处理不得当,严重的就会出现心理失调,产生心理障碍。

应该说,杰豪是一个思想品质不错的学生,他有生活的目的和理想,有不怕吃苦学习的精神,有积极上进的志向。但他在提前考研、交女友和落选班长

---

① 该案例改编自姚扶有:《奋飞的骄子为何难承折翅之灾》,《心理世界》2000年第4期,第30—33页。

遭到挫折后,自尊和自信受到了打击,未能及时调整好心态,以致陷入"心理泥潭",任沮丧、悲观的情绪蔓延开来,不能自拔。

杰豪的成长历程一直是比较顺利的,基本是在掌声和赞扬声中长大。到读大学前,他没受过大的挫折,所以,对失败缺乏足够的心理准备,承受挫折的心理能力比较弱。加之他没有正确看待父母的期望,把家人的期盼变成了一种沉重的负担,就使他的自尊心变得更加脆弱,只能接受成功而不能坦然面对失败。一旦身处逆境,薄弱的意志就会使他的自尊心受到严重伤害,进而动摇自己的信心,低估和怀疑自己的能力,夸大自身的不足,无论生活中还是学习上都找不到"兴奋点",看不到自身的价值,否定自我,否定将来。

我们知道,自尊是人的一种精神需要,是人格的内核,维护自尊是人的本能和天性。自尊,犹如一面旗帜,赫然凌驾于地位尊卑、家境贫富、能力大小、条件优劣等尘世俗念之上,在人类精神和灵魂的制高点高高飘扬。自尊是一种力量,足以化腐朽为神奇,变耻辱为荣光。高擎着自尊的旗帜,凭着自尊的力量,可以在厄逆中奋起,在挫折中挺进,披荆斩棘。自尊是人生杠杆不可缺少的支点,它赋予生命以意义,人若失去自尊,生命价值就会黯然失色。

然而,自尊有时也会成为精神的枷锁,灵魂的裹布,如果我们不能正确把握其真谛的话。当我们把自尊的旗帜只当作一块遮羞布,再横七竖八扎上无数条"自尊"的绳索时,自尊也就走向了反面,失去了它真正的精神和灵魂。因此,自尊和任何事物一样,也有个"度"的问题。我们知道在物理学上任何具有弹性的物体,都要有一个弹性区间,无论伸张或是压缩,都要在此区间之内,否则就会变形。自尊也要有一个度,一个弹性的区间。为人处事若毫无自尊,脸皮太厚,不行;反过来,自尊过盛,脸皮太薄,也不好。杰豪就是将自尊理解得过于绝对了,从而陷入了心理困境。可见,自尊是一柄双刃剑,对待其得当,进可以化作前进动力,成为自信的基底;退可以启动积极的心理防御机制,及时转换自己的思想。但自尊心如果超过了一定的"度",虽然表面上很具刚性,但同时也很脆弱,一旦受到大的挫折就会不堪一击,一蹶不振。所以,对待自尊的正确原则应该是:从实际需要出发,让自尊心保持一定的弹性。

在现实生活中,一个人毫无挫折感、压抑感是不可能的,因为并非所有的期望都能成功达到,并非所有的压力都可以轻而易举、如愿以偿地解除,所以年轻人多少有一点压抑感是不足为怪的。但挫折感、压抑感过于沉重、持久,就会危害一个人的身心健康。

排解抑郁心理可采用补偿法,"失之东隅,收之桑榆",通过转换其他途径达到目标,或用不同的目标来代替原目标,以疏导抑郁情绪。新方法获得的新的感觉和信心,目标转换带来的些许成功,会逐渐冲刷原来的抑郁心理,给生活带来无限生机。

(潘良)

【思考题】
1. 抑郁情绪的特征是什么？如何疏导抑郁情绪？
2. 你认为应该如何从实际需要出发,把握好自尊的"弹性空间"？

## 案例七　当生活的聚光灯转向时

阿地来自广东,以优异的成绩考上了北方一所著名大学。正当他踌躇满志,准备在大学大展身手,有一番作为时,却遭受了他生命中最刻骨铭心的打击和重创。在读高中时,优秀的阿地是全校注目的焦点人物,而到了大学后,他却痛苦地发现生活的聚光灯不再照着他,他已不再站在舞台的中央。

首先,阿地被语言难住了。他蹩脚的普通话成了别人的笑料。开学的前几个月,他几乎天天沉浸在语言的苦闷里。这让已经熟悉了赞扬和掌声的阿地很不习惯。其次,人际关系也让他很受打击。高中的阿地算得上辉煌。那时,他学习成绩特别好,总是全校第一,深受老师的宠爱。身边时常聚集着一帮朋友,也自然成为女孩子注意的焦点。在朋友的眼里,阿地慷慨、义气、正直、有号召力,大家都以和阿地是朋友而骄傲。可是到了大学,一切都颠倒了。为了避免在人前因为笨嘴笨舌而丢脸,他常常独来独往,和寝室里的同学一天也说不上几句话。在同学眼里,阿地是个性格孤僻和怪异的人。阿地和班上女生的关系也处得不好。在阿地眼里,那些女生既不漂亮又没品位,不屑于和她们说话。当然,女生对阿地的态度也很淡漠。但最令阿地失望的是他的学习成绩。第一学期结束时,阿地在全班倒数第五,这给了他巨大的打击。一向引以为傲的东西都荡然无存了,他整个人都耷拉了下来。

虽然阿地表面上看起来轻松和高傲,但内心的焦灼和自卑却欺骗不了自己。一个人独处时,阿地的心情十分沉重、压抑和孤独。没有朋友的日子不好过,没有精神支柱的日子更不好过。这时,阿地想到了高中时最要好的一个朋友,想找他倾诉,于是天天给他写信,但却不好意思告诉朋友自己的真实处境,怕让高中同学了解到自己的窘境。阿地强烈地意识到自己必须寻找一个精神支柱。他想到了谈恋爱,认为交一个女朋友可以在情感上彼此支撑,共同抵挡外界的风雨。更重要的是,阿地认为这样就可以不用在乎其他的人际交往了。于是阿地鼓足勇气约出一个令他心动的外系女生。不料那个女生冲他说:我怎么可能和你是朋友。虽然从一开始,阿地就是抱着试试看的游戏心态,但事情过去了两个月,他仍然沉浸在失恋的沮丧和自责之中,觉得自己很失败,甚至认为这对在中学引领潮流、呼风唤雨的他来说,简直是耻辱。阿地觉得自己几乎就要跌入人生的最低点了。他感觉在大学没人理解他,没人欣赏他,没有人看到他的巨大潜力,大学里的一切都跟他过不去。一句话,阿地认为自己不属于那所大学,留在那所大学也将无所作为。

  阿地开始想申请休学或转学。打电话问妈妈意见,妈妈并不强求他留下,甚至希望他回去,但她给阿地选择的自由。整整一个星期,阿地的心情十分矛盾,一直在掂量这件事情。留在北方,他将继续面对以前从没面对过的艰难困境,真怕自己吃不消;若回广东读大学,那一切就容易多了。但是,阿地当初放弃广东决心出省,就是想证明自己独立生活的能力。因此,他又不想这样一事无成灰溜溜地回去。为此,阿地还到校医院心理卫生科咨询,医生也鼓励他坚持下去,磨炼自己的意志,并告诉阿地,要想获得朋友,首先就得让别人了解自己。医生的话让阿地灵机一动,他连夜制作了一个调查表,希望通过调查表促进与同学的相互了解。男生的反馈很快收到了,他们在"正直"、"诚信"等栏里给了阿地较高的分数,而在"容忍"、"亲切"、"团队合作"项目里给的分数极低。女生的调查反馈更让阿地寒心。所有女生在各项选项上都给了他极低的分数。最刺伤他的是她们在"你认为我应该改掉的缺点"一栏填写了"不正常"、"自卑"、"做作"、"爱出风头"、"不会做人"这样的话。阿地彻底失望了,他由刚进校时的理想主义者变成了自卑者,直到大三才慢慢走出来,但已丧失了原来的斗志。[①]

## 【案例分析提示】

  青春期前后,男女生的心理活动发生了一些变化,他们开始更多地思考生命存在的意义,思考如何把自己的生命营造得独一无二、更有价值。同时也更关注别人怎样看待自己,换句话说,就是开始注意自己在群体中的影响和形象。特别是像阿地这样的学生,在高中时呼风唤雨,是全校瞩目的"风云人物",到了大学后,却发现高手如林,自己已归于平淡。阿地的心理落差较大,又没有及时调整好自己的心态,以致内心焦灼不安,既影响了人际关系,又影

---

① 该案例改编自《人际关系能否迅速"解冻"》,《心理辅导》2003年第1期,第48—49页。

响了学业,陷入恶性循环。从大一开始,阿地就背负着这样一个心结,只有解开了这个心结,阿地才能从容面对生活和学习,轻松地奔赴前程。

无论是在社会中,还是在校园里,每个人都免不了要寻求自己的位置,扮演一定的角色。而扮演的角色是否成功,定位是否准确,关键在于我们能否正确地认识和评价自己。阿地的心理问题就是由自我评价不当引起的。

一般来说,"以人为镜"是我们获得自我评价的主要途径,我们总是以周围人们对自己的评价为依据,参照父母、教师、同伴对自己的评价来估价自己。美国心理学家库利认为,周围人们的评价就像一面镜子,我们从这面镜子里看到自己是什么,怎么样。当然,并不是每个人的评价都会对我们产生影响,也不是每个人对我们的评价都同等重要。我们总是将别人对自己的评价进行整合,从而形成自我评价,那些经常出现的评价、那些我们比较重视的评价就成为自我评价的主要内容。

然而,绝对平面的"镜面"是不存在的,任何人对我们的评价都难免受他们自己的个性、生活阅历、认识水平以及与我们的关系亲疏的影响。邹忌给齐王讲的那个故事也就是这个道理:"吾妻之美我者,私我也;妾之美我者,畏我也;客之美我者,欲有求于我也。"事实上也确实如此,别人对我们的评价犹如"哈哈镜",有的正确,有的歪曲,有的歪曲得多,有的歪曲得少。哪些客观,哪些失真,关键还得靠我们自己去辨别。

同时,我们也并不是一面"平面镜",我们在整合别人对自己的评价的同时,已经用了"折射"技术,对别人的评价进行了加工。而加工的结果,是歪曲得更厉害了,还是比较客观了,也受我们自己的主观因素的影响。苏东坡感慨说:"不识庐山真面目,只缘身在此山中"。我们在进行自我评价时免不了渗入感情成分,那些比较顺耳的表扬之词往往更容易为我们接受,而那些逆耳的批评则往往为我们所排斥,但是排斥的同时,这些不好的评价已经对一些优秀者的自尊造成了极大伤害。如果这时他们正好处于困境和低落情绪之中,那就很容易使他们由此全面否定自己。

心理学上有个名词叫"晕轮效应",指的是人们常从认知对象所具有的某个特性而泛化到其他有关的一系列特性上,从局部信息形成一个完整的印象。结果"某个特性"、"局部信息"掩盖了其他特性、信息,起着一种类似光环的作用。这种"肯定一切"或"否定一切"的实质是"以偏概全",取其一点不及其余。拿阿地来说,无论是高中时的他,还是刚进大学时的他,阿地本身并没有发生很大的变化,但为什么阿地会有这么大的心理反差呢?原因就在于阿地把高中时的他看得过于完美,而进大学受到一点挫折后,又从心理上全盘否定了自己,从一个极端走向了另一个极端。

俗话说:"人贵自知。"生活的面貌是由我们自己塑造的,我们要学会接受自己,拨开迷雾,看清自己的长处和短处,既不否定自己的优势,也不讳言自己的缺陷。正确地评价自己,才能为自己找准人生的坐标,为自己准确地定位,从而获得成功和幸福。

"金无足赤,人无完人",无论是他人评价还是自我评价,肯定都会有一些肯定评价,也会有一些否定评价。我们应把自己的优点当作是一种资源和依托,并努力改进那些令自己和他人不满意的所谓"缺点",而达到一种别人基本认可、自己也基本满意的状态。可以说,不论是好的还是不好的评价,都是一个人健康成长的基本营养,它使人"穷不倒志,富不癫狂"、"胜不骄,败不馁"。

考上大学的一般都是高中的佼佼者,以往的经历可以说是一帆风顺,很少遭遇失败的体验。但上大学后的竞争比以前更为激烈,有些同学远离家乡,身边固有的社会支持系统削弱了,许多同学必须独自面对种种困难和考验。应该说,这种考验既是一种挑战,也孕育着一种机遇,那就是重新审视自己,找出自己的资源和不足,从而顺应不断变化的现实世界。

(潘良)

【思考题】
1. 如何协调自我评价与他人评价?
2. 如何看待"晕轮效应"的负面影响?

## 案例八　考试,让我欢喜让我忧

小丁轻松自如地通过了高考,以优异的成绩被军校录取,同时拥有了大学生和军人这两个令当地人羡慕的身份,他因此成了全村的骄傲,众人关注的焦点。刚进军校时,小丁对自己的能力充满信心,家族、乡亲以他为骄傲,更使他具有优越感和自信心。他自我感觉良好,对未来充满了无限希望,立志要成就一番事业,以优异的成绩回报老师和亲友的关怀。

然而小丁过于乐观了,对新生活的困难明显估计不足。大学的生活是全新的、陌生的,完全不同于中学的生活。在一大堆新的学习、生活任务面前,小丁仍以中学生的方式来认识和应对,结果导致困难重重,频频受挫。他开始变得手足无措、惴惴不安、精神压力日渐加大。大学阶段的学习已经由"求学期"

进入"创造期",与中学学习相比,具有专业性、探索性、职业定向性、社会服务性的特点。而小丁入学后,仍沿用中学时代惯用的学习方法,虽然还是很刻苦,但效果却差了很多。这让小丁感到很苦恼,对自己不满,原有的骄傲、兴奋、自信心一扫而光。

期末考试将近了,小丁心里一点底也没有。一向视考试取得高分为"探囊取物"的他竟开始对考试感到莫名的恐惧了。如果考试成绩不理想,学校会怎样评价,同学会怎么看待,亲友又会怎样想……小丁被这一切久久地困扰着。为了迎接这次考试,小丁在考试前一个月就着手复习了。他拼命地翻书、背诵,认真地推理、演算,可是每次刚学不久,脑袋里就雾气一片,书中的字在脑海中纷飞乱舞,却不解其意。他复习得头昏脑胀,恍恍惚惚,时常发呆走神。小丁为此忧虑、紧张、坐立不安,可越是以这样的心境来面对繁杂的学习内容,就越是心乱如麻、茫然无绪,注意力越来越不集中,记忆力开始减退,学习效率也大大下降。就这样,被考试焦虑困扰的小丁,出现了一系列不良的情绪和生理反应,紧张、焦虑、烦躁、盗汗、失眠、食欲不振。这些不良反应干扰知识的回忆过程,一紧张头脑里便空空如也。思维过程也受到干扰,比较、分析、综合、抽象等等能力受到严重影响,形成了学习障碍。[①]

【案例分析提示】

焦虑是一种复合性情绪状态,包括焦虑反应、过度焦虑和焦虑症等三个由轻到重的层次。焦虑反应是人们在面对一些重要事件时,在主观上产生的紧张、不安、着急等期待性情绪状态。焦虑症是神经症的一种,主要特点是紧张、不安等症状比较严重,但当事者对产生不适的原因又不很明确。考试焦虑介于两者之间,属于过度焦虑,其特点是,焦虑情绪已明显影响了正常学习和生活,但患者对引起焦虑的原因十分明确,考试一旦解除,多能迅速恢复。

并非所有的焦虑对学习都是有害的。许多研究业已证明,绝大多数考生在临考前都有一定程度的紧张或焦虑,它属于焦虑反应,是正常现象。适度紧张可以维持考生的兴奋性,增强学习的积极性和自觉性,提高注意力和反应速度等,也就是说,在考试及其准备过程中,维持一定程度的紧张是有必要的。但是,考试焦虑与学习效率并非都是呈正相关关系。"耶克斯—多德森定律"表明:紧张的动机和学习成绩呈"倒 U 形曲线",即焦虑水平过低、动机过弱不

---

① 该案例改编自郭丽主编:《心路展痕——大学生适应与发展心理个案解析》中《考试 A piece of cake》,华南理工大学出版社 1999 年版,第 24—27 页。

能激起学习的积极性,学习效率在一定范围内随着焦虑的增强而提高,但过强的动机表现为高度焦虑和紧张,反而引起学习效率的降低。

考试焦虑在学生中比较常见。绝大多数学生包括成绩非常好的学生都在不同程度上有过考试焦虑。考试焦虑又称为考试恐怖,是指因考试压力引起的一种心理障碍,主要表现在迎考及考试期间出现过分担心、紧张、不安、恐惧等复合情绪障碍,还可伴有失眠、消化机能减退、全身不适和植物神经系统功能失调症状。这种状态影响考生的思维广度、深度和灵活性,降低应试的注意力、记忆力,使复习及其考试达不到应有的效果,甚至无法参加考试。有的考生因此反复逃避考试,严重者可发展为精神障碍。

考试焦虑是一种心理障碍,根据其产生原因和机制进行防治,多能收到良好的效果。觉察到自己有了考试焦虑情绪后不要紧张不安,而应及时进行自我调节,或要求心理医生帮助解决。

小丁在考试和学习上产生的心理问题,应该说首先缘于他应对大学学习的方法不适当。因此,对于小丁来说,尽快适应大学生活,调整学习方法是其面临的一个重要问题。如果继续用高中时的学习方法来应付大学学习,只会加重他的挫折感。

小丁更深层次的问题在于:对考试产生了认知上的偏差,过于重视考试结果而害怕失去原有的"光环",从而引起了情绪上的紊乱和行为上的异常。小丁把家人、乡亲的期盼变成了一种负累,对自己的要求过高且常常绝对化,以偏概全,错误地认为考试失败会导致可怕的后果。这种不合理的思维方式,是造成压力的关键。

其实,考试只是检验所学知识的一种手段,对考试结果要正确对待。一般情况下,考试反映了平时学习的状况,是认识自己学习优劣的好时机。因此,要认真对待,尽力发挥出自己的水平。但同时,又不要把考试的分数看得过重,因为它不是衡量学习质量的唯一标准。就是考试失败了,也不要灰心丧气,要从失败中吸取教训,希望下次会做得更好。

考试是一次总结自己学习中的得和失的必要手段,要努力把自己的注意力从对考试情景及结果的担忧转移到如何做好考试准备上。考试准备包括了知识准备、心理准备以及考试技能准备。知识准备是保证学生从容应试的最根本的准备,只有平时认真学习,牢固地掌握考试必需的知识、技能,才能为取得满意的成绩奠定坚实的基础。考试前要做好心理准备,既然考试是不可避免的,对学生来说又是相当重要的,一味地忧虑考不好怎么办,对复习与应试毫无益处,只会使自己先乱了手脚,最终一败涂地。考前还可以进行技能准备,大致估算和制定一下合适的考试结果,而这就要求正确地评估自己,既要相信自己的能力,又要实事求是。不要过高要求自己,对自己期望越高,压力越大,越容易产生焦虑。

人的心理是对客观现实的主观反映,但人绝不是消极被动地接受现实的影响,主观的积极状态可以减弱和消除消极的影响。考试中要正确对待考场中的各种因素对自己情绪的影响,树立自信心,不怀疑自己的能力,充分发挥主体优势,消除不必要的顾虑和担忧。因此,培养良好的心理素质,树立自信心对应对考试很重要。此外,合理用脑,讲究方法,注意营养,劳逸结合,维护神经系统的正常机能,也是防治考试焦虑的重要措施。

如果我们用这样的状态投入考试,考试就是 A piece of cake!

(潘良)

【思考题】
1. 考试焦虑与学习效率的关系是怎样的?
2. 如何形成和保持健康的考试心态?

## 案例九  假隐士的社交恐惧症

小王是大二的学生,十分内向,性情胆怯。虽然是个一米八几的大男孩,却十分害怕与人打交道,即使打个招呼,心里也会突突地跳,若是一定让他和别人说一分钟的话,那他至少要失眠一星期。小王自尊心很强,即使非常痛苦也不愿意在别人面前流露。他总担心别人发现自己的懦弱,担心被人看不起,所以他干脆扮演一个冷漠的"隐士",不与人交谈,不与人合作,不参加集体活动,甚至从不看别人的脸。上课时他坐在最后一排的角落,晚上一个人留在宿舍,甚至和同宿舍的同学也很少讲话。上大学两年了,他连自己班里的人还认不全。因为他的冷漠,大伙也不喜欢他,从不与他交往。

外表的孤傲和强烈的自尊仅仅是小王掩饰内心的假象。真实的他,自卑而懦弱,胆怯而退缩,显得十分无助和无奈,他没能力应付现实中的一切挫折。导致他这种病态的主要原因是高中时期的一段经历。那时,他暗恋上了班里的一个十分活泼的女孩子。开始,他不敢有所表示,仅偷偷看她一眼就满足了。后来看着班里许多同学都成双成对了,他终于忍不住写了一封热情的信。可惜,小心翼翼寄出的信却被人随意地阅读和宣传了,那个女孩也拒绝了他。

本来就十分胆怯的他遭到了突如其来的嘲讽和排斥。从那以后,他总觉得同学在谈论他的事,别人一笑,他就觉得在笑他;别人一看他,他以为又要来羞辱他。渐渐地,小王不敢看人,不敢听别人的声音,不敢与人接近。再后来,小王一接近别人就心悸、出汗、发抖。

上了大学后,虽然他不再害怕有人知道他写情书的事,但仍怕见人。于是小王就自我伪装起来,尽量不与他人打交道。这样过了一段时间,也还相安无事。但逃避终究不是解决问题的办法。有一次,班里搞演讲训练,每个同学都必须上台讲两分钟,他十分痛苦地躲在最后,但还是被同学们推上了台。大伙让他抬起头来,他经不住劝说,强忍着心悸瞟了一眼台下,他从未见到过这么多眼睛望着自己,当时头一昏,出了一头汗,声音也颤抖得十分厉害。同学们有的笑出声来,有的说他真没用……就这样,小王两年来精心的掩饰毁于一旦,他觉得自己的懦弱已被众人所知,再无面目见人,不如死了好。在万般的绝望中,小王想到了心理咨询。①

**【案例分析提示】**

小王总是担心会在别人面前出丑,因此,在参加任何集体活动之前,他都会感到极度的焦虑,会想象自己如何在别人面前出丑。当小王真的和别人在一起的时候,会感到更加不自然,甚至说不出一句话。小王害怕与人交往,伴有焦虑和抑郁的倾向,是典型的社交恐惧症患者。

社交恐惧症是非常痛苦、严重影响生活和学习的一种心理障碍。社交恐惧症惧怕的心理,起源于害羞。害羞虽然是一种心理过程,但它必然要影响生理功能,于是紧张、出汗、心慌气短以及颤抖都会接踵而来,脸红是最容易表现出来的症状。这些反应,其实是一种焦虑的表现。为了摆脱焦虑,回避、逃避便成了唯一的手段。社交恐惧症患者一般都会主动地采取回避策略,就像小王一样把自己伪装成一个校园"隐士",不去接触人,用冷漠把自我封闭起来。

在回避的时候,还会发生"过敏性牵连",这是一种消极的自我防卫心理机制。即对害怕的场面或人,会发生"草木皆兵"的心理泛化,对外部事物产生异常过敏的反应,以自我病态的心去度他人之意,以为别人总在注视他,甚至把他人的一举一动,都想象成对自己的讨厌和排斥,从而加强其回避的理由:由于我不好,所以人家厌恶我,与其让人厌恶,不如主动离开人群,何必自找没

---

① 该案例改编自郭丽主编:《心扉轻启——大学生人际交往心理个案解析》中《假隐士真恐惧》,华南理工大学出版社 1999 年版,第 48—51 页。

趣呢？

　　小王所表现出来的"草木皆兵"的心理泛化属于"过度防卫"。心理学研究表明：凡是自我认识与本身的实际情况愈接近，他所表现的自我防卫行为愈少，社会适应能力就愈强。一个人能正确认识自己，接受自己，自卑心理就相对弱一些。而自我认识不当则容易产生较强的自卑感。为达到心理平衡，一般会采用过度的防卫手段，将对自身的不满投射到别人身上，把"我讨厌自己"转嫁成"别人讨厌我"，从而在这种投射心理中使自己取得病态的平衡。

　　罗马帝国时代哲学家奥里约曾经说过："你的人生是由思想造成的。"在生活中，有些人对自己缺乏正确的评价，总觉得自己缺乏魅力，没有能力。可事实上，这些人并不一定是没有魅力、能力差，而往往是自己期望过高，对自己过于苛求，不切实际。有了这种追求完美的心理倾向，自然会非常在意别人对自己的态度和评价。一旦别人对自己的关注程度没有自己的期望高，就认为是别人看不起自己。其实，在深层的心理体验里是自己看不起自己，是害怕挫折、失败的心理在作怪。不正确的思想导致了他们对自己和他人的不正确评价。如果思想改变，他们的人生就会随着改变。而要改变思想，就必须学会全面地看待自身的优缺点，正确处理成功与失败的关系；确立切合实际的目标，充分发挥自我优势，以求得心理平衡，逐渐摆脱自卑心理。

　　小王社交恐惧的根源在于他的懦弱性格和消极的、不成熟的心理，而这也是他形成自我认识偏差的主要原因。在人的生命发展的不同年龄阶段，都有相对应的不同的心理行为表现，从而形成不同年龄阶段独特的心理行为模式。心理健康的人应具有与同年龄多数人相符合的心理行为特征。如果一个人的心理行为经常严重偏离自己的年龄特征，自然会与周围环境发生冲突，不能适应环境要求。如果说小王在中学因情书事件遭受打击，他处理问题的幼稚方法还有情可原，那么，到了大学，随着成人感和独立意识的增强，就要逐渐改变这种幼稚的解决问题的方法，总像孩子似的逃避，不符合大学生的心理行为特征。

　　行为学家强调"沟通是世界上的一种力量"，"生活的品质就是沟通的品质"，"有好的沟通品质，才会有好的人生品质"。同学之间不以臆想妨碍行动，以诚相待，勤于沟通，才能客观地评价自己和他人，建立起良好的人际关系，在大学校园里愉快地学习和成长。

（潘良）

【思考题】
1. 以"逃避"为例,说明消极的心理防御机制的不足。
2. 如何理解"人生是由思想造成的"这句格言?

## 案例十 自信是成功的第一秘诀

路一鸣,西安交通大学企业管理专业一年级博士生,在 1999 国际大专辩论会中夺得最佳辩手奖。他所在的辩论队蝉联三连冠。路一鸣从小就乐于表现自己,逞强好胜。大量的课外活动使路一鸣养成了爱读书的好习惯,这不仅开发了智力,开阔了视野,而且也养成了他良好的心理素质,各种考试他从来没有怯过场,临场每每发挥得非常好。

高三临毕业时,沈阳农业大学刚刚成立的国际贸易专业给了学校一个保送名额。学校推荐他,他却把名额让了。几天后,北京理工大学又给学校保送名额。可路一鸣还是坚定地说:"保送的学校我不去,我要自己考,看我能不能考上名牌大学!"走出考场后,他对父母说:"走吧,带我到北京玩去。"父母不解,成绩还没出来,你怎么这么牛!"爸,你放心吧。"路一鸣自信地说。

路一鸣不是那类挑灯苦读的学生。他生活很有规律,每天学习不超过晚10点,即使在考大学时也是这样。而课余时间,体育场内则常常闪现他活跃的身影。在高考的前一天,他啥也不干,就是玩,尽情地放松,听音乐,看电影,还让父母请假在街上陪他转了整整一下午。高考成绩出来了,他的理科考了全区第六名,数学满分120分,他考了117分。

上大学了,第一次出远门,到火车站送他的父母、奶奶、姑姑、叔叔都依依不舍,含泪挥手,可他还是乐呵呵的,对前途充满了乐观。他到校给家里的第一封信是这样写的:"当火车徐徐开出沈阳北站的时候,我像出笼的小鸟,别的家长和孩子依依不舍,我却不以为然,我终于解放了。"小时候,路一鸣喜欢和比他大的孩子玩。大孩子在路一鸣的眼中有渊博的知识;读本科时他喜欢到研究生那里坐坐,和他们唠唠,感受一下人家的思维和研究问题的深入性。大四时,学校经过综合考试,决定保送路一鸣攻读系统工程硕士研究生。这时的路一鸣比本科时学习更刻苦,也更踏实、更善于总结自己了。他一直忘不了大三那年竞选陕西省十佳大学生时的一段经历。当时,在历经演讲和为选举投票做好各种准备后,他头脑一热,别出心裁,租用了一个大氢气球,在上面挂了一个大条幅,上面写着:"请投路一鸣一票!"而这个漂亮的氢气球却没带来好运,他落选了。这次失败没有使路一鸣消沉,反而使他更加懂得这样一个道理:还是脚踏实地好。

历史上的西安交通大学是从上海迁移过去的。1996年10月,上海教育电视台主办的"可蒙杯"第二届名校大专辩论会向学校发出邀请。这是一次很好展示学校实力和学生才华的机会。而且西安交大杀回老家上海,也是很风光的事。参赛选手需经过层层选拔。路一鸣凭着雄厚的实力顺利入选,并以主辩手的身份夺取了大赛的最佳辩手奖,一时轰动了上海滩。

为了那次比赛,路一鸣翻阅了2000本书。作为一名理科生,第一次接触这么广、这么深的文、史、哲、经、法等知识,真是掉进了"浩浩烟海"中了。"生命是个回力板",卡耐基的这句话一直是路一鸣所信仰的人生格言。他说:"每当我灰心丧气时,我心里就默念这句格言,心中就会有重新拼搏的勇气。""可蒙杯"决赛时,前一天给题,第二天就要辩论,竞赛强度非常大。这个潇洒自如的沈阳小伙一度在电梯里因为准备辩词都急哭了。但他却不服输,晚上不睡觉,硬把辩词写出来了,为西安交通大学队取得冠军立下了汗马功劳。

1998年8月,在全国16所高校参加的"蓝带杯"全国大专辩论赛中,由他担任辩论队队长的西安交大又获得了冠军。回到西安后,豪门集团总裁派人找到路一鸣,希望他硕士毕业后去豪门集团工作,并许以高薪。随后,宝洁公司和中央电视台青少部也找过路一鸣。但路一鸣却有他自己的选择:他正在准备考博士。因为他认为,读书对他来说更重要。

路一鸣的博士生导师是西安交大的副校长,当时报考他的研究生有62人,录取的仅有2人。考上博士的路一鸣很珍惜这个机会。由于承担的科研任务很重,在参加1999国际大专辩论会前,路一鸣也曾犹豫不决。可作为一名久经沙场的老辩手,也是唯一代表内地参赛的队,路一鸣又出现在赛场上了。这时的路一鸣不再是三年前出现在"可蒙杯"上那种急急忙忙、风风火火的架势了,他表现得更为自信、沉着、冷静、成熟。最后,凭着智慧与自信,路一鸣夺得了最佳辩手的称号,一夜成名。

但路一鸣并没有沉浸在胜利的喜悦里。比赛一结束,他就从北京赶回了学校。导师年初留给他的课题,只剩下两个月了。在这两个月里,他谢绝了任何人的采访,把自己关在科学的殿堂里,用两个月的时间完成了本需半年完成的课题。在中央电视台国际部让他去工作时,路一鸣表示不想走别人走过的那条路,他要循着自己的路走下去,"辩论只是我的业余活动,权当课余时间玩玩,其实我更适合搞科研。"

这就是路一鸣,脚踏实地而又充满自信。①

## 【案例分析提示】

从高考时的"志当存高远",到上大学时的"梅花香自苦寒来";从竞选陕西省十佳大学生失利,到一举夺得国际大专辩论会最佳辩手;从台前"明星"到幕后立志科研,路一鸣一路走来,向我们展示了一个自信、沉着的当代大学生的风采:他自信而不自负,自强而不自傲,他坚信自己选择的道路,一步一步踏出明亮的未来。

成功学的创始人拿破仑·希尔说:"自信,是人类运用和驾驭宇宙无穷大智的唯一管道,是所有'奇迹'的根基,是所有科学法则无法分析的玄妙神迹的发源地。"自信是人生成功的奠基石,人的成功之路必须踏着自信的石阶步步登高。有了自信,人才能减少心理障碍的发生,为自己奠定良好的心理发展的基础,提高人生质量,实现人的全面发展。有了自信,人才能达到自己所期望达到的境界,才能成为自己所希望成为的人,坚持自己所追求的信仰。无论在什么情况下,自信者的格言都是:"我想我能够的,现在不能够,以后一定会能够的!"

自信不仅能改变周围的环境,还能改变自信者自己。有这样一个典型的例子:一位心理学家从一班大学生中挑选出一个人际关系最不好的女生,并要求她的同学们改变以往对她的看法。在一个风和日丽的日子里,大家都争先恐后地照顾这位同学,向她献殷勤,陪她回家,大家以假作真地打心里认定她是位漂亮聪慧的姑娘。结果怎么样呢?不到一年,这位女生出落得很好,连她的举止也同以前判若两人。她对人们说:她获得了新生。确实,她并没有变成另一个人,然而在她身上却展现出了每个人都蕴藏的潜质,这种美只有在我们自己相信自己,周围的所有人也都相信我们、爱护我们的时候才会展现出来。很多时候,这种成功,改变的并不是事物本身,而是我们自己的思维方式。当我们拾起自信,再看一看周围的世界,会发现原来阳光是这样明媚。在路一鸣的成长过程中,也不是没有挫折和失败,但良好的自信可以使他冲破困难的阻挠,摆脱失败的痛苦,走出低谷,踏上光明征程。只要抱有一颗自信的心,挫折可以转化为成功的因素,而信心不足则会使我们丧失许多原本属于自己的机会。

一个人被别人击倒,他可以再次爬起来,最可怕的是自己把自己击倒,那

---

① 该案例改编自刘学努:《我不会走姜丰走过的路!》,《大学生》2000 年第 2 期,第 12—13 页。

他就再也没有希望了。自信,就是相信自己,是对自己的力量充分肯定的自我体验。自信心是通往成才之路的第一步。路一鸣正是凭着强烈的自信而自强不息走向成功的。在竞选陕西省十佳大学生失利时,是自信让他冷静地分析失利原因并从中吸取"营养";在面临人生选择时,是自信让他放弃了唾手可得的诱人职位,坚定地走了早已选择的清苦的学术道路。

奥里森·马登曾说过一段耐人寻味的话,如果我们分析一下那些卓越人物的人格性质,就会看到他们有一个共同的特点,即他们在开始做事前,总是充分相信自己的能力,深信所做的事业必能成功,因此他们在做事时,就能付出全部精力,排除一切艰难险阻直到胜利。在我们的人生道路上,难免要遇到困难和挫折,但如果有自信作为最忠实的朋友,获得成功就大有希望。

自信的基础是实力,只有脚踏实地地学习知识,不断增强自己的实力,才能真正自信起来。不经冰霜寒彻骨,哪得梅花扑鼻香。路一鸣是自信的,但他更是谦虚和刻苦的。盲目自信或者虚假自信者通常并不能付出艰辛的努力,因而也就不能达到自己能力的最高限度。因此,我们要培养积极的生活态度,努力使自我力量与自我形象相吻合,建立起自信的基础。

此外,我们还要学会适时调整理想自我。如果理想自我的目标定得太高,或根本不适合自己,就会在实践中不可避免地遭遇一次又一次失败。理想自我永远不能实现,自然也就建立不了自信。如果理想自我定得过低,又会失去前进的动力,安于现状,不求进取,这样也建立不了长久的自信。确定适合自己的理想目标,然后全力以赴地追求,同时在实践中适时进行调整,这样才会取得成功和建立长久的自信。实践的经历就是建立自信的过程,成功有望,自信弥坚。

(潘良)

**【思考题】**
1. 自卑、自信、自负三者的关系是什么?
2. 你对"走自己的路,让别人去说吧"这句格言有何见解?

# 第三章

# 大学生人际交往案例及分析

与人交往是大学生认识自我、他人和社会的基本途径,因此,良好人际关系的建立,有利于大学生形成正确的自我评价,加速大学生的社会化进程,也是大学生保持心理平衡和完善个性发展的有效方式,而所有这些都是大学生成才所必备的条件。相反,不善于与人交往或人际关系失调则会引发许多心理问题,从而不利于大学生正确地认识自我、他人和社会,阻碍大学生健康地成长和发展。一个孤芳自赏的人是不可能成为现代生活的成功者的。

许多调查显示,现在大学生的人际交往存在很多问题,而这些问题进而成为引发大学生心理问题的首要因素。总的来看,独生子女的成长经历,青春期的自尊、闭锁心理以及互联网的推波助澜,导致大学生的交往主动性日益缺乏,自我中心的交往倾向比较突出,患抑郁症、自闭症、社交恐惧症等的比例越来越高。

"大学的时光最宝贵,大学的友谊最难忘。"大学生活中,同学间的友谊,能给予彼此学习上的支持、生活上的帮助、心理上的慰藉;将来的人生旅途中,今天的同学、朋友,就可能是明天的同行,彼此可以在事业上互相合作、共同发展,生活上互相扶持、帮助。而且,真正的朋友像陈年的老酒,时间越久,香味越浓厚,会使你的一生沐浴在友谊的甜美的芳香中。

我们选取大学生人际交往的相关案例进行分析,主要是要引导大学生了解和掌握人际交往的基本原则和方法,发挥交往主动性,学会协调和改善人际关系,注意在日常生活的点点滴滴中彼此关照,培育真挚友谊。

## 案例一　仅有才华和勤奋是不够的

枫一直是命运的宠儿。她个子高挑，皮肤白皙，长发飘飘，弹得一手好钢琴，在大学里不知迷倒了多少男生。枫17岁就考上了大学，对学钢琴的她来说，大学是一个新的起点，也是更为激烈的竞争的开始。

上了大学以后，要强的她每天往返于琴房、教室和宿舍之间，忙碌而又充实。大一结束的时候，她成了全班第一，这是意料之中的，她的聪明和勤奋是她拿第一的资本。

大二时，室友们陆续谈起了恋爱。先是一起学钢琴的张美，然后是学扬琴的李彤，宿舍四个人只剩下枫和家在北京的小林。每到周末，就只有枫一个人去琴房练琴。天长日久，枫开始觉得很寂寞。她想：大学，毕竟是一种全新的生活，为什么不去谈一场恋爱呢？以自己的美丽和聪明应该是宿舍里最先谈恋爱的人才对。于是，不知出于何种心态，枫从一串追求者中挑了一个条件最好的：高大帅气、对她体贴入微的计算机系的陈杰。很快，他们就在学校里出双入对了，公园、电影院是他们经常光顾的场所。但是，时间一长，枫渐渐觉得谈恋爱索然无味，因为陈杰是东北来的理科生，豪爽有余，浪漫不足。听着同宿舍的张美和李彤相互交流着自己浪漫的爱情故事，枫觉得她应该拥有最好的。于是，她和陈杰分手了，以后又开始了几段短暂的浪漫史，但都以失败告终。枫不明白，为什么张美和李彤总是一脸的幸福，而她总是伤了别人也伤了自己？

转眼大二结束了，枫的学习成绩直线下降。她决定不再谈恋爱，而专心于学业。偶尔寂寞的时候去找一个她的追求者玩玩，但绝不深陷其中。期末考试到了，枫整日把自己关在琴房里练琴，她不信自己的勤奋换不来好成绩。然而过度的练琴让她的手骨扭伤，连期末考试也参加不成了。

10月底，系里的保研名单确定了，没有枫。她有些沮丧，却也无奈，于是决定用考研的成绩来证明自己的实力。她夜以继日地苦学，终于考了第一，分数之高令人惊叹。枫松了一口气，认为自己上公费研究生一定没问题。但命运却和她开了一个玩笑：一个月后，枫被告知她只能上自费，因为钢琴专业只有保送的是公费。她大哭一场，决定自己去赚学费。

毕业的日子越来越近了，宿舍里的女孩也要各奔东西了。临走的那个晚上，张美和枫聊了很长时间。张美说："枫，其实我挺喜欢你的，虽然是一个专业,关系有点微妙,但是真的挺喜欢挺佩服你的。"张美的真诚感染了枫,她第一次向别人敞开了心扉,流露了自己的脆弱。张美说:"枫,你的确很成功,在别人眼里你各方面都很优秀,但那是你自己吗?"

那一夜枫失眠了,她想起这么多年来她大多是独来独往,连一个真正的朋友也没有。她那么拼命地练琴只不过是为了争第一,可她其实并不喜欢弹琴。枫想,她一直那么要强,不过是想博得众人的赞叹和艳羡,可最终呢?枫流泪了,她看着镜中的自己,第一次感到那么陌生:那是自己吗?[①]

## 【案例分析提示】

在现实生活中,像枫这样的大学生并非个别。他们之所以深深地陷入痛苦之中,主要是因为他们缺少另一种宝贵的人生财富——良好的人际关系。造成这种情况的原因是多方面的,有性格和环境限制等客观原因,但更主要的还是认识上的问题。大学生在人际交往方面的认识误区主要表现在以下几个方面:

有的同学认为人际关系对将来的就业和人生不重要,用人单位看重的只是知识和技能,"学好数理化,走遍天下都不怕";有的同学认为人际交往耗费精力,耽误时间,影响学习,从而拒绝交往;他们宁愿一个人坐在图书馆里,静静地度过一天,也不愿意每个星期抽出一点时间参加一些群体性活动;有的同学认为人际交往是毕业以后的事,步入社会之后再着手也不迟;有的同学由于自己某方面的条件不好,比如经济条件、家庭背景、个人外貌、口才等等,产生心理障碍,认为自己缺乏人际交往的条件,担心在人际交往中受挫。

其实这些误解完全应该消除。对于大学生来说,只搞人际关系不专心学习甚至荒废学业当然是不对的,但是只顾埋头学习而拒绝交往也会影响自己的全面发展。多交一些朋友,拥有较强的社会支持,易于保持良好的心态,有助于提高学习效率。

首先,正常的人际交往和良好的人际关系是大学生身心健康的必要前提。科学家通过对精神抑郁症、心脏病等一系列疾病的研究发现,拥有社会支持有助于人们抵御疾病,而缺乏社会支持则多半导致糟糕的身体状况。并且,社会关系亲密的人比那些不够亲密者更为长寿和健康。目前,大学生由于人际关系压力而造成的心理疾病已经不容忽视。专家认为,有多种原因会使大学生产生心理问题,其中人际交往排在首位。有关调查显示,大学生对大学生活是

---

[①] 该案例改编自丛医:《仅有才华和勤奋是不够的》,《大学生》2000年第10期,第49页。

否感到满意,也在很大程度上取决于交往状况。有的大学生由于人际交往尤其是宿舍交往不融洽,常常显得压抑、敏感、自我防卫、难于合作,情绪满意程度很低,从而影响他们的生活质量,甚至使他们对积极美好的人生意义产生怀疑,这时一旦个人遭受大的挫折,就很容易使他们失去生活支持,产生逃避乃至轻生等消极念头和行为。而在融洽的宿舍里生活的大学生,则以欢乐、注重学习与成就、乐于帮助别人为主流,对自己、他人和生活的满意度高,对人生充满自信和追求,即使突逢困境,也能积极应对。枫在学有所成时却经常莫名地空虚、失落甚至对自己所做的一切产生怀疑,很大程度上与她缺乏交往、缺乏同学的认可和支持有关。

其次,正常的人际交往和良好的人际关系是大学生完善自我的重要途径。在人际交往中,你很可能会从别的同学那里得到有价值的经验和建议,或者会被他们强烈的责任心所感染,或者在为他们卓越的群体组织能力所折服的同时,自己也能学会如何与他人发展一种坦诚、友好、和谐的人际关系。而枫缺乏正常的同学交往,自然错过了很多向他人学习和全面发展自己的机会,从而使她的生活单调狭隘。

最后,正常的人际交往和良好的人际关系是大学生求职创业的重要条件。有大量研究表明,人际关系对人生业绩的影响很大,是成功者取得成功的重要途径之一。美国卡耐基工业大学曾对1万多案例记录进行分析,结果发现"智慧"、"专门技术"和"经验"只占成功因素的15%,其余的85%决定于人际关系。戴尔·卡耐基在《成功之路》一书中导出的一条公式就是:个人成功=15%的专业技能+85%的人际关系和处世技巧。我们不必过多计较这个比例是否正确,但至少这个公式提醒我们要重视人际交往。有的学生不屑于交往,认为成功要靠真才实学而不是人际交往,这种认识恐怕有失偏颇。

当感到孤独、缺乏感情依赖和理解、没有足够的人际关系支持时,大学生会为人际关系的缺乏而烦恼;当交往过多、难于把精力集中在学习上时,大家又会为过多的交往与复杂的人际关系感到不安。因此,在强调人际交往重要性的同时,也不能忽视交往需要的有限性。把握好这个度,是拥有较强交际能力的一个标志。

一位哲人说过:"没有交际能力的人,就像陆地上的船,永远到不了人生的大海。"人们学习知识,获得爱情,了解自我,了解社会,很大程度上都是在人际交往中发生的。没有与别人的交往,人类就无法生存。当前,改革开放继续深入,各种机遇和挫折也纷至沓来,面对这种激烈的竞争和日益增大的社会心理压力,当代大学生就更需要加强交往的数量和质量。在现实生活中,无论有多么强的能力,多么好的条件,如果没有良好的人际关系,都可能无法取得成功,也难以得到真正幸福的生活和健康的身心。

(张建桥　秦维红)

【思考题】
1. 缺乏正常的人际交往和良好的人际关系对大学生有哪些影响?
2. 如何处理好学习知识和加强人际交往的关系?

## 案例二　内向的人如何寻求友谊

某校大二学生张某在中学时期一直成绩优秀,性格内向,在家中也是乖乖女,深受家长与老师的宠爱。1999年以镇中学第一名的成绩考入大学后,她暗定目标,在大学四年里再拼一拼,永做第一。目标明确后,小张也是这样努力的,除了上课就是自习,她将自己"锁"在教室里,从不参加集体活动,也很少与同学交流。然而,学期末的综合测评将她打入了谷底,成绩第一的她只拿了三等奖学金。失落与自卑感包围了她,内向的她更不爱说话了,常一个人呆坐在教室,一坐就是一整天。精神也是恍恍惚惚,明明要到宿舍,却莫名其妙地走到了图书馆,成绩从此一落千丈。她无法面对这种沦为差等生的"耻辱",觉得学习、生活已经没有意义,有一天从四楼的宿舍跳了下来。

来自贫困山区的小杨,家里千余元的年收入除了维持日常生活开销外,还要供他和正在读高中的妹妹上学。他每年都会因拖欠学费而被学校催缴好几次,而他的生活费用基本是靠学校发放给特困生的贷款来维持的。小杨终日为钱所困,穿的是破旧衣服,毫无款式流行可言;吃的都是白饭馒头,一月难得见一次荤;餐馆、公园、保龄球等名词对他来说太过遥远;同学们经常讨论的某旅游景点、某电影、某品牌他从未听说过。他被强烈的自卑感所包围,且愈演愈烈。他从不与同学来往,无论上课、吃饭都是一个人,整天不说一句话。在班里他永远都低着头坐在最后一排,课堂讨论他也从不发言,甚至连照集体照他都会躲在最不起眼的角落。他把自己封闭在狭小的空间里,完全不融于他所生活的环境。每次学校给特困生发放补助,小杨总是躲在教室的一角,从生活委员手中接过钱时,他甚至连一句话、一丝表情都没有。现在的小杨特别敏感,感情极度脆弱。①

【案例分析提示】

这两个案例表面看来反映的是心理问题,实质也是人际交往问题。

面对张某自杀的悲剧,我们感到痛心。很少与同学交流,恐怕是她心理压力过大得不到缓解,以至最终走上绝路的重要原因。成绩第一的她只拿了三等奖学金,这说明成绩不是唯一的评价标准。如果她多参加一些活动,为班集体做些工作,综合测评也许会更好一些。退一步说,并不是所有人都能得到奖学金,她能拿到三等奖学金,就说明她不是一个"差等生"。她之所以产生严重的失落感,进而觉得生活没有意义,是因为她把学习成绩看得太重,人生定位太狭隘,忽视了集体活动、人际交往、心理状况等对人成长的重要性。

第二个例子中的小杨,因为家庭贫困而产生了强烈的自卑感,"从不与同学来往,无论上课、吃饭都是一个人,整天不说一句话",结果"特别敏感,感情极度脆弱"。长此以往,也难免发生悲剧。其实小杨完全可以通过努力逐渐改善自己的经济状况,没有必要因为穷或者其他原因封闭自己。家庭贫困的同学在人际交往中也完全可以被接纳,绝大多数人不会因为你穷而拒绝和你交往。封闭自己,不与别人交往,反而不利于改变自己的现状。

一些调查显示,性格内向、心灵闭锁、缺乏交往的主动性、回避交往甚至拒绝交流,已经成为一些大学生人际关系不好的主要原因。其实,内向本身并不可怕,可怕的是自我封闭,以至于人际关系一塌糊涂,从而造成心理压力过大、行为扭曲。

如今大学生交往中存在的一个不容忽视的问题是,大家渴望友谊与交往,有着人际交往的迫切需要,但又由于各种原因,存在心灵闭锁的不良倾向,交往缺乏主动性,交往面狭窄,一旦遇到困难、情绪不佳时,不愿意向人倾诉。长期的积郁,再加上学业负担的压力,使一些学生的人际调适力下降。据调查,目前因为人际交往障碍而接受心理咨询的大学生占所有接受咨询学生的20%以上,居大学生心理咨询之首。

性格内向、心灵闭锁的同学往往患有社交恐惧症。北京安定医院曾对北京市1000多名青少年学生进行调查,当问及"别人注意你时,你是否感到不自在"、"你处于人群中是否感到有些紧张"时,很多同学作出肯定回答,从没有出

---

① 该案例改编自程堂艺、李玮等:《心理障碍,我们如何面对?》,合肥报业网 http://www.hf365.com,2002年10月31日09:33 逍遥津。

现过社交恐惧症状的不足两成,有时出现此症者高达80%。在另一项调查中,有71.7%的被调查者认为"自己不容易与人相处",感到社交困难。有此症状的同学与社会、与他人的接触相对减少,人际交往能力下降,从而产生孤独、封闭的不良心理,反过来又影响人际关系。

那么,孤独、内向的人如何寻求友谊?我们的建议如下:

首先,要正确地认识和评价自己,克服自卑感。一个人自卑、缺乏自信,往往是没有正确地认识和评价自己的结果。因此,在与他人进行比较时,一是要注意比较的标准,不能以己之短去比别人之长,这样势必导致比较的误差。二是比较时要客观,不要以偏概全,不能认为自己某一方面不如他人就什么都不如人。"天生我才必有用",要善于发现自己的优点和长处,善于悦纳自己。只有这样,才能对自己有一个客观公正、符合实际的认识和评价,从而增强信心,克服不必要的自卑心理。

其次,要在交往中发挥主动性。应该多参加一些集体活动和社团组织,主动与他人接触,增加自己交往的信心;还可以请心理医生帮忙,进行简单的人际交往训练。平常多演练,多交朋友。要知道,别人是不会无缘无故对我们感兴趣的,要想赢得别人,同别人建立良好的人际关系,建立起一个丰富的人际关系世界,就必须做交往的始动者,少担心,多尝试。当你主动与陌生人打招呼、攀谈时,你会发现你的努力几乎都是成功的。当你的成功经验越来越多,你的自信心也会越来越充分,你的人际关系处境也会越来越好。

(张建桥 秦维红)

【思考题】
1. 性格内向的人如何建立良好的人际关系?
2. 怎样与性格内向的人相处?

## 案例三 她更需要人格的平等与尊重

大一快结束时,照例要进行班委改选。大概是因为快放暑假了,大部分人都多了份学期末的倦怠。虽然辅导员慷慨激昂地讲了一通当班干部的重要意义,但响应者寥寥无几,真正上台竞选的还是原来那几个班干部。这时,王兰走上讲台,郑重地在黑板上写下自己的名字。大家一时很是惊异,谁也没想到王兰会上来。

王兰长得很丑。大一刚开学时,许多人见到她,得好长时间才能适应她那张别扭的脸。王兰来自农村,家庭贫困,她身上也深深烙上了那个家庭的印痕,一开口夹着浓浓的乡音。王兰性格孤僻,尽管她极力想改变这一点。大伙儿聊天时,她也凑过去侃侃赵薇、张柏芝之类。每当这时,同学们马上缄口,或怪怪地看着她,或意味深长地相视而笑。于是王兰就一直默默无闻,独来独往。

"大家好!"依然是不变的乡音,"我鼓了几次勇气,终于走上讲台。我想大家一定都很惊异。"王兰的声音有些哽咽,乡音拐了弯更带了份滑稽的味道,有几个人本能地笑出了声。

"其实,我一直想为大家做点什么。这次,我想竞选副班长,为大家做点事,我……"她又哽咽地说不下去,却没人再笑。一种前所未有的静谧充斥着整个空间,很多人脸上现出同情又佩服的复杂表情,有些人则马上埋下头去毫不犹豫地在选票上写下王兰的名字。

"我知道,我这样一说,肯定有很多人投我的票。可我希望你们投我的票仅仅是因为相信我适合这一工作,能干好这一工作,而不是出于恩赐和同情,我不希望自己活得像一个乞丐!"王兰泪水纵横。

"说实话,"王兰擦擦眼泪,环视了一下班里同学,"我被怜悯压得喘不过气来,这比贫穷本身给我的压力大得多,我只想和你们一样!我不想接受居高临下的施舍,我不要活得像个乞丐!谢谢大家!"

王兰走下了讲台,大家还愣在那里。以前谁都觉得对王兰仁至义尽,根本没有意识到自己骨子里对她的轻视。张爱玲说:"因为理解,所以慈悲。"没有理解的"慈悲",有时会变成一把刀割伤人的自尊。

辅导员带头鼓起掌,继而掌声雷动。投票结果出来了,王兰全票当选副班长。当然不是出于怜悯,因为大家明白:一个珍视自己尊严并勇敢维护尊严的人是可以信任的。[①]

**【案例分析提示】**

在这个案例中,一个女孩,仅仅是因为长得丑、说不好普通话、经济条件不好的原因,就被一个集体的大多数成员孤立、轻视、嘲笑。尽管她积极主动地努力改变这种状况,想与同学正常地交往,但还是不被接纳,以至于有一天,她在竞选副班长的讲台上委屈得泪水纵横。这个集体孤立、惩罚了一个并没有

---

① 该案例改编自郭园园:《尊严无价》,《交际与口才》2002年第2期,第39页。

犯错的成员。值得欣慰的是,王兰终于在困境中突围,真诚不懈地与大家"接触",最终赢得了无价的尊严和宝贵的信任。赢者并不是王兰一个人,还有这个集体。这个集体给王兰以尊严、平等、真诚和信任的同时,也变得更加具有凝聚力。

这个故事给我们深刻的教育,它提示我们仅仅在理论上知道平等待人、宽以待人的重要性是远远不够的,关键是要把平等原则落到实处,在实际交往中慢慢学会理解和包容与自己生活方式悬殊的同学,真正做到不因为家庭出身、性格、能力、知识等的差异而轻视或疏远同学。

而要做到这一点,又需要我们长期不懈地加强个人道德修养,时时做到"严于律己、严于责己","从我做起,从现在做起",注重反省和自我批评意识的培养。当同学之间出现交往矛盾和障碍时,要首先检讨自己的交往动机是否正当、言语行为是否得体,并注意及时调整或改变,不要总是拿着手电筒照别人,只是看到别人的问题。而只有这样用心地对待交往中的矛盾和障碍,才能真正做到设身处地地为他人着想,也才能真正理解他人、体谅他人,并及时发现和纠正他人受到的不公待遇,而不至于等到矛盾积结到可能酿成严重的后果。我们可以设想,如果该案例中的王兰是一个过于内向敏感的人,那么,在这种缺乏理解和宽容的环境中,她的结局可能会很悲惨。张爱玲说得好,"正因为理解,所以慈悲"。而没有理解的"慈悲",则潜含着我们难以觉察的轻蔑和漠视,有时会变成一把刀割伤人的自尊。

(张建桥　秦维红)

【思考题】
1. 平等待人和相互尊重对于人际交往有何重要意义?
2. 如何理解人际交往的宽容原则?

## 案例四　一份迟到的礼物

三八节就要到了,系里决定搞个活动,女生部长提了一个极有创意的方案:把全系大一女生名字的首个字母写在卡片上,然后再将卡片发给系里大一男生,让男生在三八节那天给他抽到的女生送礼物,这个美好的设想得到大家的一致同意。

三八节这天,女生楼下的男生走了一拨又一拨,女孩子们也陆陆续续地拿到了自己的礼物。可是,直到晚上七点,露露仍然没有收到礼物。开始她还装出毫不在乎的样子,后来女孩子的自尊心已经不允许她继续呆在宿舍了。露露一阵心酸,就出去上自习了。

晚九点,露露一回到宿舍,一阵欢呼声淹没了她,老大上前抓住她的胳膊:"好啊,露露,有了男朋友,怎么不跟我们说一声,这个,怎么解释?"

只见露露的床上躺着一个礼品盒,缎带上写着"给心爱的露露"。

"那个男生长得好帅啊,我就说嘛,好的在后面。"老三说。"算了算了,先吃巧克力再严刑逼供,不怕她不招。"老五打圆场。姑娘们一窝蜂地打开了包装,开始分吃巧克力。一直一言未发的露露忽然哽咽着说:"谢谢你们,我……""怎么了,怎么了,露露?"大家着急地问。

"我知道这巧克力是你们送的。虽然我没收到男生的礼物,可你们的礼物比任何东西都要珍贵,我永远不会忘记。"露露哭了。大家不说话了。老五傻乎乎地问道:"你怎么知道的?""你啊,还没有打开包装就说吃巧克力。"露露禁不住笑了。大家也都笑了。

第二天,露露的礼物来了。原来,大一的男生比女生少,剩下的卡片就发给了大二的几个男生。他们一时找不到人,就拖到了第二天。真是好事多磨啊!如果不是这礼物的迟到,露露哪里知道室友们是如此关爱她呢?[①]

**【案例分析提示】**

同学之间,互相体贴,关心帮助失意者,可以使宿舍关系更加融洽,温暖得像一个家。这是该案例给我们的启示。可以设想,如果其他几位同学只顾自己高兴,对露露的失意与烦恼毫不理会,则整个宿舍关系就会处于一种冷漠、冷清甚至尴尬的状态,这样的气氛会令失意者更失意,烦恼者更烦恼,并会使失意者与其他人的交往产生隔阂,造成某种程度的人际关系失调。

在人际交往中,要真诚地关爱别人,就如同你期待别人那样。无论是谁,对于关怀他的人、赞美他的人、帮助他的人,都会心存感激。即使没有感激,也会有好感。即使没有形之于外的好感,也会有潜意识的好感。这种感激、这种好感、这种潜意识,就是营造良好人际关系的契机和要素。

患难识知己,逆境见真情。当一个人遇到坎坷,碰到困难,遭到失败,或者心情失意时,往往对人情世态最为敏感,最需要关怀和帮助,这时哪怕是一个笑脸,一个体贴的眼神,一句温暖的话语,都能让人感到安慰,感到振奋。因

---

① 该案例改编自郭园园:《三八节的礼物》,《交际与口才》2001年第6期,第30页。

此,当别人遇到困难,陷入困境时,你能伸出援助之手,帮助困难者,安慰失意者,可以很快赢得别人,建立起良好的人际关系。如果对别人漠不关心,麻木不仁,小心吝啬,怕招引麻烦,交往则可能因此而中止。

由于现在大学生中独生子女的比例很高,他们在成长过程中可能缺乏关爱别人的锻炼机会,在某种程度上习惯了以自我为中心,往往不能在平时做一个有心人,给困难中的朋友以及时的关爱。因此,大学生在交往中要特别注意细心体察,在点点滴滴的生活琐事中彼此关心,真诚相待。

(张建桥　秦维红)

【思考题】

1. 如何理解人际交往中的真诚原则?
2. 朋友失意、烦恼时,你会怎么办?

## 案例五　"百灵鸟"与"夜猫子"的矛盾

秦是大二学生,来到心理咨询室时带着一脸的疲惫和苦恼。

"我是一个生活有规律的人,习惯按时睡觉,按时起床。可是宿舍里的卧谈会要开到午夜之后。至于玩游戏的,看影碟的,给女朋友打电话的,就更晚了。开始我说一声,他们还安静几分钟,后来干脆装作没听见。我心里窝火,听着那声音就更加清晰。常常是他们说够了,玩够了,躺到床上发出鼾声,我还在醒着。那天晚上都三点钟了,我还没有睡着。我越想越气,你们不让我睡,我也让你们睡不成。于是翻身下床,打开了音响。从那天起,恶战开始了。寝室里每晚都是你方唱罢我登场,我真是心力交瘁了。我只想要一个安宁的夜晚,这过分吗?这有错吗?事情为什么会变成这样?"

咨询老师说:"睡眠不好确实是一件苦恼的事。我也有过,所以很能理解你。"

"我最生气的是他们明明知道我在睡觉,却一点也不收敛。"

"他们不能替你想一想,这让你受到了伤害。那你有没有站在他们的角度想一想?"

(怔了一下)"我想他们可能觉得我活得太仔细,不合群。可能奇怪我为什么这么早睡觉。这我不管。我不喜欢睡得太晚,那对健康不利。他们喜欢夜生活那是他们的事。我当然要维护自己,否则谁来维护我?"

"可你维护自己的结果却是钻进了互相伤害的怪圈。"

望着秦瞪大的眼睛,咨询老师给他讲了一个关于天堂的故事。

有个人就要离开人世了。他请求上帝告诉他天堂与地狱的区别。上帝允许他亲自去看一看。他推开地狱的门,看到一桌热气腾腾的饭菜,人们围坐在桌旁,饿得有气无力。原来是这里的勺子太长了,人们无法把饭送进自己嘴里,只能眼巴巴地挨饿。来到天堂,却是另外一番景象。每个人都用长柄的勺子把饭菜送进对面的人嘴里。大家吃得满面红光,一片欢声笑语。

"你看,天堂与地狱都是自己创造的。你们寝室其实也可以是一个天堂。"

秦若有所思地离开了。

后来秦告诉咨询老师,那晚他没有制造麻烦。第二天,晚睡的同学安静了许多。第三天,他们坐下来谈心。他劝别人提早一点休息,有利健康。别人劝他不妨一起玩玩,挺开心的。大家共同制定了一个作息时间。[①]

**【案例分析提示】**

大学生宿舍里可能出现的分歧很多。也许由于彼此生活的距离过近的缘故,有的同学并不总是表现得那么友善,甚至很多时候,来几句争吵也是家常便饭。有的同学电话很多,但他很少主动接电话,总是等别人接起电话知道了找他再叫他,令别的同学心里很不平衡。有的同学买了电脑,设置密码不让别人用,没电脑的同学就认为这个人太小气、太自私。有的同学自己没有电脑,却老是用别人的电脑打游戏。有人喜欢卧谈会,熬通宵,有的人却想早休息……诸如此类的摩擦或不和谐不胜枚举,室友间也因此嫌隙日长,在一定程度上造成人际关系矛盾。

要解决此类问题,可以从下面几方面着手:

首先,进行"换位"思考。多站在对方的角度考虑一下自己的言行是否合适,从而对问题的起因、责任归属、采取怎样的解决方式等做出比较客观恰当的判断。秦和他的舍友都以自我为中心,不顾别人,处理分歧时仍然以自己为主,要求别人适应自己的作息时间,结果心胸窄了,路也窄了,烦恼多多。后来他们互相妥协,照顾到对方的需要,心胸宽了,路也宽了,快乐来了。

其次,培养相互尊重、相互理解、相互体谅的协调合作精神。个人对自己负责的同时也要尊重他人利益,维持集体生活的正常秩序,只有如此才能营造

---

① 该案例改编自孙少杰:《快乐三级跳之一"你不让我睡,我也不让你睡"》,《交际与口才》2002年第2期,第32页。

出人际和谐的局面。人们在交往中的行为取决于自身的需要,这种需要或许是物质的或许是精神的。在人际交往中,要经常问自己:"What does he(she) need ?"如果你能把握对方的需要,那么你就在很大程度上把握了交际的主动权。

最后,采取恰当的方式解决分歧。真诚地交流,会使寝室变得更美好。大学里,朝夕相处的室友和宿舍气氛,对大学生的生活和心理影响很大。处理寝室成员间因为性格和生活习惯不同带来的摩擦,关键是大家都要坦诚,不要把芥蒂搁在心底,及时化解矛盾。如对于晚上的就寝时间,大家商量一下,达成共识,即使有个别违例的情况,大家一般都能宽容和理解;在清洁卫生方面要有明确的分工,这样也一般不会有"不自觉"的情况发生。

总之,大千世界,芸芸众生,每个人都有不同的个性和爱好,而且人无完人,金无足赤,因此,我们与人交往时,既不能用一种标准去要求他人,也不能太苛求他人,要学会宽容,求同存异。宽容他人也就是在宽容自己,苛求他人也就是在苛求自己。不会宽容他人,也同样得不到他人的宽容。《尚书·君陈》上说:"有容,德乃大。"《论语·卫灵公》记载孔子与子贡的对话,子贡问曰:"有一言而可以终身行之者乎?"子曰:"其恕乎?"并进一步解释说,"恕"就是"己所不欲,勿施于人"。也就是说,无论做什么事,都要推己及人,将心比心,设身处地为别人着想。只要我们拥有一个开放的胸怀,有容人之量,善于沟通和交流,寝室里同学之间是可以和睦相处的。

(张建桥 秦维红)

【思考题】
1. 如何理解真诚互助和互谅互让在人际交往中的作用?
2. 怎样处理张扬个性和追求双赢、多赢的关系?

## 案例六 那份友谊永驻心间

某大学新生入学后,有的新生因为集体活动和异性交往少,开始了一种寻找"联谊宿舍"的活动。有一个男生宿舍为此召开了六次会议,商议联谊宿舍的问题。讨论空前热烈,赞成者认为这种形式有利于心理健康,能打发许多寂寞的时光;反对者认为这是一种无聊的游戏,培养不出真正的友谊,会浪费许多宝贵的青春时光。最终的投票结果是三比三,无法决定,只好冷处理了。

那年刚进入 11 月就下雪了。周末的夜晚,心情冷落而孤独,他们只好在打牌和胡侃中打发课余时光。几周下来,大家就对扑克牌开始厌倦了。隔壁宿舍每周末男生女生聚会的欢声笑语让他们羡慕,他们对异性交往的渴求变得空前强烈起来。

不久后的 11 月 15 日,他们收到了一封信。这封致他们宿舍全体成员的信来自临校的一个女生宿舍。他们 6 个男生凑在一起,小心地剪开信封,抽出一张薄薄的信纸,分享来自异性领域的真诚问候。她们以女孩子特有的俏皮刻画了她们的共性与个性,表达了与他们联谊的愿望。他们被她们的真诚所打动,便邀请她们下周六晚到他们宿舍畅谈未来和人生。

之后他们很是忐忑不安,猜想着她们的外貌和她们要说的话,设计着他们应该怎样表现,拟定了一个又一个方案。那个难忘的傍晚终于来了,当敲门声响起的时候,他们兴奋又紧张。彼此介绍完之后,就敞开心扉真诚地交流他们对青春的感想和对未来的打算。

从此,一个个周末,他们不再孤单,不再寂寞。在宿舍,在草地,在湖边,在公园,都留下了他们活泼的身影。每一个联谊宿舍室友的生日,他们都用一个大大的生日贺卡,写上每一个成员的祝福。每个周末,成了他们每周绝好的起点。周末的愉快延续到下一周每一个学习的日子。想到周末的聚会,他们就增添了学习的动力,追求上进是连接他们友谊的桥梁。

大二的时候,很多联谊宿舍都自动解散了,因为随着对大学生活的适应,许多学生的个体活动越来越多,学习也紧张起来。最初告别联谊宿舍的那段日子,他们都有一种深深的失落感,为那曾经有过的美好时光。但他们知道,在成长的过程中,他们必须面对一次次的告别,一次次地开拓新的生活,青春的生命不能只是开放在一个花园。他们相信,无论天涯海角,他们曾经拥有的那份友谊将永存心间。[①]

【案例分析提示】

开始时,几位男生对于开展与女生的联谊宿舍活动还有一定顾虑,但事实证明,那段交往的日子很有意义,异性交往的益处也是显而易见的。

在异性交往中获得的情感交流和感受,往往是在同性朋友身上寻不到的。这是因为男女生的情感特点是有差异的,女生的情感比较细腻温和,富有同情心,情感中富有使人宁静的力量。这样,男生的苦恼、挫折感可以在女生平和

---

① 该案例改编自阿碧:《难忘联谊宿舍》,《交际与口才》1999 年第 6 期,第 26 页。

的心绪与同情的目光中找到安慰;而男生情感外露、粗犷、热烈而有力,可以消除女生的愁苦与疑惑。因此,异性之间的情感交流可以使他们彼此感受到温暖和安慰,有利于达到某种程度上的心理平衡。而且,大学生处于青年初期,对亲近异性和恋爱怀有强烈的渴望,如果异性交往缺乏,很多学生都会急切地加入恋爱大军,过早地沉迷于两人世界,过多地为爱情投入时间和精力,从而不利于开拓更广泛的人际圈子和个人更全面地发展。而经常性的异性交往既能很好地满足亲近异性的情感需求,又能避免两人世界的狭隘,从而可以更好地激发他们乐观进取的开放心态,使大学生活更加充实和丰富多彩。许多事实也证明,异性朋友多的男女生,生活的世界和眼界更宽广,心态也更健康和自信。

有的学生存在这样的误解:即认为异性之间除了爱情之外,不存在真正的友情。这种观点使许多学生对异性交往望而却步,从而极大地束缚了一些学生与异性交往的主动性。

的确,友谊是青年人之间形成开放型社交关系、孕育爱情的摇篮,大学生中很多的爱情也都是由友谊发展而来。但是,毕竟不是所有的友情都会转化成爱情,否则人群关系也太缺乏色彩了。因此,大学生不必因为大学期间选择不谈恋爱而回避异性,应该放宽心胸,自然大方地发展异性交往,顺其自然地把握好友情与爱情的"度"。

(张建桥　秦维红)

【思考题】

1. 谈谈大学生异性交往的现状。
2. 你认为应该如何发展大学生异性交往?

## 案例七　停在原地,刚刚好

阿劲是班上公认最帅、最酷、最有才气的男孩,也是班上许多女生心中的偶像。但小慧对他却没有多少好感:他太恃才傲物、目中无人!特别是他从不主动与女生说话,对所有女生都不屑一顾的表情,更让小慧讨厌。有一次,小慧向他请教一道数学题,他头也不抬就开始讲。讲完后小慧向他道谢时,他只是冷冷地说了声"不用谢"。

突然有一天,小慧收到了一封匿名信。读完信,小慧猜想一定是阿劲,只有他才能写出这样漂亮的字、这等文章式的信。小慧从信中才知道,阿劲是一个腼腆内向的人,他连主动与女生说话的勇气都没有,这次给小慧写信是鼓起他所有的勇气,第一次尝试与女孩交往。尽管如此,他还是不敢签上自己的姓名。小慧回了一封没有署名的信,表示:那××人若是你的话,我愿意同你交往,下次一定不要忘记签上你的大名。从此,小慧和阿劲的快乐交往开始了。

每次收到阿劲的信,小慧都很开心,他们的观点、口吻不约而同。可是,正当小慧得意之时,一封灰色情调的信来了,上面写满了表达爱意的文字,令小慧惊诧又失望。其实,小慧喜欢与阿劲交往就是因为他有一颗善解人意的单纯心。小慧想生活得单纯些,不想过早地步入感情世界,于是疏远了阿劲。从此,他们不再是无话不谈的朋友,交往变得平静如水。后来慢慢地就中断了交往,因为阿劲觉得这种交往越来越别扭。[①]

**【案例分析提示】**

本来阿劲和小慧之间缺乏交往,二者属于很普通的同学关系,后来由于阿劲主动写信表示希望加深交往,两人的关系升格为朋友关系,他们都从这份友谊中得到了快乐。但后来阿劲没有满足于此,希望两人的关系进一步发展为恋人关系,而小慧不想这样,结果出现分歧,导致交往中断。虽然两个人都没有什么错,但最后却连普通的朋友关系也无法维持,很是可惜。这个案例提醒同学们要注意异性交往中友谊与爱情的界限问题,在时机不成熟时,切忌匆忙将友谊升格为爱情。

在友谊与爱情关系这个话题的讨论中,有人认为异性之间要么做爱人,要么做陌生人;有人认为异性之间可以长期做关系密切的普通朋友,可以长期做关系不密切的好朋友,没法长期做关系密切的好朋友。

在现实生活中,异性之间的友谊能走向爱情,那是因为有缘;如果爱不成还是做朋友,那说明双方都很理智;如果连朋友也做不成了,那说明缘浅。同性之间的友谊也有走到尽头的时候,更何况异性之间呢?如果大家都能以平常心来对待异性友谊,反而会使它有更多生存的机会。

对于大学生来说,青春期特有的生理、心理特点,使得异性同学之间更易于产生思想、感情上的沟通,女生喜欢男生的豁达、主见和力量,男生则喜欢女生的温柔、体贴和细腻。因此,异性同学之间的交往是自然的、有益的,异性之间的纯真友谊当然也是存在的,古往今来这样的事例举不胜举。大家知道,燕

---

[①] 该案例改编自计宏宇:《朋友的故事》,《交际与口才》1998年第2期,第33页。

妮与海涅,罗曼·罗兰与索菲娅之间都长久地保持了动人的友谊。至于在普通人,在你、我、他之间,可以说每时每刻都有平凡而动人的友谊故事发生。

(张建桥　秦维红)

【思考题】
1. 男女生之间有没有真正的友谊?
2. 你认为应如何把握与异性同学交往的"度"?

## 案例八　付出的快乐与苦恼

小芳是一个很在乎友谊的人,也有很多朋友。友谊给了她很多快乐,可是朋友之间也会有一些不愉快。

小芳和同寝室的英子是最要好的朋友了,可以说形影不离。因为参加一个外语辅导班,小芳晚饭经常不在学校里吃,就让英子帮忙提热水。可是有一天小芳回来后,英子突然问小芳可不可以中午自己提水,说如果总是这样她觉得很麻烦。虽然小芳确实是可以自己做的,可她觉得有什么事情请英子帮忙很自然。英子家庭条件不大好,她们在一起时小芳就经常抢着付账,比如吃饭、看电影、乘车什么的。是朋友嘛,小芳从来都不计较这些。时间长了,英子也就不跟小芳客气。小芳觉得自己这么照顾英子,她却连这一点忙都不肯帮,感到很委屈,就去心理咨询室把自己的苦恼讲给心理医生。

心理医生问小芳:"你心里是不是觉得英子受过你的恩惠,就应该帮你做事?"

沉默。

"你觉得英子在帮你提水的时候,她有没有意识到?在她意识到这些的时候,她还会感激你所谓的照顾吗?"

沉默。

接着心理医生讲了自己的一次经历。

"五年前,我从烟台乘火车去济南上学。半路上下起了瓢泼大雨。我不停地扭头向窗外张望,盼着雨能停下来。到站后怎么办呢?我没有带伞,又舍不得花钱叫车,因为火车站离学校很远,我正在盘算是不是先叫车再换公交车。对面坐着的商人模样的中年人问我是不是没有带伞。我无奈地点点头。他就把自己的伞递过来了。看我犹豫不决,他微笑着说'别客气,我有人接站的。

你不用还我,也不用记得我'。但我却永远记住了这个萍水相逢的人,不仅仅因为他在雨天给了我一把伞。有一个人,在你需要的时候帮助了你,什么都不为。多好!他所给予我的快乐是那么纯粹,那么彻底,让我的心毫无保留地尽情舒展。而他自己,在助人的同时,一定更加快乐。"

"谢谢你给我打开一扇窗。"小芳说。①

**【案例分析提示】**

人际交往中常常会出现付出与回报的关系问题。

在这个案例中,小芳觉得自己的付出没有得到应有的回报,由此产生了苦恼;而英子虽然得到过小芳的"恩惠",却觉得帮小芳提水很麻烦,不想再这样做。在小芳的潜意识里,人际交往是遵循功利原则进行的,自己的付出应该得到一定的回报。但是这种回报是什么以及回报的时间和方式是什么,小芳和英子之间既没有约定也没有默契,甚至英子是否认同人际交往的功利原则都是未知数,双方分歧由此产生。

对小芳来说,她应该认识到,自己的付出是一种自愿的行为,人际交往中的交换关系与市场交换关系存在着很大的区别。在市场交换中,一方付出金钱,另一方付出商品,各有所得,这是天经地义的。但是人际交往中的情感或物质交换并没有时间、方式、内容的正式约定,付出靠自愿,回报也靠自愿。如果英子知道得到小芳那些"恩惠"的代价就是帮她提水,那么英子是否还会接受那些"恩惠"恐怕就是一个未知数。如果小芳认为英子应该以帮忙提水的方式回报自己先前的付出,而英子却并不想接受那些"恩惠"或者无意回报,或者是不想以帮忙提水的方式回报,那么这个交换过程实际上就是一个强买强卖的过程,因而也是一个不合理的交换过程。

在大学生交往中,存在很多类似的问题。对于大多数学生来说,无论是情感付出还是物质付出,多多少少都期望一些回报。这种回报不一定非得是物质上的回报,更多时候是精神上、心理上的回报,或者仅仅是别人对于自己付出的承认和肯定。一旦回报在时间、内容、方式等方面与付出者的预期有出入时,付出者就可能产生失落的心理,这是很正常的。但问题是,如果当我们付出以后,总在计较回报,那快乐就荡然无存了。在这样期待别人回报的时候,我们的付出也大打折扣了。实际上,当我们只事耕耘、不问收获、真诚地帮过

---

① 该案例改编自孙少杰:《快乐三级跳之三"你不用还我,也不用记得我"》,《交际与口才》2002年第2期,第33页。

别人之后,回报往往会在不经意间给你一个惊喜。

(张建桥)

【思考题】

1. 在你的交往理念和经验中,情感交往和功利交往孰轻孰重?
2. 付出就一定要得到回报吗?如何处理二者关系?

## 案例九  朋友,你让我为难

周二晚上,陈玲从南昌打电话过来,说她第二天到武汉。偏偏这几日李红身体不适,又碰上杂志社催稿,本来就忙得天昏地暗,哪里有空照顾客人!

第二天,由于开水房有时间限制,李红只能先趁早洗澡,然后再去打热水留着给陈玲用。来来回回热出了一身身汗。陈玲和李红同过一年学,彼此讲过的话恐怕不超过十句。时隔六年,来武汉相会,是因为她要报考李红所在的大学,特意实地考察,了解考研情况。陈玲终于到了,洗完澡坐下休息时,用过的水桶内壁附着一层白花花的泡沫,原来她用后竟没有清洗一下。李红看了很不舒服,趁陈玲不注意,又将桶拿到水房去,用刷子刷得光溜溜的。

由于陈玲一路劳累,李红便安排她单独睡,自己则准备和室友敏敏凑合一下。不料坐了大半天火车的陈玲却仍然精神焕发,侃侃而谈。李红也不好明示按时休息,只能忍着腹痛头昏坚持陪着。等到晚十一点,要集体熄灯了,陈玲才上床休息。李红却因天气闷热,空间狭小,身体不适,辗转反侧,难以成眠。

陈玲白天找教授、找研究生、买资料,忙得不亦乐乎,晚上又领回一男一女,就在李红拥挤的宿舍里待起客来,持之以恒地请教考研细节,笑语不断,弄得宿舍里其他人也不得不洗耳恭听。由于室友们受了打扰,李红感到很抱歉。

第三天下午陈玲回来得很迟,一进门便嚷嚷"好累呀"。坐稳之后,她脱掉高跟鞋,支起两条腿在那里晃悠。天气本来就燥热,又多了一股异味,叫人有水深火热之感。陈玲一点反应都没有。李红受不了了,收拾东西出去上晚自习。

星期六陈玲去买火车票,留了张便条说可能会回来得稍晚,让李红要么等她一起吃饭,要么替她买份饭菜回来在宿舍里吃。李红等得饥肠辘辘,便采取了第二种方案。可餐卡里余额不多,又过了存钱时间,就去小卖部买了包方便面留给陈玲吃。陈玲又是风尘仆仆地归来,已经听了解释,还甩出一句"哎呀,是方便面呀"。李红一听就来火,但没说什么。

第二天陈玲便要回南昌了,向李红要了一毛钱,说刚好凑足四块钱,用来坐公汽。这真是令李红难以理解:穷家富路的道理难道她不懂？最起码还有火车上的一顿午餐,怎么解决？万一路上有点儿什么需要,没钱怎么行呢？陈玲笑着说:"有些书本来在南昌也有,可我干脆全买回去,省得以后麻烦。买书就花了三百块呢！"公汽快开时,李红塞了十块钱给陈玲,叫她买些吃的喝的。陈玲回家后,连个报平安的电话也没有给李红打。[①]

**【案例分析提示】**

这个案例反映了大学生在人际交往中经常遇到的如何处理利益关系的问题。

在大学生人际交往中,利益关系得不到恰当处理是人际关系受损的一个重要原因。

正确处理利益关系,坚持互惠互利,就应该做到"亲兄弟明算账"。特别是在上学期间,大多数同学都不宽裕甚至比较拮据,每个人都不应该想当然地认为朋友帮助自己、为自己花钱是理所当然的。要坚持少索取、多给予的原则,受人恩惠当思回报并致以真诚的谢意。当助人的一方不图回报而受助的一方真诚回报的时候,双方的关系就会达到最佳状态。当然,虽说朋友之间应该明算账,但也不能一概而论,有的人就觉得好朋友之间没必要在乎小来小去的金钱,否则就被认为是小气、不够义气。所以,在交往中,明算账的问题也要因人而异、灵活掌握。

传统的中国社会,维持人们和谐关系的交际规则很多,但最核心、最集中的是一个"报"字。汉语词典中的报恩、报效、报答、报酬、报偿、报应和报复等都是"报"这个交际规则的不同表述。报,对恩惠施受的交往双方来说都有一定的要求。它要求施恩者是个"仁人君子",做到"施恩勿图,不思回报",受恩者"有恩必报,饮水思源",并做到"滴水之恩,当涌泉相报"。我们认为:当受到别人帮助润泽时最少要回报一声真诚的感谢！

(张建桥)

---

① 该案例改编自贺玉婷:《有朋自远方来》,《交际与口才》1999 年第 9 期,第 26—27 页。

【思考题】
1. 你是如何理解"亲兄弟明算账"的？
2. 如何理解人际交往中的互惠互利原则？

## 案例十　恶意竞争毁了他

2000年6月12日晚午夜时分，石家庄某高校男生宿舍发生了一幕同室操戈的惨剧。装饰二班的班长曹健被同宿舍的杜同江用裁纸刀捅了三刀。再过几天就要毕业了，两个原本可以成为朋友的大学生却因此毁掉了美好的前程。

四年前，曹健和杜同江考入这所高校后分到了同一班级。两人都是自费生，所不同的是曹健来自比较富裕的秦皇岛市，而杜同江来自沧州市一个贫困的农村。一开始同学之间都能和平相处，时间一长，随着兴趣和爱好的不同便分成了若干小团体。虽然曹健和杜同江在同一宿舍，但两人没有多少共同语言，关系较为平淡。曹健是班长，杜同江也因为学习成绩优秀而当选为学习委员。但杜同江始终认为学习成绩一般的曹健不如自己，有朝一日他也要当上班长，将曹健踩在脚下。

1997年春天，班里准备组织一次春游。在春游地点上，曹健与杜同江发生了争执。曹健主张去泰山看日出，而杜同江主张去石家庄周围的郊县。因为大家都没有去过泰山，所以其他班委都同意去泰山。杜同江还是固执己见，弄得大家都很不高兴。最后曹健说："我知道你的意思，怕去泰山花钱太多。没关系，你的那一份钱我帮你出，怎么样？"杜同江没想到会被说中心事，顿时脸红耳赤，只好同意去泰山。结果去了一趟泰山，花了杜同江两个月的生活费，他只好省吃俭用地过了两个月。由此杜同江对曹健怀恨在心，认为他是在故意和自己作对，害他丢人不说，还让他生活如此紧张。

曹健其实也是随便说了一句，事后还向杜同江道了歉，杜同江也表示不会放在心上。但曹健感到杜同江时时刻刻在提防着他，对他不冷不热，暗中还充满了敌意。曹健不想把同学关系搞得这样紧张，就几次找机会接近杜同江，他却回以冷漠。

过了一段时间，两人恢复了一般同学关系，毕竟同住一个宿舍，关系闹得太僵了对谁都没好处。后来，杜同江暗恋上了班花吴春红。吴有众多追求者，而且心高气傲。1997年五一前夕，又有人约吴春红碰壁，大家就和曹健打赌让他去约吴春红。杜同江气呼呼地说:"曹健你别白日做梦了,吴春红会看上你?"被杜同江一激,曹健当晚就对吴春红发动一番进攻。没想到,两人很快就确立了恋爱关系。这让暗恋吴春红的杜同江恨不得和曹健打上一架。

尽管两人的矛盾不断升级,但由于两人一直没有正面接触,所以表面上看来还相安无事。杜同江一直寻找机会报复曹健,他认为曹健害他丢面子,又"霸占"他心上人,简直是欺人太甚,只是苦于找不到借口。终于有一天,杜同江向吴春红诉说了自己对她的爱慕之情,还恶言恶语地说了曹健的坏话。听到那些坏话,吴春红哭着跑了。杜同江有了一丝报复的快意。然而,谎言并没有维持多长时间,很快吴春红就和曹健和好如初,两人的关系似乎更近了一层。见自己的计谋起了相反的效果,杜同江只好暗中叹息,却没有就此罢手。他认为他一定可以找机会战胜曹健。

2000年6月12日,在开完毕业典礼之后,晚上各班举行毕业会餐。酒会上,曹健对以往两人的过节很坦诚地向杜同江道歉。这更勾起了杜同江的伤心事。种种不如意纠缠在一起,杜同江多喝了一些酒。曲终人散之后,他一个人到操场上转了几圈才回到宿舍。想起这几年来在与曹健的争斗中处处落败,杜同江越想越气,越想越觉得心中难以平衡:不行,不能就这样便宜了曹健,让他如此逍遥自在地活着。在酒精的刺激下,一个罪恶的想法在杜同江的脑中形成。

杜同江取出平时画图用的裁纸刀,悄悄爬上了曹健所在的上铺。黑暗中,曹健正在酣睡。杜同江犹豫了一下,还是恶狠狠地举起了手中的裁纸刀连刺三刀。正当杜同江准备刺第四刀时被惊醒的舍友按倒在地。曹健被送到医院抢救,右臂终身残废。

6月13日,杜同江被当地公安机关抓获,等待他的将是法律的严惩。①

**【案例分析提示】**

这个案例反映了大学生人际交往中由于竞争关系处理不当而酿成恶果的问题。

当生活中有竞争关系的时候,人们往往会产生嫉妒,若嫉妒找不到正当的弥补或解决途径,就会导致交往矛盾。在这个案例中,曹健和杜同江之间就存在着一定的竞争关系:在恋爱对象上,在学习上,在当班长问题上,在班级事务决策上,甚至在个人威望形象上,杜同江都希望"战胜"曹健。妒忌心给杜同江

---

① 该案例改编自木若林:《四年同窗,毕业相煎为什么?》,《大学生》2000年第12期,第52—53页。

带来极大的心理压力,他又没有采取积极的途径及时化解,致使两人的交往矛盾越积越深,终于导致悲剧的发生。就此例来说,虽然责任主要在于杜同江,道德和心理问题也主要在于杜同江,但曹健的言行有时候过于张扬,伤害了杜同江的自尊,也是应该引以为戒的。二人的矛盾积累了将近四年,直到毕业酒会上曹健才开始想以杯酒释前嫌,虽然这是一个积极主动的友好表示,可惜已经太迟了。

有的同学反映,自己在处理同学间竞争与友谊的关系时,往往感到难以恰当地处理,感叹"鱼与熊掌难以兼得也"! 可见,如何正确对待竞争与友谊的关系,是大学生建立良好人际关系的一个重要方面,值得大家认真思考。

首先,要培养自己的竞争意识。古人云:"并逐曰竞,对辩曰争"。竞争是个人或团体力图胜过或压倒对方的心理状态和行为。竞争可以克服惰性,促进社会的进步和发展;可以让人们满怀希望,朝气蓬勃,这是一种健康的心理。但是,竞争也容易使人在长期的紧张中产生焦虑,出现心理失衡、情绪紊乱等问题。尤其对于失败者,更容易出现问题。作为当代大学生,在与同学交往中应树立拼搏精神和竞争意识,就是说,在学习科学文化知识中要不甘落后,敢于脱颖而出。一个缺乏竞争意识,学习成绩平平,工作不积极的人是很难赢得同学的尊重和好感的。竞争有时会显得不近人情,甚至需要付出巨大的努力和一定的代价,但只要竞争的目的是正当的,有利于调动人的主动性、创造性,更好地为社会、集体或个人的发展服务,我们就要勇于参与竞争。

其次,要采取正确的竞争态度和方式。随着社会的发展,大学生面临的竞争会更加激烈。面对竞争,应调整心态,勇敢地参与,要摒弃一切陈旧观念,明确竞争意识和追名逐利或虚荣的思想有着质的区别,否则就有可能落后于时代。同时,也应采取正确的竞争方式。有竞争就会有胜负,面对胜负,应保持胜不骄,败不馁的健康心态。当处于劣势时,应改变思路和方法,提高自己,以赶超对方,而不能贬低或破坏对方来获得自己的优势,更不能心生嫉妒,背地里风言风语或采取不正当的手段。处于优势时,则应保持虚心,不骄傲,不能看到同学落后于自己而幸灾乐祸。成功了固然可喜,失败了也问心无愧,如果从中悟出了一番道理,或者在竞争中学到了知识,增长了才干,那么即使失败也是有价值的,谁能说它不是明天成功的起始呢?

再次,要在竞争中发展友谊,在友谊中促进竞争。竞争与友谊是并行不悖的。竞争标志着奋发进取,积极向上,是前进的推动力。你追我赶,竞高争长,最能促使学业不断进步,思想积极上进。大学生之间并不存在根本的利益冲突,彼此间都是兄弟姐妹般的互助合作关系。友谊是一种特殊的人际关系,是联结人们心灵的纽带,是人的情感生活的重要组成部分。通过友谊,能促使大学生们在学业上互相切磋,在品德上互相激励,在思想上互相启迪,从而愉快充实地度过大学的美好时光。所以竞争与友谊在本质上是没有冲突的。当然,假如你把竞争建立在极端自私自利的基础上,这种竞争就会破坏友谊,葬送友谊。因而在竞争时应坚持集体主义原则和公平正义原则,彼此激励,共同攀登,形成一个和睦、友好、互励的良好氛围。

总之,要正确认识和处理竞争与合作、竞争与友谊的关系。竞争与合作是促进个人进步、社会发展的两股力量。竞争中有合作,合作中有竞争,竞争与合作是统一的,是相互渗透,相辅相成的。竞争的基础在于合作。没有合作的竞争,是孤单的竞争,孤单的竞争是无力量的。合作是为了更好地竞争,合作愈好,力量愈强,成功的可能性就愈大。有人说过,优秀的竞争者往往是理想的合作者。无论是竞争还是合作,都是为了最大限度地发展自己。

同学之间既要互相竞争,又要在竞争中消除嫉妒心理,讲求协作精神,培养向上、争雄之美风。百舸争流,奋楫者为先!

(张建桥)

**【思考题】**

1. 试分析不同程度的嫉妒心对于人际关系的影响。
2. 如何处理竞争与友谊的关系?

# 第四章

# 大学生爱情案例及分析

现在,恋爱在大学校园中已经成为比较普遍的现象。从总体上看,大学生知识层次较高,自我实现和自我评价的要求比较理想化,多数人的恋爱心理和恋爱观是积极健康的,能够严肃认真地对待爱情,渴望在素质相当的同学中间、在感情纯洁的大学时代找到自己的终身伴侣,携手共进,一起面对生活的风风雨雨。

但是,不可否认,在这一主流下,由于大学生的心理还很不成熟,受不同的理想、人生观和心理素质以及各种不良社会思潮的影响,大学生的恋爱观也存在很多偏差,其中有些问题需要我们加以注意并予以正确引导。比较突出的是:

第一,恋爱动机日趋多元化。一些大学生并不认可和遵循"恋爱-爱情-结婚"所谓传统的婚恋三步曲,而是为了恋爱而恋爱,为了虚荣、从众、寂寞而恋爱,甚至为了生活、出国等功利目的而恋爱,恋爱的情感化、感性化倾向日益突出,"不求天长地久,只要曾经拥有"的观点也被一些大学生所认可和接受。

第二,恋爱道德意识淡漠。不文明的恋爱行为增多,在教室、图书馆、林阴道上可见一些恋人亲密无间的身影,甚至一些过分亲昵的动作;宿舍留宿异性屡见不鲜;因为单相思而死缠烂打,因为失恋而伤害对方的行为时有发生;不讲恋爱道德,朝秦暮楚、多角恋爱、发生两性关系甚至未婚同居的也不乏其人。更令人忧虑的是,一些大学生认为恋爱是个人隐私,根本不存在道德评价问题,人们无论做什么都是个人的自由和权利。

可见,有的学生还不能充分理解爱情与生活的关系、爱的本质和爱的责任,也不能很好处理恋爱中的各种问题。我们选取的案例就是希望在这些方面提醒同学们,以便大家正确认识和摆正爱情在人生中的位置,把握好爱情与友情的界限,培养爱的能力,理智地对待网恋和失恋问题,学会承担爱的责任,度过丰富多彩又无怨无悔的大学时光。

## 案例一 爱情不能施舍

孙若高考失利,没能考取自己的第一志愿学校,因此,刚上大学那段时间,孙若相当失落,觉得自己是个很失败的人。孙若有个同学叫李强,是一个胖胖的男生,戴着小圆眼镜,个性活泼开朗。在相处的过程中,孙若发现他是一个很能为别人着想的人,也许是性格的原因,他们两个人的关系很不错。尤其是李强对于孙若,可谓体贴入微,上课的时候经常转过身看孙若,投来微微的一笑,他夸奖孙若的一切。敏感的孙若渐渐对这一切有了感觉,似乎知道他所想的。

直到大一暑期军训的时候,孙若非常想家、非常痛苦,李强就通过他的朋友对孙若表白了心迹。孙若对这件事并没有感到突然,但她清楚地知道,自己只当李强是很好的朋友。于是,孙若把拒绝的意思告诉了那个转达人。

回到学校以后,孙若和李强的关系渐渐疏远了。李强一天天地憔悴,经常默默地坐在座位上,不和别人讲话,只低头看书。孙若的好友告诉她,李强痛苦极了。孙若后悔了,她想起以往两人一起学习、玩耍的快乐时光,想起他往日灿烂的笑容,想起他唱歌时饱含情感、动人的韵味,想起他为她做的一切,她决定答应他。

这个决定换来了李强的快乐。在那以后的一段时间里,李强每天都开心地笑,积极地学习,在教室里高兴地唱歌。孙若看着他的样子,觉得自己做对了。但真的是这样吗?随着时间的流逝,李强又渐渐变得不快乐了,因为他在和孙若的交往中感觉不到她的爱。后来他终于明白了:孙若的决定是对他的同情,而不是因为对他的爱。于是,李强提出了分手。

孙若先拒绝了爱,后来又由于同情接受了爱,但最终她发现,爱是不可以随便接受和随便施舍的。[①]

【案例分析提示】

这个案例提出了大学生恋爱中存在的一个重要问题:到底什么是爱情,爱情和友情的关系是怎样的?

---

① 该案例是根据学生自述编写的,发生在2002年。

大学生是一个精力旺盛、充满朝气的群体,他们与同性交往,更渴望与异性做朋友。研究表明:男女之间正常交往,有利于促进学习与工作。男生的刚强、勇敢、独立、不畏艰难、心胸开阔可以感染女生;而女生的细腻、温柔、体贴又是男生所缺少的。男女生之间的相互交往可以使双方互补,对双方的性格发展、智力发展都有益,也可以为双方提供一个发展各自优点的最佳环境。大学生异性交往的机会很多,有的学生的异性交往还很广泛,甚至有的爱情就是由异性友情发展而来的。因此,异性友情和爱情的关系是大学生经常要碰到的问题。

但实际情况是,由于不少学生对于什么是真正的爱情,缺乏清醒的认识,或者不能很好地把握从友情上升到爱情的一般规律,因此,致使他们经常不能严格区分男女之间的好感、友情和爱慕之情,错把友情当爱情,弄得伤神费力又耽误学业。有的同学把一男一女走在一起就看作是爱情,有的把老想见到他(她)当作是爱情,有的以为见到他(她)就脸红心跳就是真爱,有的把爱情和异性间的友情混为一谈,甚至有人把爱情和情欲等同起来。凡此种种对爱情的误解,导致有些大学生跟着感觉走,一会儿爱上这个,一会儿爱上那个,把普通朋友的情谊当作爱情,想升级友情为爱情而导致友情破裂。

一般来说,爱情的产生是以好感为前提的,但是好感并不是爱情。好感能否转化为爱情取决于以后的交往、取决于双方是否有共同的追求、志趣等。爱情与异性友情既有联系,又有区别。这种联系表现在,友情和爱情都是以感情为主的人际交往,具有崇高的道德力量,是人生最美好最重要的两种情感。而且,友情和爱情可以互相转化,异性友情在一定条件下是爱情的桥梁,而爱情失败有时也可以变成长久的友情。但是,爱情和异性友情毕竟是两种不同性质的感情。首先,二者的基础和性质不同。友情是同学或朋友之间的一种互相信赖、互相关心的诚挚友爱之情;爱情则是男女双方互相倾慕并渴望结成终身伴侣的炽热感情,是性爱与情爱的合金。因此,友情的交往广泛,没有性别、年龄、辈分、职业等局限,是全方位的、开放的,并且具有传导性;而爱情的选择范围则相对狭窄,是一对男女之间发生的忠贞不贰的感情,排他性是爱情的基本特征之一。其次,二者的稳定性不同。爱情的基本特征是持久稳定,始终如一;而友情既可以是持久稳定的,也可以随着时间和条件的变化而发生各种变化。最后,二者承担的责任和义务不同。友情一般而言只承担道德上的义务,朋友之间要忠实、守信、互助;而爱情总是与婚姻、家庭相联系,因此,双方不仅要承担道德义务,而且还必须承担法律义务和责任。

分清了好感和爱情,友情和爱情,才能很好地去追求爱或迎接爱,知道如何接受爱和拒绝爱。真正的爱情来临时,大胆地去接受;如果仅仅只是友情和好感,上升不到爱情的层次,就不要轻易接受。拒绝要比勉强答应带给双方的伤害少得多。真正的爱不能包含任何虚假的成分。所谓的牺牲、所谓的同情都可能成为最终的遗憾,会给双方造成更大的伤害,也会错过真正属于自己的爱。

(熊其焰　秦维红)

【思考题】
1. 如何看待因为同情、名利等原因去接受自己不爱的人的现象?
2. 如何认识爱情和异性友谊的区别?

## 案例二　真爱需要双方的付出

紫藤是一个很可爱的女孩子,在家乡的一所重点大学读书的时候,她和自己班里的一个叫剑的男生恋爱了。刚开始谈恋爱的时候,正是暖洋洋的初夏,女生寝室里飘着淡淡的紫藤花香,紫藤脸上幸福的光芒令她分外美丽,她最经常说的一句话就是:真爱,是不计回报的付出。

剑的家在外地,每个周末,紫藤都把一大包男友的衣服带回家去洗,再从家里带来好多好吃的东西给男朋友。男生都非常羡慕剑,有个对他这么好的女朋友。他们俩是大家眼里的恋爱标兵、模范情侣。看着两人甜蜜蜜的样子,大家都想:自己有了男朋友或者女朋友,一定也要对他(她)这么好,让他(她)幸福,才是最大的快乐。

只有紫藤的姐姐紫菀不以为然:"他对你有你对他那样好吗?他请你吃饭吗?给你买衣服吗?"紫藤正在热恋中,回应说:"谁对谁更好又有什么关系。大家都是穷学生,感情不是用钱来体现的。我对他好,他会对我更好。即使他现在不能回报我,也一定会记在心里。再说既然是真心相爱,何必一定要他回报呢?"大姐忿忿地说:"不要回报?这哪是什么真爱,这是犯贱!"紫藤不理会大姐,同学们听了也是笑得不行,觉得大姐真势利,真功利,根本不懂真正的爱情。

不久紫藤和剑都毕业了,紫藤开始工作而剑继续上研究生,两人还是一对儿,紫藤仍旧给剑洗衣做饭。后来剑要出国,忙着上新东方,忙着学习和考试,两人在一起的时间少了很多。出国要花很多钱,剑家境不太好,自己也只有微薄的收入,所有考试和联系出国的费用基本都是紫藤帮他负担。剑需要交出国培养费,一共两万元,紫藤也拿不出钱了,只好向姐姐借。姐姐一脸不满:"他一个大男人,好意思这么多钱都让女朋友出?再怎么说,女孩子也不能倒贴啊!""都是自己人,分那么清干什么嘛。""你又没跟他结婚,他准备什么时候跟你结婚?""他说现在没有条件,等他稳定下来再回来结婚。""你呀,就这么相信他。""这么多年的感情,也会有假吗?"姐姐拗不过她,只好叹着气把钱给她了。

剑出国了,却是黄鹤一去不复返,一年后提出了分手。紫藤哭红了眼:他为什么要骗我?大家陪着一起痛骂剑忘恩负义。什么爱是没有条件的,真爱是不求回报的,全都是骗人的鬼话,不知是哪个自私虚伪的家伙编出来的,误导了多少善良的人。倒是她姐姐在安慰她:想开点,就当吃一堑,长一智吧。他未必是骗你,只是人心是最靠不住的东西。他在你这里得到太多好处,自己却不用付任何代价,你的付出在他心里也就没有了价值。你助长了他的自私,也就把自己放在很不安全的位置上。①

**【案例分析提示】**

案例中的紫藤一心为爱付出,最后男友竟提出了分手。除了痛斥剑不负责任、忘恩负义、没有爱情道德以外,我们还应该从中得到更多的启示。

很多学生都像紫藤一样,认为不计回报才是真爱,只有一心付出才显示爱情的高尚伟大。其实不然,真正的爱情并不是一方的单独付出。爱情具有互爱性和平等性,它是男女双方在平等条件下形成的,恋爱双方应该互相尊重,平等履行自己的义务。双方一旦建立了爱情关系,就要共同承担这一关系所包含的各种义务,任何一方都不能只要求对方履行义务而自己却不履行相应的义务。责任意味着尊重,没有尊重和平等也就没有爱。双方平等尽责、互相尊重,是爱情关系得以巩固和发展的重要道德基础。

爱是有条件的。就算世上的确有无条件的爱,又能持续多久?不是自己爱得精疲力竭,就是看到了对方的自私面目而大失所望,或者对方轻描淡写地说声谢谢便毫无眷恋地离开。人和人是平等的,关心和爱护也应该是相互的,如果只有一方在任劳任怨付出,另一方心安理得享受,却没有任何回报,那一定不是真爱。

只付出而不要回报的爱情,在短时间内对方会感激,时过境迁了还会记得

---

① 该案例改编自北京大学未名BBS《谈情说爱》版的文章《不计回报的真爱》,2003年4月。

吗？如果一个人认为对方无条件的付出才是诚意和真心，那么即使不是有心要利用对方，也是个极其自私的人，这种人不值得去爱。如果一方从来没有将关心与爱护给予另一方，甚至对另一方所做的一切都无动于衷，毫不感激，那么这样的爱情是无法持久的。

年轻人一般都很单纯，特别是校园里的学生，对爱情的理解往往单从个人情感的角度出发，将爱情过分地浪漫化、完美化，思考问题的方式过于单纯和片面，既不会识别他人，也不懂保护自己。校园里的爱情更多具有不食人间烟火的梦幻色彩，这种风花雪月似乎很美好，似乎很真挚，却没有经历过真正的考验，没有经历过生活的检验，所以，有太多的泡沫，一旦遇到风吹浪打，容易破碎。但太多恋爱中的学生被爱情蒙住了眼睛，他们只相信自己的感情，分辨不清是非，看不到过来人的经验，也听不进旁观者的劝告。当别人提醒阻止时，反而觉得那不过是市侩的人不懂真情，甚至是失意的人嫉妒别人的幸福。等到终于发现真相时，才大失所望地知道，原来爱情真的并不总是那么美好单纯，那些早就熟知的别人的教训，似曾相识毫无新意的情节，在自己身上又上演了一遍。罗兰曾经说过："为爱情牺牲自己，说起来像是很美丽，但假如对方并不值得你为他这样牺牲，或你的牺牲换不来你们之间的幸福，那你就要当心，不要让自己做傻瓜才好。"所以，对爱情充满憧憬和幻想的大学生要牢记：爱情不只是风花雪月、山盟海誓，它需要责任和道德，需要实际生活中点点滴滴的苦心营造；真正的爱情是双方的，相互的，平等的，有所付出，也有所要求。不珍爱自己，别人不会来尊重你。当对方习惯了接受付出，一切就变成了理所当然，太容易得到的东西人们不会珍惜，这或许并不完全是道德问题，实在是人性与生俱来的弱点。真爱原来需要双方的付出，这是许多人在得到教训后的领悟。

（熊其焰）

**【思考题】**
1. 如何看待爱情中付出和回报的关系？
2. 谈谈对爱情的互爱性和平等性的理解。

## 案例三 异地之恋的一种结局

阿辉临走前的晚上找好友小王去喝酒，他们去了经常光顾的那家小酒馆，不大,却有一个很富意味的名字——闲来居。阿辉坐在靠窗的位子上,看着窗外走过的时髦男女,叹了一口气。小王隐约感觉到阿辉的情绪波动,但他没说什么。他们喜欢默契,尤其是朋友间那种无言的默契。

酒端上来了,阿辉猛灌了两口。他眼中闪着幽幽的光。片刻,他忽然问小王:"你相信永久不变的爱吗?"小王没有立即回答,但松了一口气。早上阿辉收到一封信,这封信改变了阿辉的一天,他异常沉默,并烦躁不安。现在,小王完全明白了。刚入学不久,小王就听说阿辉在家乡有一个女朋友,两人感情很好,不断有鸿雁往返。阿辉常说他是世界上最幸福的人。来北京已近两年,阿辉也快乐地过了两年。平日的阿辉总是一副从容潇洒的神情,而此时的他,却眉宇紧锁,凄苦万分。

酒精的刺激使阿辉的话多了起来:"大约一个月前,我给她打电话,她语气却异常冷淡。我问她怎么了,她说心里烦,也不知道烦什么。我以前从来没见她用这种口气说话,她以前总是小鸟依人的样子,很可爱的。"这一瞬间,阿辉眼中闪过一丝温柔和陶醉。"我也不知为什么当时气恼地说那我就不打了,她居然说那就别打了。沉默了一会儿,我说挂了,那边过了一会儿就挂了。"阿辉又喝了一大口,一片潮红涌到脸上:"后来我给她写了一封长长的信,说了很多。可是,她好久都没有回信。"他痛苦地垂下头,两只手紧紧握在一起。

"再后来我实在忍不住又打了一次电话,一听到她的声音,我就控制不住自己,仿佛有一种隔世之感。她那头说:'辉,我们还是……'我没听完就说:'为什么?'她说:'我们已不可能再……'我吼了一句:'你骗我!到底怎么回事?'她好像有些哽咽:'我已没有当初那份心情了……辉,你别再让我说了……'我是一个心软的人,见不得人哭,想着她泪光莹莹的样子,竟什么也说不上来。最后她说:'我给你回信,我把一切都告诉你……'挂了电话,我又一个人呆立了好久。"

平日里在书刊上看了太多的缠绵故事,早已眼见心烦。但身边真有这样的事发生,小王还是唏嘘不已:每个人的情感都是珍贵无比,不容忽视的。

"今天早上我收到她的信,看完后我像疯了一样,真想从20层楼上跳下去。"小王知道一定是信里有什么内容刺痛了阿辉,否则以涵养好闻名的阿辉何至如此。

"她身边有一个男孩子在疯狂地追她……"小王一下子明白了,不禁替阿辉难过起来。

阿辉抬起充血的眼睛:"你说,四年的感情就这样轻易断了?当初她那么喜欢我,还鼓励我来北京上大学,还说是男子汉就该去外边闯一番。现在,没想到……"阿辉难以自制了。

他突然伸手往口袋里掏什么,是一张照片,原来他一直把她的照片带在身上。小王接过一看,是一女孩倚树含笑而立,一袭白裙与一抹淡淡的微笑,很清纯很可人的样子。

小王把照片还给阿辉,问:"这么说你是要回去看她了?"阿辉点点头,又略带惆然地问:"你说地域的阻隔真能把人分开吗?我们有四年的感情啊!"小王突然脱口而出:"可有两年时间你们只靠一根电话线在维持。"阿辉怔住了,脸上浮上一丝悲哀。

小王只能好言相劝:"你回去看看,也许事情并不严重,也许她并没有错。""可我有什么错吗?"阿辉一脸惆怅,"我们只不过刚分开两年,可我寒暑假都去看她了呀。"

两年,对于漫长人生不算太长,而对于易逝的青春来说,已不算太短。两年的相思,系于一线。小王不禁想起易安居士的词句:"只恐双溪舴艋舟,载不动,许多愁。"

阿辉走后的日子里,小王依旧奔波于餐厅、教室、宿舍之间,校门外的街市依旧布满了和煦的阳光,人群依然奔流不息。小王有时会想:阿辉现在怎么样了?

当阿辉再次出现时,已是六天后的一个下午。他已恢复了昔日的那份从容,只是眼中多了一份漠然。他没有开口,小王却仿佛已知道了答案。蓦地,小王想起了一个友人送他的一句话:离久情疏。这四个字真有像箴言一样的魔力吗?以前怀疑它,现在小王却开始相信,有些事不是人的主观可以决定的,人在整个世界面前其实很软弱很无助。①

【案例分析提示】

这个案例反映了目前大学爱情中的一个重要问题:如何处理身居两地的恋人关系?也就是如何对待异地恋的问题。

在大学校园里,不少学生的恋人在外地,甚至在国外;毕业带来的恋爱双方分处两地的情况,也很普遍。两个人长期无法见面,虽说可以在距离中寻找美,然而两地千里,日久难免生变,距离有了,美没了,分手也就成为大多数异地恋的一种结局。

对于校园中存在的异地恋,需要注意正反两方面的问题:

---

① 该案例改编自郑冠军:《当我不在你身边时》,《大学生》2000年第10期,第50—51页。

一方面,双方要坚信真正的爱情不会随空间距离的变化而变化。现代意义上的爱情,是指男女双方基于共同的理想和追求而在彼此心中形成的对另一方最诚挚的仰慕,并渴望对方成为自己终身伴侣的最强烈、稳定、专一的感情。它表明爱情是以挚爱为前提的,是情投意合与志同道合的统一。这种强烈的感情是以双方的结合为目的的,绝不是一时的精神慰藉。因此真正相恋的两个人,即使身处两地,感情也不会随空间距离的扩大而减少,随共处时间的缩短而变淡。"两情若是久长时,又岂在朝朝暮暮?"假如两个人真心相爱,不必计较一时,而应期待永远。

人们总说距离会改变一切,其实距离不是问题,但它往往成为恋人们分手的堂而皇之的借口。当代社会,连世界都变"小"了,要是感情真的很牢固,距离又算得了什么?因为距离而分手,还是说明两个人的感情本身就不牢固。现代生活变动性大,许多人的恋爱和婚姻都会遇上这种情况,即因为某些现实的原因爱恋的人不在身边。但这种暂时的分离是为了以后更好的相聚。两个人都应该持这种想法,过好自己的生活,为了以后共同生活一辈子而努力。

另一方面,当事者对于异地恋的变动性也要及早有清醒全面的认识,有一定的思想和心理准备。由于大学生阅历浅,对于真正的爱情,自己究竟需要什么样的对象等问题有时并不是把握得很准,在处理感情问题时经验不足、耐心不够,因而异地恋对于不成熟的年轻学生来说,更多是属于一种不稳定的感情,加上在处理异地恋的问题上容易受外界影响,所以大学生异地恋的变动性比较大,分手的人不在少数。

既然事实如此,那么,遭遇异地恋失恋的同学,要面对现实,冷静思考,不论感情如何痛苦,都要积极调整自己的心态,努力使自己走出来,就像案例中的阿辉一样。有人曾说过:生命的旅程充满了太多变数,但我们毕竟还要生活下去,还有许多值得我们留恋的东西,那就是关于诗,关于梦想,关于永恒和忠实,关于匆匆流走的时光。

(熊其焰 秦维红)

**【思考题】**
1. 影响异地恋成功或失败的因素有哪些?
2. 你对恋爱中时间和空间的度是如何理解的?

## 案例四 一个女研究生的苦涩爱情

24岁的女研究生叶枚效仿玛丽莲·梦露取掉了两根肋骨，究竟为什么？其中有着一个女大学生对于爱情的苦涩回忆。

2000年的暑假，叶枚在一个网站的兼职频道发布了个人消息，想谋求一份与她专业相关的轻松舒适的兼职工作。7月24日，叶枚去一家公司进行一份钟点翻译工作的面试。因为她是学外语的，通晓英、日、韩、俄四种语言，面试很顺利就通过了。人事部的李小姐带她来到一间会议室，向她介绍一位男士："这是我们投资公司的总裁石刚。"这位总裁看上去三十五六岁，一米八的个头，白净的脸上架着一副金丝眼镜，很有魅力。当天叶枚就为他作了两个多小时的口译，之后和他谈得也很投机，临走还互换了名片。

从那以后，他们开始了网上的交流。在交流中，叶枚得知石刚的投资公司生意很大，主要是面向国内的，但有时也与一些外商谈判，原先的翻译刚刚辞职，又一时找不到会四种不同语言的女翻译。在石刚的一再鼓动下，也为了积累一些工作经验，叶枚作了公司的翻译和石刚的秘书。

她和石刚一起参加谈判，一起出去玩。叶枚的男友此时刚毕业参加工作，他把所有的精力都投入到了工作中，逐渐疏远了和叶枚的感情。石刚的出现，正好填补叶枚感情上的空虚，随着两个人接触越来越多，他们建立了一种特殊关系。

2000年11月初，叶枚开始正式找工作，但竞争激烈，困难很大。经过多次碰壁，她想到了石刚。石刚把她留在了公司里，还说："学得好不如嫁得好。"但她认为自己还不够漂亮，不能抓牢石刚的心，所以决定改变一下形象。她开始刻意改变自己的外表，每隔一段时间就去做一次美容，还向家里要钱进行全身减肥等塑形体手术。为了具有更完美的体型和外貌，有一天，她冒出一个大胆的想法：仿效自己的偶像玛丽莲·梦露，取掉两根肋骨！为了实施这个计划，她开始准备做手术所需要的一大笔钱，并着手找一家合适的医院。由于北京市医院的医生都认为叶枚是个健康的人，不能进行手术。最后，她在唐山做了手术。

手术后叶枚的身材真是非常好，同学们都很羡慕，石刚对她的态度也比以前殷勤多了。叶枚沉浸在幸福的遐想中，直到有一天一封来信把叶枚彻底打入深渊。原来石刚是个大骗子，公司早就资不抵债了。石刚打着公司的招牌到处行骗,用骗来的钱供养情妇。

看完邮件,叶枚不知所措,她不知道自己所做的一切都是为了什么。她原以为对一个女人而言相貌是最重要的;她原以为只要漂亮了,就能套牢石刚,工作和生活也就无忧了。谁知却是这样的结果。①

**【案例分析提示】**

案例中的叶枚无疑是个爱情的盲者,她看待爱情是和外貌、功利紧紧联系在一起的。在她的爱情观里,只要漂亮,就能得到爱情;得到了爱情,就可以从对方那里得到工作和生活保证,结果却走进了爱情的误区。这个案例提醒我们要认真思考下面两个问题:

第一,爱情和外表。叶枚把外表当成爱情的充分条件,认为女人最重要的就是漂亮,甚至取出自己的肋骨来获取外表的完美。这是大学生在择偶观上的极端表现。现在不少大学生以"美女"、"帅哥"作为自己理想爱人的模板,在选择恋爱对象时,并不是考虑双方是否相互爱慕、倾心,心心相印,而是以对方是不是"能带得出去"等为标准,从而把容貌、身材、家庭经济状况、社会关系等作为选择恋人的筹码。他们忽视对方思想上、感情上、精神上的条件,似乎爱情不是心灵的结合,而是脸蛋的拼凑。

男女双方在共同的社会生活中产生的对社会、对人生的共识,对理想、对事业的追求,以及对社会共同的道德观念的认可,才是爱情中最本质的东西。爱情说到底不是外表的吸引,而是灵魂的契合。因此,选择爱人不能仅仅局限于外表美,而更应该注重对方在社会生活中表现出来的心灵、道德和行为等方面的美。真正坚实、持久的爱情正是以双方的"志同道合"以及志趣、气质的"情投意合"为基础的,是兼顾感情和理智的。只注重外在因素不顾及内在素质,是浅薄的感情,不是真正的爱情。当两个人之间有真爱的时候,是不会过多考虑经济条件、相貌美丑、个子高矮甚至年龄问题等等外在因素的。当然,由于大学生的社会阅历浅,心理也处于走向成熟的过程中,因此与成年人相比,他们在恋爱之初会更容易受外表等因素的影响。这也无可厚非,爱美之心人皆有之,但关键是不要将外表作为择偶的唯一标准,而是要更注重对方的人品、才能等因素。

第二,爱情和依附。"学得好不如嫁得好",这一思想在当今竞争激烈的社

---

① 该案例改编自张闻天:《女研究生取肋骨,为的是什么?》,《大学生》2001年第7期,第18—19页。

会中越来越具有普遍性,不少女大学生把自己的一生定位在"嫁一个好丈夫"。这其实还是男强女弱的传统思想在作怪,她们在这种旧观念的影响下,产生了强烈的依附思想,把自己的前途、命运寄托在男方身上,只想找一个理想的"靠山",稳稳当当、舒舒服服地靠一辈子。

这种想法不但是错误的而且很危险。一个女性没有独立的人格和经济地位,完全依赖对方,一旦感情破裂或婚姻解体,那就事业、爱情、生活都没了,什么都失去了,这对于依赖男方而生存的女性无疑意味着死亡。即使两人还依然在一起,也更多的是责任、道德感在起作用,爱情已经变味,因为,真正的爱情是两个独立人格的和谐交往、互相支持,任何一方依附于另一方的爱情都不可能长久。请想一想鲁迅的小说《伤逝》吧,现代女性不要再重蹈子君的覆辙。

(熊其焰　秦维红)

【思考题】
1. 你认为叶枚在爱情问题上的失误是什么?
2. 谈谈爱情中保持独立人格的重要性。

## 案例五　她的虚构男友

刚进大学时玲住的是混合宿舍,大四时专科生都走了,玲便搬进了慧子所在的宿舍。

宿舍里原来有6个女孩,加上玲是7个。6个女孩当中除了慧子都有男朋友。慧子是孤独的,没有男朋友,也没有其他朋友,尤其是周末,她常一个人坐在窗前发呆。玲则在周末读男友林的信。每个周末,林的信都会从西北那个大风大沙的城市里飞来,没有多少绿色,却能温暖和抚慰玲孤寂的心。慧子有几分寂寞,玲也就不便主动去和她多说什么,怕像其他室友一样遭她白眼。玲想也许这与她的不幸遭遇有关——3岁那年,一场火灾在她的右颊上留下一大块难看的疤痕,使她原来娇嫩的脸变得让人不忍目睹。玲是那种天生不会疯玩不会自己找乐的女孩,和慧子一起留守周末的时间长了,便有了一些共同的话题,比如小说、音乐,比如歌星,有时也会为一个问题争得面红耳赤,但绝对不谈爱情。爱情是女大学生宿舍里谈得最多的话题,玲却与慧子约好了般地避而不谈。多数的时候,慧子捧一本小说,看似宁静如水,然而玲知道她在无人时常落泪伤神。有时老乡聚会,玲邀慧子同去,她总是拒绝。

过了一阵子,玲感觉宿舍里女孩子的话题转移了方向,大家突然开始关心起慧子,但是每次看到慧子都不愿再多说。有一天一个女孩问玲:"慧子最近有了新动向,你还蒙在鼓里呀?"玲摇头。有个周末,很晚了,慧子的床还是空的,大家都说慧子约会去了。慧子是熄灯的时候才回宿舍的。接下来的几个周末,慧子每次都回来得最晚。如同发现新大陆般,一向少被人提起的慧子成了大家议论的焦点。女生们猜测慧子男朋友的年纪、学校、专业,设想他们认识发展的过程,争到最后没有定论,便说干脆问慧子得了。慧子起先不招,一脸羞涩地笑。后来逼急了才说男孩是她高中的同学,彼此知根知底的,毕业后一直想来找她,可又不知她在哪个学校,因为胆小羞于向别人打听,后来一个偶然的机会才得到她的确切地址……

慧子的脸上是一种满足的微笑。玲终于相信,有时候爱情确实能改变一个人。实习后的日子白驹过隙般飞过。大四向来就不给人喘息的机会。工作没着落的同学整日四处奔波心急如焚,工作找定了的同学则全心全意为爱情而忙碌。慧子是最沉得住气的女孩,她只在周末出去与男朋友约会,却从不把男朋友带到宿舍来。有几次同学开玩笑说要跟踪慧子看看她的男朋友,慧子便红了脸说别去了,他这人一见女孩就手足无措,看了后你们会失望的。望着慧子着急的样子,大家都忍不住笑。

有一天晚上,玲去校外一家舞厅跳舞,偶尔抬头望窗外,忽然发现对面临窗而坐的那个女孩极像慧子,定睛细看果然是她。玲有些惊奇,不知慧子什么时候学会了跳舞,想看她的男朋友,可她身旁却坐着几个女孩。音乐又响起来,慧子身旁的几个女孩翩翩起舞了,唯有她面壁低头坐着,给人一个拒人千里之外的冰冷身影,不敢自讨没趣的男孩子看她一眼就走过去了。玲不敢贸然过去叫她,便一直坐在最暗的角落里。那天晚上,慧子是一个人走的,舞会还没结束的时候她就走了。她起身的那一刻,玲似乎看见了她脸上的泪痕。

后来,慧子告诉室友,那天晚上是她和男朋友的最后一次约会,因为她与男朋友分手了,心情不好。玲总觉得有些话要讲给慧子听,在一起的日子虽然淡淡走过,但在心里已认她做了最信赖的朋友。玲对她讲林,她们彼此谈了很多。最后慧子苦笑着说:"还是听听我的爱情故事吧,其实我根本没有男朋友,其实好多次我就一个人如孤魂般绕着宿舍楼徘徊,我不知道自己为什么要这么虚伪,虚构一个爱情故事来自欺欺人。我本来不愿把这事告诉任何人的……其实我也是希望过的,昨天、今天、明天我一直相信有一份属于我的真爱在前方等着我。"①

**【案例分析提示】**

　　案例中的慧子并没有恋爱,她虚构了一场恋爱,从她身上折射出目前大学生为什么谈恋爱的问题。诚然,校园里不乏两情相悦、心心相印的恋人,但同时也存在着并非出于爱情的恋爱,出于虚荣和从众而恋爱的现象。

　　有的大学生以虚荣的心理对待爱情,看到别人出双入对、花前月下,于是自己也蠢蠢欲动,跃跃欲试。他们认为能谈到男女朋友是有面子,谈不到朋友就会被人瞧不起。在这种心理"压力"下,许多人就自觉地开始"爱海泛舟"了。"有人爱"似乎是自身价值的某种证明,他们把被人爱当作一种骄傲,把有异性陪伴看作一种派头。于是没有恋爱的就急于寻求爱情,以此炫耀自己,满足个人虚荣心。也有人担心别人在谈恋爱而自己未谈,会被讥为"嫁不出去的姑娘"或"低能儿"。案例中的慧子本来就因为自己的外表缺陷很自卑、孤独,如果再没有人爱,她就真的无颜在宿舍生活下去了,因为宿舍中其他6位同学都有男朋友了。也许是为了让大家能高看自己一点,她虚构了一场恋爱,并为此经历了身心的双重折磨。她的行为当然包含虚荣的成分,但又不完全是虚荣,毋宁说从众心理的影响更大些。

　　从众心理对大学生的恋爱影响很大。"月亮走,我也走",这种从众恋爱心理的驱动使部分学生被裹挟到恋爱大军之中。不少学生本来不想谈恋爱,也没有恋爱的心理准备,但当看到身边的学友一个个出双入对时,便也随波逐流加入了恋爱大军的行列。恋爱是一种时尚,也是一种"病",很容易流行,对于自尊心、表现欲极强的大学生来说,尤其如此,个人要抗拒这种恋爱潮流真的很难,所以才有慧子宁愿忍受身心的巨大痛苦也要虚构一场爱情这样的故事发生。

　　这个故事让我们感觉很酸楚,也很无奈,真的希望每个同学都能很慎重地对待自己的爱情,不要因为孤独,因为羡慕别人的爱情,因为自己的虚荣心或从众心,而去恋爱。毕竟每个人都是独特的,每个人的人生选择和追求是不同的,要真正使别人高看你、尊重你,就要保持自己的独特性。因为盲从,因为无谓的攀比而迷失自我的人,很难得到他人真正的尊重。而且在这种盲从中,一个人会更加缺乏自信,丧失独特性,在自卑和虚荣的漩涡里越陷越深。

(熊其焰　秦维红)

---

① 该案例改编自张洁:《慧子》,《青年博览》2000年第4期,第46—47页。

【思考题】
1. 慧子为什么会虚构一个男友？
2. 看到周围人都在谈恋爱，是否觉得自己也应该找一个男(女)朋友？

## 案例六　欺骗感情只为出国

唐诚到美国已经两年了，在一所重点大学的重点实验室读化学博士。

9月份的时候，唐诚收到弟弟的一个中学女同学给他发来的电子邮件。女孩叫木子，是武汉某著名高校生物技术专业的学生，正在准备出国学习，向唐诚发信是为了向国外的师兄请教出国事宜。唐诚是属于比较热心的那种人，马上发了几封信指点了一下。慢慢两个人的通信多了起来。唐诚从前听说过木子，一是自己弟弟的中学同班同学；二是和木子曾经是同一个小学和中学的校友；三是自己父母认识木子的父母，木子母亲和唐诚父亲是一个工厂车间的同事。所以唐诚对木子就像熟人一样，许多私人问题也开始与她交流。国外的中国女生少，老大不小的唐诚还没有找到女朋友，于是他就叫木子帮他介绍女朋友。

唐诚了解到木子的 GT(GRE 和 TOEFL 的简称，是赴美就读研究生必需的考试)考得不错，但她只有本科背景，申请唐诚所在的学校不容易。唐诚对申请美国大学的程序比较熟悉，于是提了不少的建议。后来唐诚干脆提出自己出面帮她联系美国大学的导师。为此唐诚专门帮她重写申请信、推荐信，并请实验室的美国同学帮她修改润色履历，经过这样一番包装后，唐诚帮她联系了自己系里一个学术成就很高的教授。唐诚所在系的竞争非常激烈，想要进入的中国人必须背景很强，科研能力很高。木子所在的学校并不是国内最好的，所读的专业也不是相关专业，所以困难格外大。

一段时间以后，木子渐渐表现出对唐诚不一样的感情：她每天来信，有的时候一天5封电子邮件；如果唐诚不回信，她的语气就会变得等了他好久似的；信里的内容也渐渐变得比较暧昧："对于感情方面，我一直是认真的。要是我能在你身边，陪你看书就好了。不过没准会给你捣乱的。我真想你啊"，"累的时候想一想我，希望能让你好过些"，"有没有梦见我呢？你都不知道每天我有多想你，你不在我身边，我想你想得很难过"……

一来二去，唐诚渐渐对木子也有意思起来了，但是知道木子有男友，再加上不排除这是小师妹对大师哥的敬仰之情而非爱慕之情,所以唐诚一直没有什么表示。直到有一天,木子给唐诚发信,讲了她和男友的事,说"我和他的关系,现在就好比鸡肋。我们每天的联络,还不如和你的 email 多"。唐诚一看,木子分明就是在暗示,他心里的感情再也压制不住了,马上写了一封热情洋溢的表白信给木子,结果一举成功。木子给唐诚看了一段她和她同学的聊天记录,显示她原来早就暗恋唐诚了。唐诚一直觉得两个人能够在一起奋斗是很幸福的事,他真的是动心了,全心全意的那种。接下来两个人每天 email,有空的时候打打电话、聊聊天。木子也很投入,她给唐诚的信里所用的词语也很肉麻,真是天天想你爱你,而且是分分秒秒的那种。

也许是申请唐诚学校的人太多,也许是木子的背景本来就不强,没过多久,那个美国教授就说,不好意思,不能录取她,因为她背景不强。唐诚赶紧和木子商量了一下,她马上又给这个教授发信,终于让教授同意电话口试。于是唐诚又帮木子好好准备了一番,终于让教授满意而答应录取木子。

元旦的时候,木子突然告诉唐诚,她有一个高中同学,是个高干子弟,在向她示爱,但是她知道如何处理。唐诚也就没有放在心上,只想着木子就要到美国来了,到自己身边来了!1月22日木子放假回家,几天没上网,这期间唐诚一直都和那位教授联系她的录取工作,1月23日,教授正式发信给木子,表示录取没有问题了,并且给 RA 奖学金。1月29日木子收到录取通知书,很开心。唐诚那高兴劲啊就更不用说了,自己女朋友就要来了,他憧憬着两个人一起奋斗的日子,用他那辆很酷的跑车,载一个自己喜欢的人,是多么风光多么开心的事啊!过年时候打电话,两个人还聊了很多。可是这以后,就再也没有收到她的 Email 了。唐诚心想她家没有电脑,不方便上网,倒也不追究。又过了一个星期,唐诚打电话给木子,约好2月14日情人节和她打电话,可是等到14日怎么也找不到她,宿舍、家里都找遍了,手机也没人接。2月16号,终于找到她了,她告诉唐诚14号去她表姐家,结果手机忘带了,她还说,之所以这些天没有 Email 是因为上网不方便。唐诚马上相信了她,挂电话前唐诚深情地说:"我爱你",木子说:"我也爱你",唐诚非常开心。

然后,木子就只来过3封 Email:

第一封:我想有件事不该瞒你,2月14日我是和别人一起过的,就是我和你提过的男孩,那个男孩是我的高中同学。对不起。

第二封:我知道你会怪我,我也心甘情愿被你骂,我知道这全是我的错。对不起,现在除了这句话,我不知道还能说什么。

第三封:怎么说呢?我觉得自己并不是一个新新人类,我之所以会和他一起过情人节,是因为我和他是有感情的。我知道这样不对,我也知道我们有约在先,可是我和他还是走到一起去了。对不起。你一定很生气了,说不定也会很恨我。可是我还是觉得应该告诉你,我喜欢他。我不能骗你的。对不起。

唐诚惊呆了,不敢相信木子以前说的那些话。他回了信又打电话给她,她直接告诉唐诚,只是喜欢唐诚,对那个高中同学却是爱,所以她选择和那个男生在一起。

唐诚的心被伤透了,从前听说过不少女孩子把别人当跳板,利用感情达到出国目的的故事,他还一直不怎么相信,没想到自己也碰到了这样的女孩,她的爱如此廉价,短短的三四个月可以和三个男孩谈恋爱。唐诚彻底失望了,他不明白为什么有人为了出国可以什么都不顾,连感情都可以拿来欺骗。唐诚很后悔自己给一个不诚实的人当了推荐人,又觉得对不起那个教授,让他录取了一个有关系而非有实力的人。唐诚终于明白:木子对他根本就没有过爱情,只是为了出国,利用了他的感情。[①]

**【案例分析提示】**

曾经有人说:当这个世界变得越来越现实的时候,一切都可以成为工具,包括爱情。在这个案例中,女主人公木子正是假借"爱情",迈出了通向美国的第一步,实现了超越自己实力的"梦想"。而持有木子这种观点的,在现在大学生中不乏其人。

在越来越市场化的今天,爱情越来越多地和事业、前途、功利等联系在一起了。爱情已经丧失了亲近与结合的心理基础,而成了达到自己所追求的某种特殊目的的交换条件。如有的大学生为了毕业留城、考研保研、出国、找份好工作等选择对自己有利的恋人。这种被人们誉为"理智的爱",说穿了就是爱情功利主义,其立足点不是人,而是人之外的金钱、财富、地位等物质条件,它把本来只是作为爱情辅助因素的各种物质条件当作爱情产生的前提和基础。

诚然,金钱、财富、学位、地位等可以标志一个人的才能,在爱情选择中适当考虑这些条件也是合理的。但是,爱情功利主义的错误在于它整个颠倒了本末主次,不是看重这个人和个人的情感,而纯粹把爱情作为谋取个人私利的手段。在这种爱情中,一方面是"爱者"为了满足物欲和虚荣心,成为物的奴

---

① 该案例改编自北京大学未名BBS《飞跃重洋》版的文章《我帮一个骗我感情的无耻女生拿了OFFER》,是发生在美国的一件真事,http://www.bbsland.com,2003年5月。

隶。另一方面,"被爱者"只是爱者满足物欲的工具,双方是不可能建立高尚的爱情的。

　　因此,这种功利型爱情观破坏了恋爱者追求美好爱情和发展幸福的基础,只能让人感受到爱情的种种实用价值,只能享受一时的情感体验和快乐满足。这种状况势必破坏爱情在人们心目中的高尚性、纯洁性、持久性和严肃性,进而形成一种只重个人体验、忽视爱情道德和义务的及时行乐的杯水主义爱情观。这种被扭曲了的爱情观和放纵的恋爱经历会给未来的爱情生活蒙上一层阴影。毕竟爱情不是金钱、权力、文凭、出国证、小汽车……它是以双方内心世界的相互爱慕为基础的。不少功利型恋爱者交易爱情使自己渡过难关后便"过河拆桥",这种人品低下的行为也往往会付出惨痛的代价,被社会唾弃,受到其他人的鄙视和舆论的谴责,即使得到了一时的利益,也会失去更多的东西,失去人的尊严,失去正常生活的心态和环境,真所谓得不偿失。愿同学们在恋爱时都能很好地把握考虑对方条件这个"度",谨防陷于爱情功利主义的泥潭。

(熊其焰　秦维红)

【思考题】

　　1. 结合实际想一想,爱情道德包括哪些内容?哪些行为属于不道德的恋爱行为?

　　2. 对于木子把爱情当作工具的做法,你是怎么看的?

## 案例七　同居者的告白

　　玫从来没有想到自己会走到今天这一步,感觉上"同居"这种事都是坏女孩做的,而她出生书香门第,受过严谨的正规教育,从小学开始就一直是老师和父母的乖乖女。可是,她太爱他了,强大的爱情使她在不知不觉中变得离经叛道。

　　磊和玫是大学里的同班同学。他是山东人,长得高大英俊,经常能收到一些女生写来的情书。玫和他是班里负责取信、分信的男女生代表,各有一把班级信箱的钥匙。有时候,两个人同时去开信箱,碰面时就会多聊几句。时间长了,玫发现自己经常莫名其妙地想念磊,想他细长的手指,微笑的眼睛,还有额前一跳一跳的发梢,想得面红耳赤心跳加速。玫知道,自己是爱上他了。

后来,玫在信箱里放了一只磊最爱吃的苹果。等玫再打开信箱的时候,苹果没有了,取而代之的是她最爱吃的德芙巧克力。他们就通过这样简单的方式定了情。在以后很长的一段时间里,信箱一直是他们交换礼物的最佳地点,每次取信时玫都有一种无法形容的甜蜜心情。

不久,玫提出要在外面租一间房子和磊住在一起。爱情在不断升温,而他们似乎找不到别的方式来与之匹配,只剩下同居了。可以同吃同睡,同进同出,可以不分晨曦地和心爱的人厮守在一块儿,还有什么会比这更快乐的呢?没有了。很快玫在学校附近找到一套带家电煤卫的一室一厅,用多年积攒下的7000多块钱付掉了一年的租金。这笔钱是玫独个儿出的,没让磊插手,因为她知道他拿不出多少钱。①

**【案例分析提示】**

近几年出现了越来越多的大学生婚前性行为和同居现象,是大学生爱情中带有普遍性的新问题。

据浙江工业大学对全省10余所大专院校的大学生的调查显示:有近1/3的大学生对西方的"性解放"、"性自由"持认同态度,有31%的学生不仅认为"性解放"、"性自由"是现代文明的标志,完全可以接受,而且认为"这是人类爱情发展的必然结果"。有21%的学生认为婚前性行为是"可以理解的",55%的学生认为婚前性行为"只要相爱,毋须指责",甚至有5%的学生认为"只要两人愿意,没有爱情也行"。另据首都师范大学健康教育中心对中国近30所大学一万多名在校大学生性行为性观念的调查:有性行为的男生约为15%,女生约为5%,这说明现在许多大学生在性道德观念上较以前发生了很大变化,这自然成为大学生同居现象增多的直接原因。

在赞成同居的大学生们看来,同居完全属于个人选择,是私事,是个人的自由,旁人不应该干涉,这样才是真正"更自由更民主更符合人性的生活方式"。他们对于责任,以"两厢情愿"搪塞;对于未来,以"未知"作借口;对于爱情,则用"享受青春"来标榜。一句话,他们的生活方式完全是自我的,甚至可以说是自私的。

对大学生同居者的这种评价,案例中的玫可能不以为然,她会据理力争地认为自己的爱是真爱,自己对爱情也是认真负责的,并不是不计后果地享受爱情。可是,如果是真爱,双方都不会急着想要获取和占有,而是会等到能给出

---

① 该案例摘自四川新闻网2003年8月。

承诺的那天,等到青苹果成熟的那天,才好好品尝那甜蜜的滋味。毕竟大学还有更重要的学业要去完成,而且双方也缺乏实际生活的条件和能力。"两情若是久长时,又岂在朝朝暮暮?"

说到底,同居者的爱情,不管他们意识到没有,大多是没有携手一生的勇气的爱情。爱情能否持续一生一世,我们的确是很难确定的。但是,婚姻在世俗观点看来是一种法律的程序,在爱人眼里却是一句终身相守的誓言!而同居者则根本不太考虑将来是否结婚,只是更多地关注双方当下的情感体验,这种动机就决定了同居者将来结婚的可能性很小。许多调查也显示,越是同居过的人越难步入婚姻殿堂,即使同居的一对最终结了婚,离异的危险也比一般人更大。正如美国心理学家约瑟夫·纳温斯基解释的那样:"生活在一起,并且经常进行罗曼蒂克式的鲁莽大胆的改变,确实是一种逃避义务的好方法。当两个人选择了生活在一起而没有谈及婚姻时,两个人当中的一个或者两个都通常可能秘密地说:'我担心我对你的爱是否太脆弱了,因而不能持续终生,所以我想如果我们的爱太草率,我们不如各奔东西'。"[①]

同居也是对青春的挥霍。青春期不只是快乐和享受,它还是整个人生的蓄积和俯冲,它还要向未来负责。只有拥有了自我控制能力,青春才不会过早丧失它的阳光;只有小心翼翼地呵护青春,它才会充满明朗和清澈的气息,才会使我们真正享受到青春带给我们的朝气和奋斗的动力。

(熊其焰　秦维红)

【思考题】
1. 如何看待大学生同居现象?
2. 如何评价同居者的爱情?
3. 爱情与等待、承诺以及责任的关系是什么?

## 案例八　约定时间的爱情

叶欣是北京一所著名大学里的优秀学生,她是心甘情愿地走上这条从一开始就知道结果的路——在毕业前夕和曾鹏开始了约好5个月的恋爱。

叶欣和曾鹏是大三的时候认识的,彼此都赞赏对方的才华。从大四开始,

---

[①] 转引自 K.C·斯科特:《婚前同居,是一个错误》,《参考消息》增刊2000年8月30日第13版。

他们两个便成为最好的搭档,互相鼓励,互相帮助,为着未来努力。曾鹏想在北京找一份好工作,叶欣一心要出国深造。曾鹏一边找工作一边帮叶欣投简历、做出国的准备,而叶欣一边申请出国一边陪曾鹏练口语准备工作面试。6个多月辛苦而充实的日子,多少次凌晨回宿舍,一躺下就再也不想起来,又有千百次放弃的念头,但两个人互相鼓励互相支持终于熬过来了。最后他们两个人都有了很不错的收获:叶欣收到了自己心仪已久的一所美国大学的入学通知书;曾鹏也得到了一份非常好而且适合自己的工作,可以从全新的起点开始自己的事业了。

可是爱情也就这样悄然而至了,其实它原本就存在,只是两个人从来没有注意到。在两个人互相支持着的半年里,原本彼此爱慕的情感上升为彼此依靠、共同奋斗的爱情。本来到了大四,很多东西都已经尘埃落定,好像不应该再有什么惊喜或激情,可正是因为尘埃落定,正是因为太清楚自己的未来了,总有些许的不甘心,才成就了这段恋爱。于是叶欣和曾鹏说好了:"从今天开始,到我出国前上飞机的那一刻,我们谈一场五个月的恋爱。"

两个人都有各自的梦想,叶欣不会为曾鹏放弃千辛万苦得来的赴美学习的机会,曾鹏也不会为叶欣放弃一个很好的事业起点,而两个人也不希望对方放弃。叶欣很现实地说:"既然这样了,那么就格外珍惜剩下的日子吧。说好了,每天都开开心心的,永远不吵架;说好了,不流泪,尽管我知道,最后在机场我一定会哭,可是我无悔。"昏黄的灯光下,泪水划过叶欣的脸庞,虽然两个人都不是那种对爱情可以轻易走进去走出来的人,都不是可以玩爱情游戏的人,可是两个人还是非常现实地选择了这种恋爱方式:说好结束时间的爱情。[①]

**【案例分析提示】**

"毕业了就分手",是校园爱情中广为人知的一句话。前途的未知,现实的考虑,感情的不舍,一切都用一种新的爱情方式来解决,那就是:说好分手时间的爱情。在学校度过的最后时光中,在还可以相处的日子里,两个人都开开心心;到了毕业的那天,也就是分别的那天,两个人留住美好记忆,挥手说再见。他们把"毕业了就分手"视为理所应当,并振振有辞地说出理由:

"我们都很现实,不希望彼此为了感情而放弃些什么。更不想让这种看起来很美的牺牲在将来的某一天成为我们互相伤害的借口。"

---

① 该案例改编自北京大学未名 BBS 站《谈情说爱》版的文章《五个月的恋爱,说好不流泪》,2003年3月。

"我们都不够勇敢,没有胆量让自己去担负起朝夕相处的背后的责任,面对现实,我们互相妥协了。"①

还有一些学生认为,大家都知道大学的恋爱不会有结果,所以就当是一种经历吧。不是说"初恋时我们不懂爱情"嘛,爱情如何进行,这是需要学习的。能够和有共同认识的人一道经历这场感情,蜕变后的自己才会真正懂得把握和珍惜生命中的真爱。这不是互相利用,对双方,这都是一种成长。②

大学爱情具有浪漫性、易变性、不确定性,很多学生把恋爱和婚姻分开,认为恋爱和婚姻是两码事,恋爱不一定就非得结婚,和你拍拖不一定就要嫁给你。"不为天长地久,只求曾经拥有"已成为一些人的口头禅,甚至有人把大学爱情看作是人生"一段精彩的回忆,一笔不可多得的经验和财富"。的确,一个人的成长需要经验,情感也是在经历中一步步走向成熟。但人们理想中的爱情又是纯洁的、排他的。"为获得经验而爱,代价是不是太大?会不会使纯洁的爱情变味儿?"这是任何一个慎重对待爱情的大学生必须考虑的非常现实的问题。

谈恋爱不与将来的婚姻生活相联系,说到底,是大学生还不成熟的爱情观的一种表现。这种"快餐式的爱情"、不计结果的爱情、说好分手时间的爱情,都是因为开始谈恋爱的时候本就时机不够成熟,没有承担后果的准备和充分的考虑,最后的结果只有分手。这是对爱情的不负责任,所谓"毕业了就分手",只是为自己没有胆量和勇气去承担责任的一种开脱。

爱情是一种崇高的感情,是个人内心世界圣洁的情愫,是人类崇高的理想和精神追求。它是以两情相悦、心心相印、事业和生活上相互理解、支持、激励、关心、同甘共苦为主要内容,具有专一性、恒久性和责任性的特点。真正的爱情必须和责任联系起来,一旦开始恋爱,就要开始担负权利、义务和责任,就要为两个人的未来打算。为了对自己负责,也为了个人的幸福,大学生们应该慎重选择恋爱时机,在自己真正成熟、成才目标基本实现以及彼此了解较深、真正相互爱慕的时候,文明节制地进行恋爱交往,自然地步入爱情殿堂。

(熊其焰 秦维红)

【思考题】

1. 如何看待"毕业了就分手"这种现象?

---

① 《毕业了,校园爱情何去何从》,载《恋爱 婚姻 家庭》2001年9月。
② 《感受成长丰富经历 大学生恋爱只为了获得经验?》,2001年11月8日《中国青年报》。

2. 请评价一下叶欣和曾鹏的做法。是否赞成？为什么？

3. 仔细思考一下,校园内的爱情和校园外的爱情究竟有什么不同？应该怎样对待这个差距？

## 案例九  网恋的陷阱

1998年,20岁的李宏瑞考入西安高等专科学校计算机专业。头两年,他学习非常用功,是班里的优等生。2001年初,在一些痴迷网络的同学的影响下,为了填补内心的空虚和寂寞,也为了给枯燥的学习生活减减压,他放下专业书,走进了网上聊天室。经过一个月的网上交谈,李宏瑞喜欢上了一个叫"低头思故乡"的女孩。这个女孩告诉他真名叫罗蒙,25岁,在外企工作。李宏瑞急于知道罗蒙更多的情况,于是便通过各种途径去了解,结果发现,罗蒙其实是一个有夫之妇,而且是一个快临产的孕妇。

第一次网恋失败,并没有减弱网络对李宏瑞的吸引力。后来,他和一名叫"天长地久"的女网友成为无话不谈的"知音"。"天长地久"告诉李宏瑞,她真名叫吴芬,是广西人,在广州一所高校学习。

李宏瑞情不自禁又陷入情网。他急于知道吴芬长得什么样,没想到吴芬第二天就从广州坐火车来到西安,奇迹般地出现在李宏瑞眼前。看着面前这个漂亮、"痴情"的姑娘,他好一阵感动。

吴芬回广州后不久,就开始以各种借口向李宏瑞借钱。他先后给吴芬寄去了两万五千块钱。然而,收到最后一笔钱后,吴芬就再没有露面。李宏瑞在网上找不到她,打她的手机,停机。于是,他打电话到学校查询,对方说他们学校根本就没有这个人。李宏瑞一下子瘫坐在地上。天哪,两万五千元,这可是一笔巨款啊！想报案,可是他连吴芬的真实身份都不知道,从何报起呢？

李宏瑞一想到这半年多来,由于网恋,自己丢下所有的课程,毕业考试没有一科合格,毕业论文也写得一塌糊涂,他失望到了极点。一天,当他踩着自行车在大街上疯转,以此发泄内心的痛苦时,被一辆小轿车撞倒,伤及头部。三天以后,他醒来时脑子一片空白,想不起自己是谁,也不知道发生了什么事,出现了短暂的失忆。经过一个多月的治疗,李宏瑞出院了。同学们为了帮助他恢复记忆,把他带回学校,教他上网聊天。握着鼠标,李宏瑞有一种熟悉而又特殊的感觉。一天,他偶然在网上看见一张酷似吴芬的脸,头顿时感到撕裂般疼痛,抱着头在地上翻滚。就在这种痛苦中,他的记忆慢慢恢复了,他想起了已婚有孕的罗蒙,想起了骗子吴芬,想起了这半年里两场荒唐的网恋……

恢复记忆的李宏瑞悔恨交加:自己为虚幻的网恋耽误了学业不说,还无端欠下一笔巨款。看着已经毕业的同学们都已经找到自己的人生位置和感情归宿,李宏瑞不禁感慨万千:做人还是现实一点好,网上那些虚无缥缈的东西,只能作为业余放松的一种休闲方式,千万不能当作生活的重心。

李宏瑞决定努力把以前耽误的学业补上去,尽快找一份工作,把所欠的债务还上。经过一段时间的刻苦努力,李宏瑞将落下的所有功课都补上了,还自学了一些课程以外的东西。不久,在西安举行的"跨世纪网恋漫画创意设计大赛"上,李宏瑞一举夺冠,并因此被深圳聚才公司的老总看中,高薪聘请他加盟。

就在这时,真正的爱情也向他走来。在珠海某外资企业做高级主管的女孩利雅被其貌不扬但才华出众的李宏瑞吸引,开始和他交朋友。李宏瑞觉得这才是自己真正的爱情。

在爱情的滋润下,李宏瑞的事业如日中天,短短几个月,他就被提升为公司的市场部经理。他在开发市场的同时,设计出许多网络创意,深受客户们的好评。

李宏瑞在经历了网恋的痛苦后,终于取得了事业和爱情上的成功。[①]

【案例分析提示】

随着网络技术的发展,网恋发生率也越来越高。在大学校园里,由于大学生电脑普及率高,又具备一定的网络技术条件,利用网络谈恋爱的现象更加普遍。但因网恋上当,因网恋受伤害的,也为数不少。本案例只是其中之一。

我们经常会听到这样的话:"我们是在一个网站的《E路快车》中靠交换E-mail地址相识的,我们通过电子信件来往一年以后才真正见面,而且同居在一起。但我很快发现,他在另一个城市竟然还有个家,并且还有孩子!我这算什么呀!……"

"我注意到她,是因为她是我所在的虚拟社区的版主。她发表的文章很有见地,笔锋犀利,文采超众,我佩服得五体投地,于是连续给她发了好几封求爱信,她最终答应和我见面。谁知道,见面后我才发现她并不是我想象中的样子,我真不知道该怎么办……"

---

[①] 该案例摘自网络讨论,地址不详,2003年。

"根本就没什么爱情,她只是想利用我考我们导师的研究生!"①

似乎所有的爱情不幸,都让痴迷网络的男女赶上了。人们忍不住问:为什么网络间的感情这么虚伪?为什么网恋这么脆弱?

按心理学家和社会学家的看法,网恋并不是什么特殊的产物。网络既然已经成为人类的通讯工具和人际交往的新方式,就不可避免地会负载人类情感交流的任务。而在情感交流中,最重要的部分就是两性交流。在网恋的初期,任何人都感觉得到它的美妙,那是神秘感使然。人类不但非常信任自己的主观观念,还对危险具有天生的排他意识。当人在没感受到危险警示的状态下去主动接触陌生事物的时候,会首先将危险意识转化为兴奋,然后,"本我"为了说服"自我",便会把未知描绘成或想象成自己希望的模式。于是,仅凭计算机上传来的电子文字符号,很多人就陷入了自己给自己编造的既成形象定式中,把电脑对面的那个人想象成自己心目中的完美对象,以致越陷越深。网迷们通常把网友在现实生活中第一次不成功的见面称之为"见光死",这个非常形象的词尤其适用于虚拟世界中的网恋者。根据 YAHOO 公司在欧洲做过的调查,网友的单独会面有 80% 以上的可能性会使双方失望,另有 70% 以上可能会停止或逐渐停止交往。在异性网友接触中,这一统计数字的概率还要有些许上浮。出现这个数字的原因很简单,当幻想中编造的影像被现实替换后,个人自信将降落到底点,类似于梦境被打碎的感觉,同时而来的却是危险意识的上升,情感降温也就成了顺理成章的事。

网恋是闭着眼睛盖房子,它的脆弱在于双方缺乏基本的了解。正常的异性交往都有一个特定的背景环境,如同事、同学、他人介绍或至少是某种连带关系。即便是陌生男女的一见钟情,也是要两人"见"才行,这个"见",就是最基础的现实接触。人相信自己的判断力,眼见为实,会有起码的现实感觉。网恋没有,连见都见不到,就凭借一堆计算机代码去爱,好像在没有任何建筑框架的空间里,闭着眼睛盖房子,这房子能结实吗?能不塌吗?当然,或许有人在后来觉悟,赶快补上地基和钢梁,使得有情人终成眷属,但这必须以诚实作为基础。可现在,在网络这个虚拟世界中,虚伪和谎言如同显示器和调制解调器一样,几乎变成必备的设施。网络的隐匿性使一些人道德意识淡化,不少人拿谎言去骗人,有相当一部分人在网上说假话,不觉得可耻,也不觉得不正常。

幸运的是,李宏瑞恢复记忆后觉悟了,他没有自暴自弃,而是重新奋斗,终于赢来了事业和爱情的双丰收。但他的教训是沉重的。因此,对于涉世不深,

---

① 摘自 sohu 网站的论坛讨论。

又有便利上网条件、渴望爱情的大学生们来说,网恋是个听起来美好但需要警惕的词语!希望李宏瑞的故事可以给我们启示,让类似的事情少发生一些。

(熊其焰)

【思考题】

1. 李宏瑞的故事,给你什么启示?
2. 谈谈你对"网恋"的看法。

## 案例十 走过失恋

张亮和小萍都是北京一所重点大学的研究生,他们的相遇是在网上,随后开始了在现实中的接触。他们彼此交往越深,就越发为对方所吸引,两颗年轻的心从来没有这般切合与默契,终于,在一个浪漫的情人节,他们相互表白了。以后的那段日子,两个人都沉浸在幸福之中,特别是小萍,一直担心幸福来得太快的她,小心翼翼地呵护着他们的爱情。可是有一天,张亮突然向小萍提出了分手。小萍惊讶,不解,不停地追问:"为什么?"

于是张亮讲了一个故事,他自己的真实故事。在他读研之前的那几年里,一个叫仙英的女孩爱上了他。为了他,仙英与相恋8年并且即将步入礼堂的男友顾峰分手了。顾峰忍受不了心爱女友的离去,将一把匕首插进自己的胸膛,想用生命来为这段感情画上句号。所有的人都震惊了,仙英变得众叛亲离,所有的人都在指责她,包括自己的父母亲戚。仙英没有了退路,只想紧紧抓住张亮,因为这是她唯一可以依赖的人了。可是张亮却想要放弃了。

于是仙英把自己的身体投向了车轮,她想用生命去证明自己的爱情。因为她无法相信,自己义无反顾选择的爱情,会在最后的时刻将她抛弃。她想到了安娜·卡列尼娜,铁轨上车轮滚动的那一刻便再也没有了任何生的眷恋。

所幸的是,顾峰和仙英两个人都幸存下来了。但是结果仍是难以预测的,生死考验的爱情似乎变成了责任,爱与不爱之间的徘徊让张亮几近窒息。而当张亮想抽身出来的时候,他发现自己又已经陷入另一场也许是宿命的爱情之中:他无法抑制地爱上了偶然结识的小萍。他觉得这才是自己真正爱着、真正想要生活一辈子的人。可是,仙英的影子一直笼罩着他和小萍的爱情。一个是曾经的女友,一个是现在的最爱,两边都是他不忍心伤害的人。张亮茫然了,无奈地决定停下来等待。他想让仙英来做决定,想把自己一生的幸福交由车轮下幸存的仙英来决定,同时也连带着无辜的小萍,在这场生死爱情里无奈地等待。

从死亡的边缘回来的仙英,挥手对张亮说了再见,那一刻,她解脱了自己。或许只有在生死之间的人才能明白,爱情不是生活的全部,爱情也不能用生命去换取。而张亮和小萍,又开始继续他们的生活了。①

**【案例分析提示】**

  这个读起来像是爱情小说或电视上才有的故事,却真实地发生在大学校园里,发生在我们身边。故事中的死亡让人震惊:两个人的生命,就为着一场场自认为的爱情?

  高校中影响学生正常生活的一个重要因素就是失恋。失恋会使不少学生身心受损,比如自信心丧失,对异性产生排斥,有些还出现自杀或他杀行为。这个案例就反映了失恋后的一种极端表现。究竟如何认识和对待失恋,如何理解爱情和生命的关系,是这个案例提示我们必须认真思考的问题。

  爱情是人生的重要内容,但并不是人生的全部,更不是生活的唯一目的。除了爱情之外,人生还充满着对理想和事业的追求。爱情关系也并不是人们社会关系的全部,除了它,人们还有与同学、朋友、同事、家庭等的各种关系,而爱情生活中的角色只是人们众多社会角色中的一个。决不能认为爱情是生活的全部,更不能把爱情置于生命之上。就如鲁迅所说,人生第一要义便是生活,人必须生活着,爱才有所附丽,不能仅仅因为爱——甚至盲目的爱,而把别的人生要义全盘疏忽了。那些为爱情而自杀的人们为了他们所坚持的"爱情",放弃了生活中其他的东西:事业、亲情、友谊……甚至生命。拿生命去换取爱情,是非常幼稚的举动,不仅达不到挽回爱情的效果,反而会结束自己即将展开的美好一生。

  可能有些人觉得,爱情是非常崇高的,为了爱情放弃其他,即使付出生命的代价也在所不惜,这才是真正的爱情。人们也经常称颂那些痴情的人,传颂那些轰轰烈烈的爱情故事。像梁祝,像孟姜女,无不是悲怆的爱情绝唱,但那更多的是当时的环境使然。而在现代,爱情还必须以生命为代价吗?如果生命的终结是因为一个人的话,那生命也太脆弱,太无价值了。爱情是美丽的、神圣的,生命更为美丽和值得珍惜,因为生命只有一次,而且承载着更多的责任和义务。不论遇到多大的困难,人都不应轻易放弃生命,而要勇敢地面对、

---

  ① 该案例是根据北京某高校两名学生的真实爱情编写的,发生在 2001 年。

承担一切。那些以生命为代价的爱情未免太过沉重、偏执,也太过自私了。为爱而试图结束生命的人,是否想到辛辛苦苦抚养你长大的父母会多么伤心?是否想到身边的亲戚朋友会多么难过?是否想到自己为之自杀的那个人会一辈子生活在痛苦内疚自责之中?一个人结束生命,除了给这个世界带来更多的悲痛以外,什么问题都解决不了。仅仅因为爱情上的挫折就放弃生命,其实是懦夫的行为;把爱情弄得如此沉重,其实是不懂爱情。

人生旅途中,失恋可能不可避免,这是爱情生活中的正常现象。有恋爱的幸福,就有失恋的痛苦。失恋的原因是多方面的,对此应冷静分析,总结经验教训,切不可意气用事,更不该采取极端行为。

第一,要冷静分析分手的原因,探寻其中的必然性。如果对方认为志向不合或兴趣不合,希望早日分手,以便重觅更好的伴侣,这说明双方的感情基础薄弱,已失去了向前发展的动力,那分手就是必然的,硬扯着不放会使双方都很痛苦;若对方由于见异思迁,不尊重感情或心术不正,甚至不讲恋爱道德而提出分手,那应为与这样的人分手而感到庆幸;若是因为开始恋爱时带有一定的盲目性,交往一段时间后,发现双方缺乏结合的基础,没有共同语言,那就应该理智地中断恋爱关系,友好地道一声"再见",否则,即使将来勉强结合,也无幸福可言,如俗话所说的"强扭的瓜不甜"。只有会放弃的人才有希望去获得。要明白流年似水,珍惜有限的时光。人一生的时光很短暂,精力很有限,若是只关注爱情一件事,那么,人生未免过得太狭隘了。而且,不要轻易地坚信自己爱着的人就是最爱,就需要自己为他不顾一切,即使那个人不爱自己。人要学会放弃,学会选择属于自己的人生。

第二,要学会妥善处理失恋后的问题。首先,做到失恋不失志。要知道,爱情固然是人生的重要组成部分,但决不是人生"最后的和唯一的生活"。一个真正有理想、有抱负的青年,决不会因为失恋而意志消沉、一蹶不振或痛不欲生,而是善于把失恋的痛苦转化为事业上忘我奋斗的动力。其次,做到失恋不失德。爱情是男女双方感情的融合,只有互爱才会使之发展。当一方提出"分手"时,就意味着失去了维系爱情关系的前提。面对失恋的打击,一个品德高尚的人应当用理智的态度来处理,"恋爱不成友谊在"。决不能"反爱为恨"、"恋人不成成仇人",也不能用不正当的行为去丑化、攻击、报复甚至伤害对方。

第三,要学会转移失恋带来的不良影响,坚强地从痛苦中走出来。情之深爱之痛,一个人无论意志多么坚强,只要他真心爱过,就不可能面对爱的离去无动于衷。失恋后人们痛苦不堪,甚至会持续较长时间,这都很正常,关键是不能长期沉迷于痛苦之中,更不能从此消沉下去。因此,正视现实,转移精力,用理智战胜痛苦,尽快地从失恋的痛苦中摆脱出来,是每一个失恋的人必须认真思考的问题。不论原因在哪一方,这种失败仅仅表示"你找错了恋爱对象",所以用不着消沉灰心,否定自己。失恋未必就是不幸,应该尊重对方的选择,给对方一个机会也给自己一个机会:祝福你所爱的人,保留所有美好的记忆;好好爱惜自己,振作起来,并尝试寻求新的感情。

(熊其焰)

【思考题】

1. 你怎么看待为了爱情付出一切的行为?
2. 如何认识和对待失恋?

# 第五章

# 人生挫折案例及分析

挫折(frustration)(在心理学意义上)指人在通向目标的过程中,遇到难以克服的障碍或干扰,致使需要无法满足所产生的情绪反应,即指人的各种需要和追求受到阻碍和干扰时的表现状态。挫折最突出的一点是具有精神损害性,使人产生不安、紧张和恐惧的情绪,损害人的精神健康。在人生发展中,保持心理健康,必须提高挫折承受力。

面对挫折时,人的心理平衡遭到破坏,多数情况下,人们会感到困扰,不适应,甚至体验到一种痛苦的折磨。摆脱痛苦、恢复情绪稳定、达到心理平衡的自我保护倾向,通常称为心理防御机制。

战胜挫折,可以尝试如下方法:

首先,学会运用认同、升华、补偿等积极的心理防御机制。如:可以把一些历史名人、学术权威、英雄楷模作为自己的认同对象,从他们的人生经历中吸取营养和动力,尤其在受挫时,以这些榜样鼓励自己,从而奋发进取。有时由于主客观条件的限制和阻碍,使个人的目标无法实现时,设法以新的目标代替原有的目标,以现在的成功体验去弥补原有的失败的痛苦。

其次,走出认识误区。一个人在精神上是否愉快,不仅与他所处的情境有关,更与他对情境的认识有关。因此,是否有科学、合理的认知方式,直接影响到一个人的心理健康状态。维护和保持心理健康需要做到走出"绝对化"、"过分概括化"、"糟糕至极"等认识误区。

再次,认识挫折对人生的意义。在人生中,挫折的发生是经常的,尤其对一个涉世不深而又渴望有所作为的青年,挫折更是难以避免。挫折一方面可能给人带来痛苦,使人产生一些不良的生理、心理反应,但另一方面,挫折也给人以教益和磨炼,使人变得更为聪明、坚强和成熟,促进心理的健康和发展。挫折,不仅仅是前进道路上的一次失败、打击和障碍,更是人生的一笔财富、生活的一次挑战和个人成长的一个契机。在某种意义上,它与成功具有同样的价值,甚至具有更大的社会价值。一般来说,有崇高的生活目标和乐观向上的生活态度的人能适应挫折,正确、科学的人生观是耐挫力的核心。思维境界高的人抱负远大,理想宏伟,凡事能纵观全局,高瞻远瞩,对未来充满必胜信心,具有乐观主义精神,承受挫折的能力较强。

战胜挫折需要坚忍不拔的意志品质,人的意志行动是与克服困难和挫折相联系的。要敢于在风尖浪口上砥砺自己,在不利和困窘的境遇中磨砺自己,并且要有自信心,坚信自己的认识能力和判断能力,遇事从容不迫,处变不惊,善于适应各种各样错综复杂、瞬息万变的环境,这样才能做到:泰山崩于前而色不变,人生遇大挫折而气不馁。本章案例会让我们更加深刻地体会歌德的名言:

你若失去了财产——你只失去了一点儿,

你若失去了荣誉——你就丢掉了许多,

你若失掉了勇敢——你就把一切都失掉了!

## 案例一　桑兰始终笑对人生

采访背景:桑兰,1981年2月出生于浙江省宁波市一个普通职工家庭。她6岁时就进入宁波市少儿体育学校学体操,两年后进入浙江省少年体育学校。1991年,年仅10岁的桑兰便在体操界崭露头角,在当年的第9届浙江省运动会上囊括了女子体操、高低杠、跳马、平衡木、自由体操、全能比赛全部冠军。1993年,12岁的桑兰进入国家女子体操队。自此以后,她在"全国体操锦标赛"、"全国运动会"上多次获得冠亚军,并多次代表中国外出参赛,成为我国女子体操界一颗璀璨的新星。然而,天有不测风云,一次偶然事故改写了桑兰的一生。1998年7月22日,桑兰在美国纽约参加第4届世界友好运动会期间,在一次赛前训练中,她的一个没有做完的手翻转体动作,致使颈椎脊髓受重伤,第5到7颈椎呈开放性、粉碎性骨折,75%错位,中枢神经严重损伤,双手和胸部以下完全瘫痪。这对于一个花季少女来讲,无疑是天大的灾难。然而桑兰没有被病魔击垮,我们见到的桑兰依然乐观开朗,脸上始终洋溢着微笑,人们送给她一个"外号"——微笑女孩。

桑兰面对困难的态度和勇气令人无比钦佩。她是怎样做到乐观面对一切的呢?我们不妨去听听她的心声。

△笔者:1998年在美国纽约时,你在一次赛前训练中意外摔成重伤,你当时有没有过绝望的感觉?

▲桑兰:我受伤是偶然的,当时完全没有心理准备,无论生理上还是心理上所受的痛苦都无法用言语来表达。以前活蹦乱跳的,一下子变得不能动弹了,一时间我真的无法接受现实,情绪也一度悲观到极点。

△笔者:但你很快就转变了态度,变得乐观起来了,对自己的康复充满了信心。

▲桑兰:是的。悲伤是无济于事的。一位医生对我讲了"半杯水"的故事。他说有两个口渴的人面对同样的半杯水,一个人唉声叹气地慨叹"只剩半杯水了",而另一个人却庆幸"还有半杯水呢!"前者透露出无奈和悲观,后者却满怀着希望。我要做后者。尤其是见了美国著名影星克里斯多弗·里夫后,更有信心了。克里斯多弗·里夫当时跟我在同一所医院,他一刻也离不开呼吸机,还不能说话。我当时就想,我的情况还不是最糟糕的,与他相比,起码我还能大声讲话,我还有"半杯水"呢!

△笔者:乐观地、积极地看问题确实会产生良好的效果,只要积极配合医生的治疗,我相信你总有一天会站起来的!

▲桑兰:我有这个信心!医生说我恢复得很快。

△笔者:你伤的位置较高,在生活中也遇到不少困难吧?

▲桑兰:是啊。最大最漫长的困难是生活中的困难,这也是我始料未及的。刚开始时我想翻个身、喝口水都得别人帮忙,真成了饭来张口,衣来伸手了。但我绝不想这样过下去,因此我每天不停地练,再累也得坚持,并时刻在心里给自己鼓劲加油——"我能行的!""我能行的!"就这样我一点点地突破,每天都有进步。梳头、穿衣、吃饭、滑轮椅、写作业、上网等等,慢慢地我都能独立完成了,而且做得越来越熟练。

△笔者:你现在做什么都得从头练起,那你受伤前后心态上有什么不一样吗?

▲桑兰:以前的日子当然很美好,但人的一生不可能一帆风顺的,总会遇到这样或那样的困难和挫折。生活本来就是酸甜苦辣样样都有,可以说没有挫折的人生就是不完整的人生。关键在于要以一颗平常心来对待它,以积极的心态面对它。

△笔者:积极的心态对人的精神面貌影响是巨大的,请问在你乐观的背后是什么力量在支撑着你呢?

▲桑兰：我觉得主要是靠自己战胜自己。我受伤后很多人都很关心我，不断给我鼓励和帮助。但许多困难最终只能靠自己才能解决。从情绪的控制、心态的调节、态度的转变到具体困难的克服，这些过程都得靠自己的努力才能做到。

△笔者：你从刚受伤时不能动弹到现在能自己独立完成很多事情，你能谈谈对待困难有什么诀窍吗？

▲桑兰：有一句俗语说："困难是弹簧，你强它就弱，你弱它就强"。困难固然可怕，但更可怕的是逃避和畏惧困难。我们要在气势上藐视它，在态度上重视它，只要认真对待，努力尝试着去解决，困难终将会被我们战胜的。

△笔者：你从四五岁就开始练体操，拿金牌一直是你的目标，现在受伤了，有什么新的打算吗？

▲桑兰：我现在北大新闻系念广播电视专业，目前也在传媒大亨默多克新闻集团下属的"星空卫视"担任一个体育节目的主持人。今后就打算在这方面有所发展。体操的目标没有了，但我仍会继续发扬运动员那种"永不言败、顽强拼搏"的精神，争取拿人生的金牌、事业的金牌！

**【案例分析提示】**

2003年2月开学后，在我担任助教的课堂上，我见到了桑兰，由于想进一步了解她的情况，便采访了她。在整个采访过程中，桑兰始终面带微笑，而且时不时还开怀大笑。她身受重伤，在生活中困难重重，但她却以笑脸相迎，坦然面对。她的乐观、她的自信、她的坚强和勇敢感染了我们每一个人。她对待困难和挫折的那种乐观态度给予了我们最深刻的启示，激动着我们每一个人的心灵。

人生在世，挫折难免。然而人们对挫折的反应却各个不同。面对同样的挫折，有的人压抑自我，躲避现实；有的人迎难而上，勇往直前；有的人唉声叹气，心灰意冷；有的人却不以为然，一笑了之。有的人遭受微小挫折便悲观失望，一蹶不振；有的人虽经历重大挫折却仍然不懈追求，最后取得辉煌成就。为什么每个人面对挫折的反应不一呢？美国心理学家艾里斯（Albert Ellis）认为，挫折是否引起人们的情绪恶化，不在于挫折本身，而在于人们对挫折的不合理认识。挫折本身只是引起情绪及行为反应的间接原因，人们对挫折所持的信念、看法、解释才是引起人们的情绪及行为反应的更直接原因。错误的或不合理的思维方式主要有以下几种：(1)绝对化的要求。即从主观愿望出发，认定某事必定发生或不发生，如"我肯定成功"、"公司必定录用我"、"我很谨慎,绝对不会有意外"。持这种信念的人一旦遭遇失败后,由于缺乏心理准备,会造成巨大的情绪波动。(2)过分概括化。它是一种以偏概全的不合理思维方式的表现。如一次失败便认定自己无能;一次碰壁便全盘否定自己,认为一生都完了。(3)糟糕透顶的想法。即一遇到挫折就认为无可救药,陷入忧郁不堪、悲观绝望中。这些错误认识不但会导致自己情绪低落,危害身心健康,且于事无补,对自己贻害无穷。

桑兰遭受重创,在经过短暂的悲伤后,很快调整了对受伤一事的看法。她认为生活本来就是酸甜苦辣样样都有,人的一生可能遭遇挫折,虽然伤得非常严重,但她庆幸自己还有"半杯水",还能做很多事。这种乐观豁达的态度产生了极其巨大的效果,不但她的身体恢复得相当快,而且意志力更加坚强。桑兰对挫折的看法和认识无疑给了我们深刻的启示。从桑兰的事迹中可以看出,人们如果能主动调整自己的看法和态度,改变对挫折的不合理认识,以合理的思维方式代替不合理的思维方式,就可以调整自己的情绪,变消极为积极,从而解除苦恼和郁闷,以及由情绪困扰所带给人们的不良影响。

因此,当我们遇到挫折时,首先,要鼓起勇气坦然面对挫折,始终保持乐观、自信的态度和精神。其次,要抛弃对困难和挫折的不合理认识,采取辩证的思维,既要意识到挫折影响人的精神状态、阻碍我们前进的步伐等不利方面,也要看到挫折对人们的积极意义:它可以使人从中得到锻炼和磨砺,增长经验和才干,使人变得更加成熟、果敢和坚强。最后,对挫折进行冷静的分析,从自身能力、方法、目标、客观环境和条件等多个方面,找出受挫的真正原因。在此基础上再拿出实际行动,审时度势,灵活应对挫折,争取从挫折和困境中尽快走出来。

一般来说,挫折的产生以及由此导致的目标调整不外乎以下四种情形和选择:(1)扫除障碍,达到目标。即所追求的目标是现实的,挫折是偶然的、暂时的,经过努力是可以克服的,因而坚持既定目标。(2)回避障碍,改换目标。由于主客观因素的限制,不能实现既定目标并遭受挫折时,改用新的目标来代替。本案例中的桑兰就是这样,她无法继续体操表演了,但她现在发奋读书,希望在广播电视行业有所发展。(3)降低目标。如果目标制定得不切实际或超出自己的能力范围,则需要重新审定和转移。(4)暂时放弃或搁置原来的目标。遭遇挫折和失败有时是因为条件不成熟,暂时搁置待时机成熟后再行动。对目标进行重新审定后,就要拿出敢闯敢拼的精神和坚强的毅力,一步一个脚印地前进,困难和挫折终将会被战胜。

(李惠清)

**【思考题】**

1. 桑兰身受重伤,所承受的痛苦常人难以想象,可她却乐观地面对一切。从桑兰的事迹中你有什么感悟?桑兰为什么能做到如此坚强?

2. 结合你曾遭遇的一次挫折经历,谈谈人们关于挫折的认识和态度对战胜挫折的影响。

## 案例二　坎坷路上愈挫愈奋

曾华锋,1972年生于湖南邵阳山村,5岁时父亲在煤矿事故中罹难,四个姊妹和年迈的奶奶全靠母亲30元的工资艰难度日。

曾华锋中考全校第二,同时上了县重点高中线和中专线。由于家境贫寒,母亲希望他早点工作,于是他选择了郑州的一所技校。后来,看到很多成绩远不如自己的同学纷纷考上大学时,他难受了很久。3年的技校生活曾华锋没有随波逐流,他做的三件事改变了一生的命运:文学写作给了他宣泄的窗口和理想的支撑点;在围棋上表现出的天赋让他拾回了自信;最重要的是,自考给了他重圆大学梦的希望。

技校毕业后,他被分配到一个煤矿厂从事技术工作。在车间里,他与机器为伴,和工人一起,他开始写广播稿并渐渐包揽了厂里的对外供稿任务。那时,唯一的参考教材是湖南师大出版的《写作学基础》。20岁时,他在《邵阳日报》头版头条发表了1500字的通讯《青春在大潮中涌动》,引起全矿轰动。工作之余他继续圆他的大学梦,参加全国高教中文大专自考,获得了大专文凭。

他不甘平庸,煤矿厂毕竟不是生活的最终栖息地。1995年12月,他下定决心,南下广东,开始了新的艰难历程。他相继在《广东法制报》、《羊城晚报》、《新快报》、《南方都市报》工作过。为寻求一片立足之地,非专业出身的他付出了比别人更多的汗水和心血,坚强地应付着工作中的种种困难和挫折。他发表了大量独家报道,一举成为报社的"骨干记者"、"大牌记者"。

然而,命运似乎是在故意考验他,曾华锋还来不及品尝成功给他带来的喜悦,一桩桩近乎恐怖的袭击便接踵而至。由于他出色的工作,曾华锋担当政法记者,比其他记者担当更多的风险。为捍卫正义,他披露了一些社会丑恶现象,让众多不法分子曝光,尤其是采写了《经理摧残卖花女,局长庭长壁上观》、《新化黑帮横行大沥天河》等报道后,涉案者扬言要买他的人头,并准备花

2000万元翻供。一时间,威胁、报复之声不绝于耳。年仅26岁的他没有被黑势力吓倒,他勇往直前,继续扬善惩恶。尔后他采写的系列报道《"黑手"操纵宰客电话》影响巨大,文章见报后,猖狂多年的宰客电话终于被连根拔除。

在追求正义的同时,曾华锋梦想着能进入知识的殿堂——北京大学深造。尽管他第一次考研失败,但他毫不气馁。他拣起丢弃多年的英语书,从《新概念英语》、《大学英语》入手,一头"砸"进去。他平均每天学习八九个小时,没上过正规大学的他在短短几个月时间里,阅读了高达两百多本的书籍,做了5万余字的笔记。这段时间,是他平生知识密度最高的一次摄取,并渐次形成了以文学为基点,辐射哲学、历史、汉语、文化、文献、美学、社会学、新闻、政治、军事、法律等多门学科的知识构架体系。

考研期间他还写了10万字的散文,在中国影响最大的考研网上创办了"原创地带"版块,并结识了大批文朋诗友。文学以它独特的魅力渐渐抚平他的伤口,他忘情投入,挑灯夜战。在皓首穷经中,他体会到了阅读的乐趣、写作的乐趣和思维的乐趣。当然,他也承受着再次落榜的巨大压力,并花掉了数万元的积蓄。

2002年4月,曾华锋终于通过了北大研究生复试。就在他满心欢喜地等着北大开学时,却又介入了一宗重大案件——绑匪竟在公安局领取赎金!案件曝光后,自恃有后台的绑匪气焰十分嚣张,曾华锋与他的同仁受到了生命威胁,他不得不流亡北大。在流亡的日子里,曾华锋左思右想,绝不能让豺狼当道!他再也无法沉默下去了,他想把自己见证的新闻内幕公诸于众。他废寝忘食,奋笔疾书,一部披露黑帮恶势力的长篇纪实报道《暗访黑帮》很快问世了。该书被多家报刊杂志转载,很快成为畅销书。这段时间他没有消极等待案件的结果,而是与同仁上书中纪委,从而使绑匪很快落入法网。2002年6月,当他得知案件的进展并拿到北大录取通知书时,30岁的他在未名湖畔潸然泪下。[①]

【案例分析提示】

曾华锋幼年丧父,由于家境贫寒未上成大学,他靠自学取得自考文凭。当他怀揣着自考学历南下广东时,由于没有高学历、没有户口、没有编制,曾华锋当起了"流浪记者"。正是凭着"初生牛犊不怕虎"的精神和投身新闻事业的激情,他打进了竞争激烈的广州报界。他大胆披露社会丑恶现象和黑帮势力,曾

---

① 该案例改编自林建英:《北大硕士曾经江湖》,《大学时代》2003年1月,第4—7页。

一度面临生死考验。没上过正规大学的他毅然报考北京大学的研究生,在几个月时间内阅读了大量书籍,还创作了10万字考研散文,让人真正体味到什么叫考研"冲刺"。曾华锋的成长道路是非常艰辛的,然而我们看到,他始终没有放弃过追求和梦想,从来没有在困难和挫折面前犹豫和退缩过。正是曾华锋这种不怕挫折、勇于拼搏的精神为他赢得了一个又一个成功。

挫折对每个人来讲都是不可避免的。人人都会遇到挫折,但每个人对挫折的反应却不尽相同甚至大相径庭。曾华锋应对挫折的态度给我们树立了榜样。在他的生活、工作中挫折不断,但他没有被难倒,而是不畏艰险,迎难而上,挫折对他来说就像一块块"磨刀石",把他的意志磨炼得越来越坚强。

一般来说,人们都不愿意在人生道路上遇到挫折,因为挫折会阻碍人们活动的顺利开展,使人们不得不腾出时间和精力来面对和克服它。可谁又能保证人生道路的一帆风顺呢?既然挫折不可避免,我们唯一要做的就是勇敢地面对挫折。其实挫折并不可怕,怕的是我们缺乏面对挫折的正确态度。挫折是"绊脚石",也是"垫脚石"。挫折是客观的,而人却有着主观能动性。到底是让挫折作为"绊脚石"阻碍我们前进的步伐,还是让它充分发挥"垫脚石"的作用,成为我们前进的动力,关键就在于我们自己如何去利用它了。曾华锋每一次挫折过后,都会有更高的追求,从而取得更大的成就,他的事迹给了我们莫大的启示。因此,当我们面对挫折时,要善于化阻力为动力,不畏艰难,迎难而上,愈挫愈奋!我们没有理由不为一个年轻学子的成功喝彩,我们也要了解他成功的背后曾饱经风霜。

(李惠清　祖嘉合)

**【思考题】**
1. 回顾你自身的经历,谈谈你认为如何应对挫折?
2. 曾华锋的事迹对我们有什么启示?

## 案例三　她在低谷中化蛹为蝶

1979年,刘璇出生于湖南省长沙市。她从小就活泼好动,聪明伶俐,身体的柔韧性也比同龄的孩子好一些,于是刘璇的父亲便萌生了让她练体操的念头。5岁半的时候,刘璇被送进了湖南省少年体操班。在体操班时,刘璇的启蒙教练周小林一眼就发现她是标准的体育苗子,因此对她要求就更加严格。

练劈腿动作时,别的小队员要求两腿在地板上平直劈开即可,刘璇却必须在两端脚下垫上几十厘米高的木版,两腿压成时钟10点10分的形状才过关;别的小队员练一组空翻动作做10个,刘璇要做15个,最后几个半跪半趴的落地也得完成定量。每天的训练完了,还要另外单独对她开"小灶"。刘璇的运动衣总要湿透几遍,练完时,她累得几乎连脚都抬不起来。第二天一大早她又准时出现在训练馆里苦练。在这种超负荷的近乎残酷的训练下,刘璇的手常常血肉模糊,火辣辣地疼。

经过几年严格科学的系统训练后,1989年刘璇顺利地进了湖南省体操队,正式成为一名专业体操运动员。虽然说当时的刘璇还是"小荷才露尖尖角",却也出手不凡。初出茅庐便连续获得了国内及亚洲、国际城市间好几个体操邀请赛的冠军头衔。全国七运会上,刘璇所在的湖南体操队荣登女子团体冠军宝座。之后,刘璇成了国家女子体操队的一员。

然而成功的道路从来就不是一帆风顺的。

1993年,为备战亚特兰大奥运会,刘璇的教练郭新民专为刘璇准备了一套高低杠秘密武器——"单臂大回环"接"单臂'京格尔'空翻抓杠",做这套动作时产生的离心力将达到运动员自重的9倍,只有极少数基础扎实,具有一定天赋且力量与柔韧性均很突出的女运动员才能完成。然而当刘璇近乎完美地完成了这套凝聚了她和教练一年多心血的高难度动作后,当时场上的裁判长、国际体操联合会女子技术委员会主席杰克菲,却武断地将这套连接动作的难度系数强行降低了一格。摆出的理由令人瞠目结舌:"这套动作难度系数太大,若别国运动员群起效仿,恐伤及运动员身心,有悖奥林匹克运动之初衷,故不宜推广。"刘璇的成绩一下子跌出了前3名!而这次恰恰是刘璇最有可能夺取至少一枚金牌的机会,亚特兰大成了刘璇不堪回首的伤心地。这次失败使刘璇遭受了前所未有的打击。

回国后,刘璇沮丧到了极点,体重一下猛增了6公斤,原本心理素质极佳的她有些挺不住了,她饱含热泪地写了退役报告。国家训练中心的领导和教练经过激烈讨论,最终决定让刘璇作一次延长女子体操寿命的科学探索。作为一名职业体操选手,刘璇不是不明白机会和运气是竞技体育不可或缺的组成部分,她更明白自己继续练下去极有可能一事无成。

"人生能有几回搏,笑看孤梅斗寒霜",最终她把这两句话贴在床头柜上,一头扎进了紧张的训练之中。1998年仲夏,刘璇随队转战数国,最终以绝对优势荣膺"98世界杯体操总决赛"平衡木冠军,同年12月,刘璇作为绝对主力参加了曼谷亚运会,连夺女子团体、平衡木和个人全能三块金牌,登上了令人眩目的"亚洲体操女皇"宝座。

  然而,对于刘璇而言,真正的考验还是在悉尼奥运会上。此时,刘璇已21岁,对体操运动员而言已是"高龄"了,无论体能还是身体的轻盈灵巧都不可能与十五岁的小运动员相比,这意味着取得同样的成绩,维持同样的竞技状态,刘璇要比别人多付出几倍、几十倍的努力。2000年9月25日北京时间下午2点,悉尼奥运会女子体操平衡木决赛正在进行。俄罗斯新秀诺巴斯尼克出场了,她一套宛如临波仙子般的飘逸动作技惊四座,得了罕见的高分:9.787,这是一个极有可能夺取金牌的分数。中国运动员凌洁,也在全场观众的注视下出场了,可惜在比赛中她出现了一次小小的失误。俄罗斯对手的出色表演、小师妹的失误给最后一个出场的刘璇形成了巨大的压力。刘璇顶住如磐的压力,微笑着出场了,在一连串令人眼花缭乱的动作后,她的双脚铁铸钢浇般稳稳地钉在了地板上,以无懈可击的优美动作征服了全场裁判,征服了全世界的观众,获得了9.825分的骄人成绩,整个体育馆为之沸腾了!当刘璇从平衡木上天使般回到地面时,所有的人都相信了这样一个事实:一个21岁女孩与奥运金牌的情缘最终以美丽收场。[①] (李惠清)

**【案例分析提示】**

  对运动员来讲,拿奥运金牌是他们梦寐以求的目标,刘璇也不例外。可以说,1996年亚特兰大奥运会是刘璇夺取金牌的绝妙机会,因为她此前进行了艰苦卓绝的训练,其水平当时处于世界顶尖级别,而且她正处体操运动员的黄金年龄,拥有最佳运动状态,一切迹象表明胜券在握。然而,当她优美地完成独创的高难度动作后,却换来裁判的不屑和不认同。满心的希望化为泡影,多年的心血付诸东流。这次惨败严重打击了刘璇。她知道,要弥补回来得再等四年。四年啊,自己已经过了体操运动员的最佳年龄。一个拿金牌的黄金机会就这样白白流失了,自己还有拿世界冠军的希望吗?

  再一次参加奥运会刘璇已是体操"高龄"运动员了,幸运的是教练们准备在她身上作一次延长女子体操寿命的科学探索,又给了她一次机会。刘璇又一次投入紧张的训练。2000年悉尼奥运会终于圆了她的金牌梦,创造了人生的辉煌。

  人们在做任何事时都会受到主客观多方面因素的影响和制约,有些因素是人们难以事先预料或认识清楚的,因而失败总是不可避免的。遭遇失败是

---

①  该案例改编自刘念国:《刘璇:美丽的"亚洲飞燕"》,《文明导报》2001年5月。

人生之常事。既然避免不了,那就要勇敢面对！勇敢面对它才是正确的选择。如果没有了勇气,因为失败而失去信心和斗志,那才是真正的失败了。

一次或几次失败并不意味着最终失败,所谓"失败是成功之母"。这并不是说失败本身孕育着成功的因素,经历多次失败后就自然成功了,而是说失败后要善于总结经验教训,在不断的修正、提高中,才能最终取得成功。

做一件事如果没有采用正确的方法,是绝对不可能获得成功的,哪怕你已经经历了无数的失败。就如同一个行者,如果走错了方向,他是无论如何也走不到心中的目的地的。科学家最后的成功不是由于他几百次的失败导致的,而是由于他在坚持中找到了正确方法。正是在屡次失败与尝试中,才使正确的道路和方法愈发清晰。1996年,刘璇在亚特兰大奥运会上的失败是因为她的高难度动作太危险,有可能伤及身体,因而被裁判认为是违背奥林匹克运动的初衷的。这次失败让教练和她都更加清楚选择动作的标准了,那就是遵循奥运会的宗旨和原则。扎实的基本功和过硬本事,加上正确的方向指引,最终促成了2000年奥运会上刘璇的成功。可见,失败对我们有一定的积极作用。它给失败者提供了一次喘息的机会,以便暂时停顿下来总结经验教训,思考活动的方式、方法是否得当,因而失败会使人变得更加理智、更加成熟、更富有战斗力。

作为大学生,失败也是常有的事,生活、学习、人际交往等方面都可能遭遇失败。要像刘璇那样勇敢直面,不灰心丧气、不打退堂鼓,把失败当作一次磨炼意志和壮大精神力量的契机,为重新开始做好准备,并反省自己是否遵循了客观规律、遵守了活动要求的原则,自己所采取的方式、方法和手段是否得当等等。总之,在做了这些反思和补救后,相信成功一定会到来。

(李惠清)

【思考题】

对于成功与失败的关系,请结合实例谈谈你的看法。

## 案例四 著《回生日记》与白血病魔抗争

邓硕宁,中国药科大学的大三女生,年仅22岁,拥有黄金般的年龄,正享受着美好的青春年华。可谁也想不到,在2000年5月16日这一天,病魔却突然降临到她的头上,医生诊断她患了"骨髓异常增生综合症"。这是一种最为严重的白血病,如果不能得到有效救治,一般只能再活6个月左右。这个人生的不幸,谁也不忍心告诉她。可本身就是学医的邓硕宁,借一次偶然机会看了主治医师的专业书籍,证实了自己病情的严重性。面对无情的病魔,面对只能活6个月的残酷事实,她却表现得出奇的平静,好像什么事都没有发生一样。

历经几次化疗,原本红润的脸庞一下子变得憔悴,一头美丽的秀发甚至脱落,连手脚指甲也无情地全部脱落了。有人反对给邓硕宁进行化疗,因为化疗只能暂时延续生命却不能彻底改变什么,并且使病人"面目全非",对一个年轻女孩太残酷了。但是邓硕宁却不这么认为,她主动向主治医师提出要实行化疗,再大的痛苦她都能承受。在后来的化疗中,连大男人们都难以挺住的疼痛,她竟一滴眼泪都没有流,以致医护人员都佩服她,称她为"中国幸子"。

半年之后,邓硕宁好不容易看到了生命的"曙光",台湾一家慈善网站为她找到了近四千分之一机率的配对骨髓,但整个手术起码需要40万元。已经花去了近20万元医疗费的邓硕宁,面对唾手可得的生命,却有些退缩了。她悄悄地返回了校园,她说:"在生病时,我只知道一味的要求和索取,没有太多考虑别人的感受,学校里为我超支那么多钱,而家庭父母月工资加起来也不过400元,我不能再连累他们了,我决定把最后的时光留给爸爸妈妈。"有了这种想法,邓硕宁真的决定放弃生命,静下心来陪她的父母。

邓硕宁的坚强和善良,让每一个知情人都为之感动。后来,在学校和社会的帮助下,邓硕宁成功地接受了骨髓移植手术。邓硕宁对每一位好心人感激不已。她知道自己的生命源于善良人们的给予。于是,她决定向所有关心她的人报恩,她要记下人间的每一份温情和每一份关爱,要唤起每一位活着的人对生命的珍爱。因此她忍住常人难以想象的病痛,每天趴在病床上写《回生日记》。该日记发表在江苏省第一门户网站"龙域网站",许多网友被邓硕宁的坚强所折服。①

【案例分析提示】

人生总是充满着矛盾和斗争。顺境和逆境就是人生道路上的一对矛盾。所谓顺境,即顺利的境遇。逆境指不顺利的境遇,如病弱伤残、生理缺陷、失去亲人、家境贫寒、考试失败、失恋失意等厄运、不幸。本案例中的邓硕宁身患严重的白血病,这当然是一种可怕的逆境。

---

① 该案例改编自王彪《"中国幸子",〈回生日记〉绽放温馨玫瑰》,《风流一代》2001年5月上半月刊,第8—11页。

每个人都希望自己一切顺利,但人的一生逆境难免。如何对待逆境,对涉世尚浅的大学生来说尤为重要。邓硕宁面对逆境的态度给我们树立了榜样,每个人都会从中得到不少启示。逆境为人的自我发展设置了障碍,但又是人走向成熟的熔炉。一个人只有在逆境中不甘沉沦,勇敢地与之作斗争,才能走出逆境的泥潭。对待逆境,要注意从以下三个方面着手:

第一,对逆境要有心理准备。人在社会中生活中总会遇到某种挫折和困难,总会有某些失望、苦恼和情绪低落,每个人总是要经历生、老、病、死各种痛苦。既然这些都是不可避免的,那么就应该对逆境的到来有一定的心理准备,以免逆境突然降临时惊惶失措。

第二,学会适应逆境。面对逆境,我们应该正视它而不是逃避它。邓硕宁同学平静地面对自己只有6个月生命的现实,她的坚强理智使我们佩服。当我们遇到逆境时,能够排除各种困难,以无畏的勇气、坚定的信心和面向未来希望来对付它,你会发现,事情可能并没有想象的那么糟糕。

第三,想办法从逆境中解脱出来。当身陷逆境时,与其担心、忧虑、沉沦,还不如静下心来采取行动,解决困难,从逆境中站起来。贝弗里奇曾说过:"人们最出色的工作往往处于逆境情况下做出。思想上的压力,甚至肉体上的痛苦都不可能不成为精神上的兴奋剂。"的确,古往今来许多从逆境中走出的人都创造了辉煌的成就,正所谓"自古英雄多磨难"。歌德失恋而作《少年维特之烦恼》;贝多芬耳聋而谱出不朽乐章;巴尔扎克债台高筑而著《人间喜剧》;屈原被放逐而写下流芳百世的《离骚》;司马迁受宫刑而写出史学绝唱《史记》;就连邓硕宁这样一个柔弱的女孩,都能在强烈的病痛下每天写《回生日记》。当然,要不被逆境压倒并取得成就,需要付出常人难以想象的艰辛,需要有对事业、人生的高度的积极态度、顽强的毅力和对生命、人类的强烈的责任感。

现在的大学生大多是独生子女,由于生活优裕,父母关怀备至,经历的磨难较少,使一部分大学生意志力薄弱,有时可能会因为一次考试失败就萎靡不振,一次交往失利就郁郁寡欢。大学生在日常生活、学习中,有意识地培养自己的坚强意志和顽强毅力,勇于同困难、同逆境作斗争,这对大学生的成长、成功,进而对社会的健康发展都具有至关重要的作用。

"艰难困苦,玉汝于成"。困难的环境,最能提高人的品格,增强人的才干。逆境对人有着特殊的锻炼价值。在逆境中,面对着较多的困难,会更加注意学习知识,注意分析困难,寻求克服它的办法,从而锻炼人的科学思维能力,激发人的奋斗进取精神和创造精神。因此,大学生要善于辩证地看问题,充分认识逆境的动力作用,以乐观的态度对待一切逆境,全面调动自己的聪明才智,顽强地与困难环境作斗争,踏着逆境的阶梯一步步向上攀登,力求成为征服逆境的勇士,赢得胜利。

(李惠清)

【思考题】

1. 请问你曾经遭遇过什么逆境或困难,你是怎样对待的?
2. 读了邓硕宁的事迹后,你有什么感想?

## 案例五 单腿少女勇敢挑战人生

张海原,1977年6月出生在丹东凤城一个普通工人家庭,母亲温柔贤惠,在一家商店当营业员。父亲在煤矿工作,性格开朗豁达。她还有一个活泼可爱的小弟弟。生活虽不算富有,但一家4口和和美美过得非常快乐。

然而,不幸接踵而至。1982年"三八节"那天,年仅6岁的张海原惨遭车祸,右腿被迫实行截肢。5年后,弟弟患上淋巴癌离开了人世。父亲经受不起失子之痛离开了家。张海原在接二连三的打击中度过了童年生活。

15岁那年,一个偶然的机会她被沈阳军区杂技团一个教练相中。残疾人挑战杂技,这在世界上还是个空白,张海原抱着试试看的心理走进了杂技团。从1991年起张海原开始尝试表演杂技时起,此后4年中,张海原勤学苦练,参加过大大小小的演出共两百多场,许多高难度的动作都被她踩在了脚下。在国际上,张海原是第一个残疾人杂技演员,她的出色演出,使她赢得了许多赞誉。但她并不满足,在得知全国第四届残疾人运动会即将在大连举行时,张海原决定放弃杂技团的固定工作去参加残运会。当时除了妈妈坚决支持女儿外,所有的人都持反对意见,毕竟她一个残疾女孩,能有现在这样一份荣耀的固定工作,能自己养活自己已经很不错了,要一切重新开始谈何容易。可张海原始终认为,在不知道自己行不行的情况下,为什么不去试一试呢?她再次抱着试试看的心理辞别了杂技团,带着梦想和希望来到了大连,即刻投入到紧张的训练之中,她相信自己能行。后来,她一举夺得该届残运会跳远、跳高冠军,并打破了远南(亚洲)和世界纪录,荣获辽宁省优秀运动员、大连市"三八"红旗手等光荣称号。

当时跳高、跳远在残奥会上没有立项,无法实现她走向世界大舞台的梦想。因此,从1997年起,她开始改练轮椅参加马拉松赛,并在1997年10月26

日举行的大连国际马拉松女子轮椅半程赛中,一举获得了冠军。之后,她多次应邀赴香港、日本等地参加比赛,捧回了一枚又一枚奖牌。

1998年5月,在南京全国残运会选拔赛中,张海原结识了西安体委的吴广武教练。吴广武教练多年来一直在找一个残疾人挑战五岳至险——华山,张海原一口答应了,她说:"我这一生什么都想尝试,只要是我喜欢的,就尽自己的最大努力去把它做好,这也是在向自己挑战吧!"1998年9月9日上午9点整,张海原拄着拐棍,全副武装,开始向华山进军。就这样历时19小时,张海原用单腿和单拐,坚持不懈地征服了华山的东南西北四个峰。当海原以胜利者的姿态站在云梯顶端的时候,她再一次体会到了"爱拼才会赢"的深刻含义。

张海原还有很多梦想,她都想一一去尝试,她说:"只要是自己喜欢的就尽最大的努力去尝试,青春无悔么!"[①]

**【案例分析提示】**

由于受主客观条件的限制,我们不可能天生什么事都会做,也不见得任何事情都做得心应手,因而总会遇到困难和麻烦,只要像张海原那样,克服面对的困难,大胆地尝试,就能勇敢地向前走。

张海原身为残疾人,但她没有自暴自弃,碌碌无为地过一生,而是始终不停地挑战自己,挑战生活。这种勇气和毅力来自她永不满足、不懈追求的人生态度。我们看到,无论是从当初她走进杂技团,还是她后来参加残运会、轮椅马拉松、攀登华山等等,她总是不满足,当一个目标实现后又着手向下一个更高的目标奋进。人的一生,是浑浑噩噩、无所作为地度过,还是轰轰烈烈、踏踏实实地度过,主要取决于人们的人生态度。若是前者,就只能听从命运的安排,做命运的奴隶;若是后者,必定是有理想、有抱负的人,是生活的强者。正是不安于现状,积极进取的人生态度,使张海原不断追求新的、更高的目标,使她的生命放射出如此灿烂的光辉。

在人生的道路上,我们做任何事情,如果像张海原那样,充分利用客观条件,大胆地尝试,充分发挥主观能动性,就可能使事情按着预定的目标顺利地发展。

(李惠清)

---

[①] 该案例改编自宇虹:《单腿少女,大胆地往前走》,《当代青年》2001年第7期,第7—9页。

【思考题】

回忆自己曾经在困难面前的态度,是勇敢还是怯懦?在了解了张海原的事迹后你打算以后怎么做?

## 案例六　生活因奋斗而美丽

1994年8月30日,当朱玉梅拿着吉林大学入学通知书兴高采烈地踏上通向大学的路途时,谁会料到一个巨大的不幸会突然降临到她的头上?当日夜晚,她所乘坐的长途汽车撞破大桥栏杆坠入桥底。朱玉梅被摔得遍体鳞伤,万幸的是她保住了性命。经过一个多月的治疗,又经过一个多月与学校的交涉奔波(因为体检后校医院怀疑她有脑震荡和由于输血而感染丙型肝炎,劝她休学),她才得以回校正常上课。

能和同学们一起上课、生活,她委实高兴了几天,可与此同时,烦恼也接踵而至。朱玉梅逐渐发现从农村来的她与同学的差距是那么的巨大!她感到自己知识匮乏、眼界狭窄,而其他同学却个个天资聪颖、多才多艺。她甚至连普通话都讲不好。朱玉梅陷入深深的自卑中,常常一个人偷偷流泪。

困难还远不止这些。朱玉梅家里一贫如洗,巨额的学费压得她喘不过气来。正当她为自己的学费四处奔波之时,两个妹妹因缴不起学费面临辍学。身为姐姐,朱玉梅责无旁贷地承担起资助妹妹的责任。

面对重重困难,朱玉梅没有泄气,她强迫自己适应这一切。她以刻苦学习来驱散自卑情绪。她告诫自己我没有任何优势,一定要勤奋刻苦地学习,一定要比别人多努力,迎头赶上别人。她去图书馆看书、自习,不浪费一分一秒的时间。为了全面发展,她不满足于只学习书本知识,还注重从多方面培养自己的能力。

为筹集学费,朱玉梅不得不在学习之余挤出时间去勤工俭学。她放弃了一切休息的时间,从周一到周五学本专业的课程,周六周日学计算机,剩余的所有时间去做三份兼职。时间表没有一丝空隙。每个暑假,她都留下来打工挣钱。

就这样,朱玉梅一边读书,一边打工。尽管肩负多个重担,努力最终换来了回报。头两个学年里,她的学习成绩都是全班第一名。大三时她还辅修了计算机专业,获得计算机辅修学位。由于成绩骄人,本科毕业后她被保送为本校免试研究生。不仅自己学业丰收,在她的帮助下,两个妹妹也顺利地重返校园。①

**【案例分析提示】**

朱玉梅的情况在我国高校中应该说还是比较普遍的。大多数贫困生都来自农村和偏远山区,贫困学生基本上都面临两个难题:一是要从多方面修炼自己,如知识面、社交能力等等;二是要解决生活费和学费问题,尤其是后一问题严重困扰着贫困生的生活和学习。这可以说是一部分学生进入大学后不得不面对的一种困难。

尽管各高校都采取了评奖学金、发放助学贷款等多种措施解决贫困生问题,但杯水车薪,并不能让每个贫困生过上衣食无忧的生活,许多贫困生仍然为生活费、学杂费奔波不停。在对待贫困问题上,有些学生在学校的帮助和自己的努力下能顺利度过大学生活,但也有一部分人经受不住贫困的打击,思想上整天忧虑、紧张、自卑,缺乏热诚、果敢、自立自强和积极进取精神,有的甚至连学业都不能顺利完成,这无疑是令人惋惜的。

贫困生到底应该怎样解决大学期间的生存问题是值得我们深思的。朱玉梅的情况颇具代表性,她的经历和奋斗精神为我们提供了很好的范例。朱玉梅从入学那天起就遇到了接二连三的困难,然而她没有退缩,在她的努力下,她从一个知之甚少的农村姑娘变成了一个有思想、知识面广阔的女研究生;她不仅自筹学费,还帮两个妹妹重返校园。她在贫困面前没有退缩,而是坚强地面对现实,努力地去改善现状,最终战胜了困难。可见,战胜贫困并不艰难,艰难的是战胜自己的惰性。朱玉梅是一个十分普通的女孩,她能做到的,大多数人也能做到。朱玉梅的故事告诉我们,在遇到困难时,最重要的是培养坚强的意志和毅力,思考如何让自己勇敢地站起来,如何寻求自立自强之策,抱怨、自卑、依赖、退缩都无济于事。

(李惠清)

**【思考题】**

谈谈你是怎样认识和对待贫困问题的?

---

① 该案例改编自朱玉梅:《苦难不值一提,因为生活如此美丽》,《大学生》2000年第3期,第14—15页。

## 案例七 他的生命留下了青草和绿地

战志刚是鞍钢设计研究院的技术骨干,大学毕业的他才华横溢,前程似锦。正当他大展才华时,厄运却毫不留情地降临到他头上。从1993年开始,28岁的他便经常莫名其妙地发高烧,左腿浮肿,他忍着病痛坚持工作。1995年,他在医院躺了三个月。1996年,经专家确诊,他患的是一种可怕的疾病——"白塞氏综合症",这是一种免疫系统的疾病,它会慢慢蚕食神经、血液、循环系统和内脏器官,这种可怕的绝症,无论国内还是国外,都没有治疗的办法。

战志刚恋恋不舍地离开了工作岗位,在家中靠药物延续着脆弱的生命,他简直无法面对现实,陷入了茫然、迷惑和对生命深深的思索之中。他在日记中发泄心中的苦闷,他给自己的日记起了个名字——《生命苦旅》。可很快他就不写了。因为他发现他的每一篇日记都是在回味痛苦,他不想在他死后,妻子看到他生命的留言是那样的消极和颓废,他更不愿让自己的不幸再给家人增添悲伤。为了年迈的父亲、心爱的妻儿,他必须挺住,不能把自己所受的痛苦再转移给亲人!他想,应该做一件自己喜欢而又对社会有意义的事情,以便"给活着的人们一些亮丽和希望"。于是,战志刚决定在临死之前写一本书,这本书"不应该带给世界悲伤和灰暗,应该留下一些青草和绿地"。

战志刚上大学时曾看过《动物世界》,他想要是能把纪录片改编成动画集该多好。思考良久,他决定写一本关于蚂蚁的动画集。但是,对他来说,这毕竟是个未接触的新领域,写这样一本动画集要付出艰辛的努力,更何况他重病在身。可战志刚决定了就毫不退缩,为此,他不顾病情的恶化,不顾体能的下降,在市内各个图书馆和大小书店之间来回奔波,向各方专业人士请教,收集关于蚂蚁的各种资料。

1997年,战志刚开始了艰苦的构思和创作过程。这对学工科出身的战志刚来说,无疑是一个巨大的挑战。疾病并没有因为战志刚的勤奋而停止折磨他。免疫力的丧失,使战志刚身体的内部,凡是有黏膜的地方都被病毒侵蚀了,那是一种无法形容的痛。可战志刚的心中始终有一个信念,要珍惜生前的一分一秒,要把生命中最后一件工作做好。就这样,在常人难以想象的疼痛中,战志刚于2001年3月完成了生命中的杰作——动画集《小蚂蚁点点》。这是国内第一部以昆虫为主要内容的国产科普类动画图书。一位编辑激动地说:"你一个人完成了一个动画公司的工作!"

战志刚5年的心血和苦痛换回了对人生的无怨无悔;他满足了,因为他可以用微笑鄙视死神的龌龊,死神可以掠去人的生命,却永远不能夺走人的追求和希望。

战志刚的小儿子是快乐的,因为父亲带给他的是美丽的童话故事。战志刚的妻子是幸福的,因为丈夫的顽强精神深深打动了她,留下的童话是她永远的心理慰藉。现在,她每天清晨都要早早地起来,为的是看一遍那再熟悉不过的童话,每看一遍,她都要哭一遍——是伤心,更是感动。我们的世界是幸运的,因为拥有战志刚这样的人,他将痛苦的生命化成人间永远的春色。[①]

**【案例分析提示】**

生命对于每一个人都只有一次,生命是最可宝贵的。我们要珍惜生命、热爱生命。热爱生命,就意味着要生得有意义,要在有生的日子里,不放弃理想和追求,要发挥自己的内在潜能,为他人、为社会献出自己的一切。战志刚是这样一个典范:在他生命垂危之时,把痛苦悲伤留给自己,把幸福快乐献给他人;在病魔侵袭他时,他没有轻生、没有泄气、没有放弃追求,他希望在生命的最后岁月中给活着的人一些"亮丽和希望"。

对生的意义,人们有不同的理解。有的人把有一个体面的职业当作毕生的追求;有的人为舒适的生活竭尽全力;有的人将幸福的家庭作为人生的全部意义。诚然,这些都无可厚非。然而,只有把个人的生命同他人的幸福联系起来并为之做出自己的这份贡献,人生才会有意义,生命才会因此而美丽。人的生命有长有短,但生命的长短并不是衡量一个人一生是否有意义的尺度。有的人虽然生命很短促,但却光彩照人,如闪电雷鸣,给人间以光辉和震撼。有的人,生命很长,但不过是酒囊饭袋般的行尸走肉。人生的意义不在于活着,而要活的有价值,为别人,为社会尽自己的义务,对社会的发展起推动和促进作用,正如爱因斯坦所说:"人只有献身于社会,才能找到实际上是短暂而有风险的生命意义。"

(李惠清 祖嘉合)

**【思考题】**

请你谈谈人的一生要怎样度过才有意义?

---

① 该案例改编自闫钰心:《战志刚和他的生命童话》,《辽宁青年》2001年第17期,第10—13页。

## 案例八　无声世界中创造的生命奇迹

1999年8月12日,世界唯一的综合性聋人大学——美国盖洛德大学人文教育学院院长理查德先生手捧鲜花,在华盛顿机场迎接前来攻读硕士学位的中国姑娘李颖,据说这是该校新生入学的最高礼遇。李颖,这是怎样一个女孩?为何能享受如此待遇?

走近李颖,才发现她的生平岁月是那么的坎坷曲折。她还未满一岁时,就不幸患上中耳炎,半年后,病情恶化,左耳听力为64分贝,右耳听力为80分贝,双耳都聋了!

可怜的李颖从此走进了无声的世界,这可急煞了她的父母。他们绞尽了脑汁,千方百计要让女儿开口说话,父母也高兴地看到李颖有想说话的欲望。就这样,李颖的父母开始了艰难的摸索过程。刚开始时,他们让李颖用手摸着他们的喉结,用手感受鼻孔出气量大小和口形的变化,然后就示意李颖跟着学。功夫不负有心人,有一天,李颖的口中终于蹦出了"妈妈"两个字。一天天过去了,李颖渐渐地能准确地说出"车"、"花"等单音的事物名字。随着时间的推移,从单音词到多音词,从具体事物到抽象意义的词,从词语到句子,李颖慢慢地可以不用手摸父母的喉结和鼻孔出气量,而是看他们的口形,就能顺利地与父母对话了。

尽管李颖的世界静悄悄,但却是多姿多彩的。虽然耳聋,李颖却从不自卑,她从小就养成了乐观、向上、不服输、事事争先的性格。李颖不仅在无声的世界中学会了说话,学会了哑语,还与正常的孩子一道,学会了唱歌、跳舞、绘画等,她的舞蹈表演在省市乃至全国获得多项奖励。多才多艺的她生活过得有声有色。

1991年9月,优秀的李颖被保送到辽宁省特殊教育师范学校,在此期间,李颖全靠辨别老师的口形来听课,为了过这一关,她没有退缩,没有气馁。通过勤奋好学,她的书法、绘画、诗文、舞蹈在学校都是一流的。4年的中专生活,她年年是三好学生、优秀团员、奖学金获得者、优秀团干部、学雷锋标兵。她在校期间取得如此出色的成绩,受到了来访的美国盖洛德大学马丁校长的赏识,马丁校长决定将来让李颖到盖洛德大学深造。

1995年春,李颖放弃了去长春大学念艺术专业的机会,毅然选择了辽宁师范大学特殊教育专业,准备毕业之后献身于聋人教育工作。进校之后,李颖又遇上一个莫大的难关——过英语关！李颖只熟悉汉语的口形,却从未接触过英语这种语言的口形。但李颖仍然没有退缩,她拿出了拼命的劲头。在老师的帮助下,李颖一个单词一个音标地补习,慢慢地她熟悉了老师的口形,也开始有了自学的能力。在短短半年的时间里,李颖完成了一个正常人6年才能完成的英语学业,从而为顺利出国留学打下了良好的基础。

李颖创造了一个奇迹！李颖向人们说道:"我是残疾人,但绝不是残废人。我要向世人证明,一个聋人是可以和正常人一样的,甚至比正常人还要有出息。"[①]

**【案例分析提示】**

个人生活中的厄运莫过于病残。身体残疾往往会给当事人带来生理上和精神上的双重痛苦。在这种情况下,很容易使人悲观失望,丧失生活的勇气。但是,李颖双耳全聋,却通过一点一点、一步一步的摸索,逐渐熟悉了汉语的口形,并学会了说话。更令人佩服的是她还掌握了英语的发声口形。"一个残疾人并不一定是残废人,残疾人通过努力也会跟正常人一样优秀"。李颖说到做到了,取得的成绩甚至令我们一些健全人都望尘莫及。

我国现阶段有千万以上的残疾人,残疾人的人生怎么走也是个值得关注的问题。对待残疾,开创新的人生之路,不仅需要有正确的人生价值观和坚强的意志,而且还要有一个辩证思考的头脑,即在承认残疾给人生带来不幸和困难的同时,还要看到它也给人的发展提供了某些特殊的条件。其一,它使人更加珍惜生命,珍惜人生。其二,伤残使人免去许多日常的、大量的、琐碎的、不必要的应酬和活动,从而获得学习、工作、创造的精力和时间,有利于某一项事业的成功。其三,残疾以后,某些器官丧失了功能,却使另外一些器官增强了功能,这叫"用进废退"或"代偿功能"。总之,对伤残的辩证思考有助于提高战胜伤残的自信心。

生活中像李颖这种身残志坚的例子有很多,为什么往往是残疾人做得更好呢？大多数身体正常的人反而会平平淡淡地过一生？一般来说,人们有躲避灾难和痛苦,追求风平浪静和一帆风顺的心理驱动性。可是,顺利的人生并不一定完全是好事。古人说:"忧劳可以兴邦,逸豫足以亡身。"有人把命运比喻成人们身旁的一把琴,你不弹它,它不会发出悦耳的琴音,弹它若无力,它的声音也只能是软绵绵的,只有奋力者,才能弹出人生的强音。在优裕的环境

---

[①] 该案例改编自王一丁:《中国第一个聋人留美硕士》,《女子文学》2001年4月,第24—25页。

中,不注意对自己严格要求,不学无术、贪图享受,就只有碌碌无为地虚度一生了。

无论残疾人还是正常人,都要做到逆境中不屈服,顺境里不陶醉,无论什么情况下,都不要放弃更高的追求,才会有一个高质量的人生。

(李惠清　祖嘉合)

**【思考题】**

李颖是如何做到"和正常人一样,甚至比正常人还要有出息"的?你对她的事迹有什么体会?

## 案例九　名校才女孝心蒙垢

何杨(化名),出生在一个贫困山村,3岁丧父,母亲体弱多病,家庭经济状况十分糟糕。何杨与母亲相依为命,在母亲的含辛茹苦下,何杨没有辜负母亲的希望,于1996年以优异的成绩考取某名牌高校。

上大学后,何杨既要努力学习,又要打工挣钱;既要养活自己,又要想办法给体弱多病的母亲寄钱治病。何杨的生活是相当艰苦的,尽管这样,她还是挺过来了。

但生活总是捉弄可怜的何杨,在她大三寒假回家时,她的母亲患了肝癌。何杨每天强作笑脸安慰母亲,陪着母亲治病。开学后,她把母亲托付给乡亲后,返校又投身于艰苦的打工生活中。但母亲巨额的医疗费压得何杨喘不过气来。就在何杨急得焦头烂额时,以前认识的一个老乡给她指点了一条"挣大钱"的路——到夜总会去作"三陪"小姐。何杨当即拒绝了老乡的指点,说:"再苦再累,我也要洁身自好靠自己的努力去挣钱。"

但是,随着母亲病情愈加严重,何杨顾不了那么多了,她决定去夜总会做一回"牺牲的魔鬼"。她在日记中写道:母亲是我生命的全部,我一定要设法治好母亲的病,让母亲过上好日子,哪怕是几天也行!她幻想着在夜总会能把握好自己,出淤泥而不染。

可残酷的现实岂是单纯的何杨所能了解和驾驭的。一天,一个港商与夜总会老板合谋,通过在何杨的酒杯放催眠药的方式,残酷地夺去了她的贞操。何杨醒后悲愤交加,痛不欲生,此后很长时间都没有去夜总会。可有一天,家里又打来电话,说再有2万元她母亲就可以做手术了。母亲在自己身上倾注了全部的爱,母亲不能不救啊!为了救母亲,何杨被迫又一次滑向错误的边沿。

一天,北京朝阳区公安人员在一家夜总会的大包房内当场抓获了4名三陪小姐,其中就有何杨。想到丑事就要曝光,何杨羞愧难当,借上卫生间的机会从窗户跳楼自杀了。①

**【案例分析提示】**

何杨的悲惨遭遇值得同情,导致这个悲剧的发生不可否认有社会的原因。但我们编写这个案例主要是想从个人的角度来谈如何对待挫折的问题,因而我们在谴责社会丑恶现象的同时,主要分析案例中主人公的主观过错。

何杨,一个普通的大学生,在得知相依为命的母亲身患重病时,自己一个人开始了独立的救母行动。何杨的独立能力和对母亲的热爱令人钦佩,但她以作"三陪"的方式救母无疑是错误的。何杨的错误选择反映出她的不成熟。为母亲治病的10多万元,她完全可以通过其他正确的方式解决。

大学校园中,有的同学家庭贫困、父母有疾或弟妹有难,他们不得不挑起家庭的重担。但大学生毕竟人生阅历有限,当他们担起家庭的责任,为父母排忧解难时,多少显得经验不足甚至不知所措。家庭困境只是大学生遇到的众多挫折的一种。如何克服挫折,何杨的经历给我们留下了深刻的教训,这里有两点是值得我们很好注意的:

其一,不要忘记依靠集体渡过难关。何杨在遭遇困境时,她只是单枪匹马,单打独斗,忘记了向身边的同学、朋友求助,向身后的集体和组织求助。个人的力量毕竟有限,集体的智慧和力量无穷。人的一生有许多事情要做,会遇到许多艰辛的困难,要想顺利完成某项任务,要想成就一番事业,仅仅局限于自身的努力还不够,必须依靠集体的力量,在集体的帮助下渡过难关。

其二,选择恰当的方式解决困难。从何杨的惨痛教训中我们看到,面对困难和挫折时,我们不仅要有勇气,更应该有头脑,理智地思考问题。在做任何事情之前,要思考做事的方式是否恰当,是否有更好的方法,这是顺利完成该项任务的重要前提。比较鉴别各种方式方法的特点后,选出一种最优的方案,以便更好更快地走出困境。

不仅面对挫折有诸多选择,人的整个一生都是在选择中度过。生活、学

---

① 该案例改编自继东、晓梅:《"卖身救母":名校才女命绝"三陪" 孝心蒙垢》,《知音》2001年4月下半月刊,第30—32页。

习、职业、未来、人生道路等等,每个人都必须做出自己的选择。不同的选择铸就不同的人生。人的一生,有些路可走,有些路不可走,有些事可做,而有些事千万不能做,有些事可先做抑或后做,可这样做也可那样做,而有些事无论怎样自始至终都不可以做。哪一条道路是正确的,哪一种选择更好,哪种方式更有效,这是每个人在做事之前都应该仔细考虑的问题。不加分析,不加鉴别,就有可能导致严重的后果,本案例中何杨就是一个不该发生的故事。我们应吸取教训,在面临选择时"三思而后行"。

(李惠清　祖嘉合)

**【思考题】**

1. 回忆自己曾遇到的挫折,评价一下自己当时选择的处理方式是否得当?

2. 人生十字路口,你打算如何确定自己的人生坐标,谈谈你这样选择的理由?

# 第六章

# 奋斗与成功案例及分析

翻开人类社会的历史,看到许多成功者在他们的人生中都是以勤奋为本、以奋斗为径、身体力行而终有所成。在人生中,选择目标很重要,怎样实现目标?回答只能是:奋斗。对此,前人有许多精辟独到之谈。古训说"书山有路勤为径,学海无涯苦作舟";荀子说:"锲而舍之,朽木不折;锲而不舍,金石可镂";马克思说:"在科学上没有平坦的大道,只有不畏劳苦沿着陡峭山路攀登的人,才有希望达到光辉的顶点。"

人才是通过教育、培养和长期的个人努力而逐渐形成和发展起来的。我国人民一向把诸葛亮看做是智慧的化身、天才的代表。可是,他自己却说:"才须学也,非学无广才。"许多人都说鲁迅是天才,他却感慨地说:"哪里有天才,我是把别人喝咖啡的工夫都用在工作上的。"这正如爱迪生所说:"天才,是百分之二的灵感加上百分之九十八的汗水。"可见,他们之所以成才、成功,主要是努力奋斗的结果。

1985年,芝加哥大学著名教育家布鲁姆和他的一批助手,完成了对大约120位超级明星的调查研究。令研究者惊奇的是,有些出类拔萃的数学家曾有过不少学习上的困难。以为人类做出了非凡贡献的爱因斯坦、达尔文、拜伦、海涅为例,在读中、小学的时候,学习成绩不优秀,甚至投考落榜。爱因斯坦、达尔文甚至被老师和家长认为是智力低下的人。然而,他们都成了著名科学家和诗人。这说明人才的成功不能单凭智力水平的高低,还要看其是否具备良好的心理品格,能否做到坚持不懈、锲而不舍地向着自己选定的目标迈进。他们的成功和才智都是经过数年的艰辛努力,越过重重障碍后才得到承认的。

如何奋斗?首先,要有坚强的意志。就是为了达到既定的目标而自觉地努力的心理状态。这种心理状态,是根据确定的目标来支配和调节自己的行为,克服重重困难,从而发挥自己的主观能动性。意志是奋斗的精神支柱。其次,要有顽强的毅力。毅力就是坚忍不拔的持久精神。成功之前可能会遇艰难险阻、急流暗滩,它要求有志者不避艰险,百折不挠,以顽强的毅力,最终争取事业的成功。尤其是在事业开始时期,斩关夺隘的关键阶段和遭遇意外的低潮时刻,都需要不懈奋斗的毅力做支撑。再次,要有持久的耐力。即在实现目标过程中的持之以恒、锲而不舍的精神。本章中的主人公的成功无一不是在持久的坚持和忍耐中取得的。

我们相信,成功属于那些具有坚强的意志、顽强的毅力和锲而不舍的追求精神的人。

## 案例一 八倍的辛劳

2005年3月访问过我国的美国女国务卿赖斯,其奋斗史颇有传奇色彩,短短20多年,她就从一个备受歧视的黑人女孩成为著名的外交官员,奇迹般地完成了从丑小鸭到白天鹅的转变。有人问她成功的秘诀,她简明扼要地说,因为我付出了"八倍的辛劳"。

赖斯小的时候,美国的种族歧视还很严重,特别是在她生活的伯明翰,黑人地位低下,处处受白人欺压。赖斯十岁时全家到首都游览,因为身份是黑人,不能进入白宫参观。小赖斯备感羞辱,凝神远望白宫良久,然后回身一字一顿地告诉父亲,总有一天我会成为那房子的主人!赖斯的父母很赞赏她的志向,就经常向她灌输这样的思想:改善黑人状况的最好办法就是取得非凡的成就,如果你拿出双倍的劲头往前冲,或许能赶上白人的一半;如果你愿意付出四倍的辛劳,就得以跟白人并驾齐驱;如果你愿意付出八倍的辛劳,就一定能赶在白人的前头。

为了能"赶在白人的前头",她数十年如一日,以超过白人"八倍的辛劳"发奋学习,积累知识,增长才干。普通美国白人只会讲英语,她则除了母语外还精通俄语、法语、西班牙语;经过努力,她考进了名校——丹佛大学,拿到博士学位;普通美国白人26岁可能研究生还没有读完,她已经是斯坦福大学最年轻的教授,随后又出任了斯坦福大学历史上最年轻的教务长;普通美国白人大多不会弹钢琴,可她不仅精于此道,而且还曾获得美国青少年钢琴大赛第一名;此外,她还精心学习了网球、花样滑冰、芭蕾舞、礼仪。白人能做到的她都要做到,白人做不到的她也要做到。普通美国白人可能只知道遥远的俄罗斯是一个寒冷的国家,她却是美国国内数一数二的俄罗斯武器控制问题的权威。天道酬勤,"八倍的辛劳"带来了"八倍的成就",她终于脱颖而出,一飞冲天。①

【案例分析提示】

　　人生在世,我们都渴望建功立业,也希望参与公平竞争,但事实上,世界上真正的公平竞争很少,总有这样那样的非公平因素在其中作梗捣乱。那么,要想在竞争中获胜,又不搞歪门邪道,就只能笨鸟先飞,锲而不舍,靠比别人花费更多的时间和精力,像赖斯那样,付出"八倍的辛劳"以无可争议的优势来取胜。

　　所以,如果身处逆境时,你可以埋怨生存环境不好、受到不公正的待遇等,那的确是事实,也很令人同情;可那些东西既非一时半会儿能彻底改观,也非个人之力能扭转乾坤。所以,重要的是我们通过自己不懈的奋斗,通过"八倍的辛劳",来最大限度地完善充实自己,千方百计地提高自己的竞争实力,占据知识的制高点,使自己成为一流或超一流人才。到了那时,先前困扰你的种种羁绊,就会统统都被踩在脚下,比如赖斯,家乡那些曾经歧视羞辱过她的白人,现在不是一个个都把她引为家乡的骄傲吗?

　　有耕耘就有收获,一个急切渴望成功却又总是与成功无缘的人,无须怨天尤人,不妨先问问自己:你是否付出了"八倍的辛劳"。

(祖嘉合)

【思考题】

　　讲一个类似的故事。谈谈如何实现你的人生的目标。

## 案例二　法拉第的光荣与遗憾

　　迈克尔·法拉第(1791—1867)生于伦敦市郊的一个铁匠之家。父亲常年生病,家境十分贫困。他12岁上街替人卖报,13岁到一家印刷所当学徒,工作繁重而紧张。法拉第没有机会接受正规的教育,就利用工间短暂的空闲,孜孜不倦地阅读刚刚订好的书籍,坚持自学。书籍开阔了他的视野,拓展了他的知识面。他如饥似渴地阅读着每天从手边"流过"的书籍,其中《大英百科全

---

① 该案例改编自陈鲁民:《八倍的辛劳》,2005年4月1日《检察日报》。

书》中的电学部分、《化学对话》等书中描述的奇妙现象深深地吸引着少年法拉第。

后来,他的父亲去世了,他要一个人担负起维持母亲和妹妹生活的重担。法拉第收入十分微薄,但他还是想方设法尽量节俭,买些简单的化学仪器、玻璃器皿等等,按着书中所讲的做些实验。七八年的时间转瞬即过,法拉第除了做工,主要精力都用在学习上。学习使他忘记了生活的艰辛和闲暇的愉悦,勤奋努力的苦学使他的知识与日俱增。

1812年4月,英国王室在威斯敏斯特广场,为大化学家戴维举行盛大的授勋仪式。然后,戴维在皇家研究院举行一系列化学讲演。法拉第托人买了一张听讲的入场券,使他异常惊喜的是,他能听懂戴维所讲的一切。法拉第把所听到的内容全部记录了下来。

这时他萌发了一个念头:要是能到皇家实验室去工作,那该多好啊!强烈的愿望促使他给皇家学会会长写了一封信。结果,信发出后如石沉大海,杳无音信。

法拉第又给戴维写了一封言辞恳切的自荐信,并把戴维的讲演记录工整地抄了一份,一并寄了出去。不久,戴维回信,约他去会面。当戴维知道法拉第并未受过任何正规教育之后,劝他回去继续做工。在法拉第的一再恳求下,戴维才决定让他在实验室做些杂务,刷瓶、扫地、擦桌子。

没过多久,法拉第就向戴维证明了,他比一个勤杂工要高明得多。他手脚勤快,头脑灵活,有较丰富的化学知识的积淀。而且,还不时恭敬地提出一些建议,使戴维开始对他刮目相看了。

于是,戴维允许他参加自己的各项实验工作,担任助手,而法拉第也总能出色地完成工作。1813年10月,戴维夫妇要去欧洲旅行讲学。法拉第作为助手随同前往。在法拉第的记忆中,他从未到过离伦敦12公里以外的地方。这次旅行,法拉第游历了巴黎、罗马、米兰等城市,拜见了年迈的电子学之父伏特和许多有名的科学家。

这次旅行给法拉第留下了终身难忘的印象,丰富了他的阅历。回英国之后,法拉第更加勤奋地在科学的道路上耕耘。

当时英国发生了数起震惊全国的矿井瓦斯大爆炸惨案,戴维受聘进行煤矿安全灯的研制。在为试制矿用安全灯所进行的气体燃烧实验的研究中,法拉第提出了不少有益的建议,显示了他的实验才能,得到了戴维的赏识。

1816年,在戴维的帮助下,法拉第发表了第一篇科学论文《多斯加尼本土生石灰的分析》。1825年,他第一次在实验中制取了苯。同年,在戴维的推荐下,法拉第被任命为皇家研究院实验室主任。这一年,他 34 岁。经过漫长而艰苦的奋斗历程,法拉第终于在科学的殿堂中占有了一席之地。

法拉第是一位卓越不凡的实验物理学家;同时,他勤于思索,又是一个伟大刻苦的科学思想家。他不仅发现感生电流,而且播撒了理论电磁学的种子,对电磁学的理论进行了探索性的研究,建立起"场"的概念,提出了电磁感应定律,为理解物理世界提供了一幅新的图景。[①]

**【案例分析提示】**

法拉第是 19 世纪伟大科学家行列中的杰出的一员,感生电流的发现是 19 世纪实验电磁学的最重大的突破,同时也是整个近代文明史上最重大的科学成果之一。

感生电流的发现,为人类寻找新的能源开辟了广阔的前景。它像一朵报春花,最先向人们报告了电气时代即将到来的信息。自从感生电流发现之后,人类获得了打开整个电能宝库的钥匙。发电机和电动机根据电磁感应的原理制成,它们的最主要部件就是强力的磁铁和高速旋转的线圈。虽然发电机和电动机的实际应用,是在差不多 40 年之后的事,但电磁感应的原理提供了把机械能和热能转换为电能的可能性,导致了大型水电站和火电站的建设,为人类开辟了极其丰富的动力资源。

人们说,法拉第是"电学中的牛顿",用来比拟他对科学的卓越贡献,他是当之无愧的。法拉第是一个杰出的实验科学家,他勤于实验,精于实验,在实验中取得了超越前人的重大成果。法拉第也注重理论研究,他长于思考,善于分析,在科学的理论大厦中提出了新的概念、定律,取得了不同凡响的理论成就。

晚年,法拉第试图对一生的实验成果进行理论总结。但遗憾的是,法拉第因家境贫困,未接受过任何正规的教育,这使他缺乏必要的数学知识。在总结自己的实验成果时,他始终无法用准确的数学语言来进行表述。他关于电和磁的理论分析虽然是正确的、清晰的,但也是原始的、定性的,以致有人说他的《电学实验研究》是一个实验报告汇编。

这就是法拉第的光荣与遗憾。

法拉第的奋斗与成功告诉我们:第一,扼住命运的咽喉,坚持不懈的努力是提升人生价值的通道。第二,珍惜得来不易的接受正规教育的大学学习的

---

[①] 该案例改编自祖嘉合、梁雪影:《工业革命》,华夏出版社 2000 年版,第 231—237 页。

时光,刻苦学习专业知识,为将来在科学研究中有所发现、有所前进打下扎实的知识基础。

(祖嘉合)

【思考题】
从法拉第的成功与遗憾中我们得到怎样的启示?

## 案例三 靠吃苦精神迈向世界冠军奖台

在第27届奥运会上,一个名不见经传的运动员夺走了女子20公里竞走的金牌,爆了一个最震撼人心的"冷门"。她就是王丽萍,一个平凡得几乎被人忽视的运动员。

王丽萍,出生于辽宁凤城县农村,父亲王凤栋是乡办企业一名普通的员工,母亲栗秋红是农村家庭妇女。贫寒的家境使王丽萍过早地承担起家务劳动,同时也造就了她顽强的毅力和应付艰难困苦的能力。

王丽萍虽然长得又瘦又小,但却有着坚强的毅力和不怕劳累的精神。正是凭着这一点,在她上初中二年级时,就被体育老师蔡运涛相中为中长跑的苗子,并推荐给了凤城县体校。进县体校不久,在"凤城县青少年田径运动会"上,王丽萍参加了女子3000米,结果落在队伍最后面。体校教练边景强老师看她跑得太困难了,就到跑道上对王丽萍说:"别跑了,下来吧。"可王丽萍怎么劝也不下来,咬牙坚持到了终点。这件事,使边景强教练坚信王丽萍将来一定能成材。

在凤城体校的训练中,由于家庭困难,王丽萍每天只有不到5毛钱的生活费,她每天只能吃最便宜的饭菜,经常是一碗大米饭就一碗白菜汤。练竞走是最费鞋的,别人都买50元以上的运动鞋,可她始终穿那双10来块钱的便宜鞋,别的同学鞋帮坏了就扔了,可是王丽萍直到鞋底磨没了才肯扔掉。中长跑和竞走都是意志和耐力的考验,在先天条件和营养上都没有优势的王丽萍,只能靠延长训练时间和加大运动量来提高自己。凤城体校的老师被这个身体虽不强壮,但特别能吃苦的、有志气的、勇于向命运抗争的农村女孩子的精神所感动,感到她很有培养价值,决定把她送到丹东体校继续深造。

在丹东市体校的训练场上,王丽萍的刻苦程度也是常人无法想象的。一天,王丽萍的脚底磨破了,鲜血在流,她的教练赵世梁立即决定:停止训练,休息!但王丽萍把伤口处置完后又投入了训练,赵教练说王丽萍身上体现着中华民族的传统美德,坚毅不屈,吃苦耐劳,勤奋淳朴。为了让王丽萍快出成绩,赵世梁又把她推荐给以训练严格著称的"魔鬼教练"王魁。一个是训练严格,不吃苦别想过关,一个是你不让我吃苦我也找苦吃的人,两个人合作默契,王丽萍不断在竞走项目中取得好成绩。

王丽萍的性格内向,不善言语,受了多大的委屈也不说,只是把感觉写在日记中。

1992年夏的一天,王丽萍在训练时脚底又被磨破了,血肉和袜子粘在了一起,脱不下来了,医生用药水泡才把袜子脱了下来。

功夫不负有心人,1994年,王丽萍获全国女子20公里竞走亚军,接着又于1995年和1997年分别获亚洲女子竞走10公里亚军和世界杯第3名。这些骄人的成绩是王丽萍当初都不敢想的。

王丽萍吃的苦、遭的罪实在是太多了,现在回报有了,她想歇歇了,就产生了打退堂鼓的念头。后来在父亲的鼓励下,王丽萍也意识到自己还有很大的潜力。以前那么多苦都挺过来了,再吃点苦算什么!于是她又踏上了向更高层次冲击的路,然而那是一条什么样的路哇!

2000年上半年,为参加奥运会选拔赛,王丽萍经历了常人难以想象的艰辛,她在电话中对父亲说,她快挺不住了。父亲用当年毛主席说过的一句话启发她:"有些事情的转变和主动恢复往往在于再坚持一下的努力中。"父亲还语重心长地说:"你已经把困难逼上了绝路,再前进一步胜利就是你的。"王丽萍终于又向前迈了一步,这一步竟发生了质的变化。在三次奥运会选拔赛中,王丽萍均获冠军。她终于领到了奥运会的入场券。

在27届奥运会比赛中,王丽萍不断地告诫自己,不能吃牌,不能被罚下。多年的艰苦训练锻炼了王丽萍沉着冷静的性格,她果然不负众望夺走了20公里竞走金牌。[1]

**【案例分析提示】**

优良的个人先天素质是一个人成才的重要条件,扬长避短是成才的重要规律。美妙的歌喉为你成为歌唱家准备了良好的基础;身体修长使你可能成为舞蹈家。人的最佳才能与人的先天基础的确紧密相连。但是,如果你没有

---

[1] 该案例改编自黄庆功:《竞走冠军王丽萍:从最底层迈向最高处》,《黄种人》2001年1月,第16—17页。

被上苍赋予某种先天素质,你只是一个极为普通的人,是否就没有成才的希望和成功的可能呢?答案是否定的。王丽萍的先天条件不好,体质差,也没有运动上的先天优势,第一次参加县级运动会拿了个3000米长跑倒数第一,几年后王丽萍竟然获得世界奥运会竞走冠军。她是在先天素质欠缺的情况下铸就了生命的辉煌,实现了自己的追求和人生理想。她的奋斗历程中有两个因素是特别值得我们谨记的:

第一,艰苦奋斗的精神。王丽萍正是依靠后天的艰苦奋斗、刻苦训练获得成功的。艰苦奋斗是中华民族的传统美德,它对于实现人生理想有着重要意义。奋斗是指人在主观条件、客观条件欠缺或不利的情况下,力求改变现状而付出的艰巨的努力。奋斗是对理想的执著追求,是改变现实的勇气、信心和毅力。艰苦奋斗实质上是一种自强不息、知难而进、积极进取的精神状态和行为品质。王丽萍的成功启示我们要实现美好的理想,最重要的是付出艰辛的努力。如果缺少艰苦奋斗的精神,即使是有才华的人也会变得碌碌无为。俄国作曲家柴可夫斯基说过:"即便一个人天分很高,如果他不艰苦操劳,他不仅不会做出伟大的事业,就是平凡的成绩也不能得到。"

第二,顽强的意志品质。中长跑和竞走最后拼的都是意志力,在先天条件上没有优势的王丽萍,身体不强壮,她能够夺取奥运冠军靠的就是特别能吃苦、勇于向命运抗争的精神和顽强的意志品质。良好的意志品质表现在做出和执行决定的果断性,以及克服困难、完成任务的坚持性。它体现了勇敢、顽强、果断、不畏艰苦、勇于克服困难等方面的心理品质。培养顽强的意志需要从以下几方面入手:(1)培养意志的目的性。人们在活动之前应该确定奋斗的目标。目标明确,奋斗才有的放矢。(2)培养意志的自觉性。如果缺乏自觉精神,将难以长时间坚持为目标作不懈努力,稍有困难或挫折,就可能改变或抛弃自己的追求目标。(3)培养意志的坚韧性。一方面做到坚持不懈,在向目标的奋进中能持之以恒,锲而不舍;一方面百折不挠,不怕困难与失败,勇敢搏击,顽强进取。

随着人们的物质生活条件的改善,青年人吃苦耐劳的精神比以前大有退化之势。在学习上,不少同学都缺乏顽强拼搏,苦战攻关的精神;意志力十分薄弱,面对困难畏缩不前,缺乏竞争意识和奋斗精神。王丽萍的事例启示我们艰苦奋斗、坚持不懈是成功的重要因素。因此,当代大学生在为理想的奋斗中,只有刻苦钻研,自觉磨炼自己的意志品质,锲而不舍地去为理想目标奋斗,才能登上理想目标的精神,才能登上美好理想的高峰。

(李惠清　祖嘉合)

【思考题】

1. 我国著名美学家朱光潜先生在《艺文杂谈》中这样说道:"有些人天资颇高而成就则平凡,他们好比有大本钱而没有做大生意;也有些人天资并不特异而成就则斐然可观,他们好比拿小本钱而做大生意。这中间的差别就在努力与不努力了。"结合案例,谈谈你对这段话的理解。

2. 结合历史或现实中的实例,谈谈你对艰苦奋斗与个人成功之间关系的认识。

## 案例四　创造智慧的世界纪录

谢意成,一个普通的年轻人,2002年年仅26岁的他就已拥有12项发明专利,并一举获得"单一发明人在一天内递交实用新型专利申请并获得授权的数量之最"吉尼斯世界纪录。他到底是怎样一个人呢？为什么会取得如此高的成就呢？

谢意成在一个普通的双职工家庭长大,日子过得很清贫。1994年中专毕业后在武汉新墩火车站当一名信号技术员。别看他只有中专文化,脑子却十分灵活,平常看书或空闲的时候,总是勤于思考,爱动脑筋。

1995年元月,谢意成成功创办了独特的"知诚报刊服务部"。他的服务部按书刊杂志的原价,以领先于邮局投递的时间,在最短的时间内将书刊免费送上门。这是他在看书时受到美国营销理念的启发,于是创造了这种不同于零售与订阅的第3种销售方式。既服务了他人,又为自己增加了每月1千多元的额外收入,他第一次尝到了用智慧赚取金钱的甜头,感受到创造力带来的奇迹。一次重病又使他对自己的许多奇思妙想逐渐有了清晰的轮廓。病愈之后,他就关闭生意红火的报刊服务部,潜心研究专利发明。

有一天,谢意成在用一个收音机和一个随声听耳机收听同一个台的音乐时,发现两个原本应该同样的声音,因为声音的延迟效应,混合在一起有点差异,而这点的不同形成了一种奇妙的效果。细心的谢意成抓住这个效果进行深入研究,发现原来根据哈斯效应,两种声音在50米之内能够听出是同一个信息,但到70米之外,同一信息听见的是回声。如果取其优点,就能够令听者从声音里感受到类似于剧场般宏伟激荡的效果。如果能够用音响达到这样的效果,那将会大大提高视听享受!

为了研究,跑图书馆成了家常便饭。为了研究,谢意成还成了一个"网虫"。就在别人在网络上演绎着无数网恋时,他这个网虫恋着的却是他的专利梦想。1997年10月底,他终于完成了这项专利的研究,向有关部门递交了专利申请。之后的两个月,他又递交了两项衍生部分的专利申请。

这几项专利的初审均获得了通过。但"电影院耳机感馈环绕声装置"属于发明专利,仅仅初审费就交纳了500元,获得专利授权还要1300元。而这种发明成果转化为实际产品很不容易,多方考虑,谢意成忍痛放弃了这项专利的授权申请。

有了成功的开始,谢意成像是打开了智慧的闸门,脑子里不断涌现出新点子,连睡觉的时候都常会梦到一些新型的产品。有几次他兴奋地从睡梦中醒过来,扯过一张纸就随手记录下梦中的想法。

谢意成随时都在开动脑筋想问题。看着卫生纸,他想,这种一次性纸类用量越来越大,能不能把它们做成更加方便的干湿两用型?听到音乐时他考虑,健身器材按照单一频率振动,感觉枯燥无趣,能不能让它和音乐一起跳动起来?甚至掏耳朵时他也在琢磨,挖耳勺容易碰伤耳道,怎样加以改进?当然,还有那令他念念不忘却中途放弃的发明专利"电影院耳机感馈环绕声装置",能不能截取其中一部分,让一般的两声道耳机变为四声道耳机,使听觉中增加现场环绕感觉?谢意成痴迷沉醉在他的创造的世界里,这所想的点点滴滴,他都努力着让它们成为了现实。

谢意成很快完成了专利的研究工作,并着手撰写专利申请材料。1998年12月25日,谢意成拿着刚刚打印好的一大叠申请材料,匆匆跑到中国专利局驻武汉代办处,在工作人员下班之前,把材料递交了过去。工作人员看到这一大叠材料,吃了一惊,再一细看,居然有12项,不由得又仔细地上下打量了谢意成一番。

从1999年9月5日开始,直到同年的12月18日,专利局陆续传来消息,谢意成两年内完成的15项专利研究,除了他主动放弃的那项已经通过初审的发明型专利之外,其他的14项实用新型专利全部获得批准!捷报频传,吉尼斯上海总部接受了他提出的世界纪录的申请,只是将纪录名称改为"单一发明人在一天内递交实用新型专利申请并获得授权的数量之最",2000年8月20日,吉尼斯上海总部给他颁发了编号为"01006"的世界纪录证书。

"我还会刷新我的世界纪录!"谢意成不满足已有成就,他准备发明更多新产品贡献社会。①

**【案例分析提示】**

谢意成搞创造发明是从1995年才开始的。他从创办"知诚报刊服务部"开始意识到思考的力量和创造的喜悦。此后在短短的几年内他获得十几项发明专利。谢意成的成功关键在于他具有较强的创新意识和创新能力。

"创",乃斩劈之意,后引申为始造,"创,始也"。"新"同"薪",从斤、从木,原指用斧子砍木材,后引申为"初次出现"、"新鲜"、"新颖"等意。所谓创新,指的是在人类文明的一切领域、一切层面上,突破常规,见人之所未见,思人之所未思,行人之所未行,从而产生新颖独特而有价值的成果,获得人类文明的新发展、新突破。

有关专家指出,从业者及将要从业者面对社会挑战和个人职业生涯,必须具备语言表达、数字演算、信息处理、自我提高、解决问题、与人合作、外语应用和创新创造能力等八大核心能力,其中,创新创造能力具有内核的作用。可见创新创造能力的培养十分重要。但在现实生活中,大部分人对创新创造能力似乎并不热衷,或者认为没有创新的环境和条件,或者认为自己没有创造的天赋。著名教育家陶行知先生在他的一篇演讲稿《创造宣言》里曾指出"处处是创造之地,天天是创造之时,人人是创造之人"。也就是说每个人都有发明创造的可能,区别在于有没有主动去挖掘自身的创新创造才能。本案例中的谢意成就是一个例证。他只有中专文化水平,可他日常生活中随时注意开动脑筋发现问题,并刻苦钻研,终于取得了辉煌成就。可见,对许多人来说,不是没有创新潜力,而是缺少创造创新的主动性。

"创新是一个民族的灵魂,是一个国家兴旺发达的不竭动力。"当今世界,科学技术突飞猛进,知识经济已见端倪。知识经济是注重知识创新和技术创新的经济。在知识经济时代,一个没有创新能力的民族,难以屹立于世界先进民族之林。

人们往往仅以知识广博为荣,"学富五车"的人常常受到人们的尊敬。当然,这有一定道理,但是那些卓有成效的革新家、发明家,更应该值得人们敬佩和学习。要想成才,只是学习前人的知识,具有良好的记忆力、理解力是远远不够的,还应该善于创新,善于创造,学习的目的就在于创新和创造。考试成

---

① 该案例改编自金容:《创造智慧的世界纪录:一天授权12项专利》,《风流一代》2002年6月上半月刊,第22—23页。

绩优异,只能证明学得好。对于科学的发展和社会的进步,创新和创造更具有积极的意义。

怎样才能有所创新呢?

创新意识和能力并不是天生就有的,需要我们有意识地去努力锻炼。第一,自信是创新的前提。没有足够的自信,很难打破迷信。有人认为从前那么多伟人都没有发现问题,我能发现吗?从前那么多天才没有建立的理论,我能建立吗?新时期要有所创新、有所前进,必须打破无所作为的想法。时代在变化,科学在发展,以前没有出现的问题现在被提出来了,以前没有解决的问题现在条件成熟了。所以敢于冲破传统观念的束缚,不盲目崇拜权威是创新的前提。本文中的谢意成并没有因为自己只有中专文化,只是一个普通职员就甘于平庸,而是坚信自己就是一个最有创造力的人。假如还没有登山之前脚就软了,那你就很难克服困难到达高耸的山顶了。

第二,质疑是创新的起点。许多科学发现都是从疑问开始的。比如,关于时间的同一性,多少年来一直被当作不言而喻的真理,可是爱因斯坦对它产生了疑问,进而深入研究,终于为相对论的建立打开了缺口。因而敏于生疑,敢于存疑,勇于质疑,善于发现问题是创新思维的第一要素。通过怀疑获得创造性、突破性的新构思、新思想、新成果。当然,我们提倡打破迷信,敢于质疑,并不是要人们去怀疑一切,怀疑要建立在科学的基础上,盲目怀疑并不能导致创新。

第三,克服"习惯性思维"的消极影响。心理学家进行过大量的试验,证明习惯性思维人人都有,只是程度不同而已。习惯性思维是创新的一种阻力,它使人们按一种固定的思路去考虑问题,很难跳出旧的习惯和旧的框架。克服习惯性思维对创新的消极影响就是要经常与他人交流,因为每个人的思路都是不同的,特别是不同学科、不同专业的人的看法,往往会启迪你的灵感,使你从新的角度,用新的方式研究问题。

此外,创新还要有浓厚的兴趣与好奇心,要肯于投入时间和精力,要有深刻的洞察力和卓越的见识,以免误入迷途。创新能力的培养涉及的因素还很多,有待我们继续探索。无论怎样,社会的前进和发展离不开创新。正是那些独特的、有价值的创新一点一滴地汇集起来,推动着社会前进的步伐。因而,要想成为社会有用之才,要想成就一番事业,必须主动地培养自身的创新意识和创新才能。总之,我们要把创新与创造当作一种生活方式或生活状态,随时随地准备着发现问题、解决问题。

(李惠清)

【思考题】
1. 谈谈如何培养和提高创新能力？
2. 试从多角度讨论创新的作用。

## 案例五 到大学寻梦的"破烂王"

邰时银，生于 1966 年，安徽省当涂县人，家境困难，上高二时被迫辍学。在辍学后的几年中，他一直没有放弃当一个日语翻译家和作家的梦想。1990 年，他做出了一个令人不解的选择：不顾家人的阻拦，怀揣几十块钱开始了自己的流浪生涯，他要以流浪的方式来体味人生，为自己的文学梦积累创作素材。

这之后，邰时银一路风餐露宿，在几年时间里将自己的足迹印遍了全国各地，同时也吃尽了苦头。流浪期间，他推销过车床刀具，当过装卸工，卖过菜刀，捡过破烂。有时连粗活都找不到，糊口都成问题，好些时候包里没有一分钱，他就和乞丐一起在街边露宿。

与一般流浪汉不同的是，邰时银虽然衣衫破旧，面容邋遢，但他随身的口袋里却总是揣着唐诗三百首、鲁迅杂文集、冰心的散文集、老舍的小说等众多文学书籍，这是他随身携带的特殊食粮。

1994 年冬天，邰时银从内蒙古流浪到成都。走到绿树成荫的四川大学校园内，漫无目的的邰时银突然感到一种久违的亲切，图书馆、教学楼、操场、充满青春活力的学生、儒雅博学的教师，这一切都让做梦都想上大学的邰时银心醉神迷。"我要留下来，就在这里学习日语，完成我的创作计划。"没有多考虑，邰时银就决定在川大校园内"定居"。从此，川大校园里就经常可以看到一幅奇异的画面：白天，一个流浪汉在校园内捡垃圾，在石桌上伏案苦读，朗读日语单词；晚上，他就在树丛中、屋檐下随便席地而躺。

邰时银自学日语是从 1988 年开始的，当时他在福建某炮兵部队服役。由于没有老师指点，也没进过正式的课堂，邰时银的日语学习一直是处在初级阶段，没有明显的进步。"定居"川大后，邰时银决定无论如何一定要让自己的日语水平有一个大的提高，于是重新自学起了日语。

邰时银唯一的一次正规学习是在 1995 年参加过成都十中举办的一期日语初级学习班，在那里学了几个月。教他的老师不仅在学习上给予这位特殊的学生特别关照,还带他去参加他主持的一个定期举办的文学沙龙,让他结交一些学者和教授,以开阔眼界,增长见识,并指点他怎样更快学好日语。在老师的帮助下,邰时银的日语水平有了不小的提高,并大胆尝试翻译日语文学作品。这位老师又把自己一位日本作家朋友犬饲和雄刚完成的一部10多万字中篇小说《游族》拿给邰时银翻译,没想到,邰时银用了半年时间果然将这部中篇小说翻译成了汉语,尽管翻译得还有些粗糙,不少地方还有错误,但这毕竟出自于一位以捡破烂为生的流浪汉之手,自然有着特殊的意义和价值。

经过艰苦的学习,邰时银的日语水平已经达到了大学日语本科三年级优秀生的水平。

邰时银在川大的流浪日子过得并不轻松,基本的衣食住行问题仍时刻困扰着他。但邰时银似乎并不在意这些。每天上午和下午他都会准时来到校园湖边的石桌旁,摊开自己的课本和纸笔,埋头读写,到了吃饭时间,经济状况好的话就去食堂买个馒头就着自来水充饥,如果没钱就到泔水桶里去捡剩饭剩菜吃。到了晚上,当学生们入睡,整个校园安静下来后,他就在校园路灯下捧着书本学习,往往要到凌晨两三点钟才睡觉。邰时银随身所带的黑皮包里,有几个写满密密麻麻内容的厚厚的笔记本,这便是邰时银花了数年时间完成的以他本人的流浪经历为题材创作的一部长篇小说。这部暂没有书名的小说预计写100万字,现在已完成了80万字,还要写20万字。为了尽快完成这本书,邰时银每天要坚持写7000到8000字,仅从写作速度说,并不亚于成名的专业作家。"我知道很多人都认为我不正常,以为我是疯子,自己饭都吃不上,还去学什么日语,还去写什么小说,但我并不后悔自己的选择,我觉得我做的事很有意义,不管最后能否成功,能否得到社会的承认,我都要继续走下去。"①

【案例分析提示】

流浪汉邰时银以捡破烂为生,吃剩饭果腹,在一所大学校园内顽强地生存整整六年;他从未上过一天大学,但自学的日语为川大教授惊呼"达到日语专业本科三年级优秀生水平";他衣食堪忧,却趴在川大校园的石桌上完成了80万字的自传小说,以捡破烂为生的邰时银在人们眼里不能不是个奇迹。从邰时银的事迹中我们看到,环境的好坏对一个人的成才并不是决定性的条件,重要的是能不能发挥主观能动性,靠自己的主观努力走向成功。

---

① 该案例改编自苗曦:《"破烂王"流浪到大学寻梦》,《风流一代》2001年6月上半月刊,第16—17页。

基于环境对于成功、成才的影响，人们常把环境分为顺境和逆境。二者之中哪一种更利于成功或成才，历来是人们争论不休的问题。有的人认为顺境促进人成功成才是不争的事实，不然为什么人人都倾向于顺境；有的人则坚信逆境能培养人才，而顺境则埋没人才，古今中外有不计其数的逆境成才的实例。可是，现实生活中有许多人身处逆境未必成才，同样身处顺境也未必轻而易举取得成功。外因是变化的条件，内因是变化的根据，外因通过内因而起作用。逆境、顺境都是外部条件，而不是成才或成功的根本原因，成才的关键在于个人主观能动性的发挥。

主观能动性具体表现在理想、志向、进取精神、决心、意志、毅力、勤奋等个人内在素质方面。这些因素关系到主体活动的质量，它是成功、成才的基本要素和前提，决定着主观能动作用发挥的程度。与一般的在校大学生相比，郜时银的人生机遇并不那么幸运，他出身贫寒，不能进入梦想的大学学习，但是，他却凭着对人生目标的锲而不舍的坚持精神、克服困难的吃苦精神和努力向上的进取精神，取得了令许多大学生都望尘莫及的成绩。

对于一个有志之人，一个具有拼搏进取精神的人，当他身处顺境时，他能保持清醒的头脑，抓住有利时机争取早日成才；当他遇到逆境时，能以坚强的毅力迎接各种困难的挑战，变不利为有利，坚定地走向成功的未来。他们成功的关键不是顺境或逆境的作用，而是主观能动性的高度发挥。远大的理想、坚定的信念、顽强的毅力和勤奋努力这些主观因素才是成功、成才至关重要的因素。因此，我们要尽最大可能发挥出自己的主观能动性，挖掘内在的潜力，从而才有成功的希望，才有可能成为造福祖国，造福人民的有用之才。

（李惠清　祖嘉合）

【思考题】

在生活中，我们常会看到这样的现象：一些人在家庭状况、教育背景、个人的智力水平、所处的客观环境等方面大致相同的条件下追求同样的目标，结果却千差万别。有的人十分出色地实现了目标；有的人却只完成一部分任务；有的人则彻底失败，一事无成。试分析出现这种情况的主观原因。

## 案例六　不懈奋斗，誓圆中华登月梦

2004年1月24日，温家宝总理批准了中国绕月探测工程（也称"嫦娥工程")项目的立项。随后,国防科工委对外宣布正式启动绕月探测工程——3年内,一颗属于中国自己的卫星——"嫦娥一号"将开始绕月飞行;6年内,中国的月球车将在月球上实施软着陆;2020年之前,中国研制的机器人将把月壤样品采回地球。

"嫦娥工程"令世人瞩目,与此项工程相联系的一位科学家也成为科技界关注的焦点。他便是中国月球探测工程首席科学家、中科院地球化学所研究员、国家天文台高级顾问、中科院院士、第三世界科学院院士、天体化学与地球化学家欧阳自远。

1935年,欧阳自远出生在江西古城吉安,从小他就对天上的太阳、星星和月亮充满了好奇,他想有一天能自己解开心中的许多谜:太阳为什么能照耀大地?月亮为何如此晶莹?

1956年,欧阳自远从北京地质大学毕业,又攻读了中国科学院地质研究所的研究生,研究生毕业后,由于杰出的科研能力和勤奋的学习精神,被中科院地质研究所所长侯德封调去当学术秘书,开始从事核子地质学方面的研究。他刻苦钻研,敢于创新,在核子地质学研究方面已有所建树。但是,欧阳自远并不以此为满足,他最大的兴趣是天文学。他想"跳"出地球,站在宇宙更大的空间与时间的范围内来研究地球。于是他向侯教授提出研究天体,侯教授对他的这种热情给予了肯定和鼓励。接着,欧阳自远就开始了长期不懈的知识储备和实际考察。他自学了大量的天文学、陨石学和相关的空间科学与技术知识,并四处寻找从天上掉下来的石头。

1960年,内蒙古掉下了一块陨石,也就是从这时,欧阳自远开始了对陨石的系统的科学研究。1976年3月,吉林省境内下了一场世界上最大规模的陨石雨,最大的一块陨石重达1.7吨。当年9月13日,他听说在云南有几条"火龙"从天而降,立即组织了13支队伍,寻找坠落的陨石。这次陨石坠落为他以后进行科学研究积累了珍贵的资料,虽然跋山涉水,辛苦劳累,但他乐此不疲。

1978年,欧阳自远第一次真正接触到来自月球的物质。那是美国总统卡特的国家安全事务顾问布热津斯基访华时送给华国锋的礼物——仅有一克重的月球岩石样品。有关部门把石头送到他那里以后,他小心翼翼地取了0.5克作为研究,另外的一半送到了北京天文馆,他希望中国人也能亲眼看一看月球的一部分,期盼着中国的科学家也有一天能登上月球采集一块岩石回来。

从20世纪60年代起至今,欧阳自远始终关注着国际上有关探月方面的研究进展,同时一直从事着陨石、宇宙尘埃以及月球岩石的研究。他利用一切可能的条件和机会,尽可能多地了解认识月球、火星和太阳系。他发表了300

多篇高水平的学术论文,9部饱含智慧结晶的专著、13部融入其思想体系的主编专著以及上百篇科普作品。

如果说,多年点点滴滴科学乳汁的汲取使欧阳自远得以在丝丝缕缕的思维中抽象出精华,那么,多年不懈的努力与奋斗则是他今日铸造中国探月工程科学目标的基石。正如他自己所说的,是长期的知识准备和积累,才使他有可能在国家需要的时候,提出一个既符合国情又符合国际发展思路的目标。

的确,轰轰烈烈的人生,离不开一点一滴的营造;辉煌大厦的构筑,全凭着默默无闻的积累。翻读欧阳自远的科研生涯不难发现:干不完的活、停不下来的思维是他所诠释出的认知,人生因追求而充实。年轻时,他一门心思扑在学习上,只有周末才回家,在家里也不休息,有时凌晨两三点钟才躺下。工作后,多年来,他和他的同事们经常废寝忘食,夜以继日,放弃了很多节假日,自己的生日也从来记不起。在两次核爆炸期间,他很少能顾及家里,常常是在爆炸现场进行调查,回到北京马上做总结,然后再到野外去验证,工作量大,环境也异常艰苦。这项工作要求绝对保密,禁止书信来往,所以家里人只知道他到外地工作,但在哪里工作、到底干什么他们却并不知道,他的好几个春节都是在戈壁滩上度过的。有一次他一进家门,孩子看到是生人,就连忙叫他爱人:"妈妈,有个叔叔来了……"欧阳自远说:"那个年代,我们有一种强烈的使命感,总想为国家多做点贡献,根本没有考虑过什么个人名利。"

从1994年欧阳自远首次提出开展探月工程项目,到10年后正式立项,欧阳自远非常感慨,他说:"我终于盼到了这一天,既感到欣慰,也感到幸运。有的科学家从年轻到白发苍苍都一直没能实现这个梦想啊。"

如今,已经70高龄的欧阳自远正在以不倦的脚步续写着科学人生的新篇章。他充满信心地表示:"我们期待着那一天,亲眼看到在月球上留下中国人的脚印。"[1]

**【案例分析提示】**

欧阳自远经过不懈的努力、拼搏和奋斗,终于将要实现自己的多年梦想、也是中华民族几千年的夙愿——登上月球,探测月球。他的成功不仅是他个人的荣誉,更是我们中华民族的骄傲。但是,这项工程在让我们振奋的同时,也使我们倍感中国的强盛还任重而道远,还需要我们一代又一代有志青年的更加奋发的努力。

---

[1] 该案例改编自王建柱:《誓圆嫦娥奔月梦》,《名人传记》2005年第6期,第70—72页。

应该承认,改革开放以来,我国在经济、文化、科技等各个领域都取得了突飞猛进的进展,一些高科技甚至可以与国际先进水平一决高低。但总的看来,我国的经济势力还很薄弱,科技文化水平也很落后,很多方面与西方发达国家相比,差距还相当大。我们今天在为有能力踏上月球而高兴,而美国却早在1978年以前就6次进入过月球。最近40年来,世界很多国家也已经做过100多次的月球探测。所以,作为当代的大学生,对于我国的实力一定要有清醒的认识,要有为我国科技文化的发展尽力的远大志向,更要有长期的艰苦奋斗的创业准备。因为一般来说,确立为国奉献的志向并不难,不论是儿时的梦想,还是国家落后挨打的刺激,抑或是榜样人物的激励,都可能让我们痛下这样的决心。但是,难的是终生不懈地去追求这个志向的实现,不论条件多么艰苦,也不管经过了多少失败和等待。欧阳自远为这个登月梦整整奋斗、等待了近半个世纪,他不但要使自己一步步具备实现梦想的实力,更要等待国家实力的增强。如果缺乏这种坚持不懈的精神,他可能就会抱怨自己英雄无用武之地,或者放弃追求,或者到条件具备的国家去实现自己的梦想。

欧阳自远的经历和成功,有以下几点启示值得大学生驻足思考:

第一,做任何事情,要争取成功,就必须明确主攻方向。要集中精力瞄准这个方向,要"聚焦",不要分散精力,这就是所谓"聚焦成才"。拿科学研究来讲,就要依次确定主攻哪门学科,学科中的哪个领域,领域中的哪个焦点、生长点和突破点,并围绕它进行一点一滴的长期积累。否则,撒网太宽,精力顾不过来,是很难取得突破性进展的。欧阳自远就是几十年如一日地围绕月球探测这个焦点做各种准备的。

第二,要争取成功,就必须发扬拼命精神。要吃得起苦,有韧劲,持之以恒。有恒是成功之本,尤其是在遇到困难和挫折,哪怕是无法逾越的困难和挫折时,也要有一种"知其不可为而为之"的卓绝坚守的精神,即使是怀着必败的估计、作出完全没有成功希望的努力也不轻易放弃。当然,这种坚信来自对志向合理性的把握。如同欧阳自远一样,他的坚定不移的志向追求,不仅是建立在对自己知识和能力的自信基础上,更是因为他的志向是同国家的需要和国际发展的思路相符合的,他始终关注着国际探月研究的最新进展,坚信中国有一天也会在月球上留下自己的脚印。

第三,要争取成功,就要有放弃常人生活和享受的准备,始终保持艰苦奋斗的精神。大凡成功的人都是这样做的。欧阳自远奋斗的经历也有力地证明了这一点。他总是有干不完的活,很少有节假日,不能顾及家庭,也很少有享受家庭生活的轻松,但他却乐在其中。可见,所谓"艰苦奋斗精神",不只是特定条件下产生和存在的一种精神,"艰苦奋斗"也不是因为"艰苦"所以才"奋斗",而是所有有志于成功和成才的人,都具备的一种素质,它指的是一种奋发向上,不断创造的精神状态,一种不怕困难、百折不挠的坚强意志,一种迎难而上,拼搏进取的精神风采,一种克勤克俭,吃苦耐劳的生活态度,一种不计较个人名利,不追求个人享受的人生境界。具有这种精神的人,他们的生活在常人看来似乎缺乏色彩,甚至是枯燥和难以忍受的,但实际上,他们内心的充实愉悦使他们感到生活充满了绚烂的色彩和无尽的趣味,毕竟人的真正价值在于奉献而不是享受。能够找到自己愿意为之奉献一生的追求的人是无比幸福的。愿大学生都能细细品味"艰苦奋斗"的丰富含义,慢慢提升自己的人生境界,为社会也为自我实现创造最大价值。

(秦维红)

【思考题】
1. 你认为影响个人成功的主要因素是什么?
2. 谈谈你对艰苦奋斗精神的理解。

## 案例七　在顶峰处寻找新起点

潘杰客,北京人,1978年考入重庆建筑工程学院。尽管他对工程专业不喜欢,但在大学一、二年级时,仍然非常努力地学习他不感兴趣的专业课,取得了优异成绩,掌握了扎实的专业基础知识。在三、四年级,他把大量的精力投入到学校内外的各种文艺活动中,如做广播员,演话剧等。在他看来:大学生应该自己去发现、开拓和决定自己的未来,从自己的爱好、潜力去考虑,然后专注投入地去做。正是这一信念,使他以优秀的成绩完成学业。

毕业后他被分配到一个工程公司,做了工程队的施工员。面对艰苦的工作环境,他承受了作为一个大学高材生与一个施工员之间的心理落差。他调整自己的思维和行为,通过自身的不懈努力,4年后成为国家建设部的党委宣传部副部长。这时,他移民美国的父亲让他也移民到美国,在征得建设部的同意之后,他到了美国,开始了在异国他乡的另一种生活。

到美国后,他住在父亲家里。后来,他租了间地下室,开始找工作独立生存,并在业余时间到夜校学英语。他找的工作是从最低等的送外卖开始。当有人问他,为什么要作这种选择时,他说:"这其实很自然。新进入一个社会,就得了解它的时尚。当时我上夜校的同学都看不起我,因为开始我住在家里。他们认为我到美国不是背井离乡而是合家团聚,这使我感到一种孤立。还有,在美国18岁的孩子早就应该独立了,我作为一个近30岁的男人还靠父母,让人觉得可悲,我自己也感到这是一种耻辱。而人是不可以在耻辱中生活的。我不懂英文,在国内我那点成就到了这儿别人不承认,我又没有美国执照从事工程设计,只好从最底层做起了。"虽然从最底层做起,但他给自己定下了一个目标,半年内英语要过关。结果只用了3个月,英文就运用自如。

潘杰客从餐饮业最底层做起,但他并不想走那条从服务员到经理——小股东——大股东——老板——开连锁餐厅这个大多数人的人生设计。只几个月他就跳出了餐饮业,转做珠宝。不久就成了一个"super salesman"。如果是别人,此时想的是怎样开珠宝店,潘杰客却只是把它当作一种快速积累的方式。很快,他转入中美文化交流工作,任非营利组织中美文化交流基金会主任,后又出任美国中文电视新闻主播。在从事中美文化交流期间,他曾成功地把中国顶级艺术家推上了代表世界最高艺术演出水准的纽约卡耐基音乐厅的殿堂。

潘杰客从事的中美文化交流工作在旁人眼里算是达到了事业顶峰,但他却对自己作了重新评估。他觉得,自己第一没有深厚的社会关系,第二没有雄厚的经济实力,第三没有接受过美国的正统教育。综合这三条,第一条,无法改变,第二条需要时间,而第三条可以做到。于是他决定重返校园,在选定了美国哈佛、耶鲁和英国牛津这三所最适合他发展的大学后,他把精力用在了入学论文上。6个月后,这3所大学的管理学院同时录取了他。耶鲁大学招生委员会主任在看完潘杰客的申请材料后,违反规定提前通知他:"潘先生,我忍不住告诉你,你被录取了,你的入学论文使我们热泪盈眶……"他那篇《难忘的演出》的入学论文,后来被收入耶鲁大学的范文之列。潘杰客最终选择了哈佛。

1997年,潘杰客从哈佛管理学院毕业,他参加了德国奥迪公司在美国和欧洲的国际人才招聘,从数千名应聘者中胜出,成为唯一被聘用的人。在去奥迪公司之前,他从来没有接触过汽车专业,但他到了奥迪公司工作后,上上下下的员工对他的评价却是:"这绝对是一个汽车专家。"在被聘用前后,他用了大量的时间和精力来阅读汽车方面的知识,很短的时间就使自己成了"汽车方面的行家里手"。

但是,在2001年年初,潘杰客放弃了奥迪中国大区首席顾问的身份,加盟香港凤凰卫视出任凤凰咨询台"财经在线"主持人。除了做主持人,他还在清华大学科技部、技术创新战略与管理研究中心任兼职教授,在山东省东营市担任市长助理的职务。在他看来,做兼职教授可以使他具有敏锐性和前瞻性;做市长助理,可以让他充分发挥自己的资源优势。

潘杰客总结自己的职业选择时说:"过去人们常常说顾此失彼,开始表示一种被动的情况。但我看来,顾此失彼完全是主动的——主动失彼是为了顾此。如果我不主动离开奥迪公司,就不可能在凤凰咨询台实现梦想。"

在大起大落、大开大合的人生旅程中,潘杰客完全认识到,无论在哪儿,限制都存在。智慧的作用是认识限制,并找到超越限制的办法。他不断地超越限制的动力源于他的信念、他的理想。他说:"我内心有一种渴求,你可以改变自己,还可以通过自己改变别人,这个社会、这个世界就在改变,我要在最广泛的范围去影响他人,把社会向更合理的方向推进,这种合理应该为大多数人带来福利。我有这个良好的愿望,为了这个愿望,我还会去做许多其他的事情,而这正是我人生价值的体现,它带给我的满足是物质无法做到的。如果这就是命运的话,我已做好准备并且毫不畏惧!"[1]

**【案例分析提示】**

每个人都有自己的人生道路,你可以去参照成功人士所走的成功之路,去设计自己的成功之路。但是你不可能走与其他人相同的成功道路。纵观古往今来的成功人士所走的路,之所以他们会成功,是因为他们在设计自己的人生道路时,不完全沿袭前人,敢于突破常规,去开创出属于自己的成功之路。

潘杰客,从中国到美国,到欧洲,再回到中国,并不断变换着身份和职业的开拓者,一次次从人生的高峰处走下,再从新的起点向前迈进,达到更高的目标。这种不断挑战自我,不断超越自我,不断完善自我的精神,对于渴望了解社会、融入社会,正在规划自己的人生职业生涯的大学生来说有重要的启示。

首先,想成功,就要学会自己寻找任务,来充实自己。像潘杰客那样,尽管对所学的专业不感兴趣,但他仍然努力去学习,去培养自信。在不影响学业的前提下,去参加各种活动,来充实、完善自我。他最后选择作凤凰咨询台的主持人与他在学校做播音员,演话剧有一定的关系。潘杰客不是盲目参加各种活动,他明白自己在做什么,为什么去做。在目标日益个性化的今天,在并未确切知道自己将来要做什么之前,要充分利用现有的资源来增长自己的知识,

---

[1] 该案例改编自蒙令华、刘孟玲:《在顶峰处寻找新的起点》,《大学生》2001年第9期,第20—22页。

发展自己的能力,培养自己的信心,这样才能为将来的成功做好准备。

其次,成功者要学会在陌生的环境中生存。每个大学生最终都要走入社会,如何融入社会,适应社会,并在竞争日益激烈的社会中站稳脚,并最终在事业上取得成功,这是大学生们非常关心的问题。大多数人在步入社会后,会去追求生活和工作上的稳定。而潘杰客却不停地变换职业,变换地域。这在常人眼里是不可理解,也是不可思议的。为什么他做什么都能做出一番成就? 潘杰客对此的回答是:"在追求事业的过程中积聚资历,在资历中提炼经验,在经验中总结规律,在规律中推导模式,特定的成功,特定的经验,特定的规律,特定的模式导致特定的思维方式,特定的思维方式塑造特定的生活轨道,于是有了局限的人生,所以只有克服了惯性的人才能向不同的方向发展。"潘杰客毕业后成功地跨行业,跨地域,跨文化地创造了自己的跨国人生,根源就在于他敢于向成功挑战,向惯性挑战,向自己挑战,向自己的思维挑战。

最后,成功者在认准目标后必须全力以赴去努力。"梅花香自苦寒来,宝剑锋从磨砺出"。任何成功的喜悦都是以无数的汗水为代价。潘杰客在做出选择之前,总是要对将要选择的事有更清楚的了解和把握之后,才去全力以赴地去做。这种全力以赴不仅是指身体的劳累,还有精神的痛苦,这就需要对目标的坚定的信念和超常的毅力。潘杰客的成功就是对他的执著信念和坚强意志力的回报。

(谢殿军 祖嘉合)

【思考题】

1. 你怎样评价潘杰客不断开拓,一次次从人生的高峰处走下,再从新的起点向前迈进,达到更高的目标的奋斗经历?

2. 你是否对你的未来有所规划? 如何规划的?

# 第七章

# 大学生道德案例及分析

人们生活在世界上,总是要和社会、群体、他人发生各种各样的关系,也会和自然发生关系。为了处理好这些关系,同时也为了扩展人们的自由,就必须产生一定的行为规范,以调节和指导人们的行为。这些行为规范主要有两大类:一类是通过惩罚、制裁等方式运作的强制性规范,即法律;另一类是通过社会舆论、教育、内心信念来维持的非强制性规范,即道德。道德不仅是一种行为规范,它也是人们的一种意识、情感和品质。

康德把道德看作人生活的最高的原则。他说:"我怀着无限的敬畏沉思这两件东西:那天上的星空和我们心中的道德律。"天上的星空,按照宇宙自然律运行;人的生活,则应在道德的基础上展开。道德就是律令。康德以此肯定道德法则的普遍性,唤起人们对道德法则的敬畏和自觉遵从,道德法则虽不具有行政命令和军事命令的外在强制性,但它同成为一个"人"的要求相关,他是一个人成为"人"的内在要求。所以,基于人们对自身存在和发展命运的关心,道德应具有自觉自律自为的性质。

人的道德品质是一定社会或一定阶级的道德原则、规范在个人身上的体现和凝结。道德品质对一个人的成长和成才,塑造完美人格有十分重要的作用。首先,道德品质在人才成长中具有统帅和导向的作用,因此,世界各国都十分重视人才的道德品质。爱因斯坦说,用专业知识教育人是不够的。通过专业教育,可以成为一种有用的机器,但是不能成为一个和谐发展的人。人才学研究表明,与一般的人比较,人才在社会责任感、献身精神、积极进取的精神、与人合作的精神、自觉性和自制力等方面要强烈的多。其次,道德品质不仅是完善人格的构成要素,而且是塑造完美人格的必要条件。完美人格在道德品质上表现为要自尊、自爱、自立、自强,具有高尚的情操、优秀的品质、坚强的意志和文明的行为。一个人只有具备了优秀的道德品质,才能受到他人的尊重,实现做人的尊严;一个人如果道德品质败坏,再好的气质和学问也会黯然失色,再多的学识也会无用武之地。

个人道德品质的形成经由道德认识、道德情感、道德意志和道德行为的过程。人的道德品质外显为行为,它是个人凭借意志的力量,经审慎选择之后逐步形成的习惯。一个人形成优秀的道德品质需要排除种种不良嗜好,校园中,大学生活的点点滴滴都在实践着自己的道德信念,形成个人的道德品质,违反道德律令的事一次都不能做,因为"播种行为,收获习惯;播种习惯,收获性格;播种性格,收获命运"。

## 案例一　背着母亲去求学

1992年,河南少年申庆伟的父亲因病去世,家里失去了顶梁柱和唯一的经济来源,还给年仅14岁的他留下了两个精神病人——母亲和姐姐。那段日子,他每天放学后除了操持家务,照顾患病的母亲和姐姐吃饭、吃药,就是把自己锁在屋子里学习。用他自己的话说,多看两页书,可以用知识挤出点苦水;多背两个单词,比哭两声强。后来,一个好心人领走了姐姐,留下他和母亲相依为命。

1995年7月,厄运再次降临,患精神病的母亲突然瘫痪了。万般无奈,他只有含泪告别了深爱的校园。那个夏季,他每天用平板车拉着母亲,到离家6公里远的一个医生那里看病。他盼望母亲早日痊愈,自己也好重返校园。可是冬日的一天,医生却告诉他母亲没有希望再站起来了。他一声不吭地拉着母亲回到家,看着瘫痪在床、大小便失禁的母亲,看着一贫如洗的家,再想想自己的将来,他绝望地放声大哭,心也凉到了极点。

中学的老师和同学们给了他热心的帮助和真诚的鼓励,使他重新鼓起了生活的勇气,他暗暗下定了决心:"再难,也要拼出一条路活下去。"

1996年,他在人们难以置信的目光中,报考了滑县师范学校。考试的那两天,他每天早早起床,给母亲穿好衣服,喂母亲吃饭、吃药,然后骑车赶赴远在县城的考场,上午考完了还要再赶17公里的路回家给母亲做中午饭。精诚所至,金石为开。申庆伟终于以451分的好成绩考入了滑县师范学校。当他拿着通知书,准备背着瘫痪的母亲踏上求学路时,村里的左邻右舍、老师同学为他送来了生活用品。看着一张张关切的笑脸,听着一句句暖心的话语,从不轻易落泪的他泪流满面。

在滑县求学的日子是充实和难忘的。申庆伟说这是他一生的转折点,是阳光灿烂的日子,对他影响极大,不仅使他学会了课本上的知识,而且对他形成健康的心理和健全的人格都有帮助。

他租了两间房子,把母亲安顿下来。邻居们听说他的情况后,像对待亲人一样,过来问寒问暖;房东坚持不收他的房租;好心的电工为他们免费安装了电灯,还免收电费;每天都有相识或不相识的老师和同学到他家帮做家务,还送来吃的用的。这一切都让他十分感激,也使他有了更多的时间和精力认真学习。课堂上老师讲的话他一句都不放过,一头扎进知识的海洋如饥似渴地学着,每年都被学校评为三好学生,还被共青团中央评为"全国三好学生标兵",并被选为安阳市第二届十大杰出青年。

当时,申庆伟背着母亲上学的事迹通过新闻媒体传遍了全国,从各地寄来的读者来信一捆一捆的。他也由自卑孤独,变得开朗活泼。许多读者成了他的好朋友,他们给他寄信、汇款,鼓励他好好学习,好好照顾母亲。最让他感动的是,有些好心人只在汇款单附言栏里写几句鼓励的话,连姓名都不留。

临近毕业时,汇款单的复印件已经积累了厚厚的一沓,来自全国各地的捐款也积累了一笔不小的数目。出人意料的是,申庆伟把社会各界捐助的一万余块钱全部拿了出来,向学校倡议建立优秀贫困生奖励基金会。对于他的举动,有人赞叹,有人不解,还有人说他太傻。他却说:"我可以自食其力,应该把社会捐款用于救济那些比我更困难、更需要钱的贫困生。"

1999年毕业分配时,申庆伟要求学校把他分配到最艰苦、最贫困、最缺老师的山区任教。学校考虑到他瘫痪的母亲,将他分配到故乡内黄县田氏乡试验小学。

在内黄,学校分给申庆伟18平方米的宿舍。白天,他利用课间伺候母亲起床、梳洗、吃饭;晚上,伺候母亲休息后,赶紧备课、改作业。人们每天上午都能看到他把母亲抱到轮椅上,推着母亲在门外晒太阳,这份孝心让人感动。

谈到将来,申庆伟说:"刚走出校门,也许没有像大家期望得那样有能力、做得那么好,但我时刻都会感到大家鼓励、期待的目光,我会尽最大的努力上好每一节课、教好每一个学生,会用自己的实际行动,活出一个大写的人。"[①]

**【案例分析提示】**

案例中主人公的事迹令人感动,他为了母亲很早就承担起了超负荷的精

---

① 该案例改编自王慧敏:《背着母亲回故乡》,《辽宁青年》2001年第2期,第12—14页。

神和体力压力,备尝生活的艰辛,但却没有任何抱怨、推脱,一步步走出了一条坚实的成功之路。现在的大学生中独生子女较多,有些同学生活优裕,依赖感较强,缺乏吃苦耐劳的精神,不要说为父母承担和付出什么,就是对父母养育的辛苦都缺乏最基本的理解和感激,认为父母照顾自己是理所当然的。有些同学在家里对父母颐指气使,一味要求父母付出,从没想过自己对父母有所报答。

孝亲敬老是中华民族的传统美德,也是人之为人的基本品格。在古代,孝被看作是一切道德之本源,也是一切道德实践的起点,由"亲亲"启蒙,是陶冶性情、升华道德的最有效的途径。《礼记》中的《祭义》说:"孝有三:大孝尊亲;其次弗辱;其下能养。"意思是说,大孝的人,能使父母因自己而受到人们的尊敬;其次是不使父母因自己而受人们的辱骂;再其次是能养活父母的身体。孝德是古代家庭文明进步的标志,是古代人们追求美善的结晶,这一道明亮的精神曙光,仍然有重要的现实意义。

孝敬父母是人们实践道德的起点。父母是自己的生命之所出,是养育自己的亲人,孝作为一种爱与敬的情感与行为,子女道德认识的启蒙首先开始于对家庭中父母的尊敬,施爱施敬应从孝亲开始。良好的孝德实践,是青年接受社会其他道德教育的基础。所以,孝的培养与实践是提高当代人道德素质的起点。

孝心与爱心的培养是人的社会责任感的基础。人们在履行对家庭的道德责任时所体现的这种奉献精神,往往会在他履行社会责任时转化为一种对社会尽责的义务要求。因为,道德责任不同于法律责任的对等性和他律性,它不以获取某种权利为目的,不以他人是否对等地承担此种责任为条件,道德责任出于人们的道德自觉和道德自律,更多地体现了人们的高尚意识和自由选择。家庭给了我们人生真爱的体验,这种体验通过人际交往向社会延伸。因此,提倡孝德,把家庭的耳濡目染的孝德观念向社会扩展,向社会奉献爱心。凡是人皆出于父母之怀衽,一个连自己父母都不敬爱的人,很难相信他会爱别人。一个冷漠的家庭,没有相互的关爱与照顾,没有彼此完全承担义务并且为对方着想的传统,必然走出冷漠且自私的人。申庆伟是以他的爱心对待他的工作,他勤奋,教课认真、仔细,对学生提出的问题总是耐心地解答,学生都很喜欢他。学生的家长都说,申老师不用教课也能教好学生,他的言传身教比什么都管用,把孩子教给这样的老师放心。

时代在发展,孝的内容在不断变化,但是只要人类还以家庭的形式繁衍生息,儒家的孝道伦理就不会完全过时,因为家庭仍然是社会的细胞,家庭所具有的生育功能、生活互助功能、培养教育功能、精神慰藉功能是不能被其他社会组织代替的,孝道伦理一定会为现代社会的精神文明建设提供丰厚的文化资源,大学生在保持孝道的传统,弘扬孝道文化,汲取孝道的精神价值方面都应做出积极的努力。

(祖嘉合　李海伟)

**【思考题】**
1. 你怎样认识"孝德"对大学生道德人格养成的意义?
2. 你如何理解家庭美德和公共道德之间的关系?

## 案例二　一个"枪手"的经历

大学生伟家境贫寒,上学的生活费,都是靠家里卖点粮食和鸡蛋凑来的,就是这样,也不能保证每月如期寄到。他知道父母的艰辛,从不敢催他们。学校的特困补助,他不愿意去申请,他不想让别人把他当作特困户。他偶尔出去打点零工,挣点钱。最近家里出了点事没寄给他钱,又临近期末,他找不到合适的事干,就只有干着急了。室友发现了他的困境之后,便诡秘地对他说,为什么不试试当"枪手"。枪手?笑话,他连枪都没碰过,怎么当枪手?更何况他这体格,一排排肋骨用眼睛一瞟,就能数得清楚,他有什么资本当枪手?室友一听,笑着说:"你以为你是成龙?李连杰?还是发仔?枪手就是替别人考试啦!"他一听,吓坏了,这是越轨的事,万一被发现了,他的前途就毁了。他断然拒绝了这种生财之道。

伟实在是太缺钱花了,他需要广开财源。他想着父母佝偻着身体成天面朝黄土背朝天的劳作,省吃俭用的为他攒点学费多不容易。再说,他20多岁了,也该自立了。但挣钱真难啊,况且还要读书。考虑到最后,他还是决定按室友所说的到中介所去问问,如果有危险,他坚决不干。他可不愿被开除回家,那样会使父母伤心死的。

按照广告上的电话,他拨通了其中的一个中介所,老板热情地叫他去看看。他怀着忐忑不安的心情来到中介所,老板把所有的笑容都堆在脸上,好像他就是他的财神爷一样(中介所获得的利润还真的靠这些"枪手"们)。他和中介老板交谈后,得知代考一门功课的报酬是500元人民币。天啊,这够他一学期的开销了!他的心猛地狂跳起来,要是真能考上一门的话,下学期就不用愁了!

"危险吗?"他压住心中的惊喜问。"没问题,告诉你,那些请人代考的都是找了关系的。你放心吧,这一点我们肯定包你万无一失。"他也不记得自己与老板讨价还价了些什么,只知道在老板的极力怂恿下,更多的是在金钱的强烈刺激下,他决定铤而走险。同时,他也清楚地知道,自己是在拿前途做赌注,他为自己的行为感到悲哀,但他已经顾不了那么多了。

一晃考试的日子来临了,他变得紧张起来。听说学校因"代考"开除了几名学生,他更是惶惶不可终日。他真想放弃,省得这样提心吊胆。可是他又不好意思把已经答应的事推掉,况且,人家已经给他钱了,这口总是很难开的。就这样,伟在紧张和犹豫中度过了考试的前一天。

考试那天,对方早早来到他的寝室,将一切伪造好的证件交到他的手中,并一再叮嘱他一定要考好。他的紧张是显而易见的,可对方却压根没注意到他的反应,只是一个劲地说要考好,否则他拿不到毕业证。他一阵恶心,谁叫你自己那么臭,还想拿证书呢?真不要脸。可一想到自己为了区区几百元,而甘愿当"枪手"岂不是更不要脸。他不由得一阵惭愧,顿觉没有资格说别人了。

开考的铃声响起,在对方监视的目光中他走进了考场。毕竟是人生中第一次作假,一进考场,看到监考老师犀利的目光,他的心就怦怦跳起来,额头不停地冒汗。当监考老师照例宣布考场规则时,他的脑子一片空白,紧张得大气都不敢出,他真的是给吓着了,傻愣在那里。真想马上逃出教室,可他又不敢,他一动也不敢动。当监考老师翻看准考证时,他更丝毫不敢正视他,心中一阵狂跳……谢天谢地,监考老师终于过去了!领到卷子后,他顾不得多想,开始一刻不停地答题。监考老师和巡视员不停地在身边穿梭着,他的心也快到了崩溃的边缘。

考试结束的铃声终于响起,他那负罪的心稍微轻松了些。他飞快地逃一般地离开了这个鬼地方。出了教学楼,他顾不得涌动的人流和那个请他代考的人,骑上车跑到校园偏僻一角,大口大口地喘着气。外面的空气真新鲜,他第一次发现天是这么的蓝。他的心里一阵后怕,作为一个从农村出来的大学生,居然为了钱铤而走险,万一……他真不知道如何面对含辛茹苦的父母。他突然发现这份学业是多么的可贵,其实缺一点钱又算什么呢?在经受了一次炼狱般的折磨之后,他发觉自己是多么愚蠢。想想那些因"代考"而被迫退学的学生,他庆幸也警告自己。他决定把钱退给那个请他代考的人,不管他愿不愿意要。他不想拿这种钱。说来可笑,当初他替考是为了钱,可现在帮别人考了,他又不想拿这种钱。可是真的,他心里有一种负罪和内疚感。作为一个大学生,这样做,岂不是亵渎了知识?他知道错了,他能做的就是把钱退了,并且再也不这么做了。尽管他很穷,但他不愿做一个人穷志也穷的人![1]

**【案例分析提示】**

不可否认,校园"枪手"虽屡经处罚仍然没有绝迹,有人说"枪手"是靠"能力赚钱",是"劳务输出"。如此出言,模糊了为人的道德观念。"枪手"使人们的道德意识启动了下滑的轮轴,使一些人为了些许实际利益而牺牲了做人的标准,贬损了大学生的道德水平。诚信是每一个人不可缺少的基本道德素质,是人的安身立命之本。在高等教育中,大学生在学习专业知识的过程中,如果道德没有一起修炼,这是成长的悲哀。所幸的是文中"伟"尚有较强的道德反省意识,知错幡醒,没有在错误的道路上继续走下去。

"枪手"使考试丧失了考核、评价的真实性,使一些人通过不正当手段取得"高分",使弄虚作假得以实现,严重违背了公平竞争的原则。"枪手"亵渎了知识在人们心目中的神圣地位,严重背离教育的宗旨和学校的规则。因此,对一经发现的"枪手"的惩处是严厉的。对此,我们不能存在丝毫侥幸心理。事发之后的一切悔悟,都为时已晚。

值得指出的是,良心发现和对惩罚的恐惧可能会避免一些人铤而走险,但这远远不够。案例中的"伟",应该说,他的道德意识和是非观念还是有的,对行为后果的严重性也有清醒的认识,但他最终还是做了"枪手"。事过之后,虽然他已经决定把自己这笔特别需要的"不义之财"退掉,但我们不能保证他以后不去做其他违反道德的事,更不能说他的道德水平因为这次经历得到了提升。因为,归根到底,"伟"的道德意识和行为选择仅限于认知和他律的层面,是害怕惩罚的代价太大,而缺乏正确的道德信念的强大支撑。一个人道德品质的形成,如果没有对道德规范的情感倾向性和坚定不移的信念,没有履行道德原则和规范的意志力,很难保证在下一次的道德与利益的较量中,在惩处力度不大、无人知晓,又有高回报的引诱下,也会做出正确的抉择。因此,大学生强化道德自律意识,以"慎独"标准,严格要求自己,才能遇有道德冲突,能够做出正确的道德决断并付诸正确的道德实践。

(药力平 祖嘉合)

---

[1] 该案例改编自钱洪:《一个"枪手"的自述》,《中国大学生》2000年第12期,第8—9页。

【思考题】
1. 如何认识校园"枪手"现象？
2. 如何在大学时代树立正确的金钱观与道德观？

## 案例三 一封向老师"要高分"的来信

1998年,《中国大学生》杂志收到山东聊城师院陈延庆老师的一封来信,信中说,1997—1998学年第二学期期末考试前夕,他收到一封同学的来信。经过反复考虑,他决定将这封信寄给贵刊,以便大家关注这一问题。

为叙述方便,我们将学生的信原文刊出:

陈老师：

您好！我是M系96级本科班的一名学生,现在我有件事情想请您帮忙,我认为您是位明理之人,我认为听过我的解释以后,这个忙您会帮的……在我作解释之前,我想先说明一下：我不是一位爱投机取巧,平时不努力,考试找门子的坏学生、懒学生。

陈老师,如果您读过不久前的那一期院报,您可能会有印象：X副院长在寒假走访了三名特困生,我是其中的一名。自从我进入M系,上至书记、班主任,下至普通同学都给了我很多帮助。为了不辜负系领导和班主任的希望,我努力学习,下决心要考研。期末考试将至,这一次我有了难题：我打算暑假办个补习班,现在正忙于联系,可是我的时间是有限的,"鱼"和"熊掌"我都想要,补习班我必须办,这是我下一学年的学费来源,考研成绩必须优秀,我不能让这么多人失望。想来想去,只有求助于您了。我的专业课基础比较扎实,稍微复习一下即可,您讲的这门课如果我有时间的话,我肯定拿高分,可现在我缺少的正是时间,并且现在我们还有另外一门非专业课。这两门非专业课如果没有时间,得高分确实太难,可我必须要高分,没办法,您教的这门课只有请您帮忙,希望老师能同意学生的这个"坏"主意,在阅卷时笔下留情,给我一次机会,另一门非专业课,我只能赌一赌运气了,不过相信及格没问题,希望它最好不要拉我的总分。

老师,我只是请您给我个机会,不要让太多的人为我失望,我向您保证：考研成绩下来,我一定拿着最优秀的分数向您汇报,也算是对这一次的补考吧！LN(写信者的名字代号)说到做到,决不"食言"。明知道这是一件不光彩的事,可我实在想不出更好的主意啦,学生在此先向老师说声"谢谢"啦!
　　祝:
　　　　工作顺利、事事顺利!

学生:LN<br>1998年6月

陈老师:
　　信写过之后,我的感觉并不是十分轻松,我这次就像在进行一次赌博,输与赢自己完全没有把握,上学年我的成绩是班级第三名,这次我不可以倒退,我不能让班主任和系里的老师,这些所有关心我的老师,这些所有关心我的人们失望,我只能暂时地对不住您了。不过,我说的一年半后的那次补考,我一定尽力让您满意,我一定向您兑现我的承诺,我不会忘记,希望老师也不要忘记。您是位好老师,您一定能体会到学生此时的心情,那就请您帮帮忙,您教的这门课给我个最高分,这或许能弥补一下另一门非专业课的不足。对不起,老师,不是学生有意让您违背原则,我实在是没有别的办法了,现在也只有您能帮我,学生将感激不尽。如果您能帮我,请您不要忘记,明年的年底,您不找我,我也要去找您。因为 LN 不能让任何人失望,不能让任何关心我、帮助过我的人们失望,因为 LN 并不是个坏学生。为了能充分利用我的宝贵时间,请老师尽快给学生回一个电话,号码是:××××××× ,LN。希望老师能尽力成全我,给我个最高分,这样或许能保住我在班级里的名次。星期四或星期五下午我等老师的电话,行吗?

M 系 96 本,LN①

【案例分析提示】
　　近些年来,在大学校园里出现了学生以各种各样的方式向任课老师张口"要分"的怪现象,且有愈演愈烈之势。试对这种要分现象做如下分析。
　　要分者是些什么人?张口要分的学生中当然不乏平时学习不努力,考试时又不愿下工夫的"混混",但是如果以为要分者都是一些不学无术、不思进取的学生,也就大错特错了。事实上,伸手要分的学生中有相当一部分是老师眼中的好学生或学生干部。

---

① 该案例改编自陈延庆:《校园行贿人与"受贿人"的一次对话》,《中国大学生》1998年第9期,第11—12页。

怎样要分？总的来说要分的方式、方法、手段、措施五花八门。有的通过本校的领导、老师和员工向阅卷老师打招呼，这些人借口某某学生是他们的孩子、亲戚、老乡等要求阅卷老师高抬贵手；有的则手提两个西瓜、几斤水果、一包烟、两瓶酒等亲自登门拜访，向老师陈明利害，恳请教师手下留情；有的干脆在试卷上写上几句情真的话语，或者给任课老师修书一封请求老师网开一面，不一而足。

要多少分？不同类型的学生所要的分数有所不同。一般来说，有的学生给60分就心满意足，而有的学生欲壑难填，有时候给他们90分都难以换他们"开心颜"，这些人与其说是要高分，倒不如说是要好名次，他们所要的分数往往精确到了在班级里的具体名次。

为什么要分？学生要分的目的各不相同。第一类学生主要是要个"及格"，以便混张文凭；第二类学生是想通过要高分保持其在班级里的较好名次，以便在评奖、推荐免试攻读硕士研究生方面抢得先手；第三类学生则是为了保住他们学生干部的宝座，或者是在入党、评估等方面占据优势，以便在将来的毕业分配中获得好处。

总的来说，"要分现象"是个人主义观念和投机取巧之风侵蚀校园的结果，这种行为如果得到支持或某种程度的迎合，就会使学生"是耻不知耻"。某些人的要分行为，违背了竞争道德，有悖于公平竞争的原则。它使分数这一衡量学生学习、掌握知识的重要尺度失去应有的意义和作用，它助长了学生投机取巧的思想，使大学生品行下滑和操守变质，不利于学生养成勤恳学习和努力奋斗的好习惯、好作风，有害于大学生的健康成长。

（药力平　祖嘉合）

【思考题】

1. 大学生"要分"现象反映了学生思想中存在的什么问题？
2. 你认为应如何看待和制止这种不良学风？

## 案例四　你的论文掺水了吗

进入第二学期，毕业年级的大学生开始忙碌着写论文、找工作。"网上论文"的抄袭也进入了火热时期。

——在某高校图书馆，有些同学在图书上做"标记"，第一个注明"此段已抄",第二个写上"你抄我也抄"。后来者又写"抄而又抄",令人哭笑不得。

——在一些高校的边缘角落你可以随时看到这样的小广告:"急招毕业论文枪手若干名,××专业价格优惠,根据质量确定报酬,有意者请呼×××。"据了解,他们只需花几百元钱,就可以雇个"枪手"代劳,自己根本不用耗费心机。

——有位高校老师曾碰到这样的尴尬事,一份前一年由他亲自指导写的、获得过学校论文评选一等奖的毕业论文,第二年又被交了上来,只不过改了作者名而已。有的同学为了省事,干脆拿来上几届毕业生的论文充数。

——某高校政经系的小董说:"写一份万把字的论文小意思啦!今天查资料,明天抄资料,后天定初稿,第四天就搞定了。"原本需要数周才能完成的毕业论文现在被他们压缩到只用几天时间就可以"搞定"了。更有一些高手能够综合运用"抄、剪、删、改、拼"等各种手段,将别处搞来的文章改头换面,再署上自己的大名了事。

——对此,某高校辅导毕业班论文写作的李副教授不以为然:"在平时的作业中就经常出现这种现象,说白了就是抄袭,只不过看谁会耍小聪明罢了。由于老师们自身条件和精力的限制,不可能博览古今中外所有的书籍,也不可能看遍世界报海刊林。所以,有时候就算你明明知道他是抄来的,也空口无凭。"他拿出了三份学生毕业论文,题目虽不相同,但大概意思却如出一辙,仅9000多字的文章中,竟然有数十处照抄照搬毫无变动!而在几份论文末尾注明的"参考文献"里,根本就找不到所引用的原话,甚至连类似的观点都没有。[①]

——2002年初,中国教育和科研计算机网上的一篇文章提到这样一条信息:华东某大学研究生会公布了由132名本科生、硕士、博士研究生参加的"学术道德、学术规范调查",调查显示,赞成"天下文章一大抄",对论文"抄袭"采取认可的态度的学生超过三成。[②]

【案例分析提示】

近年来,在高等院校、科研机构学术道德的讨论逐渐成为关注的热点。因为,在学术研究中学术风气不正、学术道德失范、学术腐败问题渐有增长蔓延

---

[①] 该案例改编自周仕兴等:《你的论文掺水了吗?》,《东西南北大学生》2003年第6期,第36—37页。

[②] 沈祖芸、金志明:《学术当自律 腐败当根治》,中国教育和计算机网,2002年1月31日。

之势。学术道德失范是在学术活动中,违反学术道德规范并在一定范围内造成不良影响的行为。当大学生、研究生在写作学年论文、毕业论文、参与课题研究、进行科研实验时,就会涉及学术道德问题。抄袭、剽窃他人文章,请他人代写论文,在没有实际参与写作的文章上署名,篡改、伪造研究数据等都属于学术道德失范。

学术道德失范的原因,从学生个体角度分析,从众行为和侥幸心理是一个重要因素。正如广西大学某毕业生说的那样:"当你苦苦在那儿挑灯夜战写论文的时候,别的同学却三下五除二就完成了,自己心里难免会觉得不平衡。而且,学校对毕业论文把关又不严,蒙混过关就不成问题。退一万步说,就算被发现了,重写一篇也没什么大不了的。"还有的同学则表示,他们走"捷径",快速完成毕业论文实属无奈。由于写论文时也正是毕业找工作的黄金时期,论文写得再好,即使发表了对找工作也没多大帮助,谁不想先顾及重头呢?显而易见,对抄袭的事件没有严厉的惩罚机制,抱着侥幸的心理弄虚作假、投机取巧,撰写论文与择业和发展没有直接关系,都导致大学生对论文写作缺乏认真和慎重的态度。

从宏观上分析,学术道德失范的原因不外以下几种:市场经济的趋利性诱发了学术道德失范,疏于学术管理纵容了某些学术道德失范,放松监督自律迁就了学术道德失范,缺乏学术道德教育导致学术道德失范。

近年来,随着科教兴国战略的实施,高等教育出现的种种学术道德失范问题,值得强烈关注。因为,毕业论文抄袭现象严重阻碍科研队伍和学生创新能力的培养。高等学校是人才培养和科技创新的重要基地。目前,我国与世界科技的发展有明显的差距,知识经济时代中国的发展取决于青年一代的科技创新能力,论文造假等学术道德失范现象窒息了青年学生的创新意识和创新能力,阻碍了人才的健康成长。

不仅如此,毕业论文抄袭现象还助长了高校懒惰、取巧之风蔓延。诚实守信是处世为人的基本要求,是为人之德的核心,清高廉洁、士风浩荡,千百年来都是中国知识分子的标准写照,知识分子历来有社会良心的美誉,从来都是道德的倡导者、实践者和示范者。中国圣贤之所以注重言行诚信,是因为任何大小德业,莫不成于诚实,败于巧伪。任何人一旦落入巧伪,就失去了其道德中的诚实基础,失去做人风骨。当代青年学子应该承继中国知识分子的优秀品德,珍惜坚守道德节操,成为社会诚信的楷模。

(祖嘉合　药力平)

【思考题】

对于某些大学生论文抄袭的现象,你有哪些看法?

## 案例五 "黄毒"缠身,欲罢不能

西北某大学一名学生因在校门外的录像厅看黄色录像后不能自拔,内心十分痛苦,不得已给某杂志写信寻求解决的办法。他在信中这样写道:

我现在真的很苦恼,不知道该怎么做。自从我第一次在好奇心的驱使下看了一部黄片,便一发不可收拾。有时自己一个人去看,有时和同学一块儿,后来我整天胡思乱想,没有心思学习,满脑子都是那些乱七八糟的东西。我也曾告诫自己不能再看了,一定要戒掉,可是只要一两天不看,我就坐卧不安,心里烦躁,根本没有办法学习,只好再去看,而我的成绩也在直线下滑。我正在被麻痹的脑际还残留着一点点良知:我是来学习的,父母供我读大学真是不容易,我这样如何能对得起他们!然而我陷在泥潭中无法自拔,就像吸了毒一样,欲罢不能。如今心里的这种负罪感、愧疚感和对黄片的迷恋,折磨得我夜不能寐,我很想戒掉它,挽救自己,给父母以希望,但我到底应该怎么办呢?

有一位湖北大学的学生曾去武汉某大学找老乡,宿舍内有人却不开门,于是使劲敲,直到屋内人弄清来人是谁后才开门,原来挤了一屋子人在看黄盘。北京某所大学一位男生说:"只要一个屋放黄片,其他屋的人就会闻声而来,挤得满满的。这在男生宿舍已习以为常了。"[①]

【案例分析提示】

这是一个尚有正确的道德判断、对自己和父母还有责任心,但道德意志薄弱的大学生,他所遇到的这件欲罢不能的事情,也许很多同学也曾经有过类似经历:有时明明知道某种做法是不对的,但是却难以控制自己,抵挡诱惑。

自我控制是个体对自己心理活动和行为的操纵。自我控制主要表现:一是在克服困难的过程中,个体强使自己的心理活动和行为按某一目标进行;二是为某一目标而抑制自己的心理活动和行为。这两方面的着眼点都在于"克制"、约束自我,服从既定目标。在自我控制中所体现的自我的意识力量主要

---

① 该案例改编自庞芳:《警惕!"黄毒"攻到校门口》,载《中国大学生》1998年第10期,第8—9页。

是自制力。人的自制力是人的意志品质的重要组成部分。培养自己坚强的意志品质和形成较强的自制力是人的成长过程中的重要内容。首先,要给自己确定一个明确的、具体的、有吸引力的追求的目标。该同学在具体实施过程中,也可以尝试给自己确立一个具体可行的学习目标或体育运动目标,转移对黄色录像带的依赖感;其次,在情感上强烈地认同所确立的目标,使之产生积极的内心体验,对于性问题的好奇心理不刻意规避,但要用正常的心态去看待它,对黄色录像产生厌恶的心理体验;再次,尝试从一点一滴做起,循序渐进,一个人坚强的意志品质的形成不是一日之功,是长期磨炼的结果,养成事有决、决必行、行必果的良好习惯。

道德意志是一个人自觉地调节行为,克服困难,实现一定道德目的的心理过程。道德意志是做出道德决断,并付出实践的能力,是道德情感转化为道德行为的一个中间环节,表现为一定的决心、勇气和毅力。人们在具有了道德认识与道德情感的条件下,是否会产生相应的道德行为往往取决于道德意志。人的道德意志的形成,是多种因素共同作用的结果。环境是人的道德意志形成与发展的重要因素,但是,个人的道德需求和实践活动是道德意志品质形成和发展的重要前提,坚强的道德意志主要是个人主观努力的结果,与个人确立正确的人生追求息息相关。在资讯发达的现代社会,外界的各种诱惑非常多,2001、2003年,据有关的调查,约有38%的学生曾经误入过黄色网站,有20%的大学生曾经主动点击过黄色网站。分析"人们浏览黄色站点的主要心态",出于"好奇"者居多,上网成瘾影响学业者不乏其人。这一情况与本案例颇多相似。因此,大学生抵御诱惑,确立正确的人生意识,培养自己坚强的意志品质,具有重要的现实意义,也是使自己努力成才的关键问题。

(药力平　祖嘉合)

【思考题】
1. 怎样培养自己的坚强的道德意志品质?
2. 校园环境在大学生的思想道德品质形成过程中的作用是怎样的?

## 案例六　用"信用"申请国家助学贷款

张项(化名)是浙江省2001级的高考生,由于成绩很好,小张如愿以偿被北京某高校数学科学学院录取。小张一家非常高兴。一个农民的儿子,凭着自己的努力和天分考上大学真是很不容易。

某高校的录取通知书很快寄到了小张手中,随同通知书一块寄来的还有大学学费通知单、学生家庭经济情况调查表、国家助学贷款申请简介以及各类奖助学金的介绍。

拿着入学通知书和费用单,小张知道,大学不菲的学费和生活费对自己本不富裕的家境是一笔很大的开支。小张的爸爸妈妈认为,孩子考了北京的重点大学,家里再苦再难也要供他去读书。他们想向亲戚朋友借钱,再加上家里的一点储蓄,暂时为小张解决一部分急需的学费和生活费,以后再想其他办法。

小张想通过申请国家助学贷款,来解决自己的学费和生活费。父母已经操劳了大半辈子了,他不想让父母再为他上大学的事情操心犯难。小张与父母沟通了想法,取得了父母的同意。

小张的助学贷款经过一个批准流程后,当年11月份,就打到他在学校的银行卡账户了。第一笔款子是小张大一的学费和第一个月的生活费。以后每年第一个学期初,学费就会自动打至小张学校的账户,而生活费每个月也会如期拨至账户。每个月申请的生活费加上自己平时做一些兼职的收入,日常基本开销足够了,小张这下子不愁了,父母也不用为自己过度的省吃俭用了,他高兴地对父母说:爸妈,我自立了!

在得到国家助学贷款的同时,学校对学生进行了大学生信用方面的教育、培训和讲座。小张深刻地理解到,信用是人生的第一笔财富,国家助学贷款就是大学生用自己的信用申请来的第一笔资金。毕业前,负责贷款工作的老师让他以及同时毕业的申请了国家助学贷款的同学们,每人填写了一份毕业还款确认书,以保证毕业后按期还款到银行。老师跟他们说:毕业生还款是在为自己积累信用,同时毕业生的还款率直接影响到以后的在校生申请国家助学贷款的批准率,希望大家以后工作顺利,按时还款,培养良好的信用。

小张凭着大学四年的刻苦学习和丰富的学生工作经验,毕业后顺利地找到了一份满意的工作。小张牢牢记住了老师们的嘱咐,毕业后的第一年,每个季度的最后一个月,他都按时把款存到银行还款的账号,同时小张养成了理财的良好习惯,该花的钱一定要花,不该花的钱决不乱花。现在,小张已经有了一笔存款,他已经付了首付在银行按揭买房呢!提到买房,小张不由得想起了他大学时的同学王牟(化名)。与他一样,小王的家境也不是太好,大一的时候,他们一同申请了国家助学贷款,一起风雨相知地走过了大学四年。如今小王的工作也还不错,可是他却在按揭贷款买房上遇到了周折。原来,毕业都这么长时间了,小王没有按约定还款。在银行申请贷款时,银行的同志跟他说:"对不起,由于您未能按时归还您的国家助学贷款,您已经成为银行高度怀疑对象,按揭买房暂时不能得到批准。"小张了解了小王的情况,跟小王说:"国家助学贷款是我们用信用作为抵押向国家申请的贷款,如果你不按时还款,没有了信用,拿什么来让别人相信你?!现在你赶紧去把该还的款补上,先累积信用,明年再申请按揭买房吧!"①

【案例分析提示】

国家助学贷款制度是国家配合高校教育改革,利用金融手段加大对在高校就读的经济有困难学生的资助。这一制度是为促进教育事业发展、实施科教兴国战略、进一步完善高等学校的资助政策体系而采取的一项重大举措。

国家助学贷款工作自1999年试点、2000年推行至今,全国已累计审批贷款学生115万,审批贷款合同金额达到96亿多元,先后有108万学生得到发放贷款69.8亿元,解决了一大批家庭贫困大学生的实际困难,使众多经济困难的学生得以完成学业。②

国家助学贷款与银行的一般贷款业务的区别在于,国家助学贷款是一种无担保的信用贷款,即银行把学生的信用作为"抵押",又凭信用收回贷款。如果大学生的信用没有保证,那么,银行的贷款将会"覆水难收"。据报道,截止到2003年10月末,在贷款进入还款期的学生中,有近30%的学生未能按期还款。按连续3个季度没有按期还款,视为违约,有的学生持续违约达27个月之久。③ 在一项对大学生自身对助学贷款认识的调查中,在回答:"如果你参加了助学贷款,你会按期还款吗?"有绝大多数大学生选择"肯定会还",约5.6%的学生选择"有能力就还,没有能力就拖",还有1.4%的学生表示不愿意还款。

在这个案例中,小张以信用作为抵押申请了国家助学贷款,为他跨入社会后的信用注入了第一笔财富。小张在自己未来的人生规划中,让贷款成为学习工作的动力,作为一种投资而非负担来看待国家助学贷款,通过刻苦学习、努力工作使这个投资取得较好的回报。从经济学和家庭社会学意义上,小张获得了很好的收益。他没有因为自己的大学学费和生活费而使家庭和父母脱

---

① 本案例由北京大学学生工作部杨爱民老师提供。
② 资料来源:2005年2月22日《北京青年报》第A11版。
③ 资料来源:2003年11月24日《中国教育报》。

离原有的生活轨道和降低生活水平;小张通过申请国家助学贷款促进了学习意识、人生规划意识以及信用意识的养成。在小张的投资学里,他获得了双赢。相反,小王则未能认识到按时还款、积累信用的重要性,在毕业后不能及时归还国家助学贷款,信用的缺失终于影响到他的人生信用。

信用是大学生参与经济领域内的各种活动,进行合作交流必须尊重的无形资产和立身之本。在上述的案例中,我们虽然不能仅凭一次交易就对某人的信用度进行判断,它需要经历一个较长时间的信用调查、信用管理、信用评估、信用监督的过程,任何一个环节出问题,都不能准确地了解他人的信用度。大学生拖欠还款可能有其他的原因。但是,某些大学生的信用意识的缺失和诚信意识的缺乏却是一个不争的事实。国家助学贷款中发生的大学生信用问题虽然在经济领域,但其中折射出的大学生道德建设中的诚信问题值得关注。大学生的诚信是维系大学生信用关系的纽带,诚信与信用两者有着密切的不可分割的联系。我国高等教育在与国际接轨中,在建立与国外一致的大学生信用体系上,应始终把建立完备的信用制度及相关的理念放在重要位置。在这个过程中,要通过宣传、教育提高大学生的诚信意识。使大学生在思想层面内诚于心,具有忠诚信奉的道德品质;在行动层面外化于人,诚实守诺、言行相符;在价值观层面,自觉取信于义,即内在的信仰和外在的行为的统一,与信义、道义相结合。在建设大学生信用制度的基础上,也加强大学生的诚信道德建设,同时,在大学生的诚信道德建设中进一步完善大学生的信用管理体系。

(杨爱民　祖嘉合)

【思考题】
1. 你认为大学生助学贷款中存在大学生失信问题吗?试分析原因。
2. 请你谈谈大学生的道德建设中存在的类似问题。

# 第八章

# 人生选择案例及分析

人生是由一系列选择组成的长河,大大小小的人生选择构成了斑斓绚丽的人生,不同选择的最佳组合构成了最优化的人生。人生选择作为人的一种有意识的活动,在人生中具有重要的地位和作用,许多重大的人生选择关系到人一生的幸福和事业的成败。

选择展现在人生的各个领域,其中对人生影响重大的选择有4个方面:

第一,人生观的选择。包括人的本质、人的价值、人生信仰、人生态度等,这些问题都是人生选择中不能回避的重要内容,它们中每一个问题都对人生其他方面的选择有引导和制约作用。

第二,人生道路的选择。由于人生旅程的不可重复性,使我们不能不面对人生道路的选择做仔细的考究。它可能蜿蜒曲折,起伏涨落;也可能歧路迷途,岔道分支。但无论怎样,一定要努力保持人生道路的基本方向指向光明的前途。

第三,社会职业的选择。职业是人生的基本内容,是谋生的手段,是成功和发展的寓所,也是实现理想和施展才华的主要领域。职业的选择除了考虑个人的兴趣和能力之外,国家和社会需要应成为当代大学生在求职中考虑的因素,这是本章中王选教授人生选择给我们的重要启示。因为个人的成功是由社会来评判的,只有那些为社会发展做出贡献的人,才是成功者。

第四,生活方式的选择。人的生存活动方式体现在劳动方式、消费方式、闲暇消遣、社会交往等方面。现实社会中青年的生活方式有应付型、享受型、糊弄型、创造型等。本章中硕士村官谢瑞华选择了按自己的方式领受痛苦,尝试快乐,接受幸福。他选择的是发挥自己的个性和能力,敢于开拓,甘冒风险的创造性生活,他选择了将自己生命中最宝贵的青春年华交给国家相对艰苦的事业的人生道路。他的选择需要勇气涉过崎岖艰难的路程,我们相信,他的选择最终能走向人生的完美。

## 案例一　马克思信仰的选择

　　1818 年 5 月 5 日，马克思诞生在特利尔城的一个犹太人家庭，父亲是一位为人正直公道、受人尊敬的律师，母亲是一位善良的富于同情心的家庭主妇。马克思的父亲希望儿子将来成为一个正直高尚、受人尊敬、生活优裕的律师。所以，1835 年 10 月，马克思根据父亲的旨意，到波恩大学选修法学。一年后，转入柏林大学继续学习法律。但是，他的兴趣不在法学，他更喜欢文学和诗歌。于是，他选修了法学之外的文学和美学课程，他把年轻人火一般的热情全部倾注于诗歌的写作之中，一年中，他竟完成了三大部诗集，并把他作为珍贵的礼物，献给了热恋中的燕妮。这时的马克思，其思想中的自由主义和浪漫主义处于高峰阶段。

　　在马克思告别了诗歌的仙宫之后，他以极大的热情投入到哲学的学习之中。他第一次研究了黑格尔哲学，并对它产生了兴趣。他参加了当时黑格尔学派的中坚组织"博士俱乐部"的活动，逐渐成为黑格尔哲学的信徒。在活动中，马克思表现出了卓越的思考能力和独立的探索精神，赢得了当时"博士俱乐部"精神领袖鲍威尔的信赖。在对宗教和普鲁士王国的现实进行批判的过程中，马克思表现出反抗封建专制主义的立场和追求民主的倾向，成为了一个具有革命民主主义精神的青年。

　　1841 年 1 月，马克思完成了题为《论德谟克利特的自然哲学和伊壁鸠鲁的自然哲学的区别》的博士论文。4 月，以此拿到了耶拿大学的博士证书。在论文中，马克思把反对宙斯的暴虐统治的希腊神普罗米修斯，当作自己心中追求个性解放的偶像。当他读了新出版的费尔巴哈的《基督教本质》之后，费尔巴哈的唯物主义的观点，使他耳目一新。在大学毕业前，马克思对黑格尔哲学的信奉开始动摇。

　　促使马克思彻底脱离黑格尔思辨哲学的决定性因素是《莱茵报》的斗争实践。在那里，马克思第一次遇到要对物质利益发表意见的难事，促使他开始研究现实的经济关系。

　　1843 年，马克思和燕妮旅居巴黎期间，他同法国的革命民主主义者和社会主义者建立了联系，同侨居巴黎的德国工人团体"正义者同盟"的领导人以及法国工人组织的领袖人物、普通工人进行交往。这些活动使马克思逐步认识了工人阶级,看到了这个阶级的团结、力量和自我牺牲精神等,他感到这一切都与德国资产阶级的软弱和动摇是截然不同的。从这年开始,马克思重新研读了黑格尔的著作,在深入思考的基础上写了《黑格尔法哲学批判》,他肯定费尔巴哈摧毁了黑格尔唯心主义体系,对恢复唯物主义的权威起到了解放思想的作用。但是,费尔巴哈把这个体系当作一盆脏水倒掉的时候,连同澡盆里的婴儿,即黑格尔哲学中的辩证法思想,也一起丢掉了。马克思认为费尔巴哈对黑格尔哲学的态度是不全面的。这时的马克思不再去解释资产阶级利益的必要性与合理性,而是自觉地、明确地代表无产阶级的利益说话。同年,马克思还写了《论犹太人问题》,用他一贯的勤于思考的头脑,对鲍威尔在宗教和政治关系上的观点进行了分析批判,指出鲍威尔并没有弄清楚两者的真实关系,鲍威尔不懂得宗教、政治和国家都是由经济基础决定的。马克思认为,解决这些问题的根本办法,不是存在于它们自身或者有关它们的观念之中,而是存在于经济的事实之中。这两篇文章表明,马克思注重研究哲学,更注重研究现实;他注重对宗教和政治、国家的理论的批判,但已经注意到物质批判的意义。他把这种物质的批判,非常明确地寄托在无产阶级对于资产阶级的斗争上。他指出:革命是要有物质基础的,德国解放的实际可能性是在于刚刚形成的无产阶级;变革现存的世界制度,是整个无产阶级的历史使命。

这时,马克思在《莱茵报》时期开始的世界观和政治立场的转变,在巴黎期间完成了。他从黑格尔哲学,经过费尔巴哈哲学,最后走向辩证唯物主义和历史唯物主义;从资产阶级革命民主主义转向共产主义;从为资产阶级利益辩护转到为无产阶级利益奋斗,把自己与无产阶级和共产主义事业联系在一起了。[①]

**【案例分析提示】**

人们追求科学信仰的卓越历史成果,是同马克思的名字联系在一起的。了解马克思确立科学信仰的道路,对于当今的大学生来说,仍然有重要的启迪作用。

与每一个青年一样,青年时期的马克思从家庭、学校和社会接受了各种思潮的影响,对于未来面临着种种选择,他有美好的憧憬,也经历过彷徨、追求和探索。所不同的是,马克思长于思索,注重理论与实际结合,在信仰的选择上,

---

① 该案例改编自涂继武等:《马克思恩格斯的生平和学说》,中国青年出版社1982年版,第1—28页。

经历由资产阶级自由主义者向革命民主主义者的过程,最终确立了共产主义的科学信仰。

人生选择贯穿在连接生命起点和终点的人生道路上,信仰的选择无疑是人生的重要选择之一。从人生选择的诸方面来看,无论是人生道路的选择,还是社会职业的选择,或是生活方式的选择,归根结底都是与一定的人生信仰选择有密切关系。因此,人生信仰的选择是至关重要的选择。

信仰是对某种思想和理论的信服和尊崇。信仰是精神的劳动,是有思维的人类所特有的一种精神现象,动物没有信仰。信仰是人的审慎认知的结晶,是浓烈情思的寄托,也是坚强意志的指向。它是人生的支点,也是社会大厦不倾的支柱。所以,人不能没有信仰,社会也不能没有信仰。人的无信仰状态是不可能的,只不过有些人对这一点没有自觉的意识罢了。

信仰与信念不同,它具有深刻性和唯一性。同一个人在不同的时期可以有不同的信仰,但同一个人在同一时期只能拥有一种信仰。一个人的信仰在人生的终点到来之前,可能并不确定,青年时期的人生信仰的选择可能改变。但是,作为人生终极目标的信仰总会最终确定,并对人生发展起重大影响。因此,人的多信仰状态是一种假象。

既然人都有信仰,信仰具有唯一性,那么科学信仰的确定就是十分重要的了,这里我们必须拒绝任何信仰的杜撰,因为科学信仰的确立是一个十分艰难的探索过程。这一过程,马克思用了十年时间。在此期间,马克思不仅有阶级立场的转变,有变革旧制度的坚强意志,更有严格的理论认同、论证和升华,最后,才有科学思想的凝聚。

信仰是一个人言行的准则和执著追求的意志行为。马克思确立了为无产阶级奋斗的信仰之后,他为自己的追求和实现这个信仰牺牲了健康和幸福,甚至"一直在坟墓的边缘徘徊"。1866年8月13日,马克思在给拉法格的信中说:"您知道,我已经把全部财产献给了革命斗争。对于这一点,我丝毫也不感到懊悔。非但如此,要是我重新开始生命的历程,我仍然会这样。"

(祖嘉合)

**【思考题】**

1. 你认为最重要的人生选择是什么?为什么?
2. 马克思科学信仰的确立过程,给我们怎样的启示?

## 案例二　王选的八次重要抉择

王选教授,北大方正的开创者,被誉为"当代的毕昇"、"汉字激光照排系统之父"、"中国现代汉字印刷革命的奠基人"、"中国迎接知识经济挑战的先驱"。在他的一生中经历了八次重大的选择,这些人生选择成就了他今天宏大的事业。

1954年,王选考入北京大学,在大学二年级时他做出了人生的第一次选择。当时,学校可供选择的专业有数学专业、力学专业、计算数学专业。计算数学专业与计算机有关联,但很枯燥,当时的卡片都是纸带的,非常烦琐,所以很多学生都不愿意去学,好学生都到数学专业去了。但王选选择了计算数学专业。当他61岁回忆自己的人生之路时,他说:"我非常关注国家的科学事业发展前景,当我看到那时的国家十二年科学规划里,周总理讲到的几个重点领域就有计算机技术时,心里非常激动,认定国家要发展这个事业,而这个领域人才最缺乏,便义无反顾地选择了计算数学专业并把计算机技术作为终生奋斗的方向。""我觉得我这个选择的一个重要的、核心的想法是:一个人一定把他的事业,把他的前途,跟国家的前途放在一起,我当时选择这个方向,就是看到未来国家非常需要这个。"

大学毕业后,王选从事计算机硬件的研究工作。4年后,王选又做出第二个重要的抉择,把自己的研究从硬件转向软件,开始搞程序设计,程序自动化——就是编系统。由于他既懂硬件,又研究软件,把二者结合起来,在硬件上做了非常灵巧的设计,使软件的效率有了极大的提高。

第三个抉择是王选在20多岁时决定锻炼英语听力,这个重要抉择使他在激光照排的研究中受益匪浅,使他阅读外文文献迅速快捷,在一段时间里他是一些计算机文献的第一个读者。

1975年,王选凭借其坚实的数学基础、较高水平的英语,以及在软件和硬件两方面的实践,他又选择了照排技术作为自己新的研究方向。照排技术在国内当时只有少数的人在研究,而国外的研究却是日新月异,技术上不断创新。他通过了解国内外照排领域发展情况,认识到国内几位研究这一技术的研究者都是采用模拟的办法来解决问题,远远落后于国外。美国当时流行的是第三代数字存储的方式,更新的第四代——激光扫描的方式正在研究中。于是他把眼光投向激光照排技术上。王选最初去情报所看资料的时候,来回的车费在单位不好报销,因为他当时正在病休"吃劳保",只拿劳保工资,每个月四十多元钱。为了省5分钱,他坐公交车到情报所时就少坐一站。资料复印不好报销,就只有一页一页地抄。就这样,经过十几年的艰辛努力,世界上最先进的照排——中文汉字激光扫描技术诞生了。这一发明在中国印刷业中的意义不亚于当年毕昇发明活字印刷术。

技术有了,只有把技术变成产品,才能使我国的印刷业落后的现状改观。从20世纪80年代初,王选又致力于激光扫描技术的商品化。经过多方努力,北大方正成立了。方正的出现,带来了中国印刷事业的巨变。在王选的精心经营、管理下,方正从一个小企业成长为今天的大公司。

作为北大方正创始人的王选从上世纪90年代初又开始做出新的抉择,花大力量来扶植年轻人,让年轻一代逐步取代他的作用。在他刚过55岁时,他曾经提过一个建议:"国家的重大项目,如863计划,学术带头人要小于或等于55岁。"为了他所创建的事业能不断壮大发展,他从1998年开始把方正的大权逐步交给了年轻人,自己退居二线。而今,方正集团在年轻的领导人的带领下又走上了健康发展的道路。[1]

【案例分析提示】

每个成功的人士在他的人生中的选择,特别是那些重要的选择,多是正确的。如何确保自己的选择的正确性呢?取决于主客观的因素,取决于如何解决人生选择中面对的各种矛盾:个人兴趣与社会需要的矛盾、主观愿望与客观条件的矛盾、个人利益与国家利益的矛盾等等。实践证明,做出正确选择的关键在于解决这些矛盾时,要使个人的选择与社会的发展和国家的需要保持一致。

王选教授所走过的人生道路向青年人表明,个人的选择符合社会的需要,适应社会发展的趋势,把个人融入社会之中,顺应社会的发展,才能充分展示发挥聪明才智,最终获得成功。

王选教授从在学校选择专业,工作后重新选择研究领域,到创办公司,取得的一个又一个的成功,正在于他看到国家的需要是个人事业成功的根本所在。每个人都有别人所不能相比的优势,其优势能否发挥出来,就决定了个人是否成功。同处在相同的社会环境中,但成功者却并不多,这只能说个人与社

---

[1] 该案例改编自陈子寒:《思想的声音》,中国城市出版社1998年版;《我一生中的八个重要抉择》,《中国青年》1999年第14期,第58—60页。

会环境之间的结合程度不同。当个人真正把自己的生存与发展同他所处的社会的发展相统一时,个人的优势、才能就会在社会的发展中找到用武之地。

王选教授凭借其全面的分析力、准确的判断力和敏锐的洞察力,紧跟时代发展步伐,把自己的事业建立在为国家的发展做贡献的基础之上。因为他懂得,个人的真正成功是要由社会来评判的,只有那些为社会发展做出贡献,并得到了社会承认的人,才能称为成功者。

（王长明　祖嘉合）

【思考题】
1. 在选择人生道路时,你认为什么是你首先要考虑的?
2. 你是否有信心去从事一项无人涉及的新领域的研究?

## 案例三　按自己的方式接受幸福和痛苦

1998年11月下旬,刚刚拿到南昌大学法学硕士学位的"江西佬"谢瑞华带上自己简单的铺盖和行李,来到了山东胶南市王台镇柳圈村出任村书记。

柳圈村地处胶州、胶南两市交界处,毗邻104国道,全村共有1531人,历史上遗留的诸如治安乱等问题,是谢瑞华在担任王台镇镇长助理时就有耳闻的。上任伊始,又适值南柳圈、北柳圈三个自然村合而为一,村务关系需要理顺,村容村貌需要统一规划。"敢到柳圈村来,你真有胆量。"这是谢瑞华上任路上与一位老农闲谈时听到的一句话,说者当时表情复杂。

谢瑞华上任伊始,就一头扎进村子起早贪黑走访农户,令他始料不及的是,村民们并没有显示出太大热情。一位中年农民直截了当:"现在的村干部,谁当都一样,能管住嘴和手就行了,学历高低无所谓。"谢瑞华了解对村里有没有不满意时,一位老者头也不抬,迟疑了一会说:"有,你能解决吗?俺村电工三年两换,村电工、村干部用电不缴钱,村民偷电成风,就这个糟烂样,不足200户的小村,电工就养了两个,村里每年光工资就得给三四千块。别村的电费6角6,俺村8角,一些贫困户干脆不敢用电了。"老者愈讲愈气愤,忽地站起来拉开了电灯,你看这60瓦的灯泡,和过去25瓦的有什么两样……

走出老者的家天色已晚,谢瑞华的心情如同那沉沉暮霭,灰暗而凝重。他还未回到住处,小村忽拉一下变得漆黑一片,又停电了。原因是上月的电费没有缴齐,镇供电所催交数次无效,断然拉闸停电了。谢瑞华连续几天与镇供电所交涉没有结果。谢瑞华决心改革村务就从这里开始。

谢瑞华在村委会上动情地说:"电的问题看似小事,实则关系到农民切身利益、国家'减负'政策。过去用电制度混乱的根源是村电工任命制,干好干坏一个样,缺乏监督和保险机制,要根治这一弊端,只有在全村公开竞聘。"当他把这一改革思路向村委会成员阐明后,多数人表示支持,谢瑞华连夜赶制招聘启事并四处张贴。村电工搞竞聘上岗,柳圈村史无前例。启事一贴出,引得不少人驻足观看。新制度运作 4 个月后,电费价格由原来每度 0.82 元降到了 0.65 元。以后,学法律出身的谢瑞华又整治了历来遗留下的老大难的治安混乱问题,使村里再也没有发生过失窃事件,老百姓脸上露出了满意的笑容,柳圈村的各项工作渐渐地走上正轨。

这片土地,这个时代,给了谢瑞华一个什么样的无声指令,让他心宁气定,豁达而从容呢?在谢瑞华的一本工作手册的扉页上,记者看到了这样一段文字:一粥一饭当思来之不易,半丝半缕恒念物力维艰。海纳百川,有容乃大,壁立千仞,无欲则刚。

谢瑞华的宿舍里,看不到一件像样的家具,房间里甚至没有电视机,当记者问起他的业余生活和爱好时,他说大多时间都是在看书,最多下几盘象棋,对热闹的场合从不参与。他还说,一直没买电视机主要的原因是经济问题,是不忍心花村里的钱。

去年春节,谢瑞华从山东回到了阔别已久的江西老家。一进门,第一眼便让谢瑞华忍不住潸然泪下:土房的东墙已严重裂缝,几欲坍塌,要不是用几根粗圆木从不同角度将墙撑住,或许早就成了惨不忍睹的废墟。那一幕深深地烙在谢瑞华这个硕士村官的心里,空空落落。想想外面的花花世界,再想想自己毅然决然的选择,看看身边这个清冷的小院,夕阳中已是暮年的父母,谢瑞华泪眼模糊。但 6 天之后他还是走了,因为他不能违背母亲临行前的叮咛——男子汉走到哪里都是家。

为了求学,谢瑞华欠了 5000 元的外债,债主均是他的导师和同学。谢瑞华时刻铭记着这些有恩于他的人们,总觉着,回报他们的唯一方式就是干工作,出成绩。而对自己的生活,谢瑞华却显得过于苛刻。夏天来临的时候,济南的气温高达 37、38 度以上,而谢瑞华却连风扇都舍不得买。问起他工作生活中的点点滴滴,谢瑞华想了许久却只淡淡地说一句:"早上 5 点到晚上 12 点村民们都可能随时敲响我的门。"

谢瑞华下一步打算安装一台微机,搞活经济信息联网,尽可能把蔬菜销售这一支柱产业的文章做细、做精、做大。

采访将结束时,笔者问谢瑞华想没想过要在农村呆多久。谢瑞华明确表示,任期3年内绝对会遵循自己当初所做的决定,尽全力完成心中的目标,"3年后重选,只要村民需要,我会继续干下去,有可能是6年、9年,也可能是一生。"夜幕除临,握手惜别之际,他说:"我愿按自己的方式去领受痛苦,尝试快乐,接受幸福。"①

**【案例分析提示】**

人生道路的选择是人生选择的最重要的内容之一。人只要不放弃生命,就不能放弃对人生道路的选择。从每个人走过的人生道路中,可以看到他的人生追求。人生在世匆匆几十年,怎样在这样一个不长的时间段里,展示自己的最大价值,为推动社会的进步尽自己一份绵薄之力,是每一位正值青春的大学生朋友都在考虑的问题。谢瑞华给我们提供了一种人生选择路向,一种实现人生价值的行走方式。按照他自己的话来说就是要"按自己的方式去领受痛苦,尝试快乐,接受幸福"。

毋庸讳言,谢瑞华选择奉献的过程是很艰难的,他不是没有考虑到自己的出身和成长背景,他的内心肯定是经历了剧烈的思想斗争。读硕士期间他已经背负了导师和同窗经济上相当多的债务,自己家境不好,父母年迈。硕士毕业后他本来是可以找一个很不错的工作,以回报这些年来家庭和朋友对自己的支持和帮助的。但是他没有,他选择了一条对自己来说充满了荆棘和挑战的道路,走上这条路就意味着他要面对诸多不理解的眼光、面对自己拮据的日常生活、面对双亲和老家的困难景况,背负着深深的自责。

"三农"问题是我们党和国家包括知识界最近几年最关心的热点问题之一。诚然,农村的问题按照各地不同的情况可能有许多种解决方案,但是选择一个好的带头人,选择一个有知识、有头脑的领导人始终是农村工作的一个很重要的突破口。大学生作为国家建设的骨干,当然是农村需要的带头人。可以说谢瑞华在选择农村的同时农村更需要他。谢瑞华在村里的日常工作是枯燥琐屑的,很多问题是历史遗留下来的,要改变很难,但都在他不懈的努力中改变了。当他工作取得一点成果时,他是那样的高兴,认为自己的付出只要能给农村带来一点的进步就值得。做一个基层的干部,他知道,他的言行是党和政府形象的一个浓缩,谢瑞华身上没有大学生中间容易见到的骄、娇二气,为了农村的发展,他贡献了一个有知识的当代青年的青春和力量。

---

① 该案例改编自邢军:《研究生当村官》,《大学生》杂志2000年3期,第12—13页。

在我们自己年轻的时候,我们需要一些理想化的冲动,能够将自己生命中的一段时光交给我们国家相对艰苦的事业,为国家和民族的整体进步奉献自己的一点力量。

(王长明　祖嘉合)

【思考题】
1. 如何认识案例中谢瑞华的奉献精神?
2. 说说市场经济条件下,人们的选择是否受到了大的冲击,尤其是有关奉献的选择?
3. 怎样理解"按自己的方式接受幸福和痛苦"?

## 案例四　机会是自己找来的

上中学的时候丁磊就发现自己非常喜欢计算机,于是在大学里他利用所有能利用的时间自学了计算机的全部课程。1993年,从成都电子科技大学毕业后,他被分配到了宁波电信局,负责程控交换机的维护。在工作中他可以常常接触电脑。一个偶然的机会,他在杂志上看到北京的新华社开了一家BBS,在这个BBS上,他结识了中国惠多网络的创始人之一孟超。1994年,在他的帮助下,丁磊在宁波建起了BBS站。正是这段BBS的经历,丁磊敏锐地意识到信息时代即将到来。

两年后,丁磊决定放弃这个待遇比较好的国营单位,辞职到广州一家更具有挑战性的外企去工作。丁磊知道自己这样做是要冒险的,但他还是做了这个决定。他说:"我不知道未来对我来说会是一个什么样的挑战。如果说是'失败',我认为它一定是成功的前奏。"

"机会不是等来的,而是自己找来的",丁磊始终相信这句话。一次在和客户聊天时,客户说想要他们的数据库,在互联网上做一个信息服务。面对这样的好机会,丁磊抓住了。当晚赶回家,他就在电脑上开始操作,用了几个晚上的时间画了一份图纸,然后传真给客户,里面的每一个模块都是他自己精心设计的。之后,应客户的要求,丁磊又用了两个晚上,做出客户所要求的系统。丁磊与客户从认识、谈论方案到最后敲定下来,仅仅用了4天的时间。由于这次机缘,丁磊到了这家客户所在的Internet公司——广州飞捷,当总经理技术助理。从那时起,他有了更多深入接触Internet的机会。

丁磊编写软件很动脑筋,他只写那些别人不会写的软件。他写的软件只能在 Unix 上使用,因此,一般可靠性比较强,而且是很多企业都可能碰到的关于数据采集、数据分析等专用的软件。每个软件能够拿到 5 至 6 万。靠这个"独门绝技",在 1993 年至 1997 年间,他赚了 50 万人民币,这些钱成为他创业的第一桶金。

丁磊一直有个想法,就是自己做点什么。当时,投资互联网要冒很大风险,有一个时期丁磊也想到过放弃。他曾经问一个朋友,一年前你还是一个连电脑是什么都不懂的人,为什么敢投资去卖电脑?朋友告诉他:"我从来没有想过失败这两个字。"这话一直鼓舞和激励着丁磊。

丁磊的公司成立两个月后,推出了免费个人主页空间服务。一开始知道的人并不多。每个月,前来注册的人不过 100 多人。于是,丁磊就买下了瀛海威、中网、北京在线等 5 家网站 3 个月的广告。一下就在网民当中引起轰动,在网上居无定所的网民纷纷投靠网易,安家立"页"。两个月后,他们的个人主页用户就达到了 10000 人。很多网上名人,是从网易起家的。很多网虫都是从网易开始进入 Internet 的,而网易也因为免费的主页服务而声名远扬。

接下来丁磊等 3 个人继续写软件,经过数月苦熬,他们的电子邮件系统软件开发出来了。但没有人愿意买他们的系统。于是,丁磊给很多电信局写信,拿着可行性分析到处寻求合作。

中国的数字域名是丁磊最早创造出来的。以前,有些域名太长、太难记,而中国人记数字最容易。于是,他就一口气注册了十几个数字域名,如 188.net 等。现在这些域名对于丁磊的公司是一笔很好的财富。经过不懈的努力,丁磊的网易得到认同,每天注册用户达 2000 多人,短短半年,用户达到了 30 万。[①]

【案例分析提示】

丁磊的故事告诉我们人生的发展其实有很多机会,关键是怎样抓住机会,进行正确的选择。

首先,把握机会,需要有识别机会的知识储备。社会主义市场经济环境给予人们许多选择的机会,面对倏忽即逝的发展机会,及时捕捉时机的能力是成功发展的必要条件。对某个专业方向发展机会的识别能力,与一个人在这方

---

① 该案例改编自许晓辉:《机会是自己找来的》,《大学生》杂志"能力博士"版 2000 年 4 月,第 1—2 页。

面的知识积累有密切关系。在本案例中我们可以看出,对IT行业,丁磊有很长时间的理论积累,他在大学自学了计算机的全部课程,他对于计算机编程的知识掌握得相当扎实。这些都是他在机会面前自信的本钱,是他能够抓住机会的基础。

其次,把握机会,需要勇敢尝试。有人说,美国人遇到一件没有干过的事习惯的思维是"Let me try"(让我试试)。这是一种具有自信心、敢于冒险、顽强奋进的表现。在人生的道路上,新的冒险,新的尝试,新的选择可能导致失败,然而这往往也提供了新的发展空间。我们看到丁磊在对自己机会的把握上从来没有犹豫,对于失败,他有足够的思想准备。他用"失败是成功的前奏"不断地鼓励自己。诗人郭小川说过"生活就像浓酒,不经三番五次的提炼就不会这样可口",对于机会的选择也是这样的,更大的成功就是要面对一次次新的机会去取舍,不断地超越,不断地提升和锤炼自己。

再次,把握机会,要发挥主观能动性。丁磊说的好,"机会不是等来的,而是自己找来的",对机会除了要有敏锐的嗅觉,要善于发现,必须当机立断之外,把握机会需要不断地挖掘自己的潜能,不断地给自己确立新的目标,这需要提高人的自主性,充分发挥人的主体性。丁磊正是凭借不断的追求,在"2003年福布斯中国富豪榜"上,他以持有网易公司58.5%的股份和市值76亿元人民币的巨大财富成就雄居榜首,书写了年轻一代的财富神话。

阿基米德说,给我一个支点,我就能撬动地球。一定意义上也可以说,机会是最好的支点,我们的人生也许就因为把握住了几次机会而走向成功。年轻的朋友,你还等什么,难道要到年华老去的时候自语:"曾经有一份美好的机会摆在我的面前,而我却没有去珍惜吗?"

(王长明 祖嘉合)

**【思考题】**
1. 谈你对"机会总是垂青有准备的头脑"的理解。
2. 一个机会与另一个机会之间你会怎样取舍权衡?

## 案例五 没有选择的选择

现任北京外交学院副院长的任小萍女士说,在她的职业生涯中,每一步都是组织上安排的,自己没有什么自主权。但在每个岗位上,她也有自己的选择，那就是要比别人做得更好。

1968年，任小萍成为北京外语学院的一名工农兵学员。但是她年纪最大，基础最差，第一堂课就因为回答不出问题而站了一堂课。第二天，教室里挂出一条横幅："不让一个阶级兄弟掉队"，她就是这个阶级兄弟。但大学毕业的时候，她成为全年级最好的学生之一。

大学毕业后她被分到英国大使馆做接线员。做一个小小的接线员，是很多人觉得很没出息的工作，任小萍却把这个普通工作做出了花。她把使馆所有人的名字、电话、工作范围甚至连他们的家属名字都背得滚瓜烂熟。有些电话进来，有事不知道该找谁，她就会多问问，尽量帮他准确地找到人。慢慢地，使馆人员有事要外出，并不是告诉他们的翻译，而是给她打电话，告诉她会有谁来电话，请转告什么，有很多公事、私事也委托她通知，任小萍成为全面负责的留言点、大秘书。

有一天，大使竟然跑到电话间，笑眯眯地表扬她，这是破天荒的事。结果没多久，她就因工作出色而破格调去给英国某大报记者处做翻译。

该报的首席记者是个名气很大的老太太，得过战地勋章，授过勋爵，本事大，脾气大，把前任翻译给赶跑了，刚开始也不要任小萍，看不上她的资历，后来才勉强同意试一试。一年后，老太太经常对别人说："我的翻译比你的好上10倍。"不久，工作出色的任小萍就被破例调到美国驻华联络处，她干的又同样出色，屡获外交部嘉奖。[①]

**【案例分析提示】**

从刚开始很多人觉得是没有出息的小小的接线员到后来的两次破格提拔，这个看似偶然的过程有着必然性。如果任小萍自己不知努力，即使有再多的同学和朋友抱有"不让一个阶级兄弟掉队"的热情，希望能帮助她，最后也不会有丝毫的收效。所谓自助者天助，靠自己才是改变命运的根本。最近，台湾风行的畅销书《乞丐囝仔》就向我们讲述了一个凭借自己的能力改变命运的催人泪下的故事，主人公顶住了来自家庭（智障母亲、瞎子父亲、呆傻弟弟、被迫出卖身体的姐姐）、社会的巨大压力，从小乞丐成长为自强自立笑对人生的强者。一直支撑他的就是不断的提醒自己要努力，不要放弃任何的希望，不要向命运低头，要靠自己的双手来改变命运的不公。

每个人的面前都会有属于各自的道路，不管你是怎样的心态和情境，最终

---

[①] 该案例改编自《虚掩的门——小故事中的大智慧》，当代世界出版社2001年版，第49—50页。

你都将走在一条路上,这仿佛有点宿命的色彩,仿佛人们没有办法准确地预见自己的未来。但是,正如案例中所讲的那样,在各种条件都没有办法更改、无法选择工作时,至少永远有一样可以选择:努力干好。这是我们自己可以把握的东西,是我们对待任何工作和事情的最基本的权利。我们也可以看到身边很多类似的例子,在同一种工作岗位上,有的人勤恳敬业,付出很多,另一部分人得过且过,总是这山望着那山高,自己总在半山腰。

所谓"机会总是给有准备的人"。我们只有坚持努力勤恳的工作态度,在机会到来的时候才有能力抓住。人的命运掌控在自己手里是最踏实的,我们并不比别人差,凭借我们自己的聪明和智慧,年轻人可以创造属于自己的一片天地!

(王长明)

【思考题】
1. 你对任小萍的选择有什么评述?
2. 在成长中你遇到过这样的人吗?讲讲他们的故事。

## 案例六　专业选择的风景线

林郁的父母在研究所工作,林郁成长的年代深受"学好数理化,走遍天下都不怕"的社会口号的影响,于是,林郁就走了一条看起来很格式化的道路,上大学、学理科、读研究生、出国。这不像是一条自己走出来的路,更像是一个出生以前就已经做好的套子,你的成长只是把自己装进去就可以了。

林郁10来岁时父母总是很忙,妹妹又小,于是放学后她就安静地呆在家里,捧着一本小说等大人回家。妈妈不喜欢她出去和别的小朋友玩闹,她希望女儿文静、有修养,做个大家闺秀而不是疯丫头。慢慢的林郁开始向往书中的世界,海的女儿、刘胡兰、卖火柴的小女孩……她在自己心里搭建了另一个世界,在其中她可以成为任何一个角色,做自己喜欢做的事情。她最想成为一个作家,把自己的每一个幻想变成一个真实的世界存放在纸上。

1983年,林郁被北京大学空间物理专业录取。她认为空间物理应该和太阳、星星相关,她把自己浪漫的幻想藏在高考志愿表里,觉得自己选择并实现了它。可惜天不从人愿,来到北大,她才发现自己的失误有多大。自己从来就没喜欢过理科,而原以为很浪漫的空间物理更是枯燥无比,面对老师对她不够努力的批评,林郁心里委屈得想哭。

当林郁走出国门的时候,她感到心里发冷,她必须保证每个学期成绩优秀获得奖学金才可以支付下一年的费用。走在学校坐落的小镇上,她奇怪生活简单,物质平淡,住长了甚至是沉闷和寡淡的小镇,为什么会有那么多人来做研究?为什么他们会那么痴迷这些研究?

一个人可以没有功利地喜欢一样东西吗?林郁觉得可以,自己对文学的爱好就是如此,那为什么自己不能以这种心态对待科学?不为之疯狂,也没有道理讨厌啊,仅仅因为自己不得不做就讨厌,就忽略这件事情本身的内容吗?林郁陷入沉思。

说不上什么时候开始,林郁开始喜欢上了空间物理。在这里,她发现从一个砸中脑袋的苹果想到将我们留在大地的地球引力,也是一件很有魅力的事情。回想起来,原来以前自己一直戴着有色眼镜看它。

林郁终于意识到,关键在于自己的心态,正和负只是相对概念,看你是把它们化为动力还是阻力,人总是容易给自己划定界限,年轻人又总是惯性地去反叛一切的既成事实。后来,林郁成为物理学家,美国奥本大学终身教授——空间物理领域最年轻的华人女教授。

走上一条与自己的想象不同的路,一样会有很好的风景。[①]

【案例分析提示】

对于所学专业不感兴趣是大学生中很常见的情况。很多时候,许多大师级的学者青灯伴古佛般得来的知识在不感兴趣的人看来如同天书,不晓得其中滋味,只会无来由地腻烦。林郁的故事给了我们很好的启示。面对不喜欢的专业和精神迷茫,林郁很出色地走了出来,并走出了自己的道路。

正如文中所说,我们很多时候是戴着有色眼镜看待世界的。毋庸讳言,在中国的教育体制下,很多大学生是在一个比较僵化的应试教育体制下培养出来的,很难说清楚什么是自己的兴趣所在,很多时候不知道自己喜欢什么更不知道自己厌恶什么,茫然失措之下人们容易接受很多市俗的观点,只是服从大众意识地认定这个东西是我厌恶的,那个东西是我不喜欢的等等。教育很多时候没有教会我们如何去选择。虽然相对来说大学生是一个综合素质比较高的人群,很多时候也难免有同龄人的失误,随波逐流是一个很大的缺陷。从备受照顾的中学升入一切要自己决定和自己选择的大学,很多大学生一时不知

---

① 该案例改编自邱玎玎:《不做扼杀自己的凶手》,《中国青年》2002年第12期,第11—13页。

所措,就像一个被禁锢了很久的人突然获得了自由,没有足够的经验来应对这种局面。

选择一条道路,尽自己的努力去拼搏一下,无论成功与否,至少不会在以后回忆起来觉得虚度了这段时光。全身心的投入,也绝对不会让我们有"入宝山空手而归"的遗憾。这种全身心的投入,不仅给我们带来巨大的知识的收获,那种对一个目标的坚持,对一个领域的不间断的探索本身,也会成为我们人生的宝贵财富。人哪有生来就喜欢哪一个领域不喜欢哪一个领域的?我们很多时候往往是因为执著于一个领域,了解一个领域,进而喜欢一个领域的。兴趣不是与生俱来的,是后来形成的,是有意或无意地培养和训练的结果。

其实,我们对某一专业的感觉绝大部分是受社会流行观点的影响,或者受就业前途的左右。其实,任何一个领域对于短暂的个人生命历程来说,都是一个巨大的宇宙;用心一点,会发现自己涉足的那个领域,有着数不清的谜一样的未知的事物。只要我们坚持下去,由不知到知、由知之甚少到知之较多,进而喜欢的过程,是一个非常美妙的过程。"有志者,事竟成,破釜沉舟,百二秦关终属楚;苦心人,天不负,卧薪尝胆,三千越甲可吞吴。"很多时候道理很简单,关键就看明白道理的人会不会努力去实践。

(李海伟　祖嘉合)

**【思考题】**

你对现在所学的专业是不是感兴趣?如果不感兴趣,你准备怎么办?

# 第九章

# 大学生人生观案例及分析

人生观是人们对人生意义、人生目的、人生价值的根本看法和态度。人生观要回答人为什么要活着？人生态度怎样？怎样评价人生价值等问题。

人生观是把握人生方向、抉择人生道路的指南。科学的人生观指导人们坚持正确的人生方向，积极向上，创造巨大的人生价值；错误的人生观引导人们走向迷途，走向堕落，毁掉一生。对一个人来说，人生观决定他要做一个什么样的人和怎样做人。

人生观作为一种思想意识，是人们所处的特定历史条件和社会关系的产物。在现实生活中，存在着各种不同类型的人生观：乐观进取、为人民服务的人生观；看破红尘、悲观厌世的人生观；以个人为中心的利己主义人生观和主观为自己，客观为别人的合理利己主义人生观；享乐主义、拜金主义人生观；追求权力、满足私欲为宗旨的权利主义人生观等。形色各异的人生观在现实社会中冲突斗争，需要我们在分析、比较和鉴别中作出正确的抉择。

一个确立了共产主义人生观并决心为之奋斗终生的人，尽管他的生命的进程中，可能遭厄运、遇坎坷，但是崇高的信仰和追求会赋予他无比的勇气和非凡的毅力，使生命因此而熠熠生辉。具有个人主义人生观的人，在生命的进程中，也可能遭挫折、有不幸，由于没有博大的胸怀和高远的视野，他可能销蚀斗志，也可能为一己私利铤而走险。

原来，人生观是人们灵魂的"根"。不同的人有不同的根。有些人灵魂的根像小草，有些人灵魂的根似浮萍，而有些人灵魂的根像大树，和风丽日之下不易察觉，一旦遇到风浪便高低分明。泰戈尔说，灵魂的根像大树的，才会携着人生屹然挺立。从本章的7个案例中，你会看到由于他们不同的"根"，生长出了他们不同的人生。

## 案例一　自立自强打工求学

修立华依靠自立自强为自己开辟出一片新天地。9岁时,因为她是女孩,家里还没有让她上学的意思。修立华就自己偷偷地跑到学校去,听了半天课,真是美得不得了。晌午父亲找来了,拽着耳朵让她回家。修立华拼命地叫:"我要念书,我不用你拿钱还不行?"老师在旁边看到了有些不忍,说:"让孩子跟着念吧,学费不收了。"修立华就这样赖进了学校。

修立华的功课好,体育也多次为学校争光,老师喜欢,同学高兴。就这样她念到小学毕业。当修立华以全镇第一名的成绩考入初中时,家里的态度非常明确,念书可以,钱是一分也没有(家里是真的没有钱)。开学那天,修立华早早起来,整整走了一天才到达30公里外的中学,只有家里的大黄狗跟着她。晚上,她和大黄狗分吃了一块从家里带来的玉米饼子。因为没有钱交学费,万般无奈之下,她给校长写了封信,信中写道:"校长,我是个农村孩子,家里没有钱,但我非常喜欢读书,我们家里没有电,点的是煤油灯,没有桌子,我就趴在炕上写作业,有一次困了,煤油灯把头发都烧了……"

校长和老师看了这封信,特别受感动,他们给修立华凑够了学费。修立华更懂得,仅仅靠别人的同情和施舍是无法自立的。虽然她还小,但她要靠自己的力量完成学业。

为了筹集学费,在农忙休假时她出去打工。而她能做的,就是给农户锄地。"凌晨3点半,午间一顿饭,晚上看不见"。一个十几岁的女孩子,抡上一天比自己个子都高的锄头,两手都是血泡,腰酸腿疼地倒在床上时,真想这辈子都不起来了。但第二天蒙蒙亮,她又扛起锄头出发了。她知道,对于穷人家的孩子来说,想念书只能自己吃大苦。到开学时,她很骄傲地自己交了学费。初二开学不久,父亲患病,母亲把她从学校叫了回来。修立华很委屈。没想到第二天,老师就领着全班40多名学生来到了她家,帮她干地里的活,又劝她父母:修立华在全班学习是尖子,这样的学生不念书会毁了她的前程。这样修立华又回到了学校。

初中毕业,修立华考入黑龙江省重点高中桦南一中。为了凑够学费,修立华到附近的一个金矿去打工。淘金这个活很苦,背几十斤一袋的矿砂,在又黑又窄的矿洞里,根本直不起腰,只能爬,一天不知要爬多少个来回。汗水流到磕破的地方,疼痛难忍。修立华都忍了下来。有一天,修立华放工时自行车链条断了,天黑了又下起大雨,又急又怕的她到家已是小半夜。第二天早上她觉得脑袋昏沉沉的,一摸头滚烫,但她还是咬着牙去上工,后来昏倒在矿洞里。得知修立华的情况后,工友们再也不让她下洞子了。暑假结束,这些汉子给了修立华一份大工的工资。修立华接过钱,给这些平时语言粗鲁但心地善良的汉子们深深地鞠了一躬。

交了学费,吃饭又成了问题。高中不允许从家带粮,一切都是现金交易。修立华只好硬着头皮找到食堂管理员,说了自己的困难,并最后达成协议:修立华每天为食堂义务干3个小时活,免费吃3顿饭。这样修立华每天要比别的同学早起1个小时,午间也没了休息时间,晚上晚睡1个小时。寒暑假她寻找机会赚钱,交纳学费。就这样,艰苦的高中3年,修立华终于熬过来了。

1999年,修立华考上了佳木斯大学理学院数学系。一个学期的费用4500元。姐姐推迟了婚期,把嫁妆钱让给她交学费。当她从姐姐手里接过嫁妆钱时,就决心要靠自己的力量读完大学。

入学半个月,她就找了第一份家教,这是一个高二的学生,她教得特别卖力气,学生的成绩突飞猛进,第二年考上了东北林业大学。由此找她做家教的人越来越多,周末她要做6份家教,几乎是从早到晚。她靠自己的劳动,不仅交齐了所有的学习费用,过年回家,给父母买了礼品,还第一次给了母亲300元钱。

修立华是一个善良的女孩,她从贫穷中走过来,太知道穷的滋味。在给一个小学教师的孩子当家教时,她得知那个教师的丈夫病故,大儿子又上大学,家里极为困难,用修立华的话讲——"穷命相连",她就再也不提钱的事。春节了,那位女教师不忍心,拿出100元钱,让她过年买件衣服,但修立华说什么也不要。她说:"你比我更需要钱。"第二天,女教师特意煮了一盆热腾腾的饺子送到学校,修立华含着泪吃了。这是人与人之间的情谊。修立华这几年义务为4名穷困家庭的孩子当家教,还资助4名新入学的大学生,并把自己的特困补助让给别人。她知道穷人家的孩子上学是多么艰难。

毕业在即,修立华参加了在东北师范大学召开的全国重点中学教师招聘会。因为她不是名牌大学的毕业生,人家根本不愿理睬。她勇敢地找到大会组织者,要求试讲一堂课。当她把课讲完时,举座皆惊。有10多所中学抢着要她,最后她被上海一所重点中学聘用。

修立华终于用她的闯劲和超人的自立精神给自己开拓了一片新天地。[1]

---

[1] 该案例改编自龙戈:《一位靠打工上学的女孩》,《辽宁青年》2003年第4期。

**【案例分析提示】**

　　修立华的求学历程是一本厚厚的书,里面有很多的瑰宝需要我们去发掘。其中最可宝贵的就是面对求学中的困难,她采取积极的人生态度,勇敢应对,奋力拼搏。不用太多的话语,单单她的奋斗经历就对我们有无尽的启示和鞭策。

　　人生千差万别,各自选择的道路和在生活中的收获千姿百态。但是人一生中都可能身处困境,遭受磨难。不同的人遇到困境的反应不同,最后的收获也不完全一样。面对困境,应像修立华那样,坦然地、积极地面对,自强不息,在开拓生活新境界的过程中锐意进取,领悟美好生活的真谛。

　　修立华对求学的执著是她有所成就的基础,修立华走上求学的道路最先来自她对学习的爱好。也许是童年经历给她的积淀,也许是书中的展示给她另外的蓝天,也许是对自己平凡命运的一点不甘,不管来自哪个方面,她对知识的那份喜欢和渴求在我们面前显露无遗。正如为了求真去探求知识才可能达到求知的至高境界,只有喜欢读书才可能达到求学的最高水平。

　　不可否认,修立华很幸运,遇到了很多关爱她的人,是这些好心人帮她磕磕绊绊地走完了小学和中学的路程。但是内因始终是决定性因素,如果修立华没有表现出自己对上学的强烈愿望和优异的学习成绩,也不会有那么多人来帮助她。更重要的是,如果不是修立华自己的奋斗,别人的帮助迟早也会付之东流。她自己始终明白靠别人的帮助是无法自立和有所成就的。让自己成功的最好方法就是自己的奋斗,除此之外没有什么捷径可走。

　　修立华不仅自立自强,而且用自己微薄的力量帮助他人,她义务做家教,帮助困难的学生。从这些小事上,我们看到了一个闪光的灵魂,一颗金子般的爱心,只要人人都献出一点爱,世界将变成更美好的明天。

(李海伟　祖嘉合)

**【思考题】**

1. 如何理解"苦难是所最好的大学"?
2. 如何面对人生可能遇到的磨难?

## 案例二 一个志愿者的故事

蒙晓燕生于1978年,是北京大学法学院2000级硕士研究生。2002年12月5日的国际志愿者日,她荣获共青团中央、中国青年志愿者协会颁发的中国志愿者服务奖金,获此殊荣的全国只有三人。

蒙晓燕的家境比较贫寒,人情冷暖在她开始认识这个世界的时候给她留下了深刻印象。当她学到"安得广厦千万间,大庇天下寒士俱欢颜"的时候,她立下了要为此奋斗的理想。大学本科毕业以后,她毫不犹豫地报名参加了支教活动。1999年8月份,她来到许世友将军的故乡——茫茫大别山腹地的河南省新县。这里峻岭重重,人们都很贫穷,很多家里除了必要的生活用品和农具以外几乎家徒四壁。许多家庭靠父母出去打工供孩子上学。开始蒙晓燕只是想让这些孩子考出去,让乡亲们看到知识改变现实生活的可能性。可是慢慢地她发现,这里人们不重视教育,只是想通过考学脱离这块贫瘠的土地,这样的心态很难使青年一代运用所学的知识,改变自己家乡的穷山恶水。在支教过程中,阿蒙通过自己的努力,让山里的孩子慢慢懂得了知识的价值和生命的价值,使他们在自己的家乡有一番作为。蒙晓燕知道自己没有能力给山里的孩子她所描述的那种美好生活,但她认为自己可以给他们看到接近这种生活的可能性,让他们看到自己生命的光彩,鼓起他们追求新生活的勇气。正如鲁迅所说:既然唤醒了,就决不能说没有打破的希望。

支教后回到学校读研期间,她对志愿者的活动仍然热度不减。她了解到一位热心于传统文化的青年,组织了一个义务到中小学讲解中国古典文化的民间组织——"一耽学堂",那份发自心底的对志愿服务的热情促使她又一次走上讲台,给学生讲授中国法律史。为了达到效果,她主动要求把几周的课改成学期课程,坚持来回骑车给同学上课,风雨无阻。

在读研期间,蒙晓燕和几位志同道合的同学重建了北大法律援助协会,每天面对着来自全国各地纷繁复杂的案件,一干就是两年。从2001年重建至2003年,他们受理了2000多个案件,正是他们,为社会弱势群体找回了尊严和希望。当他们发现很多案件是因为老百姓不懂法、执法机关不严格执法时,他们又走出校园,到农村去开展法律服务,参与当地的法制建设。

当有人不屑阿蒙做的法律援助,认为有追求的人应该去做更加主流的事业,而不应该和一群衣衫不整、"苦大仇深"的人在一起的时候,阿蒙感到很痛心,可是她从没有后悔过。因为她认为,自己的所得远远大于自己的所失。志愿者服务,不仅是对社会边缘群体的奉献,它更是一项事业,一项通过服务与成长创造物质与精神财富的事业,它将有助于我们的社会变得更为完美和谐。①

**【案例分析提示】**

  这里展示的是一个把自己的人生和志愿服务结合在一起的当代大学生的风采。随着社会的发展,志愿服务这种服务社会的模式已经越来越得到社会的认可,这种模式的效果在日益彰显。人始终是一种社会性的存在,人的价值最终也需要为社会做出贡献体现出来。只有真正地能为大多数人谋福利,为社会发展、为国家兴旺做出贡献的人,她的价值才能有更高的升华,她才具备了科学人生观的做人标准。

  作为新时期的大学生,蒙晓燕懂得,社会需要青年人的奉献精神,个人的力量相对于社会整体来说,可能只是沧海一粟,但是,每个人都努力献出一份力量,就能汇小溪成大河。个人也许无法改变大的社会环境,但是,却可以改变"小我"的社会环境,从自己做起,发挥个人的影响力,让每一个小我的周围都形成良好的社会氛围,对社会贡献绵薄之力,社会就会变得更加美好。

  在我国,志愿服务是一个亟待大力发展的事业,是一个需要千百万热血青年为了中华民族的伟大复兴付出自己努力的事业。在学校,大学生学习了许多书本知识,要想发挥知识的作用,需要把它们应用到现实中去,投身社会实践,针对现实问题,创造性地解决问题,推动社会的发展。志愿服务是使书本知识发挥较大效能的有效途径。

  志愿服务主要以西部和落后地区为主,大学生在这里可以充分发挥自己的聪明才智,真正体验被需要的感觉。这种志愿服务形式可以最大限度地实现自我价值,创造社会价值,并在一定程度上缓解我国人才分配结构不合理的状况。

  值得关注的是,面对志愿者的无私奉献,有的人缺乏应有的理解和尊重,这种对志愿服务的冷漠与日新月异的现代化发展不相协调。高度发展的社会与高尚的奉献精神应该相伴而行。志愿服务需要大家拿出热忱和努力,需要一种发自内心的对于这项事业的向往和支持。

(李海伟)

---

① 该案例改编自蒙晓燕:《阿蒙姐姐,我也要做一名志愿者!》,《中国校外教育》2003 年 4 月,第 8 页。

【思考题】
1. 你怎么看待志愿者服务？
2. 有没有想过自己以后去做志愿者服务？

## 案例三　读书与服务社会的统一

吴颜媛，1999年度全国三好学生标兵，在复旦大学她凭借着出色的成绩和文体方面的表现留下了一串灿烂的脚步。在新生文艺汇演的舞台上，吴颜媛给了自己的复旦生涯一个完美的开端，让人们一下记住了这个尽现哈尼少女娇憨动人的身影。从此，她在复旦的舞台上以舞蹈者婀娜的身姿，节目主持人清新自然的台风，讲演胜利者慷慨激昂的陈辞尽现风采。

在学校，学生的较量更多的还是在学习上，奖学金是检验学子们学习质量的外在标准之一，吴颜媛被同学们戏称为"奖学金专业户"，每年获得复旦最高奖学金、连续3年获得知名企业——GE中国奖学金、董事东方等多项奖学金，1998年她还荣获全国最高等级和最高额度的"中国大学生跨世纪发展基金·建昊奖学金"特等奖。大学4年，吴颜媛各科的优异成绩令同学们佩服、艳羡，1998年10月，她以年级评定第一的成绩获得免试直读研究生的资格。

面对金光夺目的奖杯奖牌和骄人的成绩，别人觉得她读书读得很轻松，吴颜媛却不这么认为。"没有付出，哪来收获"。为了写论文，她天天泡在图书馆，以至于在每天上千人出入的图书馆，寄包处的老师对她熟悉到不用看存包牌就可以从一架子的书包中找出她的书包，因为她通常是"赖"到图书馆清场才出去。她的爱书是出了名的，每次到图书展览会上，她几乎买到身无分文。不过她认为更重要的是学习方法，真正的学习不是"学什么"，而是"怎么学"，不局限在具体的专业中，而是贯穿在整个知识领域里，要求培养的是综合素质、应变能力和全方位的知识结构。"博、活、精、深"是她给自己学习定的坐标。

吴颜媛的学习不是闭门造车，她先后在《散文选刊》、《解放日报》等国内有影响的报刊杂志上发表过30多篇文章，其中一些文章获奖并被选载和转载。

托尔斯泰的那句"我读书不是为了学习，而是为了生活"给了吴颜媛很大的触动，促使她积极参与各种社会活动并全身心地投入。这些社会实践，不仅开阔了她的视野，优化了她的知识结构，而且在逐步融入社会的过程中，她明白了社会需要什么,而我们究竟应该怎样学习。1998年7月,她策划了"希望之光"——中文系赴安徽省长丰县孤堆乡文化扶贫活动。为了筹集经费和拟定计划,她忙得昏天黑地,在途中,他们碰到洪水冲断铁路,深夜滞留异地,她更因为气候不适和劳累过度而高烧不退。在《解放日报》实习的时候,正巧樱花坊住宅小区的业主因为房子问题而组织上访,吴颜媛接下了这个采访任务。由于涉及物业和房屋建筑等方面的名词,一开始她就硬记下发音来,遇到不懂的,就老老实实去请教,一幢幢楼、一间间房子边查看边测量,钻图书馆,查阅建筑知识,积极为自己充电,然后拿着自己收集的材料在开发商、质检部门和市建委中周旋。一分辛苦一分收获,终于,她写的相关报道不仅引起了一定社会反响而且使樱花坊多年没有解决的问题有了积极的结果。当80多户居民的代表拿着"为民解忧,不辞辛苦"的锦旗来向报社表示感谢时,他们才知道这个为老百姓的事仗义执言、秉笔直书的姑娘是一个在读的实习记者。吴颜媛以自己对社会的责任感,给人们留下了当代大学生的美好印象和积极影响。

当被问及"你觉得你跟别人有什么不一样"时,她回答说:"我觉得生活真的很厚爱我,也许站在塔尖的是我,但正是老师、朋友将我推向塔尖的,我正代表着他们。"这就是吴颜媛,一个有主见、有抱负的复旦女大学生。①

**【案例分析提示】**

这里我们看到了一个非常优秀又十分普通的女大学生的一些故事。无论从哪个方面看,吴颜媛都可以说给我们树立了一个榜样:一个不是被神圣化,而只是把各个方面的事情都做得不错的大学生。吴颜媛用努力的耕耘换来了丰硕的收获。在这里我们没有看到什么豪言壮语,只是一些普普通通的话语,让我们见识到了学习和生活中的真实。它和许多我们耳熟能详的激励话语殊途同归,都表达了一个"只有付出才有收获"的千古真理。

学习优秀并不排除智力和天赋的作用,但更主要的还是与付出努力息息相关,图书馆的苦熬、不懈的思考和勤于动手的习惯、坐冷板凳的毅力和勇气,这些都是吴颜媛成功的主观因素。同样的学习环境和大致相同的个人条件,为什么有的学生却成绩平平,甚至一无所获?吴颜媛的事例或许会让我们有所启示。她也使我们更深刻地领会了"坚持学习书本知识与投身社会实践的统一"这句话的含义,在学习书本知识的同时,积极投身社会实践,完成理性到实践的飞跃,我们才可以更清楚地了解自己,更有的放矢地发展和完善自己。

---

① 该案例改编自周舟:《复旦女生吴颜媛》,载《中国大学生》2000年第2期,第10—11页。

在中国目前的发展阶段,大学教育远远没有达到普及的程度,在校大学生绝大多数是同龄人中的佼佼者,也将成为未来社会的主力建设者和接班人,成为中国未来的栋梁,因此,这就更需要大学生有一种责任感、使命感——"坚持实现自身价值与服务祖国人民的统一",积极投身全面建设小康社会,努力实现民族复兴的伟大事业中。在校期间,充分利用社会和学校提供给我们的有利条件,全方位地发展自己,以便将来更好地回报社会。

(李海伟　祖嘉合)

【思考题】
1. 吴颜媛的例子给我们哪些启示?
2. 你认为大学生应该从哪些方面为社会服务?

## 案例四　为什么她甘于与"恶"为伍

聪颖漂亮的17岁女孩史鸣(化名)考入了省城的艺术学院美术系,秉承父亲的艺术遗传,加上从小的陶冶,她很快成为同学中的佼佼者,她立志做一个艺术家。

看到同一宿舍的一个同学傍上了社会上的大款,整天打扮得靓丽多彩,史鸣先是十分鄙夷,久而久之也就习以为常了,甚至也开始幻想一位社会经验丰富、财力充实、富有真情、善解人意的"白马王子"走向自己。

一天,一个同学邀请史鸣去一家夜总会,一名很有绅士风度的男子向她伸出了手,整个晚上,这个男人一直邀请史鸣跳舞。舞会结束后,他留给史鸣一个名片:程新,公司经理。史鸣不禁心跳。

以后的几天,史鸣老是盼望着那位男子的出现。果然,又一个周末,程新开着一辆崭新的本田车来学校接她,这次两个人的话题就多了。此后便是两个人频繁的交往,而每次程新都表现得那么彬彬有礼。一次程新很忧伤地谈起自己的婚恋史,他原来很穷,停薪留职的时候势利的老婆找了一个有钱人,所以他现在孑然一身,对婚恋很慎重。史鸣听得鼻子发酸,那一夜,她投入了程新的怀抱。从此史鸣的生活全变了,程新成了她的"白马王子",年纪大点却成熟,行为粗鲁却有男人味。总之,程新的一切在她看来都是那么完美。

不知不觉中一年有余,史鸣到了毕业的时候,程新也忙着给她找一个理想的工作单位,两人甚至谈到了以后的婚事。一天,程新不小心落下了自己的

BP机,这让史鸣无意中得知程新跟妻子一直住在一起,还有一个13岁的儿子。原来程新是一个典型的流氓恶棍,因为打打杀杀坐过牢,出狱后利用各种关系混迹社会。在盗墓风行之后,他凭借自己蹲过十几年大牢的经历,迅速成为盗墓集团的头子。不到一年的时间,就成了暴发户。

可惜的是,这些并没有让史鸣意识到她正在与虎狼同行,应该悬崖勒马,离开程新。在这个初涉爱河、陷得很深的女大学生心里,程新根本不是一个坏蛋,更不是恶魔,他只不过是个放荡不羁的人,重要的是他"爱"她。二人公开同居,史鸣很明白自己的情妇身份,但是华服美食、不劳而获的物质享受,使她欲罢不能。1993年9月,程新再度锒铛入狱,史鸣顿觉生活失去了依靠,她多方设法搭救程新,甚至发展到帮程新"越狱"。史鸣被抓捕后判处有期徒刑6年。①

【案例分析提示】

这里我们看到一个贪恋华服美食、不辩善恶美丑、爱慕虚荣的女大学生,由于对自己的人生缺乏清晰认识,如何一步步走向深渊,并最终与虎狼同行,与罪恶为伍的悲剧。也许灯红酒绿、纸醉金迷的物质生活是一种不错的享受,但是为了这种享受而付出宝贵青春甚至是一生的代价,是否值得?

应该说史鸣是一个本质上不坏的学生,家庭的陶冶和学校的教育让史鸣树立了一个自己的努力方向,此时的她是一个有志青年,如果她一直为此而奋斗,也许会成为一个艺术家,至少可以学有所长。遗憾的是,史鸣在周围各种不健康的生活方式的影响下,渐渐放弃自己的理想追求,幻想"财情"兼有的"白马王子"给自己带来不劳而获的人生享受。

如果说开始史鸣在不了解程新的情况下被骗,还情有可原,还值得同情的话,那么后来她甘做情妇,则不能不说是一种堕落了,一种沉迷于享受和自我谎言中的堕落。史鸣也从一个有追求的大学生变成了一个只知道物质享乐的及时行乐主义者,这是非常让人痛心的。我们不否认,史鸣可能用情太深,一时难以自拔。但是,作为一个受过高等教育的大学生,如果她具备基本的是非观念,应该很明确地在感情和做人原则之间做出抉择,毕竟程新钱财所得是非法的,其行为必然要受到惩罚。史鸣却在程新的"爱情"和物质享受的诱导下,丧失了基本的是非评判和正义的标准,安心享受,她把罪恶看成壮举,把流氓看成英雄,把虎狼看成"白马王子"。这不能不说是史鸣的最大悲哀。

---

① 该案例改编自唐裔:《女大学生,你正与虎狼同行》,《知音》1996年第7期,第12—15页。

史鸣的堕落是一步步完成的。她从一个有理想的青年,逐渐动摇了自己对人生的认识,史鸣的堕落使我们看到,她思想意识防线的崩溃,是她成为罪犯的重要因素。

(李海伟　祖嘉合)

【思考题】
你认为史鸣的人生观出了什么问题?

## 案例五　灵魂荒芜的现代"于连"

2001年6月3日傍晚,辽宁省某市一个高级住宅小区里某毛纺厂厂长连某的妻子毕云在家门口被人用刀狠刺了4刀,倒在血泊里。数小时后,凶手——在连家做了一年家教的某大学毕业生王友社被擒获,随着案情的深入,现代"于连"真实地再现出来。

王友社来自福建西部山区,1997年考上辽宁一所大学。入校时交完各种费用,留下不足100元双亲的血汗钱。看着家境富裕的同学衣着鲜亮,神采飞扬地带女友下馆子,上舞池,他心里又痒又恨,多次与同学聊天时,都愤愤不平:"我太穷了!"而对其他贫困生勤工俭学,他则嗤之以鼻,认为那是"人工拉犁",他要走捷径。

2000年10月底,北京一男子利用互联网诈骗5万多元的新闻给了他灵感:要是在网上傍上富婆,说不定能大赚一笔。在初冬的一个周末,他用"风雪夜归人"的网名,邂逅了一个叫"雪柔"的人,他凭借还可以的文采,很快被雪柔引为网上的"知音"。经过几周的接触,王友社渐渐得知:雪柔真名毕云,丈夫是毛纺厂厂长,家里经济富裕,赋闲在家,相夫教子,丈夫整天在外奔波,在家的时间很少,她只好上网来消遣时间。

得知毕云的情况,王友社认定这是一个机会。不过他以文学交流为由的多次邀请都被对方婉拒,最后他背水一战,以在气温零下20多度的公园等了一天为代价等来了毕云,而毕云也对外表憨厚、学生味十足的王友社印象很好,并主动邀请他到家中做客。次日,王友社如约拜访,毕云家里的一切让他看在眼里,想在心里,"我要与这些富人分一杯羹,对得起自己。""聪明"的他使劲地赞美毕云靓丽,并恭敬地拿出自己的诗作,请毕云指教。两人越谈越投机,毕云大有相见恨晚之意。几天后,王友社再次登门拜访,这次他可怜兮兮地请毕云帮他找份家教,还把自己贫困的家史告诉了毕云,并且编造了一个为了3元钱拉了一下午车的打工经历。这些声情并茂的叙述让毕云大为感动,她真不忍心让这么好的年轻人受苦,想到儿子的英语不太好,正好可以让他来教,这让王友社高兴万分。

每次家教之后,毕云总会留他聊天,王友社也进一步了解了毕云的情况,进而开始了对毕云的"爱情攻势":平时嘘寒问暖,生日送上红玫瑰。一次毕云发高烧,丈夫不在,恰巧到来的王友社马上请医生给她打点滴,细心地调整点滴速度,周到地包了个热水袋给她敷手臂。在认为自己的努力差不多的时候,王友社表达了对毕云的"爱意"。除了甜言蜜语,王友社还扎破胳膊,以鲜血流干相"逼",终于打破了毕云的最后防线。从此毕云抛弃了为人妻为人母的道德与责任,沉迷在王友社的"爱情"滋润中,而心怀不轨的王友社则趁机不断向百依百顺的毕云要钱。毕云却从不怀疑。

2001年毕业前夕,王友社打算再狠敲毕云一笔。3月中旬,他找到毕云,说5月份前如果他在本地找不到工作,就只好回家等待分配,那样就不能见到毕云了,为了把戏演足,他当面撕了广州一家公司的录用表,以示留下来陪毕云的决心,不过他可能需要毕云帮忙才能留下来,毕云满口应承。没多久,王友社说一家公司要他,不过要5000元活动一下,毕云二话没说,拿给他1万元,王友社满脸感恩戴德。

后来,王友社骗钱骗色真相大白,到手的工作化为泡影,学校因其严重违纪给予他留校察看处分,扣发毕业证半年。王友社的美好前程瞬间成空,气极之下的王友社决定让毕云"血债血还",于是引发了开头的一幕。①

**【案例分析提示】**

在人生中,我们有可能遭遇短暂的困难,处理妥当,困境是最好的老师,它不仅启迪人全面深刻地认识人生,也磨炼人的忍耐力,激发人的创造力,使人增长才干,走向成功。处理不好,则会导致埋怨生不逢时,空耗余年,或者随波逐流,或者走入歧途。

作为当代大学生,正确面对困难,认识困境是生活的一部分,提高自身能力,并进而努力战胜困难,是渡过困境的唯一正确的选择。家庭条件不好,是一种困境,只有通过个人的努力得来的财富才是我们所欣赏的。用欺骗手段

---

① 该案例改编自洪余:《"爱情"与刺刀:无德大学生如此色诱空闺富婆》,《知音》2001年9月上半月刊,第44—46页。

无偿占有其他人的财富,在任何社会中都是一种不道德的行为。

王友社与毕云之间,从一开始王友社就在欺骗。为了给自己的欺骗一个"合理"的理由,一个行为的"动力",他将这种欺骗说成是对于社会不公平的报复。财富是诱人的,为了财富而抛弃自己的人格,甚至是不惜扭曲自己对于社会的认知,最终也不会得到财富。

王友社本可以凭借能力,开拓出自己的美好前程。可惜他的双眼被财富和妒忌迷住了。当他的伪善面具被撕毁,前程化为乌有的时候,如果他可以悔改,好好检讨自己的作为,也还是可以在社会立足的。可惜他又一次选错了自己的道路。这一次次的选择失误,决不仅仅是冲动所致。人生重要关头的选择往往与人们对社会的认知、对人生的看法分不开。作为大学生,对财富要有清醒的认知,取之有道的才是财富,取之无道的则是"毒品"。随着社会的发展,社会大舞台给我们留下了无限展示自我的空间,只要我们付出艰辛的努力,就可以得到相应的回报。而投机取巧,一步登天走捷径的想法,不会有任何助益,还可能带来无可挽回的恶果。王友社的故事我们应引以为戒:贫困不可怕,可怕的是灵魂的荒芜,人格的堕落。(李海伟)

**【思考题】**

1. 你认为王友社为什么会最终举起罪恶的手?
2. 我们应如何看待财富?

## 案例六 自私褊狭导致自我毁灭

李俊世出生于大连市金州区华家镇,排行老大,性格孤僻,不大爱与周围的同龄人交流沟通,没有知心朋友。李俊世聪明伶俐,成绩一向很好。1992年,他被兰州大学新闻系录取,但他却觉得自己屈就了,他的理想是成为北京人。进入兰州大学新闻系后,李俊世颇为自负,孤僻的性格依然不变,喜欢独来独往。对不感兴趣的课程经常逃课,独自躲在宿舍里读其他的书。李俊世一向对历史与佛学兴趣浓厚,他把《三国志》读得烂熟,可以大段大段地背诵。这些让同他交往的人惊叹不已,也是他引以为骄傲的资本。

大学三年级实习时,李俊世选择了北京的一家法制报,为将来留京作准备。由于平时逃课,业务知识不扎实,又加上不善于与人交流,干起来不是很顺手。眼高手低,一般的采访不想去,而当部门领导派他到外地执行一项重要的任务时,他又弄得一塌糊涂。实习没做完,就回学校了。由于他把目标一直锁定北京,所以工作迟迟没有着落。直到1996年6月份,北京市密云县广播电视局到兰州大学新闻系要人,经过学校推荐,广播电视局同意接收他。李俊世才圆了自己孩提时的梦想。

李俊世上班不久就谈了个女朋友,然而由于李俊世的自私和狭隘,导致了一场情感闹剧。有一天发现女朋友与一个小伙子走路手挽手,样子很亲密,他立刻觉得怒火中烧,上前不问青红皂白,将那小伙子一阵痛打。后来得知,那小伙子是女朋友的亲弟弟。女朋友最终和他分了手。

受到这一沉重打击后,他变得很沉默,一天中午,他独自一人在办公室写写画画,局长恰好路过,见办公室里四盏日光灯全都亮着,局长顺手关了其中三盏灯。李俊世正在沉思,见有人关灯,大喝一声"干什么!"又大步流星地把开关打开,局长再次不动声色地把灯关上,语重心长地说:"开一盏灯就够了,小伙子,要注意节约啊!"李俊世却以为局长故意刁难,非常气愤地把灯再次打开,这样来来回回较了四五次劲。李俊世觉得长期再呆在偏远的京郊也没什么意思,于是他不辞而别,登上了开往广州的列车。

初到广州的李俊世求职仍很挑剔,自以为满腹经纶,每次应聘都当场献技般地把《三国志》倒背如流,人家却不买他的账,他没想到自己成了"嫁不出去的高价姑娘",后来不得不降低自己的应聘标准,到广州的工厂上班。工厂的工作特别紧张,不能迟到、早退、请假,处处和经济利益挂钩,他极不适应。性格和处世的弱点,也让别人无法接受他。这样,一个地方最多一星期就再也呆不下去了,后来他又到江西、福建、浙江、山东等地求职,也是连连受挫。1997年10月,李俊世不得不返回辽宁,托人在锦州好说歹说地找到一份工作。上班第3天,由于他接电话的时候态度蛮横,很快又被解聘了。回到家里他极其消沉,抱怨老天不公,自叹命运不顺。

1997年11月,李俊世得知江苏省连云港职业大学招聘师资,就从辽宁赶到连云港市。这次应聘准备得十分充分,给负责接待应聘的李怀志副教授留下了深刻印象。李教授认为他的学识比较扎实,口才比较好,请示学校后把李俊世留下来试用。见他远道而来,李教授还亲自为他安排好食宿,特意送来一套换洗的衣服。

可是没多久他性格上的弱点很快又暴露出来。学生们反映:他板书很差,上课情绪波动大,老师们也反映:他举止随便,没有礼貌。李怀志副教授多次找他谈心,他却左耳进,右耳出,没当回事。试用期满,校方决定不聘用他。李俊世吓了一跳,连忙去求李怀志副教授。李怀志看到他可怜的样子,顿生怜悯,"要留校,你必须努力地改正你的坏毛病,处处要为人师表!"李俊世点头答应,恳求李怀志帮他说情,只要留校什么都好说。李怀志觉得,年轻人哪个没有缺点,知错能改就好,这样也能挽救一个人。

李怀志老师的求情使得学校勉强同意把李俊世的档案调过来,李俊世向李怀志老师借了500元钱去取自己的档案。校方从档案中发现李俊世在校学习成绩不好,竟然有6门功课补考过关,其中主课《新闻学原理》补考了两次。于是校党委态度坚决:不聘用此人。李俊世得知这一消息,非常气愤,去找李怀志,李怀志也有一种受欺骗的感觉,态度不是很热情,李俊世像一头被激怒的狮子,强迫李怀志把档案退给他。李怀志好心地用告诫的语气对他说:"你这个人啦,吃亏就吃在脾气不好,处事不注意方式。年轻人做事处处要谦虚谨慎,以后无论到哪工作,千万要收敛些!"李俊世听到李怀志这一席本是语重心长的话,心中却像打翻了五味瓶,一股愤怒的火苗点燃了长期偏执受压的思想。两年来走南闯北,找工作连连遭拒,这一次已经试用了,档案也拿来了,却又被无情地拒绝。他认为是这个可恶的李怀志在折腾他,还这样讽刺他。一时间他把所有的怨恨都记到李怀志的身上。一个恶毒凶狠的念头冒了出来。1998年2月20日下午2时,李俊世事先经过精心策划,从校建筑工地借了一把斧子。下午5点钟,他怀揣着锋利的斧子,冒着寒风冷雨,走出校门,隐没在李怀志下班必经的郁州南路路旁,极为耐心地守候了两个多小时,向骑车而来的李怀志丧心病狂地挥起了利斧[①]。

**【案例分析提示】**

李俊世不能说不聪明、没能力,可是为什么在步入社会时却处处碰壁,并最终走上杀人泄愤的道路呢?这是与他的自私褊狭的人生观分不开的,很多时候他对问题的看法偏激,不是从自身找问题,而是把社会的影响绝对化,推卸自己的责任,努力保住对自己狭隘的"美好认识"。这种悲剧不能不引起我们的深思。

不可否认,李俊世的智力不错,可是他并没有正确地使用自己的优势,以至于优势反而成了他正确认识自己的障碍。对李俊世来说,学习只从自己的兴趣出发,除了自己爱好的东西,其他的内容都不屑一顾。当对专业课不感兴趣的时候,他就不去上课,完全凭借自己的喜好,根本没有考虑到专业学习是

---

① 该案例改编自晓双:《杀人凶手:一个不会做人的求职大学生》,《知音》1999年第4期,第18—20页。

自己求职、安身立命的基础,也是自己服务社会实现自身价值的根基。所以李俊世才会有6门课程需要补考才能过关,甚至主干专业课需要补考2次才得以通过,而对自己喜欢的《三国志》却可以大段大段地背诵。这种学习上的片面化和绝对化已经预示了他可能在人生道路上遭遇坎坷。

除了对学习上的错误认识,李俊世性格孤僻,自傲自负,成为他人格悲剧的另外一个重要因素。中学学业上的成功,是形成李俊世不合理自我评价的第一步。这种学业上的成就,被他自欺欺人地夸大了,于是有了升入大学后的傲慢自负,不了解大学中同学交往的重要性,缺乏与人交往的经历,不了解这种交往是大学生走向社会的一个重要的演练。再加上孤僻的性格,不合理的自我评价,李俊世走向社会后出现种种问题也就在所难免了。

清高自傲的李俊世没有认识到,当自己是一个学生的时候,老师同学还会本着"治病救人"的态度宽容和原谅他,所以,他的自恃甚高的自我定位也还有一定的生存空间。可是一旦走上社会,大家都是这个社会中平等的一员,每个人都有应有的权利,也有应承担的义务。每个社会成员都要根据社会角色承担一定的社会责任,都是一个完整的行动者,谁都没有什么优先权,谁也没有理由容忍一个工作上一塌糊涂但却不可一世的自大狂。

李俊世毕业求职一路失败恰恰是他做人的失败,做人的失败则源于他不合理的自我认知和评价,源于他的人格缺陷。他自以为是,眼高手低,目中无人,不会善待宽容他人,更不能正确认识自己。

从李俊世事件中我们应该吸取的教训是:一要透视自己性格的弱点,努力塑造理想的性格。很多事实证明,只要人们意识到自己的性格弱点,并有意识地努力去改变,一般来说都会向着理想的方向发展。这里关键是对自己的弱点要有明确的自我意识。二要注重正确人生观的培养,一个人的思想基础很重要,思维境界高的人抱负远大,理想宏伟,凡事能纵观全局,高瞻远瞩,对未来充满必胜信心,具有乐观主义精神,与人交往也能够平等、宽容。因此,有崇高的生活目标和乐观向上的生活态度的人更能适应挫折,相反,缺乏理想和信念,对人生持消极看法的人,往往经不起挫折的打击。正确、科学的人生观往往是耐挫力的核心。李俊世处处以自我中心,唯我独尊,自私褊狭,最终导致了自我毁灭。

(李海伟 祖嘉合)

【思考题】

1. 我们应该怎样改善自己的性格和认知缺陷?

2. 你认为李俊世人生失败的原因是什么?

## 案例七  他为百元路费实施抢劫

李达,在江西赣州的一个小山村里长大,父亲是工人,母亲是农民,排行最小的他在家里享受到了哥哥姐姐没有享受的关爱。1994年,他成功考上昆明的一所大学,继而又成功考取航天工业部的研究生。这使得他在家乡的小山村里被视为一个了不得的人物。但是学业的顺利前进并没有帮助他在其他方面也同样进步。李达生性内向,研究生阶段一直为自己的专业不理想而耿耿于怀。他所在的单位是一个研制导弹等尖端武器的地方,导师是一个治学严谨,一辈子埋头学问研究的老教授,桃李满天下,对于才学过人的弟子常常倾心呵护,李达就是其中之一。但是李达不满自己的焊接专业,常有"心高命不随"的消极心理。临近毕业,他的怨恨情绪更为突出,表现出焦虑暴躁。2001年3月,身体不适的李达没有请假就离校返家,回来后遭到导师的严厉批评,闷闷不乐之下,他想在"五一"假期出去找份临时工作,也出去散散心。

5月1日,来到洛阳的李达在一家职业介绍所缴了150元,介绍所给他开了个介绍函推荐到一家企业,这家单位却没有用人计划。李达再去找职业介绍所,介绍所却以"研究生工作不好找"为由,迟迟不给他介绍工作,这让李达有一种上当受骗的感觉。5月3日,他去白云山途中,钱包被偷。假期快要结束,没有路费的他决定抢一家小商店,钱多了也不要,有百多块够路费就可以了。在这种心理的支配下,5月6号上午,他在洛阳汽车站附近随手捡了根30厘米长的木棍,偷了一辆自行车,然后四处游荡找寻目标。10点左右,他骑车离开市区,沿着310国道一直向前走,当走到距离与新安县交界处300米的地方时,他眼前一亮,路右边有个售货亭,只有一个老汉,又没有其他人在附近,他决定在这里下手。第一次进商店后,毕竟他做贼心虚,犹豫了一会又离开了。出去后,他调整好心态,把木棍准备好,又骑车返回,趁老汉回身拿他要的矿泉水的时候,将棍子抡向了老汉。老汉在短暂的昏迷后意识到有人打劫,就使劲拽住他,并喊来了附近的群众,大家协力捉住了实施抢劫的李达。

据办理此案的派出所人员介绍,在审讯中,李达交代自己是为了100元的路费,他的逻辑思维很强,一直不承认自己是抢劫,只是说这是为了筹足百元路费而不得已采取的手段。①

**【案例分析提示】**

　　这是一个因为对人生认识发生偏差进而导致个人行为失误的悲剧。大学生是一个高智商人群,但是有些大学生情商和智商不成正比。李达在人生道路上的失误,有以下几点值得我们记取:不善于与人沟通解决交往中的人际障碍;不能反观自身潜在的危机;不善于理智分析应对突发事件的打击。

　　人是一种社会性的动物,不能离开人群独自存活。社会的发展,对大学生人际交往能力提出了更高的要求。生性内向不一定是坏事,但是要有在适当的时刻和适当的话题中表达自己的能力。李达在研究生阶段并不是很喜欢自己的专业,在这种情况下,如果他及时和导师沟通,或者和好朋友、同学交流一下,说出自己的困惑,看看是否有什么解决的可能,也许就不会有后来的遭遇。和别人交流其实也是一个让别人分担自己负性情绪的过程,这将大大有助于降低负性情绪对自己的不良影响。

　　作为一个从山村里走出来的农家子弟,李达的才智使导师甚为欣赏,可惜杰出的才智并没有让李达全面地认识自己。求学的一帆风顺,让他产生了自己高人一等的认知,没有意识到自己还有很多潜在的问题。更没有意识到,除了自己施展知识才华的实验室以外,还有社会这个大课堂期待着他的良好表现。

　　过于顺利的成长过程削弱了李达本来就十分脆弱的心理防线。由于缺乏挫折经历,使他面对挫折时应对不当,面对突发事件一筹莫展,导致一错再错。对职业介绍所的不负责任无计可施,求职未果不知如何处理,白云山上被偷更是不知所措,短时间内屡遭打击的李达真可以说是走投无路了。这些情况都再清楚不过地表明,李达缺乏起码的自救和通过有关部门解决困难的常识。在一系列的打击面前,李达的灵魂深处的自利自保意识开始活动,人生价值观中自私褊狭占据上风。于是,他丧失了基本的理性判断和解决能力,愚蠢地把自己受到的委屈和不满发泄到无辜者身上。更可悲的是,如果他的辩解真实的话,那么他对基本法律知识的缺乏不能不说是另外一种悲哀。

(李海伟　祖嘉合)

---

① 该案例改编自殷晓章:《为百元路费研究生沦为阶下囚》,《人与法》2001 年第 9 期,第 78—79 页。

【思考题】
1. 从李达的人生失误中,我们应该记取怎样的教训?
2. 在人生道路上这个案例给我们什么警示?

## 案例八 从博士到死囚的浮沉

1997年3月,在山东胶州发生了一件震惊岛城的惊天大案,险些使腾飞的胶州经济陷入进退维谷的瘫痪境地。制造这个大案的是一名经济学博士,名叫高佩义。他在1995年9月至1997年4月期间利用职务之便,收受贿赂542.4万元,挪用公款9000万元,违法放贷2.5亿元,造成直接经济损失2.3亿元。他本人也从一名博士沦为死囚。

高佩义,1947年9月26日出生在胶州南关刘家村。初中毕业后他成为一名民办教师,后来做了7年的泥瓦匠。不甘现状的他立志要出人头地。

1980年,他经人介绍到天津打工,一个偶然的机会,使他在一名老教授家做家具活时得到赏识。教授惜才,推荐他到天津南开大学作旁听生。天资聪颖、勤奋好学的他很快成为班上的佼佼者。他克服常人难以想象的困难,以其辛勤的付出深得老师和同学的同情,最终得到老师的认可,经学校批准转为正式学籍,并以优异的成绩毕业。1982年,高佩义考取了经济学硕士研究生,以出类拔萃的成绩毕业并留校任教。强烈的求知欲又促使他向知识的高峰冲刺,最终如愿以偿,攻读博士学位。1990年他获得经济学博士学位后,被分配到国家物价研究所工作,并很快晋升为研究员。高佩义坎坷求学,终获成功,在当地一度被传为佳话,誉为美谈。

但随着一个又一个成绩的取得,高佩义身上的劣习逐步暴露出来。他以经济学博士自诩,感觉高人一头,整日夸夸其谈,目空一切,独来独往,不按时上下班,凌驾于组织之上。同时,大款们腰缠万贯,美女如云,花天酒地的奢侈生活又强烈刺激着他那不安分的心。他开始厌倦研究所枯燥清贫的生活,欣然受雇于新威城市信用社,兼职高级顾问和副总经理。在他的经营下,信用社生意居然日渐红火,财源滚滚。高佩义自以为商海不过如此,于是在1993年8月辞去公职,借款10万元成立了北京通宝投资公司,自任总经理。但商海无情,由于经营不善,炒股亏损,"通宝"一时陷入摇摇欲坠的境地。后在熟人荐举下,高佩义被某大学分校聘为教授,并任该校韩国研究所所长。1995年9

月,高佩义以胶州老乡、经济学博士的身份被胶州市政府聘为胶州市城市信用合作社主任。从此疏于自律的高佩义开始走上了犯罪道路。

1995年国家为控制通货膨胀,三令五申强调要收紧银根,压缩贷款规模,严格履行贷款手续,控制贷款数额。此时大权在握的高佩义制定出"支付高息"、"以贷引存"、"协贷定存"的政策,以高出国家规定几倍的利息,通过资金贩子给信用社拉进数亿存款的同时,又以高出国家利息十几倍的高息贷给客户,从中获取高额的"手续费"。

1996年3月,高佩义给青岛江南房地产公司提供1亿贷款后,该公司为此付出300万元"赞助费"。

1996年8月,青岛恒日集团贷款300万元,拿出10万元表示感谢,当时被高佩义拒绝,然而事后却向贷款单位索要了108万元"赞助费"。1995年5月,高佩义以个人名义与人合伙开发"国众山庄"。他挪用信用社公款9000万元,成为这家公司不出面的董事长、法定代表人。高佩义拿公款出资,轻而易举地就享受到90%的获利分红。

面对着从天而降的大量不义之财,高佩义一方面继续经营他原来的通宝投资公司,另一方面花天酒地,大肆挥霍。1997年4月4日他因嫖娼被公安机关行政拘留,并罚款6000元。1997年1月、3月分别以14.4万元、120万元为岳父和自己购买住房和别墅。2000年初,高佩义因受贿、挪用公款、违法放贷、非法出具金融票据等罪数罪并罚,被判处死刑。①

【案例分析提示】

高佩义,经历过无数坎坷,通过刻苦求学,终于获得成功,成为极具潜力和希望的经济学博士。但是,在他人生的黄金时期,却从令人羡慕的、前途的博士沦为死囚。他的人生沉浮值得我们深思。

艰苦的环境可以磨炼人的意志,也可能使人的追求目标过于浅薄、庸俗。高佩义正是这样的人,艰苦的环境使他发愤努力,但他所追求的目标太过功利和狭隘,所以当他经过辛勤的付出,具备了腐化堕落的资本时,他迅速地从人生的最高点下滑。如果他具有基本端正的人生目的和态度,那么他的未来一定是鲜花满地,前程似锦,并可以达到新的高峰。然而,他的出人头地,享受人生的狭隘理想,追求贪欲,追求快乐的错误人生目的,支配了他的思想和行为,

---

① 该案例改编自吟申:《经济学博士制造金融大案震惊岛城》,《人与法》2001年第4期,第8—10页。

从而使得他的学识和职权成了他实现个人贪欲的便利条件,并最终把自己推向了犯罪的深渊。

　　一个人不管职位高低,学识深浅,如果没有远大的人生追求,一旦放松了道德和法律对自己的约束,放任贪欲增长和膨胀,就必然会走向毁灭。每个人都有理想、信念或人生目标,但理想有高尚与庸俗之分,目标也有远大和渺小之别。只有那些有高尚的理想或远大的目标的人,才不会被眼前的名利所掩盖而迷失人生方向。高尚的理想或目标是个人立身之基,完善之本,成功的关键。像高佩义这样的人,他关注的只是眼前的名望、现实的利益,他所想的是怎样去满足自己的感官享受。为了个人的贪欲,他不惜损害公众的利益、危害国家与社会的安全。这样做的结果,只能成为社会的罪人,受到应有的惩罚。

(谢殿军　祖嘉合)

【思考题】

1. 你不懈努力奋斗的最终目的是什么?
2. 对高佩义的大起大落你有何感想?

# 第十章

# 理想与信念案例及分析

　　理想和信念是人生的精神支柱和成就事业的动力。生活在世界上的任何人,他的生命活动总需要一个支柱,他的生活也要有一个追求的目标,正是这个目标,驱动着他完成生命的历程,这个目标就是人生的理想,它是引导我们走向未来的旗帜,是鼓舞我们奋发向上的精神力量。树立远大理想,确立科学信念,以一种立足现实,积极向上的精神创造自己的美好未来,对我们的人生具有重要意义。

　　在人生的理想中,社会理想是人生理想大厦的最高层次,最高阶段。同时,个人理想又是社会理想的起点和基础。任何一个社会所提出的任何远大的理想必须成为社会成员行为的内在要素,才有实现的可能。我们现在的社会理想,即把中国建设成富强、民主、文明的现代化国家,必须通过社会中的每一个公民的努力才能实现,每人在自己的岗位上没有任何建树,这一目标就是空话。

　　从我们自己的角度讲,个人的理想虽然需要自己来建立,但它所反映的社会内容则是客观的,是时代所赋予的。个人理想只有具备了社会的意义,才是更美好的。人不是在社会之外奏响自我生命的乐章,人的现实的生活环境是人生理想萌芽的唯一土壤。每个历史时代都有与它的时代发展方向相一致的价值目标与共同理想,个人的人生理想应该与自己时代的价值目标、社会理想相一致,个人理想升华到社会理想,才更深刻、更富有意义。

　　青年人从不满足前人昨天留下的东西,今天得到的东西,而是去追求明天得到的更美好的东西。人生理想的确立是人的精神发展的一个界碑,它意味着人开始控制自己的活动,力图做自己命运的主人。人是按照自己的理想来生活的,并以自己的理想来造就自己。理想内在地包含了人生的价值目标。大学生怎样确立和实现理想？我们今天确立怎样的信念和信仰,读了本章的内容,相信你会有自己的答案。

## 案例一 校园里的焦裕禄

2002年2月,一位普通的北大教授去世了,他没有留下豪言壮语,也没有留下丰功伟绩。但人们授予了他一个最高、最响亮的头衔——真正的教授。

他就是北京大学数学学院的张筑生老师。1940年,张筑生出生在贵阳市,1965年毕业于四川大学数学系,1983年成为北大第一位博士,曾去美国普林斯顿大学做访问学者,回国后在北京大学执教。张老师才华横溢。数学院文兰院士说:"在78级53名研究生中,张筑生是我们微分动力系统讨论班上的主讲,一讲就是3个小时,都是学科前沿的东西,黑板写满了擦,擦了又写满,总是一肩膀粉笔末子。他有很好的文学造诣,能用通俗易懂的语言阐述深奥的数学内涵。"张筑生老师写的《微分动力系统原理》是数学学科最早的研究生教材,廖山涛院士对这本书的评价是:"有了这本书,一大批年轻人就可以顺利地进入学科前沿。"据熟悉的人讲,廖先生从不表扬别人,唯独对张筑生例外,说"张筑生的知识面广博得惊人"。

1986年初,张筑生刚从美国回来,领导就给他一个教材改革的硬任务,编写《数学分析新讲》。有朋友劝他,在北大,只有科研成果才是立身之本,而编写教材是不算科研成果的。张筑生没有犹豫,放下手里的学术课题,马上进入编写。此后五年,张筑生白天教学,晚上根据讲义整理书稿,圆珠笔芯写干了一大把,《数学分析新讲》一、二、三册相继问世。

这套教材获得了数学界同仁的高度称赞。曾被称为北大数学系"十大才子"之首,现任清华大学数学系的陈天权教授认为,"数学分析的书多如牛毛,而张筑生老师的这套《数学分析新讲》是有特色的……数学分析是数学系最基础的课,讲好了不容易,但讲得再好也不算学术成果。张筑生能这么投入地搞一本基础教材,是非常难得的。"一套好评如潮的教材问世了,可张老师却被查出了鼻咽癌,从此开始了12年漫长的化疗过程。

1995年,张筑生老师受命担任中国数学奥林匹克国家队主教练。在这之前,他也一直参加国家队的选拔和培训工作,这又是一份无法"出学术成果"的苦差,甚至是无法记入"教学工作量"的工作。张老师的同事赵春来教授说:"为了搞奥赛,他连命都搭进去了。外人根本不了解这份差事的艰苦程度。"2001年夏天,在天津南开大学,张老师一个人为200多名预赛选手办培训班,从出题、判题、讲课到讨论,他连唱了七天"独角戏"。而当时,他口腔溃疡、唾腺损坏、患有严重的结肠炎、全身骨头疼,还有晚期肝癌引起的腰以下严重浮肿,每天只能吃一点牛奶、葡萄糖、豆腐等流食。张教授带着半身癌细胞,领着一批数学尖子,取得了中国队连拿五届团体总分第一,其中三次所有参赛选手全获金牌的骄人成绩。这一成绩,在世界范围内尚无先例。

多年来,除了学校的教学、奥赛培训任务之外,张筑生忍着病痛,为海淀区教师进修学校开办的"数学教师研讨班"授课,8年之中,头几年还分文不取,后来象征性地拿点授课费。他把自己的知识和经验毫无保留地传授给了进修教师,使他们受益匪浅。而他自己却耗尽了心血,生命到了最后时刻。

2001年下半年,张筑生的病情更重了,严重的结肠炎闹得他一天要上几十次厕所。为上好一堂课,他要提前一天节食,上课当天禁食禁水。院领导劝他全休养病,他不同意。夫人刘玲玲代他向领导解释:"他要以这样的方式来度过生命的最后日子。与其让他在痛苦中煎熬,不如让他在工作中忘掉痛苦,在思考中享受快乐。"他最后一学期教微分拓扑学。

2002年1月11日下午2点30分,他坚持要亲自为38名学生监考,已经失去方向感的张老师是让几名学生抬进教室主持考试的。很快学生的成绩和评语也都出来了。紧接着张筑生就住进了医院。2月6日,张筑生与世长辞。①

张筑生去世后,北大校园网的BBS上贴满了悼念文章:

"张老师也许是我一生中再难遇到的顶尖级的老师……当他讲到几何,我才知道自己以前没有学过真正的几何;当他讲到代数,我就开始怀疑自己是否学过真正的代数。张老师的数学思想深刻但极其清晰,使我这样智力平常的人都能懂。"

"张老师,是您让我明白了,思考的乐趣比物质的享受更加高贵。张老师,您走好。"

【案例分析提示】

作为一名在数学研究领域天分很高、同行服膺、学生佩服的高水平的教授,张老师却默默地编写着"不算科研成果"的基础教材;担任着不计工作量的中国数学奥林匹克国家队主教练;为海淀区教师进修学校开设的"数学教师研

---

① 该案例改编自孙献韬、杨连成:《张筑生,了不起的教授》,2003年2月17日《光明日报》。孙献韬:《读者眼中的张筑生》,《光明日报》2003年2月17日之后的系列后续报道。

讨班"授课，前几年分文不取，后来才拿点授课费。张老师奉献、辛劳、不计名利，几乎一生都在做"苦差事"，"为他人作嫁衣裳"。他左手残疾，患有鼻咽癌、结肠炎，经历过长达12年的漫长化疗过程，承受着常人难以想象的种种痛苦，却以惊人的毅力战胜自我，毅然担任我国数学奥林匹克主教练职务，带领选手们连拿五届总分第一；张老师身患重症，却风雨无阻地为学生、为外校进修教师授课，多年来从未间断。一个时刻有死亡威胁的人，没有考虑个人的安危和利益，而把余生的精力和心血全部献给了他人。鲁迅先生曾说过这样一段话："在生活的路上，将血一滴一滴地滴过去以饲别人，虽然自觉渐渐瘦弱，也以为快活"，这正是张筑生老师一生的真实写照。张老师的忘我奉献精神是我们永远景仰和学习的榜样。

　　淡泊名利、无私奉献的精神，反映和体现的是社会成员对国家、集体和其他需要帮助者的一种纯洁、高尚的道德义务。社会的发展和人类的进步离不开个人的贡献，为社会作贡献是每个人的责任和义务。我国还处在社会主义初级阶段，还没有实现现代化，为了国家的富强和人民的富裕，需要我们有更加宽阔的胸怀和更加高远的志向，不计个人得失，全心全意投身到服务社会、服务人民中去。

　　毋庸讳言，在社会主义市场经济条件下，个人主义、享乐主义等思潮在社会上有所抬头，对青年的人生意识造成了一定影响，使一部分青年淡化了社会责任感。张筑生老师无私奉献的精神境界，使我们深受教育。张筑生的事迹在《光明日报》报道之后，在广大读者中引起强烈反响，称赞张筑生是"新时代的雷锋"，是"校园里焦裕禄式的人物"。

　　张筑生的事迹令人感佩。许多曾经接受过张筑生指导的学生，通过各种方式表达了他们对张老师的怀念和崇高的敬意。有的同学说："正因为北大有这么优秀的老师，我才选择了北大。他的精神长留我们心中。"的确，在我们用自己的知识和本领为祖国为人民服务时，我们要像张老师那样，不计名利，奉献自己，让人生有意义。

（祖嘉合）

【思考题】

1. 张筑生老师的事迹为什么会引起人们的强烈反响？
2. 在社会主义市场经济条件下还要不要提倡无私奉献的精神？
3. 今天我们怎样对待名和利？

## 案例二 奉献的起点在雪域高原

20世纪80年代初,有数千名内地大学毕业生自愿进藏工作。这些大学毕业生自称为"共和国最后一批理想主义者",他们抱着崇高的理想,凭着一腔青春的热血和建设边疆的信念,放弃了可以分配到北京、上海等大城市的机会,义无反顾地奔赴西藏。胡春华就是这批热血青年中的一个。

胡春华,1963年出生,1979年考入北京大学中文系汉语专业学习,1983年毕业后自愿进藏。在这批进藏的青年中,有一半以上的人陆续返回内地,胡春华却留下了,一干就是十几年。胡春华从一个地地道道的内地人变成了他自己认为的至少是半个西藏人,他把青春交给了西藏的土地和人民。在西藏工作的十几年里,西藏的7个地市,他去过6个,70多个县他去了40多个。在环境艰苦、地广人少的青藏高原上,他经历了许许多多的艰难困苦。

1982年他在林芝行署担任副专员时,去墨脱检查指导工作。他们从西南翻越多雄拉雪山进入墨脱,到县政府驻地必须起早贪黑不停地走三夜四天。墨脱是全国唯一不通公路的县,挂在喜马拉雅山的那一边。一年中只有6至11月可以"通行",一座座雪山将之紧紧封闭。为了登上这个陆上孤岛,胡春华他们头两天走在没有人烟的高原上,只能喝泉水,吃压缩干粮,住岩洞或是搭个临时小屋。他们一行4人,前后行程半个月,全凭两条腿行走。在一个叫老虎口的地方,骡马过时必须蒙住眼睛,绝壁和气流令任何生灵胆寒心惊。在这里已有数百匹马失足葬身崖下。他们翻过雪深齐腰的雪山,去了墨脱县的三个乡,对该县的经济发展、教育状况、公路修建等方面进行了考察。像这样的经历对胡春华来说已成为他西藏人生重要的一页。

胡春华进藏时从担任自治区团委组织部干事做起,后来担任林芝地区行署副专员,自治区团委副书记,自治区团委书记,共青团中央十三届委员会委员,西藏自治区八届人大常委会委员,自治区党委常委,现在担任团中央书记处书记。回顾他走过的路,他对大学生提供建议说:"大学生活仅仅是你们走入社会的最后准备,远不是你事业的本身。跟社会的需要比,我们拥有得很少。学校只能培养你基本的素质,给你一个良好的基础。你可以不安于不伟大,但你不可蔑视平凡。即使你真的能够伟大,你也得先耐住寂寞。人是大自然的生灵,你必须把两条腿牢牢实实地站在这片土地上时,你才是实在的。当你步入社会后,你仍是一个学生,远不是你期望的救世主。你必须正视和找准这个位置。"①

**【案例分析提示】**

　　大学生应该是有理想的人,而且应该是有崇高理想的人。大学毕业的时刻,就是去实现理想的出发时刻。这时,你准备走什么样的路,就可能决定在多长时间、多大程度上实现你的理想。此时,最重要的是找准自己所在的位置。

　　你可以选择城市作为你的出发点,那里有舒适的环境,先进的设施,更多的机会,这些为个人的成功提供了便利的条件。无疑这是一条比较平坦的人生之路。但平坦的路很少能够直达顶峰。你也可以选择边疆,在那里,恶虐的环境,落后的设施,贫乏的生活,那里的一切都预示,成功的路上会布满荆棘坎坷。在舒适与艰苦之间,在平坦与崎岖之间,在个人幸福与国家需要之间,具有高尚理想的人会选择后者。这些人或许会被人嘲笑为傻子。但那些已经选择走上这条路的人知道,困难和挫折不是成功的障碍,它们就像是把矿石熔炼成钢铁的烈焰,为理想的实践者们铸就了抵抗磨难的钢铁般意志,最大限度地开发出他们的聪明才智,使他们在献身边疆,建设国家的过程中看到了自己的人生价值,实现他们的理想和抱负。

　　在我国,发达的地区需要人才,落后的地区更需要人才。从新中国成立那天起至今,每年都有许许多多的有志青年跨出校门,奔赴边疆。一代又一代热血青年同当地的各族人民一道用鲜血和汗水推动着边疆地区的经济、政治、文化等各项事业的快速发展。今天,西部大开发已成为新世纪国家发展战略之一,到边疆去工作,志愿到西部做扶贫支教成为新世纪的有志青年实现理想的途径。

　　为实现全国人民的共同理想,实现全民的共同富裕,广阔的西部、富饶的边疆呼唤着有志青年去施展才能,一展宏图。

(谢殿军　祖嘉合)

**【思考题】**

　　1. 从胡春华自愿献身边疆,报效国家的事迹中,你感受最深的是什么?
　　2. 我们如何在国家的西部大开发中,为西部的发展作贡献?

---

① 该案例改编自张菁:《雪域春华》,1995年3月30日《北京大学校刊》第4版。

## 案例三  北大走出的第一个村支书

吴奇修,湖南人,1983年以湖南省娄底地区高考"文科状元"的成绩考入北京大学经济系学习。进入北大后,吴奇修计划是读本科、读硕士、读博士,然后去教学当教授。在大三时,他已经开始为考研做准备。他选报的专业是中国经济管理思想,涉及大量的中国古代的经济典籍。他以惊人的毅力勤奋地学习古汉语,以至他要报考的导师曾说,以他在古汉语方面所下的工夫,即使是报考中文系古汉语专业的研究生也不成问题。但一次社会实践改变了一切。

1986年7月,吴奇修与班上几个同学回家乡湖南省涟源县搞调研。县领导在与他们见面时谈道,人才不足是制约涟源经济发展的最大难题。暑假结束后,县领导又到北京邀请就读于北大、清华的家乡学子座谈,恳请大家毕业后能回家乡工作。吴奇修至今对那次座谈会记忆犹新,因为就是在那次座谈会上,他最终下定了回乡的决心。1987年4月,吴奇修给娄底地委和涟源县委各写了一封信,表示毕业后回家乡工作。

1987年7月,在当地人们的一片流言蜚语,是傻子、糊涂蛋的议论声中,吴奇修开始在涟源计委工作,负责经济协作和对外的招商引资。1991年,他出任桂花乡民主村扶贫工作组组长,目睹了当地农民的极端贫困,他决心用自己的知识改变那里的贫穷。1995年,吴奇修主动请求到涟源县南部山区偏僻闭塞、贫穷落后的石门村担任支部书记,在家人"人家的官越做越大,你倒好,官越做越小"的抱怨声中,吴奇修开始了自己的创业生涯。

在这个洪水肆虐、经常断电、基础薄弱的村子里,吴奇修开始了他招商引资,带领村民脱贫致富的艰难历程。1996年春节,许多在外经商的石门人回家过年,在大年三十下午,吴奇修召集了一个有20多位回村过年的在外经商的厂长、经理参加的"振兴石门座谈会"。会上,吴奇修详细讲述了自己对石门经济的整个计划及面临的困难,恳请大家为石门的发展献计献策、回乡办厂、出钱办厂,并把自己靠工资积攒下来准备买年货的2000元钱捐献出来,得到了大家的热烈响应。这一次为他为石门争取了120万元的资金。随即,一条水泥路取代了过去那条汽车在雨天难以进村的土路,村后的石门河道改直减少了洪灾,道路两旁建起门面房出租,增加村里的纯收入。

投资环境的改善,吸引了在外经商的石门人带着资金回乡投资。到1996

年底,村里已引资投产了 5 家企业,年生产能力达到 1.5 亿元,石门村一年脱贫。这一切仅仅是开始,为了使村里经济更加发展,吴奇修开始到外地去寻访投资项目。他曾千里迢迢到乌鲁木齐、深圳、北京等地去跑资金、找技术、找市场。现在,在吴奇修的带领下,石门人均年收入从原来的 480 元增至 8600 元,在当地率先实现现代化。石门村从后进村、失控村变成"全国文明村"。山里人过起了城市人的生活。而他本人则在 1999 年被评为"全国十大杰出青年"。2002 年被选为党的十六大代表,并被选为大会主席团成员。①

**【案例分析提示】**

吴奇修,一个从穷困农村考入中国最高学府的农家孩子,北大的高材生,毕业时自愿选择到农村基层去工作,这在当时是一个轰动的新闻。然而,吴奇修毅然决然走这条路,并义无反顾地下到最基层,不仅仅在于他对家乡、对家乡人民的热爱,更因为他有报效祖国和服务人民的崇高理想。

在 20 世纪 80 年代中后期,校园里弥漫的是"让世界充满爱"和"年轻的朋友来相会"的歌声,在"到边疆去,到基层去,到祖国最需要的地方去"的口号感召下,大家关心的是如何建设四化、振兴中华,怎样最大限度地为国家作贡献。吴奇修选择去农村,就是这种融个人理想于社会理想的时代强音的体现,他从社会发展角度确立个人前进方向,知道农村需要他这样的人才。他曾说过:"我是共产党员,我要把青春和知识献给农民。""我生长在农村,是党和人民培养、哺育了我,自己的知识应当用来报效祖国和人民。""要把家乡改造得像广州、温州农村一样。"正是在这些信念的指导下,吴奇修来到农村,来到基层。为了实现他的理想,他东奔西走、南下北上,克服重重困难,终于走出了一条中西部落后山区脱贫致富的希望之路,走出一条当代青年知识分子独特的创业之路、成功之路。

吴奇修的成功证明了人生理想的实现不在于个人选择的道路是从发达的城市开始还是在落后的农村。关键在于是否将个人命运与国家命运紧紧连在一起,用自己的热情与才智,脚踏实地地去为社会、为国家作贡献。振兴中华、报效国家仍然是当今时代赋予青年一代的历史使命,广大的西部、广阔的农村比以往更需要像吴奇修这样的人才去施展才能。出国、考研固然能提高自己、

---

① 该案例改编自陈炯:《世纪末的理想主义者吴奇修》,1999 年 12 月 6 日《北京大学校刊》第 4 版。刘新平:《我自豪,我是北大走出的第一个村支书》,载《中国青年》2002 年第 20 期,第 14—16 页;2001 年 5 月 29 日《人民日报》第 4 版。

完善自己,但不能一辈子都去读书,读完书后总要作出选择,走向社会,通过努力工作来实现个人的目标、理想。不论去企业、机关,也不论去城市、农村,只有那些脚踏实地、勤勤恳恳的人,才能把工作做好。对此,吴奇修在北大赠言师弟师妹:"少发牢骚,多干实事"。

总之,人生道路的选择既要符合个人的兴趣和实际,更应该适合社会的需要,只有把个人的主观理想同社会的客观需要结合起来,才能做一个对社会有意义的人。俄国作家列夫·托尔斯泰曾说过:"理想是指路明灯,没有理想,就没有坚定的方向,而没有方向,就没有生活。"理想在人生中的重要性已为人们普遍认同。几乎每个人都有自己的理想。但是有了理想,不等于实现理想。理想的实现要靠人们在各自的人生道路上拼搏。走什么样的路去实现理想,是一个人走向成功的前提。在市场经济条件下,怎样使自己的选择既符合社会的需要,又能促进自己的发展和完善,最终实现自己的理想,是值得大学生慎重考虑的重要问题。

(谢殿军 祖嘉合)

【思考题】
1. 谈谈理想在人生发展中的作用。
2. 你认为应该怎样去实现人生理想?

## 案例四 为祖国的强大作贡献

1999年12月1日,"'九九'中国十大杰出青年北大行"的活动中,正在北京大学经济学院攻读博士学位的亿阳集团董事长兼总裁,36岁的邓伟,成为北大学子最感兴趣的人物。

说起邓伟,让人感触最深的是在1988年发生的事。那时,大学毕业不到4年的邓伟取得了公派出国留学资格。机票买好,就在即将迈出国门之时,一件突如其来的事情让邓伟收住了脚步。当时,邓伟所在的黑龙江省计算机研究中心从国外购进一套计算机系统。原本只有8万美元的东西,到了中国却要价80万美元。而且,人家明白无误地亮出底牌:爱买不买。邓伟愤怒了。然而,愤怒旋即被无奈淹没:我们需要,我们没有,我们只能用美元换科技。邓伟的拳头重重地砸在桌子上。很快,他退掉了机票,向领导递上一份辞职报告:"我要办自己的计算机开发公司,外国人有的中国人也能有。"那年年底,5个年轻人在哈尔滨办起了一个电子应用技术研究所。他们瞄准了世界最前沿的电脑数据库技术。

1989年,大庆石油管理局从美国引进的一套中型计算机系统电源出现故障。若引进新电源,不仅需1年多的时间,而且,进口设备的配件价格极高,1个电源就要6000美金。于是决定修理。但国内电脑公司因没有图纸望而却步,国外一些电脑公司则趁机开出"天价"。邓伟找上门去:"让我们试试吧。"几个小伙子围着计算机通宵达旦20多天,终于以6000元人民币的成本使电源恢复了功能。最后,整个系统共为国家节约35万元人民币。这次成功使邓伟找到了感觉:"这就是知识的价值。只要我们有了尖端技术,不信比外国人做得差。"

1996年,邓伟的成功终于让中国人在外国人面前扬眉吐气了一把。当年,正是"大哥大"风起云涌之时。起初,为防止国外独家企业的垄断和高额盘剥,中国先后引进了美国、日本、德国等7个国家的移动电话设备,不久我国也开发出一套。随之而来的一个问题是:各种制式互不相容,使中国的移动电话网络成为世界上最复杂的网络,人称"八国九制"。如何使各种制式的通讯系统互联、互通、互用,成了中国电信的一个难题。此时,外国人又出现了,开价50亿人民币。邓伟的眼睛被这个天文数字刺痛了。他想起了海湾战争中的伊拉克,从通讯系统到网络管理系统,全部从美国引进,因此,在战争中,美国人没费一枪一弹,伊拉克的通讯便全线瘫痪。邓伟挺身而出:"中国人有能力开发自己的电信网管系统!"数月后,邓伟和他的伙伴实现了交换机设备与网管系统同时割接并一次成功,这在世界上还是第一次。那以后的两年间,邓伟在全国22个省完成了移动电话网网管系统工程,现在正在向除台湾省外的另外9省进军。据测算,这套网管系统全部做完只需3亿元人民币。

此后,邓伟不断开拓创新,他领导和主持了几十个电信、交通领域的计算机应用系统开发项目,为振兴民族工业作出了重大贡献。其中如中国电信移动网管系统、电信综合计费系统、高速公路机电系统和智能客户服务中心系统等,在技术上达到了世界先进水平,有效抵御了外国的经济侵略,取得了显著的经济效益和社会效益。

作为一名民营企业家,邓伟领悟到,民营企业的发展除了靠自己的产品打开市场外,更离不开国家政策的支持。在他看来,没有国家20年来改革开放的大好形势,也就不会有今天的亿阳集团。为此,邓伟把亿阳集团的理想定义为:"为祖国的繁荣富强,做亿阳之卓越奉献"。现在,亿阳集团正在加紧研制,批量出口能挣外国人钱的应用软件产品——"信息弹"。

在邓伟创办企业后,随着事业的发展,他感到自己知识的贫乏,他先到哈工大学习工商管理学,1998年邓伟考上北大的经济学院,攻读博士学位。

亿阳集团10年来市场附加值增加了1万倍,1997年被国家科委认定为国家重点高新技术企业。1998年实现产值3亿元,为国家上缴利税9740万元。[①]

**【案例分析提示】**

理想信念是人的深层次价值观念、信仰追求、生活态度、奋斗目标的集中体现。一个人可以有多个理想,但都无外乎以下四类理想:生活理想、职业理想、道德理想、社会理想。相对个人理想,存在着国家和人民的社会理想。社会理想应成为个人的最高理想。

在人生旅程上,常常会出现个人前途与国家需要发生矛盾的状况。如何解决这个矛盾,是衡量一个人理想层次高低的尺度。人们都清楚,社会、国家的需要远远高于个人的需要,国家的前途更是远远大于个人的前途。目前,我国正处于经济转型期,市场经济的逐步确立,社会竞争的日益加剧,使人们在注重个体的发展和完善时,不同程度上有忽视国家需要和社会理想的倾向。在争先出国镀金的潮流中,为满足国家需要而放弃个人前途的人并不是很多。而邓伟,就是其中的一个。

在邓伟的心中,国家利益是放在首位的。为了国家不再受制于人,为了中国的通讯电子技术不再落后,他毅然辞掉公职,创办企业,这是何等的勇气、魄力和信心!邓伟不仅创造了中国通讯电子领域的辉煌成就,而且在造就了一个拥有无限活力的企业,与此同时提升了自我,实现了个人的理想和抱负。从他的身上,我们看到,个人的前途应以国家的前途为基础,个人理想的实现应建立在对国家利益的维护之上。个人的贡献是社会发展的基础,但这种贡献又必须以社会的需要为前提。个人理想只有植根于社会共同理想之中,才能开出绚丽的花朵,个人的前途也只有与国家的需要共命运,才有辉煌可言。

对于人生起点比较高的大学生来讲,应该清楚地了解个人理想和社会理想的相互关系,从更高的角度确立理想,最大限度地满足社会需要的同时实现自我价值,而不是仅仅局限于满足个人物质利益的追求。人作为生物存在,当然首先要满足衣食住行的物质需要,因此,一些大学生希望将来多挣钱、住大

---

① 该案例改编自郑桂红:《不怕WTO的民营企业家——邓伟》,1999年12月6日《北京大学校刊》第4版,1999年8月9日《中国青年报》。

房子、开汽车,生活得富足,这无可厚非,毕竟我们的物质生活水平在不断提高。但是这种理想如果只是限于个人生活和工作层面,那只是一种"燕雀之志",以这种理想追求为人生目标,很容易限制大学生的潜力的充分发挥。因此,把自己的发展同国家的繁荣富强紧密联系在一起的理想,才是当代大学生应该确立的"鸿鹄之志"。

(谢殿军)

【思考题】

1. 你是如何看待共同理想与个人理想的关系的?
2. 有人说:"如果我个人不能得到很好的发展,又怎么能为国家作贡献呢?"你如何看待这种观点?

## 案例五 在信念中诞生的生命奇迹

袁和是一位上海姑娘,一名在美国马萨诸塞州蒙特·荷里亚女子学院攻读硕士学位的中国留学生。几年前,已经30多岁的她,为了踏出国门学习,实现自己的愿望,开始了出国前的准备。她白天在街道的小工厂里和那些老大妈们一起糊纸盒赚钱,晚上躲进一间小屋借着昏暗的灯光读外语。就这样,她以顽强的毅力通过了出国外语考试。

踏上美国的土地,尽管一切都是新鲜的——但这一切没有使她驻足。过往岁月已经耽误了太多的时间,她要用超常的努力,赢得别人已经得到或没有得到的一切。在的她心中有张人生的进度表:读硕士,攻博士。

然而,这个进度表刚刚翻开,到美国才两个月的袁和就被罩上了"死亡"的阴影。命运给了这个倔强的姑娘一个无情的"下马威"——美国医生诊断:癌症。不久,再次探查的结果是,癌细胞转移。她成了一个被现代医学宣判了死刑的人。

死亡向袁和这个弱女子扑来。这种恐惧对于任何人都是难以承受的,何况她这个身在异乡,孤独无援的姑娘。除了那种明明知道起不了多大作用,只是延缓那一刻到来的化疗、手术,大家都束手无策。于是,有人劝她回国去,那里毕竟有亲人的照顾。也有人劝她留下来,因为美国是一个自由的国度,在这里可以吸毒,可以放荡,为所欲为。人之将死,不就想减轻痛苦、转移压力,多享受几天人生的快乐吗?

路就在她的脚下,何去何从她可以自由选择。袁和没有回国,也没有去吸毒,去放荡。她对别人说,我还想读书,想得到硕士学位。

她的同学把她的愿望告诉医生,那位美国医生连连摇头:"不可能,这是根本不可能的。按照经验,她只能再活半年。想要得到硕士学位证书,这只是一种幻想,美丽的幻想。"

袁和正是怀着这种渺茫的幻想重新走进教室,走进图书馆,走进一个新的希望。她仿佛忘记自己是一个癌症患者,一个被现代医学宣判了死刑的人。她拼命地读书,仿佛要把心中的痛苦,统统倾倒在浩如烟海的知识海洋里。两年多的时间,她把死亡当成一支生命的拐杖,倚着它,无所畏惧地前行。她在教室里晕倒过,但醒来,她依然又走回教室;她吃下去的饭,被无数次地吐出来,但她仍再一次顽强地咀嚼,咽下去。

一个休息日,她在宿舍里看书,突然一阵眩晕,摔倒在地上。就在那冰凉的地上,她整整昏死了十几个小时。当她醒来的时候,已经是第二天的凌晨了。手脚已经不听大脑的控制了,然而,在一片思维的空白中,她分明听见一个声音的呼唤:"站起来,站起来!"终于,她爬了起来,站立起来。

脚下是一种深浅不一的足印,尽管她曾胆怯过、犹疑过,痛苦难耐时,也想放弃追求。但她终于战胜了自己,战胜了人的懦弱、绝望中的自戕。一年多时间的苦熬,一年多向死亡的挑战,袁和,这个顽强的姑娘,终于穿着长长的黑色学袍,一步步走上了学院礼堂的台阶。她用颤抖的双手,接过院长亲自为她颁发的硕士学位证书。

对于袁和来说,这是她一生中最激动和难忘的一天,她终于用自己的毅力和意志,把幻想变成了现实。教授们和那些来自不同国度的学生们,在台下为袁和鼓掌。他们看到了勇气,看到了无畏,看到了人格的力量。这是人的骄傲!

袁和并没有停止她生命的进程,她又以顽强的毅力去攻读博士学位。但是不久,病魔终于夺去了她年轻的生命。

一个普通生命的消逝,在那一方土地上引起了很大震动。马萨诸塞州的4家报纸都刊登了袁和的大幅照片。报纸撰文称赞袁和的一生,是人类"关于勇气的一课"。

蒙特·荷里亚女子学院破例下半旗两天,向这个普通的中国女留学生致敬。他们还设立了"袁和中美友谊奖学金"以奖励那些对中美文化交流事业作出贡献的人们。在学校附近的草地上,学院为袁和立了一块碑。袁和以她的勇气和毅力,在异国他乡塑造了中国人不朽的形象。这是一个让人钦佩和折服的形象！若说奉献,这就是她为祖国作出的最大奉献。

袁和在给自己的父母和亲人口述的遗言中说到:"我很骄傲,因为一个普通的女子能够和癌症拼搏,向死神挑战……""许多美国人对我说,这在美国是不可思议的。其实,中国人不都像他们想的那样,只会烧饭,或者卑躬屈膝。很多人一讲到中国,只讲中国人怎么受苦。是的,中国人受的苦是够多的,可以说是多灾多难。但是,中国人的勇气,中国人的力量,是和中国人的困苦同时存在的。只要我们大家共同努力,尤其是那些立志改变中国的人共同努力,中国总会强大起来。""如果有人问我,在生命的终点,你还有什么希望？我便回答他:我希望有一天看到我们的民族能够好起来,不再被人家瞧不起,它能够胜过别的民族！那时,我才能真的闭上眼睛……"[1]

**【案例分析提示】**

信念,是人生的支柱,是人类战胜灾难的力量源泉。在我国古代,姬昌囚羑里演《周易》,韩非困秦写《说难》,司马迁遭宫刑写《史记》等许许多多的典故,激励了一代又一代的人去同灾难、同死亡搏斗。今天,袁和与死神抗争的事迹,留给我们的不仅仅是那顽强不屈的精神,她教给我们的是怎样去把握命运,去向人们证明,死亡对人来说并不可怕,可怕的是人失去理想,失去生活的目标,失去战胜死亡的信念。

人总是要死的,这是自然界存在的基本规律。但是,如何看待死,体现了人们对人生的态度。在死亡突然降临之际,强者和弱者最大的不同是:弱者把自己的生命交到死神的手里,而强者却紧紧把握自己,去挑战死神。一个被医生宣判了只能活半年的癌症患者,却同命运进行了顽强的抗争,不但把死期延长到让人难以相信的地步,而且还获得硕士学位。这是何等的精神！袁和证明的不仅是她自己,更向世界证明了人类的伟大。

疾病可以摧垮人的肉体,但摧不垮人的精神,摧不垮人的信念。在袁和的心中,为祖国的强大而去拼搏是她的理想。这一坚定的信念正是她与死神搏斗的力量源泉。

袁和,这个普通的中国姑娘,在大洋彼岸引起了巨大的震动。她并没有为美国做出什么,但她带给美国人的是中国人为理想而同命运搏斗,同死神抗争的不屈精神。她在美国塑造了中国人不朽的形象。

(谢殿军 祖嘉合)

---

[1] 该案例改编自马役军:《她赢得了另一个世界》,《家庭》1995年第7期。

【思考题】
1. 你认为人生信念的基础是什么？你的人生信念是什么？
2. 我们应从袁和身上学习什么？

## 案例六　为实现理想向生理极限挑战

2000年8月10日,山东省蓬莱市东部海滩上,在现场一万多双眼睛的注视下,在全国上亿电视观众的关注下,一个人奇迹般从海里站立了起来。他目光炯炯、步履矫健,双手高举向拥来的人群致意。他就是不借助任何漂浮物,用了50小时22分钟横渡了渤海海峡的北京体育大学青年教师张健,他创造了男子横渡海峡最长距离的世界纪录。

张健,在20世纪80年代就曾有过横渡海峡的壮举。1988年5月,张健用9小时19分游完了29.5公里宽的琼州海峡。12年后在渤海海峡,他克服了体力、逆风、逆流、航向偏离、泳衣磨损等诸多不利因素,成功横渡了渤海海峡。张健横渡渤海海峡用时50小时22分,总行程123.58公里。

横渡渤海海峡后,张健把目标投向英吉利海峡和中国的内陆湖泊。

2001年7月30日凌晨1时26分,经过近12个小时的搏风击浪,张健终于胜利地横渡了英吉利海峡,成为中国征服英吉利海峡第一人。当有人问他横渡英吉利海峡的目的又是什么时,他答道:"随着人们生活水平的提高,与大自然的距离越来越远,作为一名体育工作者,我想通过这种体育精神,来推动人们回归自然。关于英吉利海峡,早在1875年就有人成功地横渡了,但至今还没有中国人横渡成功。我想,外国人能做到的,中国人也能够做到,就像北京申奥,我们中国会做得更好。"

2001年8月28日,张健从长白山天池东北侧的紫霞峰下入水,沿天池中朝水上边界平行距离200米的中国一侧前行,历时1小时5分17秒,抵达长白山西坡的悬雪崖下,成功横渡了全程直线距离为3370米的长白山天池。

2002年8月3日,经过12小时1分钟的奋力拼搏,张健在云南抚仙湖横渡成功,为中国人首次在高原地带进行超长距离的横渡活动划上圆满句号。这是他游内陆湖系列活动的一次冲刺,也是他第一次接受低浮力、高海拔、强紫外线的严峻考验。

2003年8月2日,张健用了8小时53分钟,成功横渡青海湖。

张健在不同地水域一次又一次地向人类体能的极限发起挑战。在他看来,横渡渤海成功的最大意义并非在于游过的长度,它体现的是人的一种信念。他自认为不是天生的充满信心的人。他回顾在渤海里的感受时说过:"在这 50 多个小时里,我在不同的时间里有不同的困难。意志最薄弱的时候是在第一天夜里。当时浪一打过来就打在我的舌根部,直犯恶心。白天吃的东西,也都吐了出来,胃里很不舒服。当时风高浪急,我甚至有了放弃的念头,很想上船,精神非常脆弱,但后来逐渐适应后就好了一些。""但当我看到身边有许多关心、支持、帮助我的人时,无形中就产生了一股强烈的推动力。通过一些科学的调整,使我更有信心,有能力完成横渡。"

张健曾说,他这一生最大的愿望就是能够横渡中国的三大海峡:琼州海峡,渤海海峡,台湾海峡。除此之外,他的主要目标就是想让现在国际上比较流行的极限运动,越野挑战,铁人三项运动在我国得到蓬勃的发展。①

**【案例分析提示】**

理想有平凡和伟大之分,我们总是讴歌那些有伟大理想的人。但是很多看上去很平凡的理想,却蕴涵着不平凡。张健的理想就是在一生中能够横渡中国的三大海峡。用他的话来说:"人的一生,总得给社会留下些什么,我所能留下的,只有游泳。"在他的言语之间,说尽了一个人的价值与平凡。但是,在这种平凡与普通之中,我们却看到了一种精神,一种不怕困难,为实现理想而勇于向生理极限挑战的精神。沧海有涯志无涯,大海再大也有边,但人类的追求和理想却是无限的。生命不息,奋斗不止。正是这种无限的追求和理想,使人能够挑战极限,不断证明自己。

平凡之中孕育着伟大,伟大总是从平凡起步。从张健的身上,我们看到了中国青年勇于挑战自然、顽强拼搏的意志,一往无前、争取胜利的决心和信心。张健从事的不再仅仅是一项体育活动,张健的壮举已远远超出了体育的范畴,他的身上体现着不屈不挠、勇于进取的中华民族精神。他代表的也不再仅仅是他个人,他代表着中国人民,向大自然的危险挑战,向自身的意志挑战,向人的体能极限挑战。

"铁人精神"、"女排精神"曾经激励过许多人,张健的多次横渡表现出的顽

---

① 该案例改编自史宗星:《张健成功横渡英吉利海峡》,2001 年 7 月 31 日《人民日报》第 7 版;薛原:《张健成功横渡抚仙湖》,2002 年 8 月 4 日《人民日报》第 3 版;刘磊:《张健横渡渤海湾成功》,2000 年 8 月 11 日《人民日报》第 1 版、第 5 版。

强拼搏、奋发向上的精神也一定会鼓舞更多的炎黄子孙为中华民族的伟大复兴而贡献力量。

(谢殿军)

【思考题】

1. 从张健的身上你学到了什么？

2. "人的一生,总得给社会留下些什么,我所能留下的,只有游泳。"从张健的这句话中你能感悟到什么？

## 案例七　一个优秀的战地记者

吕岩松,第十届"中国十大杰出青年"称号的获得者之一。1989年于北京大学俄语系毕业后,分配到人民日报社工作,1991年至1993年期间任人民日报驻莫斯科记者,在1996年5月,他出任人民日报常驻南斯拉夫联盟共和国记者。

在南斯拉夫,吕岩松传奇般的采访报道,让世界上热爱正义的人们了解到南斯拉夫战事中真实的一面。当时,他除了完成《人民日报》的报道任务,还要为网络版和每周一期的《环球时报》撰稿。北约开始轰炸南联盟后,《环球时报》连续有9个头版头条都是出自吕岩松之手,这是《环球时报》创刊以来所没有过的。

科索沃危机爆发前,吕岩松多次去过波黑、科索沃,甚至在科索沃的大山里见过"科索沃解放军",这是需要相当勇气的,因为那些激进的阿族武装分子对中国记者很不友好。吕岩松冒着被阿族分裂主义者袭击的危险,深入科索沃腹地采访冲突双方的武装人员和居民,想方设法了解详细情况,昼夜赶写并发回了数十篇对南联盟时局分析、评论的稿件。

1999年3月24日,以美国为首的北约在未得到联合国授权的情况下,对一个主权国家实施空中打击。吕岩松在空袭发生后两个小时即向本报发回了独家新闻,并于当日在《人民日报》第一版发表,得到中央有关部门的充分肯定。在以后的40多天时间里,他不顾个人安危,冒着随时可能被北约飞机轰炸的危险,多次深入到被北约轰炸的现场。他的战友、《光明日报》记者许杏虎生前在《光明日报》发表过一篇文章《战火中的中国记者》,其中专门有一节是描写吕岩松的。许杏虎在文章中说,吕岩松所采访过的被轰炸的地方是所有中国记者中最多的一个。

1999年5月8日,以美国为首的北约对我驻南联盟使馆发动野蛮的空袭,从航空母舰和轰炸机发射的五枚导弹从不同角度打入我驻南联盟使馆。新华社记者邵云环、光明日报记者许杏虎、朱颖三位烈士当场被炸身亡,为国捐躯。曾与三位烈士一起出生入死的吕岩松幸免于难。在死神与他擦肩而过的危险时刻,吕岩松忍受着失去战友的巨大痛苦和对袭击者满腔的愤恨,在死里逃生的时候,没有带上个人物品,却本能地带上了照相机、摄影包和海事卫星电话等新闻工具,匆匆离开烈火燃烧的房间后,第一个向国内报回了这一震惊世界的严重事件。与此同时,吕岩松还立即着手进行现场新闻报道。他第一个详细报道了我使馆被炸事件,第一个发回了确认我三位记者为国捐躯的噩耗,第一个发回烈士的现场遗照,第一个准确报道北约使用了五枚导弹。

《人民日报》刊发了他抢写的现场消息《北约野蛮轰炸我驻南使馆》和新闻特写《血的见证——中国驻南使馆被炸目击记》和他冒死抢拍的数十张新闻照片中的五张。当天,他还为人民日报国际部主办的《环球时报》口述了一万多字的新闻稿,以《我亲历中国使馆被炸》为题发表在次日的《环球时报》特刊,这一作品和该报刊发的他关于烈士的回忆文章一起,全方位、多角度、高度准确地详述了事件的全过程,有力地揭露了霸权主义者的凶恶面目。

接下来的日子里,吕岩松以惊人的毅力和旺盛的斗志,及时、全面地报道我国政府处理驻南使馆遭北约袭击事件专门小组的活动,写出《异国恸哭诉悲愤》、《最后的诀别》等一篇篇饱含爱国激情的报道,拍摄了一幅幅震撼人心的新闻照片。他的文字作品,已经汇编成集出版;他的战地摄影,也以《目击暴行》的展名,在北京和全国许多省市展览。

5月11日,当飞抵南斯拉夫的中国专机接烈士的遗体和其他人员时,吕岩松坚决要把妻子送回中国,而自己却继续留在南斯拉夫坚持采访报道。

后来他对同事们说,大使馆被炸的当时,他的精神几乎崩溃。但作为一个记者,他表现出高度的政治责任感和极强的新闻敏感。他认为,作为记者,一定要有"专业精神"。提起"专业精神",吕岩松曾对《人民日报》编辑部的同仁说过:"不入虎穴,焉得虎子?没有第一手材料,写不出好作品;没有牺牲精神的记者,永远成不了优秀的战地记者!""我所做的仅仅是记者的职业道德所要求的。当然,作为一个人,我会想那是我的兄弟姐妹,而作为一个中国人,我会想到对祖国的忠诚。"

吕岩松一再强调,他只是留在南联盟的中国记者中的普通一员,大家的风险概率是一样的,并不存在一个特别的勇敢者。他说他所做的是记者的职业道德要求他必须做的,其他记者也像他一样,因此任何特别的荣誉对他来说都是奢侈的,特别是当几名记者已经牺牲的时候。当记者要采访他本人的事迹时,他一再说:"有的同志已经牺牲了,而我还好好地活着,我还有什么好说的呢,要说就多说说那些死去的战友吧!"[①]

**【案例分析提示】**

大凡有理想的人,都渴望能体验理想实现那一时刻的喜悦。但是,任何理想,特别是崇高的理想,它的实现都要有一个过程。在这个过程中,无论多么崇高的理想,如果只挂在口头,而不去脚踏实地地践行,那也只是海市蜃楼。

在吕岩松的言语中,没有豪言壮语,但是他所做的一切,却表明了他具有崇高的理想和坚定的信念:为了国家的利益,不惜牺牲生命;为了正义的事业,可以喷洒满腔热血。他的这种崇高理想和信念不是挂在嘴上,而是见诸在工作和生活中。他走过的人生旅程证明:他既是一个理想主义者,更是一个行动主义者。在南斯拉夫的日日夜夜,他与他的战友为了和平,为了正义,为了祖国,为了党和国家的新闻事业,公而忘私,夜以继日,奋力拼搏。炮弹的爆炸声就是他们的采访线索,炮弹飞向哪里,他们就冲向哪里。这种对事业的忠诚,对祖国的忠诚,不正是其崇高理想和坚定信念的体现吗?置生死于度外,恪尽职守,不辱使命,展现的不仅仅是一个具有崇高理想境界的新闻工作者拥有的气节,更是中国人民誓死捍卫国家主权、英勇保卫世界和平的气节。

作为一名普通新闻记者,吕岩松的理想是在他的稿件中实现的。作为一名战地记者,他的理想又是在血与泪的报道中实现,更是在硝烟与战火中实现,在生与死的考验中实现的。理想的实现,不必需要豪言壮语,需要的是:在本职工作上的兢兢业业,在关爱他人时的挺身而出,在维护国家利益时的奋不顾身。

(谢殿军 祖嘉合)

**【思考题】**

1. 你怎样理解树立理想和实现理想的关系?
2. 在社会主义建设过程中,你将如何定位和实现你的理想?

---

[①] 该案例改编自草青:《新闻背后的新闻人物吕岩松》,1999年12月6日《北京大学校刊》第4版;陈特安、刘华新:《青春在战火中闪光》,1999年5月19日《人民日报》第1版;贺劲松:《飞翔在战火中的凤凰》,2000年5月6日《人民日报》第2版。

3. 你怎样理解崇高理想和平凡生活的关系?

## 案例八　一辈子做中国的"牛郎"

2003年12月25日,86岁的美籍专家、原机械工业部顾问阳早因病去世。党和国家领导人胡锦涛、江泽民、曾庆红等以不同的形式对阳早去世表示沉痛哀悼。在阳早的讣告上,有一句评语"为全人类的解放而奋斗",此为阳早夫人寒春执意添加。寒春解释此话说:"我们在中国呆了一辈子,不是为养牛而来中国的,是为信仰而来。"

1946年8月,康奈尔大学农牧系27岁的毕业生欧文·恩格斯特(阳早)受《西行漫记》影响,辗转半年到延安。他要亲眼见识创造了"小米加步枪"和"长征"神话的毛泽东。1947年,毛泽东领导的2万兵力打败了胡宗南20万军队。阳早坚信社会主义的胜利,决定留在中国。1948年,阳早的未婚妻寒春来到中国,她曾从事核物理研究并参与投放广岛、长崎原子弹的研制。1949年,他们在延安窑洞里成婚。当年的政治土壤成为他们日后怀念和向往之事,2004年,83岁的寒春对比今昔,感慨道:"那时啊,真是好,大家想的都是国家大事。每个人的心都是透明的……"在陕甘宁交界处,阳早和寒春带着83头荷兰奶牛落户陕北定远县开始了他们为理想而奋斗的人生。那是一个蒙汉混居的地区。一次,一个汉族人把蒙族人的狗打伤了,共产党干部开了一个星期的会批评汉人。阳早、寒春深信:"这样的党将会把社会主义蓝图变为现实。"

1955年,阳春、寒早带着1000多头奶牛落户西安草滩农场。阳早对第一个五年计划的响应是:"让贫奶的中国人都喝上新鲜牛奶。"这年,新中国第一代儿童喝上了他们生产的牛奶。10年草滩农场的生活给他们留下了"条件很艰苦,心情很愉快,大家一个心眼干社会主义,奔共产主义"的愉快记忆。此间,他们研发了奶牛青饲料铡草机。

1966年,阳早、寒春被迫离开农村,分别在中国电影发行公司、中国对外友协图片社做翻译。阳早心情郁闷地说:"养牛的人怎能住楼房?"在他们的强烈要求下,1972年,他们到北京郊区的红星公社亲近了土地,亲近了牛。阳早设计安装的管道式挤奶设备、寒春设计的直冷式奶罐在中国率先实现了奶牛饲养机械化。

从1982年起,他们在河北沙河小王庄农机院农机实验站从事牛群饲养和改良。初到小王庄,阳早明确"改良牛群必须用最优质精液和胚胎移植"。阳早遂用自己的钱买回美国、荷兰优质种牛精液和胚胎。在美国,一个胚胎1400美元,一头公牛精液100美元。他们用自己的钱买了多少?阳早耸耸肩:"天知道。"有时钱不够,他们还用东西和儿子兑换美元。阳早说:"用中国给我的钱给中国买东西,应该的。"20年光阴,他们使小王庄以优质、纯净、高产、低耗的奶牛闻名全国。2003年,每头牛的牛奶产量达到9088公斤,位居全国之首。曾享盛誉的"卡夫"酸奶源自小王庄奶牛。现在他们的奶牛供应给"三元"乳品厂。牛场负责人说:"没有这对老革命,牛场不会有今天。"他根据国外的资料改造养牛机械,为防"下雨积水,牛容易生病",他设计了被业内称道的"牛性化"坡道。阳早研制的"牛奶管道的自动洗涤与消毒"、《奶牛场成套设备研制、牛场设计和中间试验》成为业内解放生产力的示范设备。寒春记录了1963年至今各种挤奶器工艺,对其使用寿命和奶的细菌含量的影响。她设计的牛情表格让畜牧研究所的专家汗颜。20年中,寒春每天早上5点巡视牛群。凡落灰之处写上 clean(清洁)。阳早一天大部分时间置身牛群,发现问题,解决问题。320头牛,头头在心。他们给牛场立下规矩:一分钟能解决的事不能酿成大事,今天能做的事不能拖到明天。一天,寒春发现新生的牛耳朵上无打号印记,她对值班人员发火,"昨晚能做的事为什么要等到今天?你有说服我的理由吗?"

三年自然灾害,阳早一家有细粮,但他以"不搞特殊化"拒绝了,愿和中国人一样,以红薯干、萝卜充饥。他坚信:"能使穷人翻身的毛也能让人民过上好日子。眼下的苦难是社会主义建设中不可避免的。"周恩来5次接见他们,次次道"辛苦",阳早回应总理:"给社会主义干活,心甘情愿。做心甘情愿的事不谈辛苦。"改革开放后,阳早、寒春习惯地过着中国人已不习惯的物质生活。老朋友用"简单至极"形容。阳早出门一般带饭。一次去天津,他带了两个馒头、两个鸡蛋、两个苹果。午饭时,他分一半给司机,司机说去馆子吃面。一次,王震宴请他们,阳早扫了一眼宴席后罢宴,王震忙换上豆腐白菜。他固守着革命不是请客吃饭的信念。

农机院表彰阳早、寒春是白求恩式的国际主义战士和具有牛的精神——吃草挤奶。阳早笑答:"我们吃了中国人2万斤粮食,做一点有益于人民的解放事业,应该的。"

2001年12月下旬,阳早住院前一周,老朋友陈继周亲耳闻听了夫妇二人的对话。阳早说:"这次住进去,肯定出不来了。我要是死了,就把我埋在能看见牛的地方。"寒春说:"你有什么不放心的?"阳早说:"你要能把这群牛管好,我就放心了。"阳早在协和医院住院两年,寒春隔天一次探视。阳早研究她每

次带来的牛情报告,后因体衰不能过目,就让寒春读给他听,在病床上分析。他昏迷前,惦念的事情是牛的新居……①

**【案例分析提示】**

　　社会主义、全人类解放,阳早和寒春追求了一生。2003年12月25日,美国人阳早终结了追求社会主义的脚步。

　　1946年,27岁的美国青年欧文·恩格斯特为信仰而来,之后,他和他的妻子寒春为他们的理想奋斗,六十年如一日,执著追求,近乎虔诚,信仰与行动一致。他们为了所追求的理想,生前,他们用所学的知识一点一滴、踏踏实实地实践,"用智慧和心养牛",他们让贫奶的中国人喝上了优质的牛奶,使中国的畜牧业有了长足的发展。他们解放全人类从解放身边人做起,他们为牛场的生病同事从美国买药,为受到不公正待遇的职工代言,为小王庄职工上医疗保险、养老保险、失业保险奔走呼吁。他们一生简朴,为自己不肯多花一分钱,他们的住房中,地上铺的是地板革,因年头太长,边沿上常破裂卷边,写字台是用砖头搭建的,凡到过这间屋子的中国人,都盯着这个写字台看,寒春解释说:"买的能用,搭的也能用,为什么不节省?"身后,寒春遵照阳早的嘱托:把他体内的心脏起搏器摘下,留给买不起起搏器的人;不搞任何形式的悼念活动;捐献遗体;用最简单最省事的方式处理骨灰,坚持树葬。

　　信仰是人们对某种学说、理论、主义的尊崇和信服,也是一种执著追求的意志行为。阳早和寒春把对社会主义、共产主义的信仰与自己的行为联系起来,使理想信仰成为自己日常行为的准则和指南,做了一辈子中国的"牛郎"。

　　信仰是人的精神家园的内核,不同的信念导致不同的人生。信仰决定人生的发展方向,一个人信仰什么就会以什么为目标,并做出相应的选择,走相应的人生道路。阳早和寒春是为了解放全人类这个崇高的目标到中国来的,曾经有人问他们的女儿:二老为什么在中国呆了一辈子? 当时在北京大学读生化的工农兵学员及平反问:"中国的许多老革命,为什么要从白区冒险到延安?"在中国他们的生活虽然是清贫的、简朴的、简单的,但是,信仰使他们充实,心有所依,神有所寄。科学的信仰使他们在困乏中获得力量,从苦难中体味幸福,在承重中有快乐,在艰难中有希望。生活的单调不能改变他们内心的充实,一切只因为他们有崇高的信仰,他们坚信自己为之奋斗的事业能够成功。

---

　　① 该案例改编自李彦春:《阳早、寒春一辈子做中国牛郎》,2004年1月29日《北京青年报》B2版。

阳早和寒春使我们见证了信仰的力量。一个人有了信仰,就会围绕信仰调动自身的力量,生命的效能就会集中到追求的目标上。如果说自然规律是制约人的活动的外在法则,那么,信念就是制约人的活动必然遵循的内在法则。

信仰也是社会的精神支点,是维系社会、集体的纽带和凝聚力。共同的信仰会使社会集体具有共同的目标,产生认同感,形成向心力,为实现共同目标集中力量,共同努力。对大学生来说,科学信仰的确立是十分重要的,确立科学的信仰不能一蹴而就,也不是一劳永逸,它是一个漫长的追求过程。它不仅需要知识,需要思考,更需要在实践中探索真理、坚持真理的精神。大学生为实现人生的信仰奋斗,贵在立志。志,乃是理想、决心、毅力。青年是立志的关键时期,历史上的许多名人志士,在青年时期立下大志,并一生为之奋斗不息。在实践中把理想化为现实,需要坚忍不拔的意志、艰苦奋斗的精神,没有这两点理想不会转化为现实,通往理想的道路很遥远,但起点就在脚下。

(祖嘉合)

【思考题】
1. 你读了这篇报道之后的感想是什么?
2. 你有怎样的信仰?你准备怎样实践信仰?

## 案例九 丧失信念就要毁掉一生

原河北省政府办公厅秘书、河北省国税局局长李真因受贿、贪污罪,2003年10月9日被河北省高级人民法院终审判处死刑。

当法官宣布上述判决后,李真的双腿抖了一抖。他反思自己走向毁灭的根源时说:"人可以没有金钱,但不能没有信念,丧失信念,就要毁灭一生。"李真缘何发出这种感慨?宣判前期,新华社记者乔云华在看守所与李真进行了以下对话。

记者问:你很年轻,有过重要工作岗位的阅历,但最终却走向了毁灭,问题的根子在哪里?

李真答:我对党的理想、信念产生了动摇。

记者问:你当初涉政时的理想是什么?

李真答:做个好秘书。

记者问：你给自己未来设计的蓝图不是要做一任封疆大吏或政府阁员吗？

李真答：是的。但这个想法是在从秘书到出任河北省国税局局长之后产生的。

记者问：为什么会有这种想法？

李真答：错误地认为有了大权就有了一切，走到哪里都是鲜花、美酒、笑脸和恭维，当然错误的是认为有了权力也就有了地位和金钱。

记者问：也就是说，你追求权力未必想的是恪尽职守，造福于民。

李真答：我觉得持这种想法的不是我一人。有些干部对党的理想、信念也产生了动摇，台上讲慷慨正义之词，台下想升官发财之路，平时干肮脏龌龊的勾当。

记者问：这是动摇你信念的最重要的原因吗？换句话说，在你整个信念动摇过程中这起了决定性的作用？

李真答：对我的信念产生致命动摇的除去看到个别高级干部逐渐走向堕落外，还有他们的子女。我看到个别高干子女吃、抽、穿、用极为豪奢，时间一长，就知道了其中的秘密。我也有一定的权力，需要一定的交往，他们能弄到钱，我就不能？于是"弄钱"的欲望一产生，信念也就从根本上产生了动摇。

记者问：你的精神支柱彻底坍塌后，到最后成了什么样？

李真答：我进来之前，也就是风闻上面要查我时，就想把一个箱子里的钱转移到香港，但一看箱子里的钱不满，我就通过朋友通知一个想承包某工程的老板说："让他先送来50万元人民币，等工程签完后，再从里面扣，否则我就要把工程承包给别人。"那个老板把钱送来后，填满了这个箱子，我就把多余的钱放在了另一个箱子里。

记者问：要是不进来，会不会还要把那个箱子的钱弄满？

李真没有说话。好长时间后，李真说："也许会的，人的欲望就是这样无度，但也应了那句话'上帝让你灭亡，就先让你疯狂'。"

记者问：你现在为什么把信念看得这么重？

李真答：人一旦丧失信念，就像一头疯狂的野兽，不是掉进深谷，自取灭亡，就是被猎人开枪打死。这也是我想奉劝在位的官员们的话。

记者问：如何纯洁操守、坚守信念？

李真答：一个人有权之后，最怕的就是失去监督，自觉接受监督就能时时矫正自己的脚步，也就是保证了自己党性的纯洁。过去因为没有人对我监督，说穿了是没有人敢对我监督。我仅在河北国税系统就插手了9个建筑工程，从中捞了不少好处。

记者问：现在什么对你还有诱惑？

李真答：(一字一顿地)生命和自由。

记者问：假如再让你出去，你首要做的是什么？

李真没有表情，嘴唇也没有翕动，却茫然地抬起了头。"假如，假如，还会有假如吗？"①

**【案例分析提示】**

这是一个特殊的答记者问。看过的人都印象深刻。

在李真自己看来，他的精神支柱的坍塌，除去受政界个别不健康因素影响之外，主观上主要是私欲膨胀、贪婪无度造成的。应该说，他对自己的这个剖析是正确的。

一个人的信念是以价值取向为基础的，价值取向是信念的基本构件，价值取向的变化决定着信念的变化。当李真的价值取向从为人民服务、奉献转变为捞取利益和特权时，他的理想和信念也从最初的当一个好秘书跟着变成了疯狂地攫取个人利益和金钱。他利用职权不择手段地向社会索取，以权谋私，大肆侵占公共利益。

他弄钱的欲望可谓大矣，在他担任河北省政府办公厅秘书、副主任、河北省国税局局长期间，非法收受或索取他人财物，折合人民币814万元，伙同他人侵吞公司股份折合人民币2967万元，李真从中分得财物共折合人民币270万元。一个箱子的钱填满了，再装一箱。风闻上级领导要查他的时候，还敢继续勒索，真像那个到金库中背金子的贪婪老大，直到最后被太阳烤死。

李真的案例使我们看到：一个人把金钱作为人生价值评价的标准，作为个人行为的唯一追求和最终目标，就会降低人的道德要求，使人随金钱增长而道德堕落，使人丧失长远目标而贪图眼前利益，使人生堕入发展的陷阱而不能自拔。

李真的案例也使我们看到：由于人生观扭曲而催生了腐败的"年轻化"。据广州市检察机关统计，1997年至2001年，广州市35岁以下的年轻国家工作人员职务犯罪总人数约占同期查办的职务犯罪案件总数的1/5。2002年，全国检察机关共立案不满35岁的国家工作人员贪污贿赂案件7331人，占全年的19.28%；共立案不满35岁的国家工作人员渎职案件2820人，占全年的

---

① 该案例改编自乔云华：《一个秘书的毁灭之路》，2003年10月10日《北京青年报》A2版。

29.14%。[①] 这些年轻干部有些是刚刚走出校园的大学生,大都接受过高等教育,这些人大都是单位的中坚力量,是挑选出来的重点培养骨干,由于经不住金钱的诱惑而铤而走险,最终落入囚笼。这些案件一次又一次告诉我们:政治信念缺失,实用主义泛滥,人生目的追名逐利,是导致人生毁灭的重要原因。一个党的干部只有确立了正确的理想信念,才会真正代表人民的最根本的利益。

(祖嘉合)

【思考题】

1. 理想和信念在人生中的作用是什么?
2. 对于腐败"年轻化"你有怎样的感想?

---

[①] 龙平川:《人生观扭曲催生腐败"年轻化"》,2003年9月16日《检察日报》。

# 第十一章

# 爱国主义案例及分析

爱国主义是千百年来生活于同一国家的人民,基于对民族、国家、人民的最高利益而形成的对祖国的亲切、热爱、依恋之情,以及在这种感情的支配下的社会伦理道德和社会实践行为。它在不同的时代虽有不同的表现形式,但它在谋求和维护全民族国家人民的最高利益的本质是始终如一的。

爱国主义是对祖国的一种最深厚的感情。爱国情感是人们对祖国的直接感受和情绪体验。爱国主义情感是一种巨大的凝聚和鼓舞力量,它使海外游子"落叶归根";它使莘莘学子立下报国之志,在艰苦的环境中建功立业;它使军人为保卫祖国安全,流血牺牲,在所不辞;它使千千万万的人民为祖国的繁荣富强,忘我劳动,顽强拼搏。

爱国主义是调整个人与国家、民族行为的道德规范。我们把爱国、报国、兴国、强国等看做爱国主义的高尚美德。爱国主义作为正确认识个人和祖国价值关系的人生价值准则,提倡一种集体主义的人生价值观,强调祖国利益高于个人利益,倡导一种报效祖国、为社会为国家献身的精神。

爱国主义是规范每个公民与国家关系的重要政治原则,强调每个公民对祖国的政治责任和义务。作为政治原则的爱国主义,其内涵主要有:(1)热爱祖国同热爱中国共产党、热爱社会主义的统一。(2)热爱祖国同建设中国特色社会主义的统一。目前我国还处于社会主义初级阶段,我们的经济、技术、文化水平还比较低;由于人口众多,人均国民生产总值仍居于世界后列;社会主义制度还存在不够成熟、不够完善之处。因此,逐渐摆脱贫困落后,使我国由农业国逐步变为现代化工业国,实现中华民族的伟大复兴和腾飞,已经成为全国各族人民的迫切愿望,成为社会主义爱国主义必须完成的历史任务。

爱国主义是人们身体力行、报效祖国的实践行为。这是爱国主义的最终目标。从爱国主义所涵盖的内容来看,大致包括爱国之情、报国之志和效国之力三个方面。只把爱国主义停留在口头上,空谈爱国情感、爱国志向,而不付诸实践的空头爱国者,不足称道。只有把爱国之情、报国之志化作爱国之行,言行一致,才能成为一个真正的爱国主义者。

人之所以爱国,源于对祖国和个人命运联在一起这一事实的理性认同。国家的命运、前途与个人的命运、前途息息相关,密不可分。爱国是一种责任,国家兴亡、匹夫有责。祖国养育了我,我就应该会报祖国。对在校的大学生来说,爱国的主要表现之一,就是刻苦学习科学文化知识,掌握建设祖国和保卫祖国的本领,成为祖国需要的有用人才。国家急需高质量、高水平的人才,大学生责无旁贷。因此,我们首先要认清肩负的历史使命,明确我们的学习任务和责任,把自己的学习活动与祖国的建设大业联系起来,与祖国的前途命运联系起来。

## 案例一 钱学森的报国情怀

钱学森1911年12月11日出生于上海,1934年毕业于上海交大,1935年赴美留学。1936年,钱学森在美国加州理工学院考取了冯·卡门教授的博士研究生。冯·卡门是美国航空科技领域的权威,也是声震全球的科技大师。当时,冯·卡门的研究重点集中在喷气式飞机飞行速度超过音速及导弹发射和火箭事业上。人们把冯·卡门称为"超音速飞行之父"。钱学森获得博士学位后,导师把他留在了自己的身边工作。很快,钱学森便在数学和力学这两个领域崭露头角。钱学森与冯·卡门共同开创了举世瞩目的"卡门—钱学森公式"。冯·卡门率先提出了高超声速流的概念,又由钱学森证明了这个概念。它的提出和证明,为飞机早期克服热障、声障提供了理论依据,为国际空气动力学的发展奠定了基础。从此,钱学森的名字传遍了世界。

第二次世界大战中,德国推出的V2导弹给西方以很大震动,美国立即将研制火箭和导弹列为重要的科研项目。由于钱学森的学识与创新精神,他成为美国第一代火箭研究的开拓者之一。他的研究成果为地地导弹和探空火箭事业打下了坚实的基础,钱学森成为美国公认的复合推进剂火箭发动机导弹的先驱。美国科技界高度称赞钱学森所做的"巨大的、无法估价的贡献"。

1947年2月,年仅37岁的钱学森成为麻省理工学院最年轻的一位正教授,也是终身教授。这是许多人朝思暮想的职位,不仅可以享受优厚的工作、生活待遇,而且表明钱学森在美国前途无量。然而,无论是名与利都无法泯灭钱学森的那颗爱国心。他时刻关注着祖国的命运，准备有朝一日回到多灾多难的中华热土。当时有人发现，他没有像美国人那样把一部分收入存在保险公司以备养老。对此，钱学森笑道："其实这也不奇怪，我是中国人，我的事业在中国，我的归宿在中国，我根本没有打算在美国生活一辈子。"钱学森曾说："我从1935年去美国，1955年回国，在美国待了20年。20年中，前几年是学习，后十几年是工作，所有这一切都是在做准备，为了回国后能为人民做点事。"

当新中国成立的消息传来时，钱学森激动得彻夜难眠。他归心似箭，毅然决定返回中国。钱学森不动声色地与中国学者商量归国的计划。

当美国当局得知钱学森准备回国时，他们开始千方百计进行阻挠。美国军界的一些同事劝阻他不要回国，一些好心朋友也劝他不要轻易离开美国。一些头面人物也用名誉、地位等挽留他，美国当局还派特务监视他的一举一动。

1950年7月，美国军方吊销了钱学森参与机密研究工作的证件，使其无法再从事喷气推进的科研工作。此举使原本计划暑假期间回国的钱学森决定立即提前回国。他不顾危险，预订了飞机票，并将行李装上驳船，做好了托运准备。

对于钱学森的坚决态度，美国军方公然威胁道："我们宁可把这家伙枪毙了，也不能让他离开美国。那些对我们来说至关重要的情况，他知道得太多了。无论在哪里，他都能抵得上五个师。我们绝不能把这五个师白白奉送给中国。"

五载抗争，历经磨难。1950年8月23日午夜，钱学森一家从华盛顿回到洛杉矶。这时，他已辞去了加州理工学院超音速实验室主任和古根海姆喷气推进研究中心负责人的职务，买好了飞机票，准备搭乘加拿大航班离美回国。然而，他一下飞机，便接到了联邦移民局的通知：不准离开美国。还以判刑和罚款相恐吓。

这时，他的行李和书籍、笔记本已装箱准备由"威尔逊总统"号客轮转送香港回国。但是，已装上驳船的行李受到了非法搜查，800公斤的书籍和笔记本被扣押，并硬说他企图运送机密科研材料回国，诬陷他是"共产党的间谍"。从此，钱学森受到了联邦调查局的监视。他的家和工作室也受到了搜查。

9月9日，钱学森竟被当局逮捕，关押在特米那岛上达半个月之久。关押期间，看守人员为了折磨他，晚上每隔10分钟便跑进室内开亮一次电灯，使他终夜无法入睡。

当时他的导师冯·卡门远在欧洲。得悉情况后,他与加州理工学院的许多师生立即向移民当局提出了强烈抗议。杜布里奇院长还亲往华盛顿要求释放。为了营救钱学森,他们还募集了 15000 美元的保释金。钱学森终于被开释,但他的身心受到了很大伤害。他的体重下降了 30 磅。

获释后的钱学森,实际上继续受到监视。他含愤过了整整 5 年变相的软禁生活。联邦调查局时常闯入他的住宅捣乱。他的信件和电话也都受到了检查。那几年,他们全家一夕三惊,为此经常搬家。但他的夫人蒋英回忆说:"我们总是在身边放好了 3 只轻便箱子,天天准备随时获准搭机回国。"

与此同时,新中国无时不在牵挂着海外的中华儿女。1955 年 6 月,钱学森的一封信经过千难万险,终于转到了周恩来总理手中,钱学森在信中表达了早日回归祖国的迫切心愿。周总理十分关注此事。同年 8 月 1 日,中美两国在日内瓦举行首次大使级会谈。在中国政府的强烈要求下,美国当局迫于压力不得不允许钱学森全家离境。得到通知,钱学森和家人欣喜若狂。

1955 年 9 月 17 日,与美国当局整整进行了 5 年艰苦抗争的钱学森终于踏上了回归的航程。[1]

**【案例分析提示】**

祖国从来不是一个抽象的概念,她首先就是我们脚下这块世代生息、繁衍的广袤土地。我们对祖国的爱就源于对这片哺育自己的土地的最朴素而真挚的爱。无论是远离故乡的游子,还是远涉重洋的侨胞,都对故土、故乡有着深深的眷恋,他们常常珍藏着一捧家乡的土,表达对祖国的思念和热爱。钱学森虽然在美国生活了 20 年,但他从来没有想在美国永远待下去,他时刻想着的是怎样为祖国人民做点事。当他听到新中国成立的消息,立刻着手做回国准备。为了回国他历尽 5 年磨难,表达了一个深爱祖国母亲的赤子之心,对生他养他的祖国一片痴情。

爱是什么?爱是给予,是牺牲,是奉献。像我们都爱自己的母亲一样,我们爱我们的祖国,我们不会因祖国的贫弱就离弃她。爱的表现是给予,是牺牲个人的利益,无私地奉献自己一切,而不是索取。钱学森毅然放弃的正是他数十年在美国奋斗所取得的辉煌的成就、崇高的声誉、丰厚的生活待遇和得心应手的科研条件。钱学森回国后,他用丰厚的学识为祖国的航天事业贡献了自

---

[1] 本案例改编自中华新闻网:www.china.com 2001-01-10《中国航天之父——钱学森》;中国校园网 www.54youth.com《钱学森的报国情怀》。

己毕生的力量,使祖国航天事业的发展与他的名字紧紧地连在了一起。

励精图治,科技报国。1956年2月17日,他向国务院提交了一份《建立我国国防工业意见书》,最先为我国火箭技术的发展提出了极为重要的实施方案。同年10月,他又受命组建了我国第一个火箭研究院——国防部第五研究院,并担任第一任院长。接着,他长期担任航天研制的技术领导。

在他的参与下,1960年11月我国发射成功第一枚仿制火箭,1964年6月29日,我国第一枚自行设计的中近程火箭飞行试验取得成功。1965年钱学森建议制订人造卫星研制计划并列入国家任务,最终使我国第一颗卫星于1970年到太空遨游。"两弹一星"打造了中华民族的钢铁脊梁。

由于钱学森在中国航天科技方面的卓越成就,1989年6月,国际理工研究所向他颁发了小罗克韦尔奖章。至此,全球仅有16人获得"小罗克韦尔奖章",钱学森是获此殊荣的第一位中国科学家。1991年10月16日,国务院和中央军委颁布命令,授予钱学森"国家杰出贡献科学家"荣誉称号和一级英模奖章。1995年1月12日,钱学森荣获首届何梁何利基金杰出贡献奖。1999年9月18日,江泽民主席亲自授予钱学森"两弹一星功勋奖章"。在荣誉面前钱学森深情地说:"表彰我对'中国火箭导弹技术、航天技术和系统工程论'方面所做的一切工作。我想这里面'中国'两个字是最重要的。"

作为一代科技巨星,钱学森的爱国情操和献身科学的坚定信念,已经成为中华民族科技强国道路上时代精神的象征。

(祖嘉合)

【思考题】
1. 谈对钱学森先生爱国、报国情怀的感想。
2. 谈对"科学无国界,科学家有祖国"的理解。

## 案例二　爱国需要奉献精神

李卫东1985年考入兰州大学化学系,从此与有机化学结下了不解之缘。1989年本科毕业后,他便师从兰州大学李裕林教授硕博连读,并提前一年半完成学业,取得博士学位。攻读博士期间,李卫东就在中国化学界初露锋芒。1991年获南开大学元素有机化学国家重点实验室开放基金,由此展开的课题获优秀论文奖;1992年作为主要研究人员参加国家自然科学基金项目研究;

1993 年被授予"甘肃省青年化学奖"等。1994 年 1 月,李卫东留校工作,同年其研究的项目获国家教委科技进步二等奖。

谈起自己的成绩,李卫东非常平静地说:"党和政府给我的太多了,我还年轻,事业才刚刚开始起步。"对他来说,这一切不过是一个辉煌的起点。

1995 年 9 月,李卫东赴美国哈佛大学化学与化学生物系 E.Jcorey 实验室从事博士后合作研究。哈佛大学的 E.Jcorey 实验室是世界一流实验室,它的负责人 E.Jcorey 先生是著名合成大师、1990 年诺贝尔奖金获得者。在李卫东之前,这个实验室从不接受直接来自中国大陆的学者。在回忆刚到哈佛的情景时,李卫东说:"客观地讲,国内教育体制下培养出来的我初到美国有很多地方不适应,首先是思维方式上,美国人有很强的创造性思维;其次是对先进仪器的操作存在很大问题,实验室里许多高级仪器是在国内闻所未闻的。最后是语言,我们学的那种英语到了美国根本就不能正常交流,说和听都不行。"

残酷的现实摆在面前,李卫东毫不退却,他挤时间使自己在最短的时间内缩短与别人的差距。哈佛藏书 1300 多万册的图书馆是李卫东常去的地方,每周都有来自世界各地的一流科学家的学术报告也给李卫东了解前沿科学创造了条件。李卫东不懈的追求和辛勤的劳动赢得了同行和 Jcorey 教授的赞许,他被吸收加入了美国化学学会,其合作研究的主要成果被特邀在 1998 年波士顿化学年会上作大会报告。

对于自己付出的辛劳,李卫东欣慰地说:"通过三年的博士后全面研究,我了解了有机化学方面的世界前沿水平,并懂得了怎样去获取知识,开发知识。初进哈佛,我不及他们,出来时,我不比他们任何一个逊色。"

在哈佛的 3 年,李卫东最难忘的就是 1997 年 10 月,江泽民主席访问哈佛。那天江泽民要通过的马路就在他的实验室对面,李卫东放下手中一切工作,手持五星红旗站在路旁等候,现在李卫东回忆起来还不免有些激动。他说:"作为一个留美学者,能在美国见到自己国家的最高领导人,我感到非常自豪。江主席的讲演十分精彩,使我受到了莫大的鼓舞。"

1998 年 10 月,博士后合作研究期限结束,李卫东站在了一个人生的十字路口:留在美国,将会是高薪、洋房、汽车;回国也许是"而今迈步从头起"。他毫不犹豫地选择了回国,而且是回到了经济条件相对落后的兰州大学。谈起这个义无反顾的选择,李卫东没有太多的激扬之辞,他说:"我是国家培养出来的,有什么理由不回国呢?国内待遇低,条件差是事实,但国家正在重视这个问题并逐步改善。如果你只看到其中绝对的一方面不回来,没有人指责你,但国家何时才能大踏步的发展?"至于自己回兰大,李卫东说:"我在兰州大学生活学习了十几年,对这片土地已有深厚的感情,想通过自己的努力来发展大西北的经济。"

现在李卫东已经是博士生导师,在"长江学者奖励计划"中,31岁的他是全国73名首批特聘教授中最年轻的一位。①

**【案例分析提示】**

1998年10月,李卫东博士后合作研究期限结束后,他本可以留在物质条件优越的美国,但是,他毫不犹豫地选择了回国,而且回到了经济条件相对落后的西北地区。他想的不是自己的个人利益的最大化,而是国家何时才能大踏步的发展。李卫东博士回国的理由很简单:祖国培养了我,我就应该回报祖国。这个理由也很崇高,它体现了中华民族"位卑未敢忘忧国"的责任意识和"先天下之忧而忧,后天下之乐而乐"的奉献精神。正是这种忧国、报国的精神使中国人民把重振国威、改变国运作为自己的奋斗目标,许多人正是出于对祖国的热爱、为祖国的繁荣富强,以巨大的热情、顽强的毅力、不懈的努力去寻求振兴国家的途径。

爱国主义情感是朴素的感性的,也是高尚的理性的,爱国主义更是具体的、现实的。在当代爱祖国就要爱共产党领导下的社会主义中国,否则爱国就没有了方向。我国现在处于并将长期处于社会主义初级阶段,生产力落后,政治、经济、文化还不发达,这是由我国的历史和现实状况决定的。社会主义初级阶段是一个发展的过程,是一个从不发达的社会主义国家到富强民主文明的社会主义现代化国家的转变过程。这个转变需要人们的奉献精神。

开创建设中国特色社会主义新局面是一项充满艰辛的事业,具有崇高的精神才能推动伟大的事业。在五千多年的发展中,中华民族形成了以爱国主义为核心的团结统一、爱好和平、勤劳勇敢、自强不息的伟大民族精神。民族精神是一个民族赖以生存和发展的精神支撑。一个民族,没有振奋的精神和高尚的品格,不可能自立于世界民族之林。爱国主义作为民族精神的核心内容,应成为我们每一个人的坚定信念,以此成为人们奋斗不息的精神力量的源泉。

有人认为,自然科学没有阶级性,从事科学技术学习和研究的人,可以不受国界的限制。当然,科学技术是全人类的共同财富,各国都可以利用。但是

---

① 该案例改编自石树群:《最年轻的"长江计划"学者李卫东》,《大学生》1999年第7期,第8—9页。

学习、掌握科学技术的人是有国界的,每一个人都属于自己的祖国。同时,在仍然存在不同的国家区分和民族利益差别的情况下,科学技术为谁服务,为谁所用对各个国家、各个民族的发展进步是至关重要的,我们任何人不可能也不应该抛开自己的祖国和人民空谈为全世界服务。正像有些同学所说的,爱国主义不能停留在口头上,"祖国的热土是我们施展才能的地方。""让我们的研究成果有益于自己的祖国。"

(李亚新　祖嘉合)

【思考题】
1. 我们怎样学习李卫东博士的爱国奉献精神?
2. 如何理解爱国主义与爱社会主义在本质上是统一的?

## 案例三　18年留德博士今归来

宋新宇,一位在德国生活了18年,被德国最大的日报《法兰克福报》称为"第一个进入德国大公司管理层的中国人",在功成名就之时,却做出惊人之举,携妻带子回到了魂牵梦绕的祖国。在德国,他是怎样一步步进入罗兰·贝格这个欧洲最大的管理咨询公司的最高层?又为什么毅然放弃了德国优厚的待遇,选择了回国呢?面对人们的疑惑,他说"我相信未来是在中国"。

1979年,17岁的宋新宇以河南省理科高考第一名的成绩考入北京大学数学系。那时的他充满了对未来的远大抱负。第一年课程还没有结束,适逢国家要选派一批大学生到美国、日本、欧洲培养。因为当时国家急需管理人才,而国内没有这样的专业,便从数学系里选拔人才转学管理,宋新宇被选中。经过14个月的德语培训,1981年,宋新宇走进了德国科隆大学的校门。这一去就是18年之久。

在科隆大学,宋新宇的毕业考试成绩在上千名毕业生里排在前10名,他的毕业论文大获导师的赞许,并得以在德国出版。因为骄人的成绩和严谨刻苦的治学态度,宋新宇获得了德国雇主协会提供的奖学金,得以继续攻读经济学博士,也成为该协会成立以来唯一获得此奖学金的外国留学生。

1990年,宋新宇拿到了博士学位。从学生时代一直萦绕他心头的回国当教授的梦此时更强烈了,但考虑到自己没有实际的企业管理经验,要回去教别人恐怕不太合适。于是宋新宇开始奔波找工作,因为银行是了解不同企业的一个最好的窗口,宋新宇在得到的录用通知中,他选择了世界上最大的银行之一——德意志银行。在科隆分行,宋新宇干遍了银行的所有部门。

1993年,欧洲最大的咨询公司——罗兰·贝格国际管理咨询有限公司,为了到中国拓展业务,把宋新宇作为稀有人才从银行挖了过来。宋新宇成为该公司的第一个中国员工,并一直做到中国区总经理,成为进入德国公司最高领导层的第一个中国人。当时在德国引起了不小的轰动,德国主流媒体都对宋新宇进行了报道或专访。

罗兰·贝格公司在中国开拓市场获得了巨大成功,中国客户的营业收入占到了该公司整个营业额的80%。就在罗兰·贝格在中国的发展形势一片大好、宋新宇个人也功成名就之时,他却做出人生的一次重大选择:回国创业。面对众人的不解和猜测,他说:"我相信未来是在中国,从发展的角度,未来是在中国,从做事业的角度,机会也在中国。"

1997年年末,宋新宇带着夫人和两个孩子回到了北京。谈到为什么回国,宋新宇说一是因为从学生时代起的教授梦在呼唤着他,他想把自己这近20年来所学到的最先进的管理知识和管理理念传播给尽可能多的中国企业;另一个则是性格使然,骨子里的不安分和创造的冲动促使他去开创一条新路。他说在国外你可以过很舒服的生活,在公司里做一个技术骨干,但没有创业的冲动和兴奋,他不想过那一眼就看到头的日子。

1999年5月17日,宋新宇在北京创办了易中创业文化交流有限公司,最初公司才3个人,工作异常紧张和繁忙,好在业务开展得非常顺利。短短两年间,他的足迹遍布大江南北,为几十家单位提供了"诊断"、"号脉"及培训、教练,这些工作为它们的长期发展建造了一个良好的基础。在与众多国内企业打交道的过程中,宋新宇常常感到一种沉重的压力,中国企业所拥有的先进的管理知识和管理理念太少太少。特别是那些极具活力的民营企业和中小企业,他们的确需要一位高明的"医生"来为他们"换脑"了。

宋新宇笑言自己在某种程度上讲是"企业的医生"。未来的路还很远,虽然自己现在还不能与在德国时相比,但他相信要不了几年他获得的成功会远远超过在德国所获得的成功,而且对于自己回国的选择,他说他从来没有后悔过。①

---

① 该案例改编自侯美红:《宋新宇:18年留德博士今归来》,《黄种人》2001年第9期,第4—6页。

**【案例分析提示】**

　　21世纪是中华民族全面振兴的世纪,建设富强民主文明的社会主义现代化强国,实现中华民族的伟大复兴,是新时期爱国主义赋予青年的伟大历史使命。做新时期坚定的爱国者,是当代青年的必然选择。宋新宇留学德国18年,毅然放弃优厚的待遇,回国创业,以自己特有的方式——为尽可能多的中国企业传播现代最先进管理知识和管理理念,为振兴中华而努力。从他的身上我们可以看到一个知识分子的报国之志和爱国之情。

　　17岁时的宋新宇就充满了"对未来的远大抱负",当回到北京谈到自己为什么要回国时,他说他要把自己这近20年来所学到的最先进的管理知识和管理理念传播给尽可能多的中国企业。正是这种报国之志,使他毅然放弃优厚的待遇回到祖国,为祖国的振兴做出自己的贡献。当代青年只有首先确立了报效国家的志向,才能用自己的知识更好地为国家效力。

　　爱国主义情感是一种巨大的凝聚和鼓舞力量,它使海外游子"落叶归根";它使爱国侨胞将大量资金投向祖国建设,为振兴中华贡献一份力量;它使祖国的莘莘学子,立下报国之志,在艰苦的环境中建功立业;它使千千万万的人民为祖国的繁荣富强,忘我劳动,顽强拼搏。这种爱国情感来源于对祖国建设的成就、社会进步、国际地位的提高以及在处理国际事物中所起的作用的认识;来源于对祖国未来发展前途的向往和信心。宋新宇对祖国的"魂牵梦绕"和他"相信要不了几年他获得的成功会远远超过在德国所获得的成功"、"中国的企业一定会成为具有最先进管理方式的优秀企业",都充满了对祖国美好未来的坚定信念,对祖国怀着的强烈的爱国之情。

　　建设富强、民主、文明的社会主义现代化中国,仅有爱国热情和报国之志是不行的,还要有报效祖国的才能,成为建设祖国的栋梁之材。宋新宇是带着知识回来的,21世纪的竞争,归根结底是人才的竞争。因此每一个热爱祖国、有志于报效祖国的青年,都有责任刻苦学习,增强建设祖国的才能,抓住机遇,尽快缩小中国同发达国家的差距。

　　爱国主义不仅是一种思想感情和意识形态,而且是一种社会实践活动。所以,要成为坚定的爱国者,必须走向实践,积极投身于社会主义现代化建设的实践,爱国贵在力行,把利国利民的壮志落实到实际行动上,把爱国主义落到实处。宋新宇的爱国不仅由于他具有的爱国之情、报国之志和建国之才,更在于他投身祖国的现代化建设,足迹遍布大江南北,运用自己的知识和在外国公司工作的经历,为几十家单位提供了"诊断"、"号脉",并且"调整自己公司的发展思路",为中国的企业发展服务。

(李亚新 祖嘉合)

【思考题】
1. 怎样做一个新时期的爱国者?
2. 怎样才能把爱国主义落实到行动上?

## 案例四 "中国芯"爱国心

一个有梦想的人,带着一支为理想拼搏的团队,做着一项振兴民族的事业,他就是北京市"五四"奖章获得者、北京大学计算机系主任、北京大学微处理器研发中心主任、北京大学计算机体系结构研究所所长程旭教授。他还兼任国家信息与工程科学学部学术委员;兼任国家"十五"863计划超大规模集成电路设计专项专家组成员、中国计算机学会名词审定工作委员会副主任、中国通信学会专用集成电路委员会副主任委员、哈尔滨工业大学兼职教授等职务。

程旭课题组的实验室现在看来是宽松、舒适的。但在1994年,这一切还是空中楼阁。那时程老师初到燕园,虽然北京大学在软件和微电子领域的研究都很出色,但是作为二者桥梁的计算机系统结构部分的基础却很薄弱。当时实验室设备简陋得惊人,甚至"286"的电脑都没有,他们仅有的是三四个人和一些废旧的设备。今天的"北京大学微处理器研发中心"是一个人才济济、让外国同行都称赞的具有世界先进水平的实验室,这一切凝聚着程旭老师和他的团队的辛劳和努力。程旭老师和每一个有成就的科研工作者一样,他的敬业是有名的,每一个熟悉他的人都说:"程老师给我们留下的最深刻印象是他身上的干劲儿。"在1999年做"中国芯"最紧张的12月份,他多次在实验室连续工作40小时以上,和整个课题组拼搏在一起。即使是平时,他的睡眠时间也常常只有四五个小时。

在知识经济社会,计算机系统是信息处理的核心,而目前各类计算机都采用微处理器。现代通信设备、网络设备也无一不构筑在微处理器上,有人把微处理器称为知识经济的"脑细胞"。由于技术原因,我国的微处理器几乎全部从国外进口。与之相对应,中国的家电业和IT业都有一块"芯病":尽管产品数量巨大,名牌也开始涌现,但产品的"心脏"都无一例外地掌握在外国人手里。为了不再受制于人,为了中国的计算机事业,程老师挑起了研制"中国芯"的重担。1999年底,程旭带领的课题组研发成功我国第一套支持微处理器设计的软硬件协同设计环境,开发成功16位嵌入式微处理器JBCore16;之后在2001年1月又取得突破性进展,研制成功支持32位、16位两套指令系统的微处理器JBCore32及配套系统软件,研制出了我国第一个具有自主知识产权的微处理器,并构筑了支持微处理器设计的平台,使我国微处理器研制迈出历史性的第一步,打破了"自行设计微处理器不可为"的神话。第二代"中国芯"的问世再次震惊世界。有评论认为,这表明中国人已经完全具备了自主研制微处理器——这一当今信息产业核心技术的能力。

程旭老师是"中国芯"研发队伍的领军人物,但他时时不忘这个团队的集体作用。崇尚团队的创新精神和尊重个人的独创精神是他十年来重要的核心理念。程旭老师说,要树立团队中每一个人的自信心,要使每个人都把课题组当成自己的家。作为课题组的领头人,如何使这个集体气氛和谐,最大限度地发挥作用,始终是程旭最大的任务。他说,我只是未名湖中的一滴水,这滴水只有在未名湖中才不会干涸,因为未名湖与五湖四海相连。个人的价值如果不能和集体的价值、社会的价值结合,是不能持续地发展的。

在程旭老师看来,"中国芯"的研制凝聚着老中青三代知识分子共同的梦。回忆研制过程,程旭深有感触,他说:"在这次科技攻关中,冲在第一线的大多是青年人,但课题的开展如果缺少了老一辈科学家及时'把握方向,提出课题;发现人才,委以重任',特别是给年轻人创造条件,对中年同志鼎力支持,我们是不可能有所作为的。"

对自己的人生历程,程旭认为,墨子朴素的哲学思想给他很大的启发。他始终认为,一个人要有技艺上的专长,更要肯踏踏实实地做事。他常常告诫他的学生,要做事,先做人,一个人有多大的胸怀就能干多大的事业。他曾说,作为学习计算机专业的学生,我从本科开始就梦想做中国自己的CPU。当年在读完博士的时候,程旭也有许多出国的机会,但是一种强烈的信念坚定了他留在国内的决心。他说:"我不相信在中国做不出事业!"多年的科学研究使他看到中国同外国的差距,而一种责任感也逼迫着他用自己全部的精力和能量,为中国的强盛奉献一切。程旭的精神影响了一批又一批的学生。在北大计算机系,主动放弃出国机会的学生比例高达60%到70%,不是大家不愿意出国深造或是没有机会,而是他们发现,留在国内有着更好更明确的努力方向。实验室里,一块标有"我的中国'芯'"字样的牌匾格外醒目。它是由程旭老师亲手设计的。他要让这5个字不断鞭策自己,并激励大家为民族争光。①

【案例分析提示】

程旭的事业在中国,他用行动实践着自己的信念。程旭老师所取得的成就不仅证明了勤奋是成功的重要因素,更表明具有明确的目标、远大的理想和坚定的信念的重要性。"中国芯"研究的工作量大,条件非常艰苦,研究过程面临着各种各样的困难和巨大的压力,是什么精神一直支撑着他?在谈到这个问题时,程旭老师说:第一,是科学的唯真精神。计算机与微电子学科是理学与工学的融合,许多基础理论与技术只有通过实践才可能真正把握。第二,是对国家和民族的责任感。微处理器是信息社会的脑细胞,无论从国家安全还是经济角度,国家都对这项技术有重大的需要。北大承担的"北大众志——863CPU"系统芯片科研项目是国家十五"863计划"信息技术领域的第一个重大项目,国家投入了大量的资金,如果做不好,对不起国家。第三,是集体主义精神。这个项目不是个人的事,它是团队的事,北大的事,国家的事,民族的事。正是为中国强盛作贡献的坚定信念才使他能够做到多次放弃出国的机会,废寝忘食努力地工作着。他心中想的就是如何缩小我国微电子技术与国外同行的差距,如何把自己的精力和能量奉献给国家。

程旭老师的成功不仅是带领他的同事研制成具有中国知识产权的"中国芯",在计算机领域作出了突出的贡献,而且,他和他的同事开创了一条把中国的微电子事业推向国际顶峰的成功之路。这一成就的背后,是他的那颗拳拳报国的赤诚之心,是国家不再受制于人、民族能够走向强大的理想。程旭老师的理想成为课题组的所有成员的共同的理想:这就是把国家的需要和自己的聪明才智有机地结合起来,为了国家和民族的事业贡献自己的力量。

个人的力量总是有限的,集体的能量是巨大的。一个在共同理想、共同信念下融为一体,协调一致的集体,它的创造力量是无穷的。"中国芯"的问世证明,一个具有共同理想的集体是会不断地成就不平凡的事业的!

(祖嘉合)

【思考题】

1. 从程旭老师的成功中你能得到什么样的启示?

---

① 该案例改编自翟霖:《我是未名湖的一滴水》,2004年10月15日《北大青年》第3版,2000年12月15日《北京大学校刊》第2版,2003年6月26日《北京青年报》A7版。

2. 个人怎样才能为民族、祖国强盛贡献自己有限的生命？

## 案例五  他实现了实业报国的理想

1989年夏，池宇峰从湖北考入清华化学系时，基本上是一个两耳不闻窗外事的好学生。大一大二时仍一如既往，功课很好，每年拿奖学金。置身清华，人才济济，如过江之鲫，好强的池宇峰仍觉得学习上总是比不过人家，他开始考虑起了人生观问题：人活着究竟为什么？他"着魔"似的问遍身边每一个人：你知不知道人活到底要做什么？你知不知道五十年后你终究是要死掉的？同时也开始考虑一些社会问题，现实并不像他想象的那么完美无瑕。渐渐地，他开始变得有点"异类"。他努力地读书学习，也拼命地实践着。他从卖报纸，到炒股票，再到办化工厂，他积累了各种各样的体验和经验。

毕业时，他选择了广东浪奇宝洁公司作为自己就业的单位，他想了解一个现代企业是如何运作的。在宝洁公司，他知道了工作是什么样的，生命的状态应该是什么样的。同时，他也发现中国许多企业已经走入国际社会，但科技的落后是明显的。随着眼界、境界渐开，他的内心开始了策划自己酝酿已久的目标：做实事，办实业，实业报国。

辞职后的他去深圳创立了洪恩公司，自己租柜台卖兼容机。这期间，由于他的努力，洪恩公司一度成为深圳最大的兼容机供应商。不久，他意识到光做硬件的代理商搞销售没有太大的出路，科技含量太低，离他自己设想的目标也会越来越远。

当年在宝洁时，他花了两个月的时间用Foxbase编了一套自动管理程序，很实用。池宇峰喜欢设计软件，明白其中的注意事项并且有好的创意。1996年，他回到了北京，在清华东门外的一间平房里创建了金洪恩公司。由于在宝洁的工作经历，金洪恩也由此而被定位在软件公司上。

1996年底，洪恩公司开山之作——多媒体学习软件"开天辟地"面世，并且一直畅销至今。它的用途是让一个未接触过电脑的人几天之内掌握电脑。这个软件一经推出，连创佳绩，迄今已获9项全国性大奖，正版销售50万套。一炮打响后，他们又连续开发了"开天辟地"姊妹篇"万事无忧"和"畅通无阻"。前者将电脑使用中各种"疑难杂症"的疗法清楚地告诉用户；后者旨在使一个门外汉几天成为网民。继而又有"随心所欲"、"听力超人"等英语学习类软件问世，也都取得了骄人成绩。

池宇峰说金洪恩公司一步步发展的关键,在于他们精益求精的精神。做一个产品就要做到自己满意。根据统计数据,现在国内独立软件的销售,洪恩仅次于微软。金洪恩公司的凝聚力也可归结为这种精品意识。

精品开发的背后是辛勤的工作。在洪恩,科技人员每天没有一般意义上的休息时间,宿舍仅仅是个睡觉的地方。美国 Intel 公司的员工到他们的宿舍参观,无不惊讶于他们对研发工作的拼搏精神,同时也无不感动于他们的活力和冲力。

为了公司的更快发展,为了让"对国家的科学技术做出贡献"这个目标付诸实现,他们不曾停止努力的步伐。洪恩人对自己的期望就是通过自己的努力,"以软件为手段提高民族素质"。[①]

**【案例分析提示】**

池宇峰大学毕业时,为了看看现代企业是如何运作的,他去了宝洁公司。在宝洁的经历使他发现"中国许多企业已经走入国际社会,但科技的落后是明显的"。经过各种体验后,看到中国缺少世界级的企业,他的内心开始渴望实业报国——做实事,办实业。1996 年,他回到北京创建了金洪恩公司,要"以软件为手段提高民族素质",并且以"为国家的科学技术做出贡献"作为目标。

爱国是一种责任,国家兴亡、匹夫有责。爱国在不同的历史时期具有不同的内容。当祖国遭受外族侵略时,爱国主义表现为保家卫国、戍边杀敌;在和平发展时期,爱国主义表现为建设祖国献智献力。在今天的历史条件下,爱国就是投身于建设有中国特色社会主义的伟大事业中,就是投身到改革开放的伟大实践中。

池宇峰实现了他的实业报国的理想。当前建设中国特色社会主义是新时期爱国主义的主要任务。目前我国还处于社会主义的初级阶段,我们的经济、技术、文化水平还比较低;由于人口众多,人均国民生产总值仍居于世界后列;社会主义制度还存在不够成熟、不够完善之处。因此,逐渐摆脱贫困落后,使我国由农业国逐步变为现代化工业国,建设一个富强、民主、文明的社会主义现代化国家,实现中华民族的伟大复兴和腾飞,已经成为今天全国各族人民的迫切愿望,成为社会主义爱国主义必须完成的历史任务。从社会主义初级阶段的实际出发,党提出了建设小康社会的目标。中国特色的社会主义是我国在整个社会主义初级阶段强国富民的必由之路,它规定了新时期社会主义爱

---

① 该案例改编自仲晓红:《池宇峰与金洪恩》,《大学生》1999 年第 6 期,第 8—9 页。

国主义的鲜明主题。

我们今天怎样爱国？对在校的大学生来说，爱国的主要表现之一，就是刻苦学习科学文化知识，掌握建设祖国和保卫祖国的本领，成为祖国需要的有用人才。国家急需高质量、高水平的人才，大学生责无旁贷。因此，我们首先要认清肩负的历史使命，明确我们的学习任务和责任，把自己的学习活动与祖国的建设大业联系起来，与祖国的前途命运联系起来。

爱国既以天下为己任，就应切实从自身做起，自觉完善自己，树立为振兴中华而学习的崇高志向，自觉担当起改变祖国贫穷落后面貌的历史重担。

池宇峰在实现他的实业报国的理想的同时为国家的现代化建设做出了自己的贡献。只有加快推进我国的社会主义现代化建设，不断增强中国的综合国力，才能使我们的祖国繁荣富强，屹立于世界民族之林。加快社会主义现代化建设是社会发展的客观要求和全国人民的共同愿望。只有这样，才能不断地提高人民的物质文化生活水平，才能为社会主义发展建立强大的物质基础，才能不断地巩固和完善社会主义制度。

（李亚新　祖嘉合）

【思考题】
1. 新时期爱国主义的主题是什么？
2. 新时期我们怎样才能对国家和民族做出较大的贡献？

## 案例六　一板一球报效祖国

1997年9月29日，《人民日报》在头版发表文章宣传乒乓国手邓亚萍，并配发了短评，这在当今的中国体育界是绝无仅有的。

邓亚萍，1973年生于河南郑州，5岁进入业余体校开始打球，9岁进入省体工大队乒乓球集训队，10岁进入市体委乒乓球队。因为身材矮小，成绩优秀的邓亚萍一直无缘进入河南省乒乓球队。1986年在郑州市举行的全国乒乓球锦标赛上，13岁的邓亚萍创造了击败世界冠军的奇迹。1987年进入中国青年乒乓球队。一年之中，5次全国尖子选手比拼的队内大循环比赛，邓亚萍取得了4次第一，1次第二的优异成绩。一年后，一波三折地进了国家队。

"爱国、奉献、团结、拼搏"是中国乒乓球队的一个口号。邓亚萍虽然个子矮，却是行动的巨人。爱国就要从一板一球做起。平时，队里规定上午练到

11时,她给自己延长到11时45分;下午训练到6时,她练到6时45分或7时45分;封闭训练时晚上规定练到9时,她练到11时多。有时食堂为她专设"晚灶",有时太晚了就泡方便面充饥。算起来,她每年要比别人多练一个多月。

练全台单面攻,她腿绑沙袋,面对两位男陪练左奔右突,一打就是两小时。多球训练,教练将球连珠炮般打来,她瞪大眼睛,一丝不苟地接球,一口气打1000多个。张燮林统计,她一天要打1万多个。一节训练课下来,汗水湿透了衣服、鞋袜,有时连地板也浸湿一片,不得不换衣服、鞋袜,甚至换球台再练。

长时间从事大运动量、高强度训练,伤病是必然的"副产品"。在征战第44届世乒赛时,从颈部到脚,她身体的许多部位都有伤病。为对付腰肌劳损,不得不系上宽宽的护腰;膝关节脂肪垫肿、踝关节几乎长满了骨刺,平时忍着,痛得太厉害了打一针封闭;脚底磨出血泡,挑破裹上纱布再上,伤口感染,挤出脓血接着打,每场比赛,她都要紧咬牙关战胜自我。

邓亚萍说:"一个人追求的目标越高,他的才能就发展得越快。但我也深深懂得,要在比赛时打败对手,必须从一板一球做起。只有脚踏实地,抓牢今天,才能把握明天。"一点一滴的积累,超人的付出,使高超球艺和有效战术不断升华,也使压倒对手的气势渐渐增长。邓亚萍理所当然地站在乒乓球运动的峰巅。

一些优秀运动员功成名就之后见好就收,许多人为之扼腕叹息。一些运动员、教练员跨出国门。在国外俱乐部打球或执教,收入远比国内多。乒乓球界一些人士也曾担心:如果邓亚萍代表其他队与中国队选手对阵,那结果将会怎样?邓亚萍的回答是:"退役后,我是不会加入国外球队打球的。作为一个中国人,我今后不管干什么,绝不会忘记祖国母亲,绝不会忘记自己是中国人,绝不干有损祖国荣誉的事。"

邓亚萍常常想到的是给祖国人民更多的回报。早在1992年从巴塞罗那奥运会凯旋时,邓亚萍还没有拿到奖金,就向"希望工程"捐了款。1996年12月,她又从亚特兰大奥运会奖金中拿出一部分,捐给山西省繁峙县建立"希望小学"。她还和队友资助云南省西盟佤族自治县失学儿童和江西省于都县长征小学。由她发起,中国乒乓球队向佤族儿童捐献"希望书库"。她曾捐款修复文化古迹,曾向香港弱智人献爱心。她还计划向中国乒协捐款创办高科技乒乓球研究中心……邓亚萍的收入在中国运动员中不是最多的,捐款数却排第一,已达三四十万元。

邓亚萍从自己的经历体验了祖国对她的培养。小时候,是父亲邓大松和郑州乒乓球队教练李凤朝带她练基本功,打下了正手快、反手怪的基础;河南队主教练关毅给了她参加全国乒协杯赛的机遇,使她13岁时就能与世界冠军交手并取胜;中国青年队教练姚国治与科研人员按张燮林的思路研制出新型长胶,使她的反手球怪上加快,增添了新的威力。

国家女队主教练张燮林慧眼识人,吸收她进入国家队,入队后教技术,更教做人。1988年亚洲杯女单决赛最后关头,对手打了一个擦边球,裁判判为出界,她默认了误判并随之获胜。事后,她向教练认错,向对手、也是队友的李惠芬赔礼道歉,从此之后她记住并做到了"张导"的教诲,"赢就赢得光彩,输也输得大度"。

在队里,她多病的身体得到关俨、崔树清、毛雨生等医生的细心呵护,特别是关大夫,不仅治病疗伤,还在生活上给予无微不至的关怀;一些男选手牺牲自己的时间,一心一意给她当陪练。

每当想起这些,她的心里就涌起一股暖流:"国家在并不宽裕的条件下,给我配备了一个又一个好教练和训练设施。我们吃的、穿的、用的也几乎是国家提供的,是祖国母亲的乳汁养育了我。"她说:"我的背后有12亿人民,这是其他国家运动员找不到的感觉。""没有祖国和人民的培养,就没有我的一切。"[①]

**【案例分析提示】**

邓亚萍身高只有1.5米,却在乒坛有"巨无霸"的称号,风靡了世界女子乒乓的一个时代。邓亚萍曾获4枚奥运会金牌,14次获得世界冠军头衔,集奥运会、世乒赛、世界杯赛18个冠军于一身,共夺得国内外大赛130多枚金牌,连续8年获女乒世界排名第一,是世界上唯一一位蝉联奥运会乒乓球单打金牌的运动员,在中国运动员中仅有邓亚萍一人,这足可称为奇迹。她1997年退役,先后到清华大学、英国诺丁汉大学和剑桥大学学习,目前正在攻读博士学位,同时担任国际奥委会运动员委员会委员、中国奥委会执行委员等职。

邓亚萍,是中国健儿目前在国际奥委会运动员委员会中的唯一代表,多次大赛的关键时刻,邓亚萍总是斗志高昂,表现出大无畏的气概,以咄咄逼人的气势压倒对手。萨马兰奇先生十分欣赏她的大将风度和场上英姿。

乒乓球队的教练员说,邓亚萍上场是中国女队夺取世界冠军的有力保证。邓亚萍确实是一位令教练、令祖国人民放心的好战将。体育竞赛说到底是实力的较量,邓亚萍的成功首先源于她拥有雄厚的技术实力。邓亚萍高人一筹

---

① 本案例选自董宏君:《邓亚萍:给我一个输的理由》,2005年4月5日《人民日报》。

的实力,靠一朝一夕的磨炼而铺垫,她夺取的每一座奖杯都盛满了平日苦练的汗水和心血。

运动员要成功地经受世界大赛的考验,除了技术实力的保证,还要有钢铁般的意志,即过硬的心理素质。在通向胜利的征途中,邓亚萍也经历了不少次失利。可贵的是,邓亚萍没有被暂时的挫折所击倒,失利反而更激起了她挑战困难的勇气。她以加倍的努力,克服自己技术上、思想上的弱点,终于跨过前进路上的障碍,跃上新的高峰。

邓亚萍深情地说:"我的背后有12亿人民,能够代表祖国打球是我最大的光荣。"

时代造就了邓亚萍,她无愧于世界冠军和中国体育十佳的荣誉。

不忘祖国母亲的养育,将爱国之心化作平时的行动,时时想到回报祖国人民。这,就是邓亚萍的情怀。

(祖嘉合)

【思考题】
1. 邓亚萍的人生经历给我们印象最深刻的是什么?
2. 邓亚萍为什么能在人生的巅峰持续那么久?

## 案例七 用生命完成的追求世界和平的使命

人们渴望和平,热爱和平。然而,和平之路是那么的艰辛和漫长。

当我们尽享春天明媚阳光的时候,人民解放军一位优秀的武器核查专家、总参防化指挥工程学院教授郁建兴博士,却在伊拉克执行联合国武器核查任务中献出了年仅38岁的宝贵生命。

2003年3月13日,伊拉克巴格达风和日丽。当地时间下午2时许,作为联合国对伊武器核查机构化学视察组组长,郁建兴带领其他几位联合国武器核查人员,完成了对巴格达南部努曼尼亚番茄罐头加工厂的核查任务后,乘坐4辆通用越野车返回巴格达。郁建兴和往常一样,仍旧坐在副驾驶位上。突然,意想不到的事情发生了。联合国核查员斯特凡驾驶的越野车一下子撞上了前面一辆大卡车,巨大的惯性把越野车摔进了公路旁的水塘中。郁建兴的头部受伤且伤势严重。随行的联合国医护人员立即下车对他进行现场急救。联合国武器核查小组得知消息后也紧急派直升机赶到现场,将郁建兴送到巴格达的拉希德军事医院进行抢救。令人惋惜的是,郁建兴因伤势过重,经抢救无效,壮烈牺牲。一位优秀的中国军人血洒异国他乡,用生命诠释了追求世界和平的深刻内涵,在世界人民心中矗立起一座巍峨的不朽丰碑。一位出色的武器核查专家以自己的行动证明:中国人民是热爱和平的,中国为维护世界和平作出了巨大贡献和牺牲。

中共中央总书记、国家主席胡锦涛称赞郁建兴是我国一位优秀的武器核查专家。

中央军委主席江泽民给郁建兴的妻子徐新艺发唁电,对郁建兴的不幸遇难表示深切哀悼,向徐新艺和郁建兴所有亲属表示亲切慰问。

中共中央政治局常委、国家副主席曾庆红称赞郁建兴是中国人民的好儿子,人民军队的好干部,维护世界和平的忠诚卫士。

联合国秘书长安南称赞郁建兴是联合国监核会一位忠于职守、深受赞誉的成员,联合国对他为崇高和平事业作出的贡献深表敬意。

3月16日9时30分,联合国对伊武器核查人员在巴格达为郁建兴举行了送别仪式。

"JJ,我是31号——查理斯。你还没有完成核查任务,你不能走!"联合国对伊拉克武器核查化学组组长、波兰人查理斯手握步话机,朝着安详地睡在灵柩内的中国化学武器核查专家郁建兴大声呼喊。

由于郁建兴的中文名字比较难念,各国武器核查专家都亲切地称他为"JJ"。

天地动容,万物含悲。6名不同国籍的核查员将郁建兴的灵柩轻轻抬上了联合国专机。微微晨风中,送别的人们情不自禁地把目光投向天空,仿佛看见面带微笑的郁建兴正乘风远去。

挡不住的泪水在不同国籍人员的脸上流淌,说不尽的思念在每个核查人员的心里荡漾。他们一致决定:今后每一次的化学武器核查报告上,都将签上郁建兴的名字,以此纪念这位自1991年联合国对伊武器核查以来第一位因公殉职的优秀核查员。[①]

**【案例分析提示】**

爱国主义和国际主义是统一的。我国是一个社会主义国家,坚持爱国主

---

[①] 该案例改编自马晓春、郭嘉:《追求和平——记总参防化指挥工程学院教授郁建兴烈士》,2003年3月28日《人民日报》第1版。

义,履行国际义务是我们义不容辞的职责。过去我们坚持独立自主的对外政策和和平共处五项原则,支持第三世界人民争取和维护民族独立的解放斗争,在国际事务中作出了应有的贡献。在新的国际环境中,我们仍将一如既往地坚持爱国主义与国际主义相统一的原则,在新的世界政治经济格局中作出自己的贡献。

反对霸权主义,维护世界和平是当今世界各国人民的迫切愿望和共同任务。当今世界正在朝着多极化的方向发展,在今后一个较长的时期内,争取和平的国际环境,避免新的世界大战是可能的。中国政府和人民一贯把争取世界和平作为自己神圣的国际义务,反对霸权主义、维护世界和平。中国坚持奉行独立自主的和平外交政策,反对霸权主义、维护世界和平也是社会主义自身建设和发展的要求。21世纪中叶要把我国建设成富强、民主、文明的社会主义现代化国家,争取一个长期稳定的国际环境,集中精力搞建设,就显得更加迫切和必要。

为了世界的和平,为了尽一切可能避免战争,中国派遣优秀的武器核查专家参加联合国对伊武器核查行动。这表现了中国政府勇于承担维护世界和平的国际任务和一贯对国际社会负责任的态度。不幸的是,人民解放军优秀的武器核查专家、总参防化指挥工程学院教授郁建兴博士,却在伊拉克执行联合国武器核查任务中献出了年仅38岁的宝贵生命。郁建兴用生命诠释了追求世界和平的深刻内涵,以自己的行动证明中国人民是热爱和平的,中国为维护世界和平作出了巨大贡献和牺牲。

(李亚新)

【思考题】

你怎样理解爱国主义和国际主义结合是社会主义爱国主义的重要特征?

## 案例八 他把侵华日军钉在互联网上

如果你打开www.japan.net这个网站,一段凝重异常、掷地有声的文字便会跳入你的眼帘:

"满洲第731部队"是由当时日本最高统治者发布敕令,组建于中国的一支特种部队……当年731部队的一批原队员,以忏悔之心勇敢地披露了许多鲜为人知的内情,善良的人们这才知道那段历史是如何的鲜血淋漓。

痛定思痛,尤感切肤,重提旧事,是为昭示后人。

打开网页的内容,你还可以清楚地看到,那些震惊魂魄的731部队当年在中国所犯下的罄竹难书的滔天罪行的实例和铁证。

这个网站的创建者,是一个23岁的在校大学生,他的名字叫田灼。

田灼在很小的时看了一部叫《黑太阳731》的电影,电影中的许多令人毛骨悚然的情景使田灼幼小的心灵受到了极大的震撼:一个中国人硬是被731魔鬼丢进压力罐里,加上高压,再骤减压力,使人的内脏顷刻爆裂;一个活泼可爱的中国少年被他们抓了去,麻醉后开膛取心,被摘出的滴血的心还在恶魔的手掌上跳动……从此,"731部队"在他童年的心里留下了一个浓浓的阴影,求索"731"也就成了他童年的一个深沉的梦。为了这个梦,在高考填报志愿时,他选择了哈尔滨的学校。1996年夏,田灼如愿以偿,考上了他梦中的学校——哈尔滨理工大学。

1996年8月末,田灼到大学报到后,马上就打听清了日本731部队当年在哈尔滨的驻地地点。开学后的第一个周末,他就骑着自行车冒着盛夏的酷热大汗淋漓地赶到了离学校十几公里的"侵华日军731部队罪证"陈列馆。这里的一处处旧址,一件件实物,一张张照片,再一次唤起了他童年电影中所见到的悲惨记忆。然而,让田灼吃惊的是,他渐渐地发现:就连不少哈尔滨本地人对此也是所知甚少,甚至还有许多人对"731"的这段骇人听闻的罪行竟然是一片茫然,一无所知。田灼的心像被灼烧了一样的难受。

然而,此时在日本接二连三地发生的一些事情更让田灼的心情难以平静:1998年3月4日,中国民间对日军罪行的索赔诉讼,被日本东京地方法院以"证据不足"为由,判决败诉;原侵华日军成员东史郎先生因正视历史、揭露日军侵华罪行而成了被告……

在"731"旧址,他碰到的一位日本教授说的话也让他感到十分震惊:"被打的人已经忘记了挨打,打人的人还会记得打过的人吗?"田灼明亮的眼前像划过了一道闪电,他明白了:"731"的罪恶历史决不应该被岁月的尘封所掩埋!"731"的暴行必须被广昭天下,这是历史的需要,也是自己今后的使命。

怎样才能把这一段历史广昭天下呢?田灼想到了在课堂正在学习的知识:互联网。对!建立一个专门的网站,通过互联网把这段沉睡的历史展示给全世界。那年的暑假,尽管田灼渴望回到父母的身边,但是他没有回家。他全天候地"泡"在学校的计算机房里,为创建他的"731"网站准备最基本的网络知识。

建立网站需要一些基本资料和购置机器设备的一大笔费用。这些资料和费用从何而来呢？经过不懈的努力,田灼的想法最终得到了"731"部队陈列馆和哈尔滨电信局的支持。这时,时间已到了1998年9月15日。兴奋的田灼决定马不停蹄,赶在9月18日("九一八"纪念日),隆重推出"侵华日军731部队罪证"网站(中文版)。离这一天只有3天时间了,田灼又请了几位同学一起参战。整整3个昼夜没有合眼,1998年9月17日24点,网站终于全部建成了。日本"731"部队侵华12年以来所犯下的令人发指的滔天罪行,终于在20世纪之末被一个中国大学生钉在了互联网上。

"731"网站的建立如一股狂风席卷了整个互联网,短短的时间内点击率直线飙升,访问者达数10万人次,无数电子邮件挤满了田灼的电子信箱。许多人热情地寄来了自己珍藏的宝贵的资料和照片。一位登录了"731"网站、77岁的原731部队的少年士兵因地茂还专程从日本赶到哈尔滨来亲自证实731部队的罪证。

经过几年的磨砺,今天的田灼更加成熟、稳健了。在紧张学习的同时,他继续进行着731网站的进一步完善和提高等工作,田灼年轻的心里正在编织着新的梦想,他决心把它的网站办成质量最好、点击率最高的"731"历史博物馆,让它感召全世界更多的人在深刻认识"731"的黑色历史的同时,为维护世界和平而进行不懈的努力。①

【案例分析提示】

一个民族是不可以忘记历史的,尤其是民族灾难的历史。当田灼发现部分哈尔滨本地人对"731"部队的罪行一无所知时,他的心像"被灼烧了一样的难受",尤其那句"被打的人已经忘记了挨打,打人的人还会记得打过的人吗？"更使他心情难以平静。"731"的罪恶历史决不应该被岁月的尘封所掩埋！"731"的暴行必须被广昭天下,这是历史的需要,也成为了田灼的使命。

了解祖国的历史是爱国主义的重要方面,以史为镜可以知荣辱。

了解近现代中国人民反对外来侵略和压迫,反抗腐朽统治,争取民族独立和解放,前赴后继,浴血奋战的精神和历史,进而了解中华民族自强不息、百折

---

① 该案例改编自张晓:《大学生,把侵华日军钉在互联网上》,《风流一代》2001年4月上半月刊,第22—23页。

不挠的发展历史,特别是了解中国共产党领导全国人民为建立新中国而英勇奋斗的历史,才能更深刻地了解中华民族的精神,会更加热爱我们生于斯、长于斯的这片故土。

人之所以爱国,源于对祖国和个人命运联在一起这一事实的理性认同。国家的命运、前途与个人的命运、前途息息相关,密不可分,这是被历史所证明的永恒不破的真理。国富则民强,国贫则民弱,国家贫弱,人民就要遭受欺辱。从一定的意义上说,人民所以爱国,所以关心祖国的前途和命运,实质是对自己的命运和前途的关注。这也是爱国主义产生的内在依据。在物质生活相对富裕的今天,我们要有忧患意识,居安思危,务必保持清醒的头脑。古人云:"生于忧患,死于安乐。"忧患意识激励我们不断进取和奋斗。

牢记历史,勿忘国耻。当代大学生知史以明志,我们了解民族的历史和现状,要立志改变祖国的落后面貌。爱国主义是人们忠诚、热爱、报效祖国的一种集情感、思想和意志于一体的社会意识形态,是在人类社会历史进程中形成、发展、巩固起来的一种团结凝聚国家和民族、推动历史发展的强大精神力量。了解中华民族的屈辱史可以唤醒民族的忧患意识,更加激发我们为祖国强盛而努力拼搏的决心。

(李亚新　祖嘉合)

**【思考题】**

1. 你怎样理解知史明志的含义?
2. 如何理解"生于忧患,死于安乐"?

# 第十二章

# 法律常识案例及分析

道德与法律在对人们的社会行为进行调整和规范方面具有互补性,两者共同作用,可以使任何社会关系在任何时间都能纳入调整的范围。所谓"礼者禁于将然之前,而法者禁于已然之后"。即道德可以用来防范尚未发生的违法行为,而法律则可以用来制止已经发生的违法行为。正是由于道德与法律具有这些互补性,从国家的治理手段层面来说,以德治国与依法治国相辅相成,缺一不可。从个人的修养层面来说,新时期思想道德建设要重点培养人们的规则意识,需要把尊重法律、恪守规则意识的培养,作为道德建设的一个重要方面作长期的努力。

由于法律是道德的底线,法制教育是道德教育的基础。因此,高等院校在对大学生进行道德教育中,应当把法制教育摆在重要地位,让大学生了解和把握我国宪法和有关法律的基本精神和基本内容,增强大学生的社会主义法律意识和法制观念。同时,大学生也需要密切联系我国社会主义现代化建设和改革开放的实际,认真学习各种法律法规,这既是时代的要求,也是自身健康成长、成才和全面发展所必需的。通过法律基础教育,学习、掌握一些重要的、基本的法律知识,有助于完善和优化大学生的知识结构;有助于大学生更好地适应社会主义现代化建设的需要,更好地理解和贯彻党的方针政策和各项法律法规;有助于增强法律意识,培养他们的法律素养,遇事知道用法律作为标准进行衡量。

近年来,大学生违法犯罪成为一个值得关注的社会问题,大学生违法犯罪有增长趋势。据有关统计资料表明,我国高等学校学生违法犯罪的,占高校总人数的1.26%。一向被人们视为高智商、高素质、高层次的大学生却因触犯刑律锒铛入狱,这是令人十分痛心的。大学生违法犯罪类型具有偶发性、多样化、智能化的特点。大学生违法犯罪的原因是多方面的:有的心理不健康,人格扭曲,有的法律观念淡薄,还有的因黄色诱惑、嫉妒生非、发泄私愤等原因引发各种刑事犯罪。分析他们违法犯罪的原因,对于借鉴前车之覆,不无警示。

本章选择的 10 余个具有代表性的、真实的大学生违法犯罪案例,涉及大学生违法犯罪的主要方面,也是和大学生活密切相关的方面,通过对这些案例简要的介绍和分析,希望不仅使大学生有所感悟,而且对教育工作者也有所启示。

## 案例一　中国电子邮件侵权第一案

1996 年 4 月 9 日,北京大学研究生薛燕戈收到美国密执安大学通过互联网发给她的电子邮件,内容是该校将为她提供 1.8 万美元的奖学金的就学机会,她非常高兴。因为经过艰苦的 TOEFL 及 GRE 奋战,这是唯一一所答应给她奖学金的美国名牌大学。此后,她久等正式通知,但杳无音讯,蹊跷之中薛燕戈怀疑有人从中作梗,于是薛燕戈委托在美国的朋友去密执安大学查询。

1996 年 4 月 27 日,薛燕戈在美国的朋友告知,密执安大学收到两封电子邮件:一封北京时间 4 月 12 日 10:16 分发出的署名薛燕戈的电子邮件,表示拒绝该校的邀请。因此,密执安大学已将原准备给薛燕戈的奖学金转给他人;另一封是 4 月 12 日上午 10:12 分从同一台计算机上发给美国密执安大学刘某的署名"Nannan"。

接着,薛燕戈从北京大学计算机中心取到了 4 月 12 日的电子邮件记录。记录表明,上述两封电邮件是在前后相距 4 分钟的时间内从临床实验室一台记号为"204"的计算机上发出的。当时,张某正在使用这台计算机。技术试验结果表明(经过事后的实验,临床实验的"204"电脑运行速度慢,从关机到进入可以发出 e-mail 的状态需要 5 分钟,也就是说发完第一封 e-mail 后并没有关机,而是直接发出了第二封 e-mail),张某使用这台计算机时,别人没有时间盗用。

薛燕戈从北京大学计算中心取得 4 月 12 日的电子邮件记录,与美国取证回来的材料完全吻合。到此,薛燕戈得出让她心痛的结论:此事系同室好友兼同乡张某所为,她既震惊又气愤。在校方调解未果的情况下,薛燕戈到北京市海淀区法院,状告张某以她的名义伪造电子邮件,使她失去了出国深造的机会,并要求其赔礼道歉,赔偿经济损失。

1996 年 7 月 9 日,海淀法院正式开庭审理此案。法庭上,薛燕戈说,密执安大学发来的电子邮件,是她和张某一起去北京大学认知心理学实验室看到的,并且存在张某的电子信箱里。薛燕戈认为,是张某在4月12日10:16分用她的名义给密执安大学发的邮件,谎称她已接受其他学校的邀请,故不能去该校学习。张某拒绝承认。

1996年8月13日,海淀法院再次开庭,并将对本案依法做出判决。一直采取强硬态度的张某,在大量不利于自己的证据面前,开庭后即承认拒信为其所发并表示同意调解。经过法院主持调解,薛燕戈与张某自愿达成协议:张某以书面形式向薛燕戈赔礼道歉,并赔偿薛燕戈精神损害、补偿经济损失共计1.2万元。①

【案例分析提示】

本案涉及公民的通信自由和通信秘密权受到侵犯的情形。

通信自由和通信秘密权是宪法赋予公民的一项基本权利。《中华人民共和国宪法》第40条规定:"中华人民共和国公民的通信自由和通信秘密受法律的保护。除因国家安全或者追查刑事犯罪的需要,由公安机关或者检察机关依照法律规定的程序对通信进行检查外,任何组织或者个人不得以任何理由侵犯公民的通信自由和通信秘密。"

本案中,张某的行为已经侵犯了薛燕戈的通信自由和通信秘密权。首先,张某实施了危害行为,张某冒用薛的名义向薛的利害关系人发了邮件;其次,有损害结果,薛申请的美国密执安大学教育学院在收到拒绝信后,误认为薛已经放弃该校改读他校,遂取消了薛的入学资格;第三,张某实施的行为与损害结果有因果关系,由于张某的这封信,导致美国密执安大学教育学院取消了薛的入学资格;如果没有张某的行为,薛已经在美国密执安大学读书;最后,在主观上张某明知发拒绝信给美国密执安大学可能产生的后果,但是张某希望这种结果的发生,具有直接的故意。因此,张某应该为自己实施的侵权行为承担法律责任。

关于侵犯公民的通信自由和通信秘密权所要承担的法律责任有三种:分别是民事责任、行政责任和刑事责任。治安管理处罚条例第22条规定"隐匿、毁弃或者私自开拆他人邮件、电报的处二百元以下罚款或者警告"。刑法第252条规定:"隐匿、毁弃或者非法开拆他人信件,侵犯公民通信自由权利,情节严重的,处一年以下有期徒刑或者拘役。"第253条规定:"邮政工作人员私自开拆或者隐匿、毁弃邮件、电报的,处二年以下有期徒刑或者拘役。"

---

① 该案例来源于http://www.chinalawnet.com/infomation/dajs-11.asp

依据民事诉讼法第9条规定"人民法院审理民事案件,应当根据自愿和合法的原则进行调解"。在法院的主持下,张某向薛燕戈书面致歉,并赔偿薛燕戈精神损害补偿及经济损失1.2万元,这是符合法律规定的。

通过本案例可以告诫大学生在重视文化知识学习的同时,也要注意培养自己健康的心理,为了让天之骄子不再出现在法庭的被告席上,对他们的法律教育必须强化起来。

(关爱华)

【思考题】
1. 公民的通信自由和通信秘密包括那些内容?
2. 侵犯公民的通信自由和通信秘密权所要承担的法律责任有那些?

## 案例二 震惊全国高校校园的"马加爵事件"

被告人马加爵,今年22岁,系云南大学生命科学学院生物技术专业学生。2004年2月上旬,马加爵在云南大学鼎鑫学生公寓与其同学唐学李、邵瑞杰、杨开红等人为琐事争执,马加爵认为邵瑞杰、杨开红等人说自己为人差、性格古怪,自己在学校的名声受到诋毁,感到很绝望,于是决意杀害邵瑞杰、杨开红、龚博。因担心同宿舍的唐学李妨碍其作案,决定将四人一起杀害。被告人马加爵购买了铁锤,并制作了假身份证,到昆明火车站购买了火车票,以便作案后逃跑。2004年2月13至15日,被告人马加爵采用用铁锤打击头部的同一犯罪手段,将唐学李等四名被害人逐一杀害,并把被害人尸体藏匿于宿舍衣柜内。马加爵作案后于2月15日晚乘坐昆明至广州的火车逃离昆明。经公安部通缉,被告人马加爵3月15日晚被海南省三亚市公安机关抓获归案。

2004年4月24日下午,云南省昆明市中级人民法院一审以故意杀人罪判处被告人马加爵死刑,剥夺政治权利终身。

由于马加爵表示完全认罪,没有提出上诉,云南高院依法对该判决进行了复核。

2004年6月17日,马加爵被押赴刑场执行了死刑。[1]

---

[1] 张文凌:《昆明中院一审判处马加爵死刑》,2004年4月25日《中国青年报》;
崔丽、张文凌:《马加爵被执行死刑》,2004年6月18日《中国青年报》。

【案例分析提示】

本案涉及的主要问题是故意犯罪及由此案引发的思考。

我国刑法第 14 条规定:"明知自己的行为会发生危害社会的结果,并且希望或者放任这种结果发生,因而构成犯罪的,是故意犯罪。"

犯罪的故意包括两种:直接故意和间接故意。直接故意,是指行为人明知自己的行为会发生危害社会的结果,并且希望这种结果发生的主观心理态度。间接故意,是指行为人明知自己的行为可能发生危害社会的结果,并且放任这种结果发生的主观心理态度。在这里,"明知"是指行为人预见到、认识到自己行为的危害结果的意识因素;"希望"是指行为人积极追求危害结果发生的意志因素;"放任"是指行为人对危害结果的是否发生抱着听之任之、漠不关心的态度。

本案的马加爵无视国家法律,因不能正确处理人际关系,为琐事与同学积怨,即产生报复杀人的恶念,并经周密策划和准备,积极实施犯罪,先后将四名同学残忍杀害,他的行为完全符合《刑法》第 14 条的规定,在实施杀人的过程中,他是明知自己的行为会导致四名同学的死亡,而是希望这种结果发生,且在整个犯罪过程中,马加爵杀人犯意坚决,作案手段残忍。因此,他的行为毫无疑问系故意杀人罪,且属直接故意杀人罪。

本案中包括马加爵在内的五个年轻人都是接受了高等教育的大学生,很快,他们都将毕业,实现自己的人生价值。然而,就因为琐事积怨,四个无辜受害青年便不明不白遭受了灭顶之灾。马加爵的行为不仅剥夺了四个朝阳般的年轻生命,而且剥夺了四个家庭的希望,造成了巨大的、难以弥补的损失,自己也将为此付出沉重代价。

我们深切地希望,通过本案例警示大学生要树立正确的人生观、道德观,增强法治意识,做守法公民。生命是宝贵的,自己没有权利轻易剥夺,要善待生命。

(关爱华)

【思考题】

1. 大学生如何正确处理同学之间的关系?
2. 大学生如何对待自己和他人的生命权?

## 案例三　引起社会广泛关注的伤熊事件

刘海洋,男,1980年出生于北京海淀区,共青团员,自幼在北京上学,1998年考入清华大学电机系,学校已推荐研究生。曾于2002年1月29日和2月23日,先后两次分别将事先准备的氢氧化钠(俗称"火碱")溶液、硫酸溶液,向北京动物园熊山上的黑熊、棕熊展区的黑熊和棕熊进行投喂、倾倒,致使三只黑熊、两只棕熊(均属国家二级保护动物)受到不同程度的损伤,给北京动物园造成了一定的经济损失。2002年2月24日,北京市公安局西城分局依法对刘海洋实施了刑事拘留。2002年3月26日,公安司法机关依照有关法律规定,对刘海洋实施取保候审。

2003年3月25日,西城法院正式受理曾在社会上引起广泛关注的刘海洋用硫酸伤熊案件。时隔一年,西城区检察院以涉嫌故意毁坏财物罪对刘海洋提起公诉。[①]

**【案例分析提示】**

本案案情比较简单,认定事实也很清楚,引起了社会广泛关注的原因是,此案不仅关系着刘海洋的命运,而且关系我国的法制建设。

法学界关注的焦点主要是刘海洋的行为是否构成犯罪?他的行为具体触犯了什么罪名?

针对此案例法学界组织了专题讨论,一种观点认为:刘海洋的行为不构成犯罪,因为对于刘海洋的行为我国现行刑法没有明确的规定,按照我国刑法罪行法定的原则,对刘海洋的行为尚不能定罪;同时持此种观点的专家也指出,之所以出现对刘海洋伤害黑熊事件定性难的问题,说明我国的法律还不够完善、具体,在可操作性上还有待于进一步提高,他们建议在刑法中尽快增加残害动物罪。

另一种观点认为刘海洋的行为已触犯刑律,应追究刑事责任,但他的行为具体触犯了什么罪名?法学界看法不一。大致有四种意见,即分别认为刘的行为应以"非法猎捕、杀害珍贵、濒危野生动物罪"、"故意毁坏公私财物罪"、

---

① 杨文学:《法院受理刘海洋硫酸泼熊案》2003年3月27日《京华时报》;
杨昌平:《刘海洋伤熊案引发近百法学家论争》2003年3月27日《北京晚报》。

"破坏生产经营罪"、"滋事寻衅罪"定罪量刑。其中,前两种意见交锋尤为激烈。

持"故意毁坏公私财物罪"意见的专家认为"故意毁坏公私财物罪"中的"财物"不仅包括无生命物,还应包括有生命的动物,动物是动物园的主要财产。本案中刘海洋故意采用伤害的方法使动物园的财物价值受到了损害,就完全符合了故意毁坏财物罪的构成要件。最后法院采纳了此种意见,以故意毁坏公私财物罪对刘海洋定罪量刑。

一个冲破千军万马进入了全国著名高等学府深造的大学生,本来应该有着美好前途,却由于用硫酸毁了北京动物园内国家二级保护动物,也毁了自己。这显然是一起十分令人痛心的事件,难道刘海洋本人不知道自己的行为违法吗?正如刘海洋所说:"我们一上大学就学了法律基础课,学了民法和刑法等,但我只知道猎杀野生动物违法,但用试剂烧伤动物园里的动物是不是违法就不清楚了,但现在知道是违法了。"从这段话中,可以看出,我们的大学所进行的法制教育远远不能满足要求,或者说法制教育课,不是一上大学学了法律基础课,学了民法和刑法等就能达到目的的。学习法学基础理论,灌输法律条文,都是必要的,但是,更为重要的是,在此基础上真正培养和提高大学生们的法制观念和法律意识,使法制观念和法律意识在头脑里扎根,成为大学生重要素养。

(关爱华)

**【思考题】**
如何培养大学生的法制观念和法律意识?

## 案例四  公务员招聘中的血案

22岁的周一超是浙江大学农业与生物技术学院农学系应届毕业生,2003年1月,周一超报名参加嘉兴市秀洲区政府招收乡镇公务员的考试。在秀洲区政府招收9名乡镇公务员的笔试中排名第三,面试后总成绩排名第五。4月,仍未收到录取通知书的周一超认为录取不公平,遂购买了菜刀和水果刀,来到区人事劳动社会保障局511办公室。他询问经办人于某后得知自己体检结果为"小三阳",不合格,而另一位手指残疾考生则属合格类,认为别人动用了关系,一怒之下用水果刀将于某刺成重伤,并在激愤中将于某同办公室的张某刺死。

2003年9月4日，浙江大学学生周一超被嘉兴市中级人民法院以故意杀人罪判处死刑，剥夺政治权利终身。判决结束后，周一超当庭将判决书撕烂抛弃，拖着脚镣踉跄而去，给这次宣判留下了意味深长的一幕。

最令人心酸的是周一超的母亲叶玉树，法院有两个出口，为了守到儿子，她在两门之间来回奔跑，当她冲向前门时，载着儿子的车却从边门开走了，叶玉树只能无奈地搜寻着远去的警笛，周围陪她过来的亲戚在哭、同事在哭，她却没有哭出一声。早在4月3日听到儿子的噩耗，这位母亲就丢了自己的魂。

整个判决过程中，叶玉树一直低着头，似乎害怕多看一眼、多听一句就会得来自己最害怕的那个结果。判决前休场10分钟，她挣脱同伴执意到外面的大厅里，不敢再进去听，前面审判长的宣读已经给了她非常不吉利的预感。到最后临判前，她还是冲了进来。听到审判长说出"死刑"两字时，叶玉树似乎没有了知觉，她的第一反应就是冲向儿子。可是周一超已经被带下了法庭。①

**【案例分析提示】**

本案的定罪和量刑都非常清楚明确。值得关注和深思的是此案发生的社会原因以及大学生如何对待挫折、如何正确维权等问题。

本案的起因是周一超因体检不合格被淘汰而起意报复杀人的，但本案的受害人也是无辜的，他们只不过是在忠实执行政府制定的录用标准而已。《浙江省国家公务员录用体检标准》中有这样的规定："有下列疾病或生理缺陷者不合格：第5条，慢性肝炎病人并且肝功能不正常者。乙肝三系检查大三阳、小三阳者。"这个标准不光是浙江省这样规定的，全国很多省都是这样规定的。可以说禁止或限制乙肝患者上学和就业是一个普遍的社会现象。

周一超案发生后，包括一些法学家在内的民众纷纷对此标准提出质疑，认为全国乙肝病毒携带者占总人口的近10%，而"小三阳"只能通过血液、性激素和母婴进行传播，与日常工作和生活接触无碍，因而把"小三阳"患者排除在正常择业范围之外，既不合理，也不合法。

周一超的情况因关系到1.2亿乙肝病毒携带者的命运，得到了社会的广泛关注。一审判决前，周一超的同学和老师共429人，联名上书法院要求对周

---

① 陈其强：《浙江大学生杀人案引发公众对公务员录用标准质疑》2003年10月27日《法制日报》。

朱立毅、傅丕：《周一超被执行死刑》，2004年3月4日《北京青年报》。

一超从轻处罚;121位嘉兴市民写信给法院要求给他留一条生路;208位周一超所在的建设街道瓶山社区的居民联名写信要法院给周一线生机,不要判死刑。但嘉兴市中级人民法院并没有屈从民意的压力,依法做出了死刑判决,充分体现了法律至高无上的神圣。该案上诉后,又有3671人签名的请求书送到浙江省高级人民法院,请求二审法院给"周一超重新生活的机会"。最终,浙江省高院驳回了被告的上诉请求,维持了原判。

虽然《浙江省国家公务员录用体检标准》有不公正之处,但是这并不能成为周一超杀人的理由,更不能因为周一超杀人事出有因,就被减轻刑罚,否则就是对被害者的不公,也是对法律和社会秩序的破坏和扭曲。

周一超是值得同情的,但同情代替不了法律。周一超的可悲就在于他用极端的、违法的行为方式来解决矛盾。事实上,如果周一超认为公务员招录不公侵犯了他的权益的话,完全可以通过法律的手段来维护自己的合法权益。

通过本案例警示大学生要正确面对困难和挫折,要加强心理素质的培养和锻炼,以积极和坦然的态度来迎接困难和挑战,面对竞争日益激烈的就业环境,希望毕业生能够树立良好的就业观念。大学生必须加强法制观念,提高法律素质,学会依法律办事做人,通过法律的手段和途径保护自己的合法权益。

(关爱华)

【思考题】
1. 大学生如何正确面对困难和挫折?
2. 大学生如何正确维护自己的合法权益?

## 案例五 她的忏悔让人失望

被告人罗卡娜,女,23岁,汉族,广西壮族北海市人,大专文化,原系北京外国语大学培训中心二部学员,暂住北京外国语大学东院南平房内。被害人李春霞,女,28岁,河南人,被害时系北外成教学院学员。

据罗卡娜供述,她和受害人李春霞均是北京外国语大学培训中心二部学生,同住在该大学东院南平房13号院内的一个宿舍里,因生活习惯的不同,她们俩经常发生矛盾。罗卡娜说:"平时,李春霞在晚上12点时就要求我必须关灯睡觉,而她自己要看书时则可以开灯。另外我平时爱攒脏衣服,然后一起洗,她就说我懒。在学习方面,因方法不同,她也说我散漫。今年春节我一个人留在北京没回家,她就跟我的房东刘凤云说我春节一个人在北京,曾带男士回来住。我认为她干预了我的生活。"

2003年春节前,罗卡娜和李春霞吵了一架,后被重新分配了宿舍,但仍住在同一个院内。2004年7月9日早6时许,罗卡娜因与室友闹矛盾,"心情不好",便去洗漱间里削水果,再次碰到李春霞。

据罗卡娜供述:"她(李春霞)从我旁边经过时,一甩手,正好打在我的左臂上,我觉得她这是欺负我,便与她撕扯起来。"随后,罗卡娜将手中的水果刀扎向李春霞,(警方认定17刀)造成李春霞心、肺被刺破,在送往304医院途中失血过多不治而亡。罗卡娜进屋换了身衣服回到现场,让保安领班拨打了120后,被警方当场抓获。

2004年11月15日,此案在北京市第一中级人民法院开庭审理,2004年11月30日,北京市第一中级人民法院作出一审判决:以故意伤害罪判处被告人罗卡娜死刑,剥夺政治权利终身;并赔偿附带民事诉讼原告人李春霞的父母丧葬费、死亡赔偿金、交通费等经济损失共计29万余元。①

**【案例分析提示】**

本案中罗卡娜因琐事故意非法伤害他人身体,致人死亡,其行为已构成故意伤害罪,且犯罪手段凶残,性质恶劣,情节、后果特别严重,依法必须严惩。对罗卡娜的定罪量刑是完全正确的,无须评论。值得我们深思的是罗卡娜在法庭上的忏悔:"我千里迢迢来到北京不是为了沦为阶下囚,我们全家都会竭尽全力赔偿,但如果对方实在不满意的话,我愿意一命抵一命。"

罗卡娜在法庭上的陈述实在令人惊诧:一个正在接受着高等教育的大学生,法律意识为什么还只停留在"杀人偿命"的层次?

杀人偿命,欠债还钱,天经地义。这是在封建社会统治者制订出的最原始的、用来约束人们的法律规范。杀人者往往被处死以惩戒其杀人行为,而其违法行为的惩处也随着杀人者的"身死"而宣告终止。但是,随着社会的发展与法律的完善,这种最古老的"规则意识"已经远远落后了。现行的法律对人们的约束已经超越了"杀人偿命"就能了事的范畴。故意杀人是对他人生命权的严重侵犯,杀人者必须承担足够的法律责任和连带责任。

令人遗憾的是,在罗卡娜的内心,没有对法律的敬畏,没有对他人生命权

---

① 张丽锦:《"北外女生被刺17刀致死案"室友凶手被起诉》,2004年10月29日《法制晚报》;
李欣悦:《北外女生刺同学17刀续,自称愿一命偿一命》,2004年11月16日《新京报》。

的敬畏,她所具有的法律意识,竟然是停留在"杀人偿命"的原始层面。不管是出于什么原因造成了这一事实,在某种意义上讲,都给法律教育深刻的警醒。

罗卡娜在法庭上的忏悔让人失望,她没有认识到自己的行为已经严重侵犯了他人的生命权,必须要承担足够的法律的责任。在庄严的法庭上,她所想到的还只是"我千里迢迢来到北京不是为了沦为阶下囚,我们全家都会竭尽全力赔偿,但如果对方实在不满意的话,我愿意一命抵一命"。她没有想到被杀的李春霞来到北京是为了做什么,没有想到法律"不满意"会给她带来怎样的惩罚,而她对法律惩戒的认识还仅仅是停留在了对方满不满意的范畴!①

(关爱华)

【思考题】

罗卡娜的事件对我们的教育意义是什么?你对她"杀人偿命"的观念如何评论?

## 案例六  他们的做法合理不合法

王某等6人是北京某高校自考班和继续教育学院的在校学生,几人在学校附近村庄租房居住。2003年11月21日中午,正在午休的王某听到房内有动静,起身一看,只见一个人影夺门而出,王某意识到是小偷,遂边追边打电话叫来其他5名同学,6人在加油站附近将小偷抓住,并对其进行了殴打和询问。小偷承认不久前曾在他们的住处偷过两部手机,而且同意筹钱赔偿。6人带着小偷到其亲属家四处筹钱未果。于是,王某等6人提出让小偷赔偿两部手机共计3000元,小偷的母亲同意第二天筹到钱送去,但王某等人怕小偷溜走,又将小偷带回学校学生会处并由专人看管。

第二天上午,也就是11月22日上午,袁某的母亲带着2000元钱来到学校,而6名学生仍坚持按前一天协商的3000元支付。协商破裂后,6名学生与袁某的母亲于当天上午10时许向警方报案,袁某和6名学生均被警方带走。

2004年2月16日,某区检察院以非法拘禁罪起诉6名学生。3月9日,该区法院以非法拘禁罪分别判处6名学生5个月拘役。宣判后,其中一名学生

---

① 刘利军、曾瑞:《大学生的法律意识就是"以命抵命"吗?》http://www.jcrb.com/zyw/n426/ca315779.htm

以判决量刑过重为由上诉至北京市第一中级人民法院。

北京市第一中级人民法院经审理认为:王某的上诉理由没有事实和法律依据,法院不予采纳。据此,北京市第一中级人民法院做出维持原判的终审判决。①

【案例分析提示】

本案主要涉及两个问题。一是6名大学生的行为是否构成非法拘禁罪?二是6名大学生是否可以与小偷私自"调解"?

《刑法》第238条规定:非法拘禁他人或者以其他方法非法剥夺他人人身自由的,处三年以下有期徒刑、拘役、管制或者剥夺政治权利。具有殴打、侮辱情节的,从重处罚。

本案中的王某等6名学生将进入其住房行窃的小偷当场抓住后,没有扭送至派出所,而是擅自将其看管一天一夜,王某等6人的行为非法剥夺他人人身自由,显然违反了法律规定,其行为均已构成非法拘禁罪,应依法惩处。

6名大学生由受害人变成罪犯,转瞬之间,天壤之别,令人叹惜不止。本案中,对盗窃者的行为,受害人报案可以,抓住小偷也可以,但不允许擅自违法剥夺小偷的人身自由。我国《刑事诉讼法》明确规定,对刑事案件的侦查、拘留、执行逮捕、预审,由公安机关负责,除法律特别规定的以外,其他任何机关、团体和个人都无权行使这些权力。

还要值得注意的是:本案小偷给当事人造成的财产损失,当事人要求赔偿,不属于平等主体之间发生的财产权益争议和私权问题。小偷盗窃,不仅侵犯了受法律保护的公民财产所有权,而且危害了社会治安秩序,这类案件应该属于侵犯公权范畴的刑事案件。在刑事案件中,"私下协商"的方法仅适用于刑事自诉案件。而根据我国《刑法》的规定,自诉案件的范围包括侵占罪、暴力干涉婚姻自由罪、虐待罪和遗弃罪等,盗窃罪不属于自诉案件的范围,因此,犯罪嫌疑人和被害人之间不能私自进行调解。此案依法应由治安、司法机关解决。当事人私下协商解决,私权取代公权的行使,是与法制社会不相容的。

6名大学生为了维护自己的合法权益而采取了"合理但不合法"的做法,主要原因:一是法律观念不强,二是贪小便宜。通过本案例一方面警示大学生在学好专业知识的同时,也要学习法律知识,提高法律意识;另一方面也使教

---

① 杨文学:《6名大学生私拘小偷被判拘役》,2004年4月21日《京华时报》;杨灿、张泗汉、曲新久等:《拘留小偷是非法拘禁吗?》,2004年4月19日《北京青年报》。

育工作者看到了大学校园里普法的重要性。

(关爱华)

【思考题】
1. 6名大学生的行为错在哪里？
2. 受害人是否可以与小偷私自"调解"？

## 案例七  他的赚钱方式错了

22岁的刘霄，2001年8月考入中国农业大学，成为水利与土木工程学院一名大学生。经过几年的学习，刘霄掌握了不少网络方面的知识。2003年上半年，由于出现"非典"疫情，没回老家的刘霄就开始上网浏览。走进网络世界，他大开眼界，网上一些刺激淫秽的图片，不仅满足了他的好奇心理，也让他找到了挣钱的途径，于是用自己购买的笔记本电脑，开始制作网页，进而租用某公司的服务器，建起了"真实天空"、"激情自拍"等网站，有时一天的点击率达一万多次。公安部门在对网络贩黄进行清查时发现刘霄的网站上有淫秽内容，在他租用的服务器内发现了512张淫秽图片和2个视频文件，其中90张图片可以通过互联网直接访问。2004年7月12日刘霄被公安人员抓捕归案，9月2日被依法逮捕。

根据检察部门的指控，被告人刘霄自2004年3月以来，为提高个人网站"真实天空"、"激情自拍"的访问量以牟取利益，在中国农业大学校园内利用个人电子计算机非法复制淫秽图片300余张，并将其中经其编辑的90张淫秽图片通过租用的服务器在互联网上传播。

最终，北京市第一中级人民法院对农业大学学生刘霄网络贩黄案作出一审判决，被告人刘霄犯复制淫秽物品牟利罪，判处有期徒刑一年，并处罚金人民币一万元。

宣判时，刘霄的母亲和女友都来旁听，满脸焦虑的刘母看到儿子，眼里闪动着泪花。宣判后，记者问她是否上诉时，刘母表示不再上诉。一脸稚气的刘霄在听到将面临一年的徒刑后表示，自己其实并不缺钱，只是想找个方式证明自己的挣钱能力："我这个赚钱的方式错了。"[①]

---

① 崔丽：《大学生网上贩黄一审被判1年 母亲当庭落泪》，2004年12月13日《中国青年报》。

**【案例分析提示】**

在飞速发展的信息时代,网络不仅给人带来诸多的信息和方便,同时网络也成为一些人犯罪所利用的工具,网络贩黄犯罪就是随着网络的发展而产生和发展的,这种高智商犯罪应该越来越引起社会的重视。

《中华人民共和国刑法》第363条规定:以牟利为目的,制作、复制、出版、贩卖、传播淫秽物品的,处三年以下有期徒刑、拘役或者管制,并处罚金;情节严重的,处三年以上十年以下有期徒刑,并处罚金;情节特别严重的,处十年以上有期徒刑或者无期徒刑,并处罚金或者没收财产。2004年9月,最高人民法院、最高人民检察院下发《关于办理利用互联网、移动通信终端、声讯台制作、复制、出版、贩卖、传播淫秽电子信息刑事案件具体应用法律若干问题的解释》,规定对以牟利为目的,利用互联网、移动通讯终端制作、复制、出版、贩卖、传播淫秽电子信息的,以制作、复制、出版、贩卖、传播淫秽物品牟利罪定罪处罚。

本案中刘霄以牟利为目的,利用互联网复制淫秽图片,危害社会,根据以上法律规定,其行为已构成复制淫秽物品牟利罪,依法应予惩处。

临近大学毕业的刘霄,本来可以用自己学到的本领为社会作贡献,如今却沦为阶下囚,成了一名罪犯,令人感到惋惜。父母含辛茹苦把孩子培养成人,指望他能学业有成,报效社会,报效家庭,可满怀的希望,却变成了失望。刘霄的教训值得当代大学生汲取,大学生要加强个人思想品德修养,增强遵纪守法意识,提高对社会、对公众的责任感,用学到的知识和本领报效国家,报效社会,报答父母。

俗话说,"君子爱财,取之有道"。大学生一定要利用所学知识走正路,利用掌握的网络知识和技术为人民服务。

(关爱华)

**【思考题】**

1. 你怎样评论刘某的网络贩黄行为?
2. 如何理解"君子爱财,取之有道"?

## 案例八 她的命运将从此改变

2004年1月5日,陕西省渭南市某理发店老板范秀花的独生女儿,3岁的王悦突然失踪。两个小时后,一年轻女子打来电话,以小王悦作人质,勒索钱财 3000 元。当天下午 4 点多,范秀花的丈夫到渭南市站南派出所报了案。当天下午六点左右,在一个交易地点,警方成功解救了小王悦,犯罪嫌疑人也被成功抓获。

经审讯犯罪嫌疑人董阿瑞,现年 24 岁,是济南师范学院计算机系一名大四的学生,且已经联系好了工作。据了解,董阿瑞的家虽然在农村,但父亲一直在外做点小生意,也足以支付上师范大学女儿的学费和生活费,而这学期的学费在开学之初父母就交给了董阿瑞,但她并没有交给学校,钱到哪里去了呢?原来董阿瑞花钱大手大脚,把父母给的一个学期的学费在两个月的时间内花光了。2003 年 12 月底,学校再一次催交 2700 元所欠学费的通知后,一个星期不到,董阿瑞绑架了王悦,作为人质向王悦父母勒索 3000 元。

2004 年 1 月,渭南市公安局以董阿瑞涉嫌绑架罪将其逮捕,在审讯中她竟然问办案民警:"我知道自己错了,什么时候能放我出去?"2004 年 4 月,渭南市公安局以董阿瑞涉嫌绑架罪向临渭区人民法院提起了诉讼。

2004 年 5 月 19 号,渭南市临渭区人民法院公开开庭审理了女大学生董阿瑞绑架案,法庭最终做出了一审判决:董阿瑞因绑架罪被判处 10 年有期徒刑,并处以 3000 元罚金。

整个庭审过程董阿瑞脸上始终没有任何表情,甚至没有朝旁听席上看一看自己苍老的父亲。但在宣判时,她却泪流满面,或许幡然醒悟为自己的行为而自责,或许她真的后悔了,但是后悔已晚,她的命运将从此改变。①

**【案例分析提示】**

本案主要涉及绑架罪的构成和应判处的刑罚,以及由本案所引发的思考。

《中华人民共和国刑法》第 239 条规定:以勒索财物为目的绑架他人的,或者绑架他人作为人质的,处 10 年以上有期徒刑或者无期徒刑,并处罚金或者没收财产;致使被绑架人死亡或者杀害被绑架人的,处死刑,并处没收财产。

根据这一规定,我们分析董阿瑞的行为表现,董阿瑞的行为已经触犯了《刑法》第 239 条的规定,董阿瑞是以勒索钱财为目的而绑架他人,绑架的对象是 3 岁的王悦,目的是勒索钱财。董阿瑞的目的、行为非常简单,构成绑架罪。绑架罪属于重罪,它的基本起刑期是 10 年以上到无期徒刑,如果在绑架过程

---

① 《女大学生成绑匪,十年刑期警世人》,2004 年 7 月 19 日中国教育电视台《法制播报》;
吴蔚、郑淳:《女大学生绑幼女判 10 年》,2004 年 5 月 19 日《华商报》。

当中致人死亡,可以判死刑,这是法律硬性的规定。

从理性上,可能有些人不能理解3000块钱换来了10年的徒刑,认为这个案件判得太重,但法院的判决是依法做出的,这无可非议。一方面我们对董阿瑞感到惋惜,对董阿瑞自己来说,也真是"一失足毁了自己一生";另一方面退一步想,一个在校的四年级大学生,同时已经联系好了工作,3000块钱的困难哪里不好解决,为什么非要用这种方法,实在让人费解。更让我们惊诧的是,在看守所里,董阿瑞让警方放她走,她认为:"我不是绑架,我要得那么少",对此,解释只有一个,她的法治意识太淡薄了!董阿瑞说,她在看守所看了法律书后才知道自己犯了绑架罪,而绑架罪的起刑就是10年。就这样,一个即将毕业的女大学生面临的将是牢狱铁窗生涯。对大学生加强法制教育,理应成为我们教育部门的一个沉重的话题。对大学生我们认为,无论你遇到什么困难,都应该在合法的、合理的、法律允许的范围内寻求解决的方法。

(关爱华)

【思考题】
1. 我国刑法对绑架罪的起刑期是如何规定的?
2. 你对本案中的董阿瑞的做法有何评论?

## 案例九　杀死女友追悔莫及

2002年,在北京工业大学实验学院工商管理专业2001级就读的郭文思与21岁的同学段佳妮恋爱。2004年8月29日凌晨3时许,在崇文区黄河京都大酒店,郭文思因感情问题与女友段佳妮发生争执,冲动之下,他用枕头闷堵女友口鼻,致使女友窒息死亡。当天下午三点多钟,郭文思主动自首。

在法庭上,郭文思对自己的行为真诚忏悔并希望有机会能为段佳妮的母亲尽孝,"今天我以杀人犯的身份坐在这儿,我想对她母亲说,'阿姨,我确实非常爱她,非常抱歉。'我这种行为给双方家庭带来了极大的痛苦。"

据说段佳妮生活在单亲家庭,由她母亲抚养长大。事情发生后,段母表示此事对她造成了极大伤害,但是她愿意原谅郭文思,接受郭家40万元的赔偿,并恳请法官对其从轻处理。郭所在学校也开具了郭在校表现证明,恳请法官从轻处理。

二中院认为,郭文思已构成故意杀人罪。鉴于他作案后能主动投案自首,积极赔偿,认罪悔罪,依法予以从轻处罚。

2005年2月24日,北京市第二中级人民法院以故意杀人罪判处郭文思无期徒刑。①

【案例分析提示】

本案主要涉及刑法上的自首问题以及大学生如何正确处理感情问题。

刑法第67条规定:犯罪以后自动投案,如实供述自己的罪行的,是自首。对于自首的犯罪分子,可以从轻或者减轻处罚。其中,犯罪较轻的,可以免除处罚。

本案中的郭文思因感情问题与女友段佳妮发生争执,冲动之下,他用枕头闷堵女友口鼻,致使女友窒息死亡。对于郭文思的行为已经构成故意杀人罪,这是不争的事实,但是郭文思于案发当天下午主动投案自首,符合刑法第67条的规定,法院据此对郭文思作出从轻处罚是完全正确的。

大学生为情自杀、杀人的新闻时有出现,令人对天之骄子的心理素质深表忧虑。面对感情挫败,人难免会有心灰意冷的时候。问题是,为什么有人能正确面对,积极找到解决办法;有人却一蹶不振,甚至撞车,跳楼,做出种种过激举动,令本来已经不如意的事态坏到极致?这反映出某些大学生心理脆弱,使我们看到进一步加强大学生的爱情观教育、挫折教育的必要性。

(关爱华)

【思考题】

1. 大学生如何正确对待感情问题?
2. 如何理解刑法上的自首情节?

## 案例十 偷车只为泄私愤

2003年6月,北京一所大学2000级奚某因涉嫌盗窃同学宝莱汽车被海淀检察院起诉到法院,这是近年来北京市最大一起大学生盗窃案。

21岁的犯罪嫌疑人奚某是北京某大学2000级学生,平时与王同学不和,

---

① 孙慧丽:《听到判决 被告人父亲连鞠三躬》,2005年2月24日《北京青年报》;
陈俊杰:《大学生闷死女友被判无期》,2005年2月25日《新京报》。

且一向看不惯其平素处处炫耀自己有钱、目中无人的做派。2002年11月11日,奚某利用学校上课收作业的时机,趁同学不备将其上衣兜内的车钥匙偷走,随后将其放在校内停车场的白色宝莱1.8T型轿车偷走,该车价值人民币246733元,同时偷走车内现金人民币10000元,美元2100元(价值人民币17408元),奚某于第二天被查获归案。

据了解,近年来大学生特别是女大学生校园盗窃增多,但是该案盗窃数额特别巨大,居近年来大学生犯罪之首。①

**【案例分析提示】**

本案主要涉及两个问题。一是奚某的行为是否构成盗窃罪?二是奚某的行为是否应该承担刑事责任?

第一,奚某的行为具备盗窃罪的全部构成要件。犯罪构成是指刑法所规定的、确定某种行为构成犯罪所必须具备的一切客观和主观要件的总和。根据我国《刑法》规定,盗窃罪是指以非法占有为目的,秘密窃取数额较大的公私财物的行为。其犯罪构成要件应具备以下四个方面的内容:(1)盗窃罪侵犯的客体是公私财物的所有权,此处的公私财物可以是有形物,也可以是无形物,在本案中奚某的行为所侵犯的客体是某同学对其汽车的所有权。(2)在客观方面,行为人实施了秘密窃取数额较大的公私财物的行为。在本案中奚某是趁同学不备将其上衣口袋内的车钥匙取走,然后,奚某又将该同学的宝莱车偷走。奚某的行为已经符合盗窃罪在客观方面的要件。(3)从犯罪的主体方面分析,根据我国《刑法》第17条规定:已满16周岁的人犯罪,应当负刑事责任。本案中奚某已经年满21周岁,已经达到刑事责任年龄,且精神健康,完全具备刑事责任能力。(4)从犯罪的主观方面分析,奚某的盗窃行为是其主观故意实施的。根据上述4个方面的分析,我认为奚某的行为完全符合刑法关于盗窃罪的基本构成要件,属于犯罪行为。

第二,奚某应当承担刑事责任。以上分析我们可以看出奚某的行为已经构成犯罪,并且是既遂犯罪,但是是否承担刑事责任还要看具体的犯罪情节。我国《刑法》第264条规定:盗窃公私财物,数额较大或者多次盗窃的,处3年以下有期徒刑、拘役或者管制,并处或者单处罚金;数额巨大或者有其他严重情节的,处3年以上10年以下有期徒刑,并处罚金;数额特别巨大或者有其他

---

① 索娜:《女大学生盗窃宝莱汽车 被依法提起公诉》http://www.bj148.org/newnews/pub/1055756017479.html。

特别严重情节的,处10年以上有期徒刑或者无期徒刑,并处罚金或者没收财产。最高人民法院[1998]法释第4号第3条规定:盗窃公私财物"数额较大"、"数额巨大"、"数额特别巨大"的标准如下:(一)个人盗窃公私财物价值人民币500元至2千元以上的,为"数额较大"。(二)个人盗窃公私财物价值人民币5千元至2万元以上的,为"数额巨大"。(三)个人盗窃公私财物价值人民币3万元至10万元以上的,为"数额特别巨大"。

本案中奚某的盗窃行为所涉及的财务数额为25.6万元人民币及2100美元。根据最高人民法院的司法解释,本案盗窃行为所涉及的财产属于数额特别巨大的范围之内,依法应当承担刑事责任。

从本案奚某的教训中,大学生要清醒地认识到,不能想发泄一下个人的情绪而置刑法的"高压线"于脑后。如果违犯法律,则无论是对个人的发展,还是对自己的家人都将是十分不利的。

(关爱华)

【思考题】

1. 你认为奚某的行为是否构成盗窃罪?奚某的行为是否应该承担刑事责任?
2. 从本案中我们应得到什么教训?

## 案例十一 危险的"生意"

西南农业大学的外语教师孔某伙同在校大学生、研究生,通过网络等方式3次贩卖国家大学英语四级考试答案,非法牟利21万余元,造成全国各地数百名高校学生"作弊"。因涉嫌泄露国家机密罪,孔某等5人在重庆市北碚区法院受审。

2001年,孔某从四川外语学院毕业后成为西南农大外国语学院教师。当年12月,她第一次监考大学英语四级考试,发现考题提前1个小时便到了监考老师手中,何不利用这一漏洞"帮帮"那些想过关的考生呢?此后,孔某开始物色同伙——正在四川外语学院读书、准备考英语四级的胡某,其班上的学生李某、陈某;四川外语学院的研究生杜某、徐某、谢某等3人被邀成为做考题的"枪手"。

在2002年6月至2003年12月的大学英语四级考试中,孔某提前领到试题,打电话将作文题目及要求告诉在网吧等候的杜某等人;与此同时,她将其中的A、B卷试题各一份抽出,交给等候一旁的陈某拿到校门口附近的复印店"翻制",复印后再把原题送还放回试题袋中。拿到试题的复印件后,孔某事先安排好的3名研究生"各司其职",半个小时左右,涉及整个试卷除听力以外80%的内容全部作完。"枪手"做完考题后将答案传给一直在网上守候的胡某,胡则通过QQ(一种网络聊天工具)将这些与标准答案几乎相同的答案传到各位买家手中。

重庆市公安局公共信息网络安全监察处经过缜密侦查,于2004年1月将孔某抓获,其余涉案人员随后相继落网。在法庭审理过程中他们均表示"没有想到触犯了法律"。孔某当庭称,第一次作案主要是想帮助和自己关系很好的胡某过关,后来发现有赚钱的机会便动了"邪念","当时我没想太多,只认为这种行为最多是违反校纪校规。"法院审理查明,从2002年6月开始到2003年12月止,孔与3名在校大学生,先后3次提前拆封全国英语四级考试试卷,让人做出答案后,通过QQ传给买家,共收取违法所得21.68万元。

法院审理后认为,孔某、胡某、李某、陈某等人已构成故意泄露国家秘密罪。在该案件中,另一名被指控的被告人陈某,以窃取、刺探、收买等方法,泄露英语四级考试试题答案,其行为构成非法获得国家秘密罪。法院依法判处孔某有期徒刑4年;胡某有期徒刑2年;李某有期徒刑1年,缓刑1年;陈某有期徒刑6个月,缓刑1年;陈某有期徒刑1年6个月,缓刑2年。对查获犯罪所用电脑、手机、传呼机等作案工具予以没收;对孔某等人的非法所得21.68万元予以追缴。①

**【案例分析提示】**

国家四、六级考试试题在未到启封时间前属于国家机密。《中华人民共和国宪法》第53条规定,中华人民共和国公民必须遵守宪法和法律,保守国家秘密,爱护公共财产,遵守劳动纪律,遵守公共秩序,尊重社会公德。管理四、六级考试试题的工作人员故意或过失泄露考题,即触犯《保密法》。《保密法》规定,故意或者过失泄露国家秘密,情节严重者将依照《刑法》第9章渎职罪第398条处理:国家机关工作人员违反保守国家秘密法的规定,故意或者过失泄露国家秘密,情节严重的,处3年以下有期徒刑或者拘役;情节特别严重的,处

---

① 该案例改编自 http://www.sina.com.cn 2004/10/25 10:30《北京青年报》文章《重庆开审盗卖英语四级考题案件》,由"文综合《华西都市报》《重庆晨报》报道"。

3年以上7年以下有期徒刑。非国家机关工作人员犯前款罪的,依照前款的规定酌情处罚。孔某等人为牟取一己私利,有组织、有预谋地将未启封的试题及其答案散布出去,决不仅仅是违反校纪校规,而已经构成故意泄露国家秘密罪。

在现代生活中,由于升学、就业、求职,都离不开考试,考试变得越来越重要,我国每年参加各种考试的人达到3000万。[①] 孔某是负有考务责任的人,她不仅没有认真履行自己的责任,反而利令智昏,利用手中的便利条件监守自盗、大发不义之财。最为恶劣的是,她竟然组织自己的学生、好友共同犯罪,最终锒铛入狱实属罪有应得。这个事件也要引起我们的深思——21.68万的收入背后有多少考生购买了答案?考生的投机心理使这些违纪、违法的买卖有了市场。在当今的高科技社会,考场也成了一个新技术的竞技场,各种作弊的新"发明"层出不穷。作弊这种行为不仅影响到其他考生的命运,更严重地危害人才的选拔机制和整个社会的诚信。据悉,2005年9月,国家首部《考试法》起草完毕。《考试法》出台后,将重点体现保障考试者的合法权益,重点打击考试中的徇私舞弊行为,特别是国家机构工作人员的徇私舞弊行为。立法后,考试中的作弊将是违法行为。一些团体性的恶性舞弊事件将被严厉追究法律责任,甚至刑事责任。届时国家四、六级考试也将纳入该法管辖范围内。

(陈俐)

**【思考题】**

教育部规定在高考前,考生都要签订诚信考试承诺书,这是一种道德上的约束。《考试法》的出台则将填补我国法制建设的一大空白。道德与法律的约束哪一项更有效?大学生应当以怎样的态度面对考试?

## 案例十二 大学生夫妻离婚闹上法庭

小倪与小孙可以算是青梅竹马,2002年9月,两人双双考入北京某所大学。2005年2月,他们登记结婚。但自从结婚后,恋爱阶段的热情就大幅"降温"。小倪一改结婚前的态度,常常为一些琐事与妻子小孙争吵,甚至还对妻子小孙侮辱打骂。同时,已经是大三学生的小倪因为住在学校集体宿舍,无法

---

① 卢荡编辑:《国家首部〈考试法〉起草完毕》2005年9月4日《北京青年报》第A8版。

与小孙生活在一起,夫妻交流沟通的机会较少。妻子小孙认为与丈夫没有共同语言,无法共同生活,感情已破裂,便向法院起诉,要求离婚。

海淀法院在受理这起首例在校大学生离婚案后,被告小倪向法官表示了自己并不愿意与小孙分手的意愿。"我跟她才刚刚结婚,感情根本没有破裂,想重归于好。"小倪说。同时,法官考虑到小孙现在已有5个月的身孕,遂建议原告小孙看到双方身份的特殊性,并为未出生孩子着想,希望双方珍惜夫妻感情,谨慎对待婚姻关系。经过法官的调解,原告小孙同意和丈夫和好,撤回起诉。

得知妻子撤诉,小倪万分感激,他向法官表示:"我要积极改正错误,好好待她,并认真完成学业。"妻子小孙说:并不都是丈夫一个人的问题,自己回家也要好好反思。

据了解,大学生夫妻离婚在北京尚属首例。[1]

【案例分析提示】

教育部2005年3月29日发布了新的《普通高等学校学生管理规定》和《高等学校学生行为准则》。这两个规定于2005年9月1日正式实施。新规定取消了一些涉及学生婚恋的强制性规定,最显著的是撤消了原规定中"在校学习期间擅自结婚而未办退学手续的学生,作退学处理"的条文,对学生能否结婚不再作特殊规定。这就是说,从2005年9月开始,我国普通高等学校学生在校期间不再需要获得学校同意,只要达到国家相关法律规定就可登记结婚。这样,在校大学生结婚的人数可能增多。

怎样理解这些新的规定?我们认为,学校允许可以结婚的在校大学生结婚,但是学校并不鼓励在校大学生结婚。大学生活的意义在于学习。当然,爱情的追求并不意味着必将荒废学业。但是,生活的严峻在于,在诸多需要中往往只允许我们选择其中最重要的一种,我们必须冷静地思考,"我最需要什么。"孟子曰:"鱼,我所欲也,熊掌亦我所欲也,二者不可得兼,舍鱼而取熊掌也。"权衡利弊,要把最重要的事情——学业放在第一位。

大学时期,是人生的黄金时代,是人生中精力最旺盛、想象力和创造力最活跃的时期。一生的事业在这里打下基础,成才的希望在这里播下种子,生命的历程在这里开始飞跃。这一时期的所作所为在一定程度上预示着人的成就的大小和有无。大凡有所成就的人,都在青年时代打下坚实的基础或有令人

---

[1] 彭信琼:《大学生夫妻离婚闹上了法庭》,2005年6月9日《北京娱乐信报》。

瞩目的建树。大学时代把什么放在最重要的位置对人的今后发展是很重要的。

在大学生活中,知识、品德、理想、情操、素质、能力等修养,这六个方面既是成才的重要问题,也是爱情赖以生存的基础。放弃这些,不但阻碍了人生的发展,爱情也无所附丽,没有了基础。大学生在恋爱结婚过程中出现的问题,表面看是与情爱直接有关,但是从根本上讲,在于恋爱者自身的品质、修养和思想道德水平的高低。所以,从以上六个方面充实自己,为学业打下坚实的基础,也为得到美好的爱情打下了基础。

何时结婚为宜？严格地说,很难找到唯一的答案。它与每一个人的抱负水平、心理成熟、择友条件、所处环境有关,因人而异。我们建议:(1)待到心理发展相对成熟时,情绪相对稳定,性格相对定型,承受挫折的能力相对强一些。(2)人生观相对稳定时,对恋爱结婚所应承担的社会责任和义务有较充分的认识。(3)待到社会阅历相对丰富时。对大学生来说社会阅历少,考虑问题往往脱离社会实际,与人交往多倾向于感情作用,有时容易激情处事。(4)待到经济相对独立时,恋爱结婚不是纯理念的过程,需要物质基础。总之,从大趋势看,现代人的社会化过程相对延长,人的心理成熟时间也往后移。所以,结婚时间以稍晚为宜。

（关爱华　祖嘉合）

【思考题】

结合实际,谈一谈你对允许在校大学生结婚规定的看法？

## 案例十三　谁享有著作权？

周某某是某大学的一位著名学者,发表了大量的作品。从 1985—1990 年他开始写作长篇小说《日记》,但没有完稿。在 1990 年,周某某因为故意杀人罪,被法院判处死刑,剥夺政治权利终身。1993 年,某出版社通过司法机关而获得了这一小说的手稿,在没有得到周某某法定继承人(周某)同意的情况下,以《未写完的日记》为题目出版发行,获得了较好的经济效益。为此法定继承人周某认为出版社侵犯其对周某某作品依法享有的财产权,要求法院判决出版社停止侵害,赔偿损失 10 万元,并公开向其赔礼道歉。出版社辩称:虽未经许可出版周某某的作品,但认为周某某已经被人民法院判决剥夺政治权利终身,因此周某某不再享有著作权,对他的作品的利用不存在侵权问题。①

**【案例分析提示】**

本案主要涉及公民的著作权问题。

《中华人民共和国宪法》(以下简称《宪法》)第35条明确规定,中华人民共和国公民享有言论、出版、集会、结社、游行、示威的自由。《刑法》第54条规定,剥夺政治权利是剥夺下列权利:1.选举权和被选举权;2.言论、出版、集会、结社、游行、示威自由的权利;3.担任国家机关职务的权利;4.担任国有公司、企业、事业单位和人民团体领导职务的权利。本案中周某某的作品是在其被剥夺政治权利之前写作的,因此根据《著作权法》第2条第1款规定,中国公民、法人或者非法人单位的作品,不论是否发表,依照本法享有著作权。

《著作权法》第19条规定,著作权属于公民的,公民死亡后,其在本法第10条第1款第5项至第17项规定的权利在本法规定的保护期内,依照继承法的规定转移。《著作权法》第21条规定,公民的作品,其发表权的保护期为作者终生及其死亡后50年,即截止于作者死亡后第50年的12月31日;《著作权法》第46条规定:有下列侵权行为的,应当根据情况,承担停止侵害、消除影响、赔礼道歉、赔偿损失等民事责任。"未经著作权人许可,发表其作品的";"使用他人作品,应当支付报酬而未支付的";第47条规定:有下列侵权行为的,应当根据情况,承担停止侵害、消除影响、赔礼道歉、赔偿损失等民事责任。"未经著作权人许可,复制、发行、表演、放映、广播、汇编、通过信息网络向公众传播其作品的,本法另有规定的除外";第48条规定:"侵犯著作权或者与著作权有关的权利的,侵权人应当按照权利人的实际损失给予赔偿;实际损失难以计算的,可以按照侵权人的违法所得给予赔偿。赔偿数额还应当包括权利人为制止侵权行为所支付的合理开支。权利人的实际损失或者侵权人的违法所得不能确定的,由人民法院根据侵权行为的情节,判决给予50万元以下的赔偿。"

在本案中,周某系周某某遗产之法定继承人,周某某去世后,其作品之使用权及获得报酬权在法定保护期间,依法由周某继承。出版社未经周某许可,出版发行周某某作品的行为侵犯了周某对该作品依法享有的使用权与许可他人使用并由此获得报酬的权利,出版社理应承担停止侵害、赔偿损失、赔礼道

---

① 该案例改编自 http://www.hongen.com/proedu/flxy/index.htm,洪恩在线-法律学苑-以案说法(九),版权所有:北京金洪恩电脑有限公司。

歉、消除影响之民事责任。

著作权也称版权,它是指公民、法人或非法人单位创作了某种作品,可以依法享有署名、发表、出版、获得报酬等权利。大学生在目前的学习生活以及在今后的工作、研究当中,要注意树立著作权意识。一方面学会保护自身的合法权益,另一方面也要尊重他人的著作权,合理合法地借鉴他人的劳动成果。

(陈俐)

【思考题】
1. 谈谈你对著作权法的了解和认识?
2. 大学生在学习生活当中如何做到尊重他人的著作权?

## 案例十四　一场遗产的纠纷

井某、贾某系被继承人井女之父母,丁甲、丁乙系被继承人丁某之兄。井女、丁某于 2001 年 11 月结婚,两人共同生活。财产包括:彩电 1 台、洗衣机 1 台、金戒指 4 枚、存款 4000 元和股票价值 2000 元。2003 年 5 月 10 日晚,井女、丁某外出途中遇车祸身亡,丁某死亡在先,井女死亡在后。此后,井某、贾某与丁甲、丁乙在分割井女、丁某的遗产上发生纠纷。井、贾二人诉至法院,要求继承全部遗产,丁甲、丁乙称,遗产中有丁某一半,应归丁家所有。法院审理该案件时查明:丁某生前为夫妻生活需要向邵某借款 1 万元,现邵某要求偿还债务。又查,丁某之父母先后于 1993 年 6 月和 1998 年 10 月去世。①

附图 1:井—丁家庭关系图

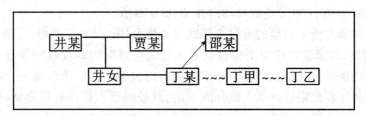

横线为夫妻关系,竖线为子女关系,箭头为债务关系,曲线为兄弟关系。

---

① 该案例改编自 http://www.yymc.edu.cn/fawubu/fxjx/alfx/03.htm,郧阳医学院-律师说法专栏-法律基础案例分析,版权所有:郧阳医学院法律事务部、法学教研室。

**【案例分析提示】**

本案涉及继承人的范围及被继承人债务清偿的有限责任问题。

根据《婚姻法》第17条的规定,夫妻在婚姻关系存续期间所得的下列财产,归夫妻共同所有:1.工资、奖金;2.生产、经营的收益;3.知识产权的收益;4.继承或赠与所得的财产,但本法第18条第3项规定的除外;5.其他应当归共同所有的财产。夫妻对共同所有的财产,有平等的处理权。夫妻关系存续期间获得的财产为夫妻共同财产。本案中的彩电、洗衣机、金戒指4枚、存款4000元和价值2000元的股票均系井女与陈某婚后购置,应认定为夫妻共同财产。

我国遗产继承方式分为法定继承和遗嘱继承。我国《继承法》第5条规定,继承开始后,按照法定继承办理;有遗嘱的,按照遗嘱继承或者遗赠办理;有遗赠扶养协议的,按照协议办理。当被继承人死亡时没有设立遗嘱或遗嘱无效时,遗产继承应按法定继承方式进行。我国《继承法》依据血缘关系和姻亲关系确定了继承人的范围和顺序。该法第10条规定:"遗产按照下列顺序继承:第一顺序:配偶、子女、父母。第二顺序:兄弟姐妹、祖父母、外祖父母。继承开始后,由第一顺序继承人继承,第二继承人不继承。没有第一顺序继承人继承的,由第二顺序继承人继承。"本案中的井女死于丁某之后,故其作为配偶对丁某的遗产(井女、丁某夫妻共同财产的另一半)有继承权,又因丁某的父母先于丁某死亡,丁、井二人无子女,因此在丁某死后,丁、井两人的夫妻共同财产均由作为第一顺序继承人的井女所有,丁某之兄丁甲、丁乙作为第二顺序继承人不能获得遗产。又根据《继承法》第10条规定,井女死后,其财产由其父母井某、贾某继承。因此作为本案争议的彩电、洗衣机、金戒指4枚、存款4000元和价值2000元的股票均由井某、贾某继承。

被继承人债务清偿的有限责任原则又称为"限定继承"原则。《继承法》第33条规定,继承遗产应当清偿被继承人依法应当缴纳的税款和债务,缴纳税款和清偿债务以他的遗产实际价值为限。超过遗产实际价值部分,继承人自愿偿还的不在此限。继承人放弃继承的,对被继承人依法应当缴纳的税款和债务可以不负偿还责任。本案中,丁某为夫妇生活需要向邵某借款1万元,应认定为夫妻共同债务。井某、贾某继承了丁某和井女的全部遗产,在邵某要求偿还债务时应依法清偿。若获得遗产价值只有9000元,则根据"限定继承"原则,井某、贾某只需将9000元偿还邵某即可。

《中华人民共和国继承法》是国家保护公民私有财产继承权的一项基本法

律,也是大学生应当熟知的法律之一。我们尤其要掌握《继承法》的基本原则:继承权男女平等原则,养老育幼原则,互谅互让、和睦团结的原则,权利和义务相一致的原则。让我们学好《继承法》在生活中处理好家庭关系,体现出社会主义法与道德的优越性。

(陈俐)

**【思考题】**
1. 法定继承人的范围和顺序是如何确定的?
2. 如何看待"父债子偿"的观念与"限定继承"的原则?

## 案例十五　哪份遗嘱最终生效?

邹某早年丧妻,生有长子甲、次女乙和三子丙。甲、乙已结婚,乙在外地居住,丙只有14周岁。邹某、丙和甲夫妻共同生活。邹某因偏爱儿子,于1990年5月立下亲笔遗嘱,决定其死后,全部遗产:存款2万元和房屋1套由甲与丙继承。甲在其妻挑唆下,对邹某的生活和身体状况不闻不问,邹某被迫搬到乙家居住,受到乙夫妇的周到照顾,邹某又立下亲笔遗嘱,决定将其1万元存款给乙,房屋1套给未成年的丙。1993年8月邹某病重住院。此时,丙和同学打架致残,甲对邹某的病情毫不关心,邹某极为恼怒,在其弥留之际,当着3个医生的面立下口头遗嘱,将其所有遗产由乙1人继承。邹某去世后,甲根据邹某的自书遗嘱,乙依据邹某的口头遗嘱均要求继承其父遗产。①

**【案例分析提示】**
本案涉及遗嘱的形式,遗嘱的撤销、变更以及遗嘱的效力问题。
遗嘱是所有权的延伸,是民法当中自然人意思自治原则的具体体现。我国《继承法》允许通过设立遗嘱的方式分配遗产。遗嘱应在形式和内容上符合法律规定。我国遗嘱形式有自书、代书、录音、口头、公证遗嘱。《继承法》第17条第5款规定:遗嘱人在危急情况下,可以立口头遗嘱。口头遗嘱应当有两个以上见证人在场见证。危急情况解除后,遗嘱人能够用书面或者录音形

---

① 该案例改编自 http://www.yymc.edu.cn/fawubu/fxjx/alfx/03.htm,郧阳医学院-律师说法专栏-法律基础案例分析,版权所有:郧阳医学院法律事务部、法学教研室。

式立遗嘱的,所立的口头遗嘱无效。本案中,邹某在 3 个见证人的见证下立下口头遗嘱后死亡,其口头遗嘱形式上合法。但《继承法》第 19 条还规定:遗嘱应当对缺乏劳动能力又没有生活来源的继承人保留必要的遗产份额。邹某的口头遗嘱剥夺了未成年又有残疾的丙的遗产份额,违反了上述规定,其口头遗嘱在内容上部分无效。

遗嘱人可以撤销、变更自己所立的遗嘱,当其立有多份遗嘱时,说明被继承人用新的遗嘱否定和变更了原来的遗嘱,从而使内容相抵触的在先遗嘱归于无效。《继承法》第 20 条第 2 款规定:立有数份遗嘱,内容相抵触的,以最后遗嘱为准。因此,本案邹某的遗产应依口头遗嘱继承。当然,由于口头遗嘱部分有效,所以在分割遗产时,应当为丙保留必要份额,其余由乙继承。

公证遗嘱是经过国家公证机关办理的形式最完备,真实性最强的遗嘱。因此,公证遗嘱与其他形式的遗嘱相比,有更强的法律效力。《继承法》第 20 条第 3 款规定:自书、代书、录音、口头遗嘱,不得撤销、变更公证遗嘱。最高人民法院《关于贯彻执行〈中华人民共和国继承法〉若干问题的意见》第 42 条规定:遗嘱人以不同形式立有数份内容相抵触的遗嘱,其中有公证的,以最后所公证遗嘱为准……因此,若第二份遗嘱进行了公证,则遗产应按该公证遗嘱继承,即由乙继承存款 1 万元,丙继承房屋 1 套,公证遗嘱未处分的存款 1 万元按最后的口头遗嘱由乙继承。

遗嘱继承是公民死亡后,按其生前所立合法遗嘱的内容继承其遗产的继承方式。我们应当掌握遗嘱实体的有效条件及其五种形式的有效条件,这样才能使公民合法、真实的意思表示受到法律的保护。

(陈俐)

**【思考题】**

1. 遗嘱的形式有哪几种?如何撤销变更?它们的效力如何?
2. 口头遗嘱的有效条件有哪些?

# 后 记

在高校思想道德修养的教育中,案例教学是提高教学效果的一条实践途径。在教学中,部分教师积累了一定数量的案例材料,为了更好地发挥案例分析教学的作用,十分需要编辑一本为教学服务的大学生思想道德修养与法律基本常识案例集。2002年初,这个想法实现了从计划到实际的转变。大学生思想道德教育与法律基本常识案例及分析得到北京大学"985"科研项目"马克思主义与当代现实"的立项资助,成为其中的一个子课题。

大学生思想道德教育与法律基本常识案例及分析的编写是一项工作量极大的工作,单就案例的收集就是一个工程浩繁、耗时费力的过程。思想政治教育教研室2001级研究生桂石见、潘良、李惠清、李亚新、李海伟、谢殿军,2002级研究生张建桥、熊其焰、王长明、药力平等10位同学,积极参与了从报纸、杂志收集案例的工作。他们协助课题组老师在案例筛选、补充查阅等方面做了许多基础性工作,撰写了案例及案例分析的第一稿,部分同学在老师指导下,写了第二稿。关爱华、陈俐两位老师撰写了第十二章。参与编写的还有杨爱民老师。

主编祖嘉合、副主编秦维红对案例及案例分析进行了多次修改,有的进行了重写和补写。秦维红老师撰写了第一章至第四章的按语,对第一章、第二章、第三章、第四章进行了修改、重写、补写、审校;祖嘉合老师撰写了前言、后记、部分案例、第五章至第十一章的按语,对第五章、第六章、第七章、第八章、第九章、第十章、第十一章进行了修改、重写、补写、审校,对第十二章进行修改、补充和审校。凡修改、重写、补写、调整的文字量超过1/2的案例和案例分析提示,后面签署了两位作者的姓名。

祖嘉合对全书进行了最后修改、统稿、结构调整和审校。

对引用的资料,有的注明了原作者的姓名,有的只注明了资料出处。由于资料搜索范围较大,注释中的遗漏请原作者原谅。

　　书稿完成后,马克思主义学院院长陈占安教授审阅了书稿并提出了宝贵的修改意见。特聘请沈继英教授、吴焕荣教授对书稿进行审查把关,并得到了他们的悉心指教。

　　本书的编写力求兼融思想性、时代性和可读性。由于时间仓促和水平局限,缺点、错误和疏漏在所难免,恳请各位读者批评指正。

编者

2005 年 7 月 23 日